普通高等教育 电气工程/自动化 系列教材

# 电力电子技术

## 第 2 版

主　编　赵莉华
参　编　舒欣梅

机械工业出版社

本书根据电气工程类、自动化类和通信类专业的教学大纲要求,针对强弱电结合的特点,在内容上满足各专业的共同需求,为读者学习电气工程、自动化等相关专业知识和从事相关领域工作奠定坚实的理论和应用基础。

全书内容共分 7 章,包括对电力电子技术课程学习需要的相关基础知识的复习,各种电力电子器件的结构、工作原理和主要技术参数及选用,重点讨论了 AC – DC、DC – DC、AC – AC、DC – AC 四种变换电路,最后对电力电子发展新技术及应用进行了介绍。

本书可作为普通高等学校电气工程类、自动化类和通信类专业电力电子技术课程的本科教材或参考书,亦可供相关工程技术人员参考使用。

## 图书在版编目(CIP)数据

电力电子技术/赵莉华主编. —2 版. —北京:机械工业出版社,2015.3(2025.8重印)

普通高等教育电气工程 自动化系列教材

ISBN 978-7-111-49488-1

Ⅰ.①电… Ⅱ.①赵… Ⅲ.①电力电子技术 – 高等学校 – 教材 Ⅳ.①TM1

中国版本图书馆 CIP 数据核字(2015)第 041334 号

机械工业出版社(北京市百万庄大街22号 邮政编码100037)
策划编辑:于苏华 责任编辑:于苏华 路乙达
版式设计:常天培 责任校对:闫玥红
封面设计:张 静 责任印制:张 博
北京建宏印刷有限公司印刷
2025 年 8 月第 2 版第 5 次印刷
184mm×260mm・15.25 印张・373 千字
标准书号:ISBN 978-7-111-49488-1
定价:48.00 元

| 电话服务 | 网络服务 |
| --- | --- |
| 客服电话:010-88361066 | 机 工 官 网:www.cmpbook.com |
| 010-88379833 | 机 工 官 博:weibo.com/cmp1952 |
| 010-68326294 | 金 书 网:www.golden-book.com |
| **封底无防伪标均为盗版** | 机工教育服务网:www.cmpedu.com |

# 第2版前言

《电力电子技术》第1版自2011年出版以来,得到兄弟院校及同行们的认可,目前已发行近万册。根据对第1版教材的反馈信息,第2版教材在第1版基础上做了内容方面的增补及改动。为了同学更好地学习和理解,第2版增加了电力电子技术课程学习需要的相关基础知识复习内容。

目前国内各高校就电力电子技术课程教学内容选取方面存在较大的分歧,主要有两种意见:一种主张大量压缩传统的整流电路尤其是相控整流电路相关知识,加大电力电子新技术特别是新器件的使用、新的电路拓扑结构及电力电子技术新的应用等方面知识的介绍;另一种意见主张仍以传统的相控整流电路介绍为重点,对电力电子技术的新应用等仅作简单介绍,有兴趣的同学可以参考其他文献进行自学。笔者认为,这两种意见各有其道理,应该根据各学校各专业的具体情况而定。比如,电力电子与电力传动专业方向的学生将来主要从事电源设计、开发等相关行业工作,那么教学内容就必须以全控型器件及电路为重点。如果学生将来不是从事电力电子相关的工作,而是把本课程作为电气工程及其自动化、自动化大类专业的基础课程,则整流电路部分仍应为重点教学内容。本书仍以传统的晶闸管及其构成的相控整流电路作为重点进行介绍,希望学生在电路、电子学、电机学等课程学习基础上,能灵活应用所学的相关基础知识,定性及定量分析电力电子电路。

第2版教材在编写过程中,参考了较多国外的电力电子技术教材,更加重视电路分析方法及相关的基础理论应用。由于电力电子装置对电网电能质量的影响日益增大,尤其是整流装置在电力系统中的应用已非常广泛,所以对电力电子装置的谐波、功率因数等的分析显得更加重要。第2版更强调了对整流电路设计中的几个关键参数的分析和计算,如整流变压器容量、交流侧电流畸变率、交流侧功率因数、直流电压纹波因数等,便于同学们对于相关概念的理解,为后续电能质量相关课程的学习打下基础。第2版教材面向将电力电子技术课程作为专业基础课程的高校学生,强调基础理论的学习和基本分析方法的掌握。本书电路分析清楚,详尽易懂,方便同学们自学,也可作为相关工程技术人员的参考资料。

本书共分为7章,包括电力电子技术课程涉及的相关基础知识复习、电力电子器件及驱动和保护、可控整流及有源逆变电路、直流斩波电路、交流调压和变频电路、无源逆变电路及电力电子新技术及应用。本书绪言、第1~5章、第7.5.2小节、第7.6节的部分及第7.7节由四川大学赵莉华编写,其余部分由西华大学舒欣梅编写。全书由赵莉华统稿。

本书总教学学时为40~50学时,可根据学时情况调整教学内容。章节中,带有"*"号的内容为选学。本书在编写过程中,参考了很多同类教材,一部分在参考文献中列出,还有很多不能一一列出,在此一并表示感谢。

由于编者水平有限,书中难免存在缺点和错误,欢迎读者批评指正。

编 者

# 第1版前言

随着科学技术的不断发展,"电力电子技术"课程已经成为高等学校电气信息类专业的一门核心专业基础课程,它也是一门承上启下的平台课程,是多门后续专业课程的基础。近年来,电力电子技术得到了突飞猛进的发展,其应用领域也越来越广泛,几乎涉及国民经济和日常生活的各个环节。所以,"电力电子技术"课程的内容也非常繁杂。

目前,本科"电力电子技术"课程的教材种类繁多,主要涉及电力电子器件及应用、基本电力变换电路和电力电子技术的应用。本书是为适应国家对工程技术人才的培养要求,尤其是为适应宽口径、强基础的人才培养模式要求,针对强弱电结合的电气信息类专业编写而成。特点是"重基础,强分析,理论与应用结合"。编写过程中,对电力电子新技术及应用只做了简单介绍,有兴趣的读者可以通过其他相关专著学习。本书重点介绍了常用的电力电子器件结构、特性和选用,在此基础上阐述 AC – DC、DC – DC、AC – AC、DC – AC 四种变换的基本变换电路,本书还重点介绍了各种基本电路的工作原理和分析,让读者掌握电路的基本分析方法,为进行后续课程学习打好坚实的基础。本书可作为高等学校电气工程类、自动化类和通信类专业的教材或参考书,也可供相关工程技术人员参考使用。

全书共分为6章,包括电力电子器件及驱动和保护、可控整流及有源逆变电路、直流斩波电路、交流调压和变频电路、无源逆变电路、电力电子新技术及应用。本书绪言、第1~4章由四川大学赵莉华编写,第5章和第6章由西华大学舒欣梅编写,全书由赵莉华统稿。本书总教学学时为40~50学时,可根据学时情况调整教学内容。章节中,带有"*"号的内容为选学。

本书在编写过程中,参考了很多同类教材,一部分在参考文献中列出,还有很多不能一一列出,在此一并表示感谢。

由于编者水平有限,书中难免存在缺点和错误,欢迎读者批评指正。

编 者

# 目 录

第2版前言
第1版前言
序言 ............................................................. 1
  0.1 电力电子技术的概念及研究领域 ......... 1
  0.2 电力电子技术的发展历史 .................... 2
  0.3 电力电子技术的应用 ............................ 3
  0.4 电力电子技术的发展趋势 .................... 7
  0.5 电力电子电路的仿真 ............................ 7
  0.6 本教材主要内容 .................................... 8
第1章 相关基础知识复习 .............................. 9
  1.1 非正弦周期函数的傅里叶级数分解 ..... 9
  1.2 谐波 ..................................................... 10
  1.3 平均值和有效值的计算 ...................... 11
    1.3.1 平均值 ......................................... 11
    1.3.2 有效值 ......................................... 11
  1.4 瞬时功率和平均功率的计算 .............. 12
    1.4.1 瞬时功率的定义 ......................... 12
    1.4.2 平均功率的定义及计算 ............. 12
  1.5 有功功率、无功功率、视在功率
      及功率因数 ........................................... 12
    1.5.1 有功功率 ..................................... 12
    1.5.2 无功功率 ..................................... 13
    1.5.3 视在功率 ..................................... 13
    1.5.4 功率因数 ..................................... 13
  1.6 理想电感与理想电容 .......................... 15
    1.6.1 理想电感元件 ............................. 15
    1.6.2 理想电容元件 ............................. 16
  1.7 三相电路基本知识 .............................. 17
    1.7.1 对称三相电压 ............................. 17
    1.7.2 三相电路的联结方式 ................. 18
    1.7.3 三相电路的功率计算 ................. 19
  小结 ................................................................. 19
  思考题及习题 ................................................. 20
第2章 电力电子器件及驱动和保护 ............ 21
  2.1 概述 ..................................................... 21
    2.1.1 电力电子器件的定义 ................. 21
    2.1.2 理想的电力电子开关 ................. 21
    2.1.3 电力电子器件的损耗 ................. 22
    2.1.4 电力电子器件的分类 ................. 22
  2.2 电力二极管 ......................................... 23
    2.2.1 电力二极管的结构和
         基本工作原理 ............................. 23
    2.2.2 电力二极管的基本工作特性 ..... 26
    2.2.3 电力二极管的主要参数 ............. 27
    2.2.4 电力二极管的主要类型 ............. 28
    2.2.5 电力二极管的型号 ..................... 28
  2.3 晶闸管 ................................................. 29
    2.3.1 晶闸管的结构 ............................. 29
    2.3.2 晶闸管的工作原理 ..................... 30
    2.3.3 晶闸管的基本工作特性 ............. 32
    2.3.4 晶闸管的主要参数 ..................... 34
    2.3.5 晶闸管的型号 ............................. 36
    2.3.6 晶闸管的派生器件 ..................... 37
  2.4 门极关断晶闸管 .................................. 39
    2.4.1 GTO的结构 ................................ 39
    2.4.2 GTO的工作原理 ........................ 40
    2.4.3 GTO的主要参数 ........................ 41
  2.5 电力晶体管 ......................................... 41
    2.5.1 GTR的结构 ................................ 42
    2.5.2 GTR的工作特性 ........................ 42
    2.5.3 GTR的主要参数 ........................ 43
    2.5.4 GTR二次击穿现象及安
         全工作区 ..................................... 44
  2.6 电力场效应晶体管 .............................. 45
    2.6.1 电力MOSFET的结构和工
         作原理 ......................................... 45
    2.6.2 电力MOSFET的特性 ................ 46
    2.6.3 电力MOSFET的主要参数 ........ 48
  2.7 绝缘栅双极型晶体管 .......................... 49
    2.7.1 IGBT的结构和工作原理 ........... 49
    2.7.2 IGBT的工作特性 ....................... 49
    2.7.3 IGBT的擎住效应和安全工作区 ... 51
    2.7.4 IGBT的主要参数 ....................... 52
  2.8 其他新型电力电子器件 ...................... 52
    2.8.1 静电感应晶体管 ......................... 52
    2.8.2 静电感应晶闸管 ......................... 53
    2.8.3 集成门极换流晶闸管 ................. 53
    2.8.4 电子注入增强栅晶体管 ............. 54
    2.8.5 基于新材料的电力电子器件 ..... 54
    2.8.6 功率模块、功率集成电路与集
         成电力电子模块 ......................... 55

2.9 电力电子器件的驱动要求 …………… 55
  2.9.1 晶闸管的触发要求 ……………… 56
  2.9.2 GTO 的驱动要求 ………………… 56
  2.9.3 GTR 的驱动要求 ………………… 57
  2.9.4 电力 MOSFET 的驱动要求 ……… 57
  2.9.5 IGBT 的驱动要求 ………………… 58
2.10 电力电子器件的串并联技术 ………… 58
  2.10.1 晶闸管的串联 …………………… 58
  2.10.2 晶闸管的并联 …………………… 60
小结 ……………………………………… 60
思考题及习题 …………………………… 61

## 第3章 可控整流及有源逆变电路 ……… 62
3.1 概述 …………………………………… 62
  3.1.1 整流的概念 ……………………… 62
  3.1.2 整流电路的分类 ………………… 62
  3.1.3 整流电路的主要性能指标 ……… 63
3.2 单相可控整流电路 …………………… 64
  3.2.1 单相半波可控整流电路 ………… 64
  3.2.2 单相桥式全控整流电路 ………… 72
  3.2.3 单相全波可控整流电路 ………… 79
  3.2.4 单相桥式半控整流电路 ………… 82
3.3 三相可控整流电路 …………………… 87
  3.3.1 三相半波可控整流电路 ………… 87
  3.3.2 三相桥式全控整流电路 ………… 94
  3.3.3 三相桥式半控整流电路 ………… 101
3.4 变压器漏抗对整流电路的影响 ……… 106
  3.4.1 换相期间的整流输出电压 ……… 106
  3.4.2 换相压降的计算 ………………… 107
  3.4.3 换相重叠角的计算 ……………… 108
  3.4.4 可控整流电路的外特性 ………… 110
3.5 电容滤波的不可控整流电路 ………… 111
  3.5.1 电容滤波的单相桥式不可控整流电路 ……………………………… 111
  3.5.2 电容滤波的三相桥式不可控整流电路 ……………………………… 114
3.6 整流电路的有源逆变工作状态 ……… 115
  3.6.1 逆变的概念 ……………………… 115
  3.6.2 有源逆变产生的条件 …………… 116
  3.6.3 三相有源逆变电路 ……………… 118
  3.6.4 逆变失败的原因分析及最小逆变角的限制 …………………… 122
  3.6.5 有源逆变的应用 ………………… 124
3.7 整流电路交流电源侧谐波电流分析 … 127
*3.8 晶闸管直流电动机系统 ……………… 128
  3.8.1 整流状态下电动机的机械特性 … 128
  3.8.2 逆变状态下电动机的机械特性 … 131

*3.9 整流装置的谐波抑制技术 …………… 131
  3.9.1 谐波污染 ………………………… 131
  3.9.2 网侧谐波电流的抑制技术 ……… 133
*3.10 PWM 整流技术 ……………………… 134
小结 ……………………………………… 136
思考题及习题 …………………………… 136

## 第4章 直流斩波电路 …………………… 140
4.1 概述 …………………………………… 140
  4.1.1 直流斩波的基本工作原理 ……… 140
  4.1.2 直流斩波电路的基本控制方式 … 141
4.2 非隔离型斩波电路 …………………… 142
  4.2.1 降压型斩波电路的结构及工作原理 ……………………………… 142
  4.2.2 升压型斩波电路的结构及工作原理 ……………………………… 144
  4.2.3 升降压型斩波电路的结构及工作原理 ……………………………… 146
  4.2.4 Cuk 斩波电路的结构及工作原理 ………………………………… 147
  *4.2.5 Sepic 斩波电路的结构及工作原理 ……………………………… 149
  *4.2.6 Zeta 斩波电路的结构及工作原理 ……………………………… 149
4.3 隔离型斩波电路 ……………………… 150
  4.3.1 正激型变换电路的结构及工作原理 ……………………………… 150
  4.3.2 反激型变换电路的结构及工作原理 ……………………………… 152
  4.3.3 推挽型变换电路的结构及工作原理 ……………………………… 154
  4.3.4 半桥型变换电路的结构及工作原理 ……………………………… 155
  4.3.5 全桥型变换电路的结构及工作原理 ……………………………… 156
小结 ……………………………………… 157
思考题及习题 …………………………… 157

## 第5章 交流调压和变频电路 …………… 158
5.1 交流调压电路 ………………………… 158
  5.1.1 概述 ……………………………… 158
  5.1.2 单相交流调压电路 ……………… 159
  5.1.3 三相交流调压电路 ……………… 165
5.2 交流无触点开关 ……………………… 170
  5.2.1 晶闸管交流无触点开关 ………… 171
  5.2.2 全控型器件交流无触点开关 …… 172
5.3 交流调功电路 ………………………… 172
5.4 交-交变频电路 ……………………… 173

5.4.1 单相交－交变频电路 ………… 173
5.4.2 三相交－交变频电路 ………… 174
小结 …………………………………… 175
思考题及习题 …………………………… 176

## 第6章 无源逆变电路 ……………… 177
6.1 概述 ………………………………… 177
　6.1.1 无源逆变电路的分类 ………… 177
　6.1.2 换流方式 ……………………… 177
　6.1.3 逆变电路的基本工作原理 …… 179
6.2 电压型逆变电路 …………………… 180
　6.2.1 单相半桥电压型逆变电路 …… 180
　6.2.2 单相全桥电压型逆变电路 …… 181
　6.2.3 三相电压型逆变电路 ………… 184
6.3 电流型逆变电路 …………………… 186
　6.3.1 单相电流型逆变电路 ………… 187
　6.3.2 三相电流型逆变电路 ………… 189
6.4 PWM 逆变电路 …………………… 190
　6.4.1 PWM 控制的基本原理 ……… 190
　6.4.2 SPWM 逆变电路的控制方法 … 191
　6.4.3 单相 SPWM 逆变电路 ……… 193
　6.4.4 三相 SPWM 逆变电路 ……… 196
小结 …………………………………… 198
思考题及习题 …………………………… 199

## 第7章 电力电子新技术及应用 ……… 200
＊7.1 软开关技术 ……………………… 200
　7.1.1 软开关的概念 ………………… 200
　7.1.2 软开关电路的分类和典型电路 … 202
＊7.2 矩阵式变换电路 ………………… 208

　7.2.1 矩阵式变换电路的特点 ……… 208
　7.2.2 矩阵式变换电路的工作原理 …… 209
＊7.3 有源滤波技术 …………………… 211
　7.3.1 概述 …………………………… 211
　7.3.2 有源电力滤波器的工作原理 … 212
　7.3.3 有源电力滤波器的分类 ……… 213
　7.3.4 有源电力滤波器的控制 ……… 213
＊7.4 功率因数校正技术 ……………… 214
　7.4.1 功率因数校正的概念 ………… 214
　7.4.2 功率因数校正电路的分类 …… 215
　7.4.3 单极功率因数校正电路的基本原理 …………………… 216
　7.4.4 有源功率因数校正的电流控制方式 …………………… 217
＊7.5 高压直流输电技术 ……………… 219
　7.5.1 传统高压直流输电技术 ……… 219
　7.5.2 柔性直流输电技术 …………… 223
＊7.6 柔性交流输电技术 ……………… 226
　7.6.1 柔性交流输电技术的特点 …… 226
　7.6.2 柔性交流输电装置的分类及其技术原理 ………………… 227
＊7.7 新能源发电技术 ………………… 230
　7.7.1 风力发电系统 ………………… 230
　7.7.2 光伏发电技术 ………………… 232
小结 …………………………………… 233
思考题及习题 …………………………… 233

## 参考文献 ……………………………… 234

# 序　言

## 0.1　电力电子技术的概念及研究领域

电力电子技术（Power Electronics）是以电力电子器件（Power Electronic Device）为基础，利用电路和控制理论对电能进行变换和控制的技术，即应用于电力领域的电子技术。电力电子技术也称为电力电子学或功率电子学。电力电子技术由电力学、电子学和控制理论三个学科交叉形成，是目前较为活跃的应用型学科。

电力电子技术通常分为器件的制造技术和电力电子电路的应用技术即变流技术两大部分。其中，器件制造技术包括各种电力电子器件的设计、制造、参数测试、模型分析等。而目前所用的电力电子器件基本都采用半导体材料制成，所以电力电子器件也称为电力半导体器件。电力电子器件的制造技术是电力电子技术的基础。

众所周知，电能有交流（Alternating Current，简称 AC）和直流（Direct Current，简称 DC）两大类。交流电能有电压大小、相位、频率和相数的差别，直流电能有大小和极性的差别。在电能的实际应用中，常常需要在两种电能之间，或是对同一种电能的一个或多个参数（如电压、电流、频率等）进行变换，这就是电力变换（Power Conversion），也就是电力电子变流技术。

电力变换可总结为以下四种类型：

交流 – 直流（AC – DC）变换——整流，将交流电能变为直流电能。

直流 – 交流（DC – AC）变换——逆变，将直流电能变为交流电能，是整流的逆过程。

交流 – 交流（AC – AC）变换——包括交流调压和交流变频，即改变交流电能的参数。

直流 – 直流（DC – DC）变换——直流斩波，是对直流电能的参数进行变换。

图 0-1 给出了常见的整流和逆变电路的图形符号。虽然电力变换只有这四种类型，但一个具体的电力电子装置中可能涉及其中的一种或几种变换类型，如图 0-2 所示为开关电源电路原理图，开关电源是将交流市电变换为所需要的直流电，包括了输入滤波、整流、逆变、隔离、再整流和输出滤波的过程。交流传动系统大量使用的交 – 直 – 交变频器中也包括了整流和逆变两种变换类型。

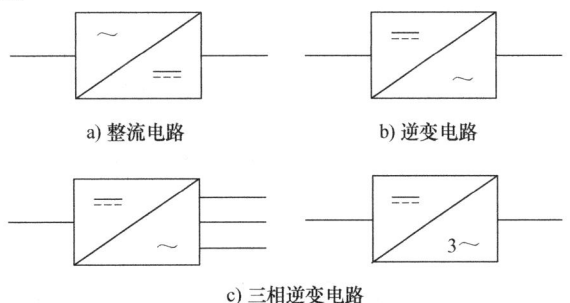

a) 整流电路　　b) 逆变电路

c) 三相逆变电路

图 0-1　整流和逆变电路图形符号

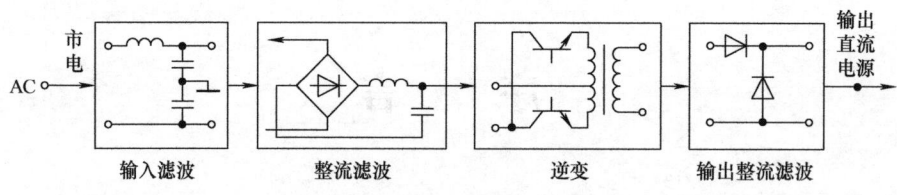

图 0-2 开关电源电路原理图

所以，电力电子技术对电能进行变换和控制的任务就是变换电能的形态和控制电能的流动，向用户提供满足性能要求的电能。

## 0.2 电力电子技术的发展历史

**1. 电力电子器件的发展历史**

电力电子技术的发展历史，与电力电子器件的发展历史密不可分。电力电子器件是电力电子技术的基础，也是电力电子技术发展的"龙头"。

1958年，美国通用电气公司研制出世界上第一只工业用晶闸管（Thyristor），也称SCR，这标志着电力电子技术时代的诞生，它表明电能的变换和控制技术由传统的直流发电机-电动机组成的旋转变流机组和静止的离子变流器时代进入了半导体变流技术时代。20世纪60年代开始到70年代阶段，晶闸管得到了飞速发展，从低压小电流到高压大电流的各系列晶闸管产品广泛应用于各种变流装置，同时，逆导晶闸管、双向晶闸管、光控晶闸管等晶闸管派生器件也相继问世，电力电子技术的发展进入了晶闸管时代。

20世纪70年代中后期，以门极关断（GTO）晶闸管、大功率晶体管（GTR）和电力场效应晶体管（Power MOSFET）为代表的全控型器件得到迅速发展。随着全控型器件的诞生和发展，推动了变换器装置的革命，将电力电子技术推进到一个新的发展阶段。

到了20世纪80年代后期，绝缘栅双极型晶体管（IGBT）、集成门极换流晶闸管（IGCT）等复合型器件相继问世，它们综合了MOSFET、GTO等器件的优点，性能更加优越。

为了使电力电子装置的结构更加紧凑、体积进一步减小，出现了将若干个电力电子器件及其控制、保护、驱动电路等功能集成的功率模块器件（PIC），这也代表了电力电子技术发展的一个重要方向。

到了20世纪末期和21世纪初期，新材料、新工艺的电力电子器件的研究和开发也如火如荼。其中，碳化硅（SiC）以其优良的物理化学特性和电特性成为制造大功率电子器件最重要的半导体材料。由碳化硅制成的肖特基二极管及MOSFET器件，与相同耐压的硅器件相比，其漂移电阻区厚度薄一个数量级，杂质浓度可为硅的两个数量级，其单位面积的阻抗仅为硅器件的1/100。此外，其漂移电阻几乎是器件的全部电阻，所以碳化硅器件的发热量极低，可在400℃的高温下正常工作。除了碳化硅器件的开发和研究外，其他各种新材料器件的研究也在广泛开展中。

在电力电子器件的研发和制造方面，我国一直处于较落后的状态。近年来，国内高校、科研单位及企业都投入了大量人力、物力，使我国在该方面取得了长足进展。2014年6月

20日，我国电力电子行业迎来了具有里程碑意义的时刻，中国南车集团自主设计建造的国内首条、世界第二条8英寸IGBT专业芯片生产线在湖南株洲全面建成，其生产的编号为00001的IGBT芯片被中国科技馆永久收藏。该生产线所生产的IGBT芯片工作电压可达数千伏，工作频率达10kHz。这标志着我国大功率电力电子器件的研制和产业化取得重大突破，实现了我国IGBT技术从弱到强的转变，打破了国外垄断，表明我国在电力电子器件制造方面已跻身进入世界一流行列。

**2. 电力电子电路的发展历史**

和电力电子器件发展相适应，电力电子电路的发展经历了整流器时代、逆变器时代和变频器时代几个发展阶段。

20世纪60~70年代，大功率工业用电由工频（50Hz）交流发电机提供，但是大约有20%的电能是以直流形式消费的，其中最典型的直流电能应用领域是电解（有色金属和化工原料需要直流电解）、牵引（电气机车、电传动的内燃机车、地铁机车、城市无轨电车等）和直流传动（轧钢、造纸等）三大领域。与晶闸管的迅速发展相对应，大功率可控整流装置把工频交流电能高效转变为直流电能。当时国内掀起了各地大办硅整流器厂的热潮，目前全国大大小小的制造硅整流器的半导体厂家就是那时的产物。所以，当时进行的电能变换主要是整流变换，那个时代称为整流器时代。

20世纪70年代开始，出现了世界范围的能源危机，交流电机变频调速因具有节能效果显著的特点而得到迅速发展。变频调速的关键技术是将直流电逆变为0~100Hz的交流电。在70~80年代，随着变频调速装置的普及，大功率逆变用晶闸管、大功率晶体管（GTR）和门极关断晶闸管（GTO）成为当时电力电子器件的主角，类似的应用还包括高压直流输电、静止式无功功率动态补偿等。这时的电力电子技术已经能够实现整流和逆变，电力电子电路的发展进入逆变器时代。但变频装置的工作频率还较低，主要局限在中低频范围内。

20世纪80年代开始，随着大规模和超大规模集成电路技术的迅猛发展，为现代电力电子技术的发展奠定了基础。将集成电路的精细加工技术和高压大电流技术有机结合，出现了一批全新的全控型功率器件。新型电力电子器件的发展不仅为交流电机变频调速提供了较高的频率，使其性能更加完善可靠，而且使现代电子技术不断向高频化发展，为用电设备的高效节材节能，实现小型化和轻量化，实现机电一体化和智能化提供了重要的技术基础。电力电子电路的发展进入变频器时代。

## 0.3 电力电子技术的应用

在高度发达的今天，电能是国民经济和人们生活中非常重要的能源，而作为对电能进行变换和控制的电力电子装置也是无处不在，电力电子技术的应用领域已从传统的机械、石化、纺织、冶金、电力、铁路、航空、航海等领域，进一步扩展到汽车、通信、家用电器、医疗设备、照明等领域。对于电力电子技术的应用，主要可概括为以下几个方面：

**1. 一般工业应用**

工业领域是电力电子技术的传统应用领域。据不完全统计，在目前所有能源中，电能约占40%，电能中65%以上是通过各种电机消耗的，而为各种电机供电的电源都是电力电子装置。此外，电化学、电解、电镀等所需要的整流电源，冶金工业中的中频、高频感应加热电源、直流电弧炉电源等都是电力电子装置，图0-3～图0-5是电力电子装置在一般工业领域中的应用。

　　图0-3　电解电镀电源　　　　　　图0-4　冶金工业　　　　　　图0-5　变频器

**2. 交通运输中的应用**

　　电力电子技术在交通运输行业中的应用日趋广泛。电动汽车的驱动系统、充电系统等都是电力电子变换装置，电动汽车产业将带动电机驱动、逆变器、直流变换、充电器等电力电子产品的发展。图0-6是充电中的电动汽车。纯电动汽车与燃油汽车的一次能源利用率之比为1:0.6，大力发展电动汽车可以提高能源利用率，减少温室气体和有害气体排放。纯电动汽车目前需要解决的主要问题是电池问题。纯电动汽车普遍使用的铅酸电池价格低，但能量密度小，体积大，一次充电的持续里程短，可充电次数少。因此，开发能量密度大、价格低、体积小、寿命长的电池是目前的研究热点，电池问题研究一旦突破，电动汽车很可能取代传统的燃油汽车。在我国，已相继出台多项鼓励电动汽车发展的政策，国家电网公司也出台了电动车充电站建设的相关政策和规划。

　　轨道交通也是电力电子装置应用的重要领域，图0-7为运行中的高速列车。从2004年国务院批准第一个《中长期铁路网规划》以来，我国规划建设的"四纵四横"高速铁路网以及三个城际客运系统等都已初具规模，各大中城市的城市轨道交通也得到了迅猛发展。电力电子技术是轨道交通的核心技术，高压大功率电力电子器件、大容量变换装置、电力牵引传动控制技术等电力电子相关技术都取得了关键性突破。

　　此外，飞机、船舶等驱动所需的不同性能电源也与电力电子技术密不可分。

　　　　图0-6　电动汽车　　　　　　　　　　图0-7　高速列车

**3. 电力系统中的应用**

　　电力电子技术在电力系统中的应用也非常广泛。我国提出的坚强智能电网发展规划，其核心技术之一即为电力电子技术。智能电网的目标是提高电力系统的安全性、可靠性，提高系统传输效率，提高系统对新能源的接纳能力，提高电网电能质量，这些目标的实现都需要依赖电力电子装置。如柔性交流输电系统（FACTS），是依靠电力电子装置才得以实现的；无功补偿和谐波抑制对提高电力系统电能质量具有重要意义，其中各种补偿装置，如晶闸管控制电抗器（TCR）、晶闸管投切电容器（TSC）、静止无功发生器（SVG）、有源电力滤波器（APF）等，都是电力电子装置。图0-8是未来电力系统组成示意图，未来电力系统将包括发电系统、用电系统、储能系统及电能质量管理系统，其中发电系统除了传统的水力发电站、火力发电站外，还有风力发电站、光伏发电站及分布式风力发电和分布式光伏发电等。在未来电力系统中，储能系统和电能质量管理系统将占有重要的地位。高压直流输电具有输电距离远、调节性能好、过电压水平低、线路损耗小的优点，高压直流输电及柔性直流输电技术都得到迅速发展，我国也已投建了多条特高压直流输电线路及柔性直流输电线路。图0-9是某660kV高压直流输电线路。传统的高压直流输电送电端和受电端的换流阀都采用晶闸管变流装置，柔性直流输电的换流阀采用的是全控型IGBT器件。此外，近年来随着风力发电、光伏发电的快速发展，直流配电技术也被提了出来，目前国内外已有大量专家学者开始进行直流配电网相关技术的研究，直流配电、用电也都离不开电力电子变换。

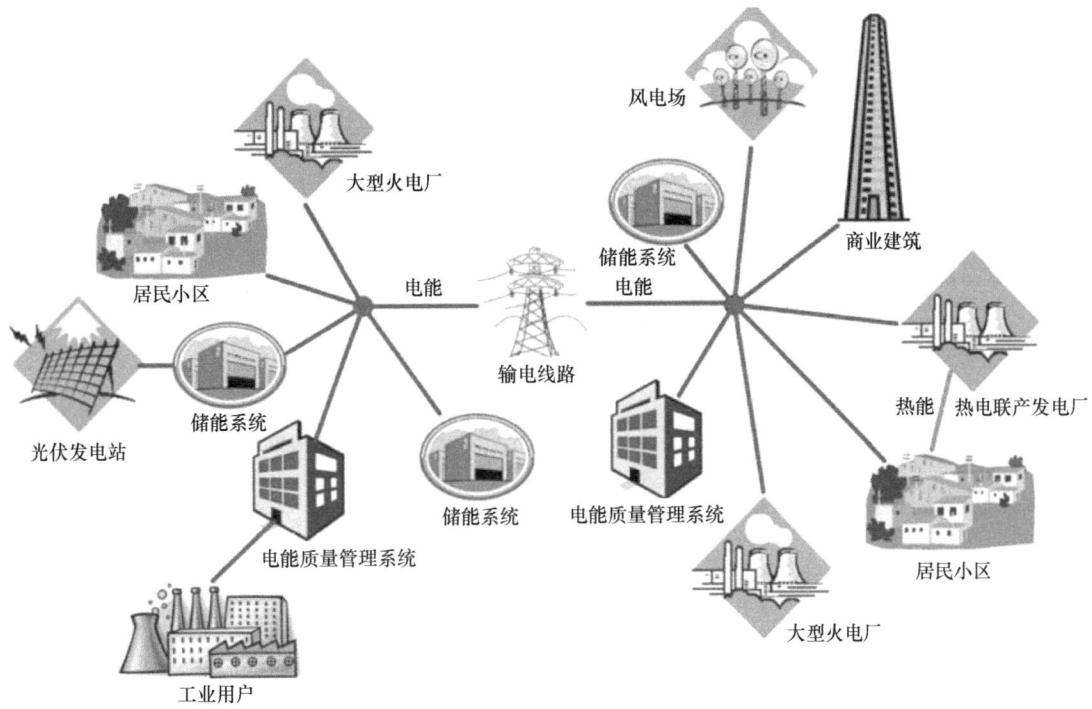

图0-8  未来的电力系统

### 4. 新能源中的应用

近年来，世界范围的能源危机及环境污染问题，使得风力发电、太阳能发电、生物质发电、潮汐发电等各种可再生能源的应用越来越受到重视，如图0-10、图0-11所示分别为海上风电场、光伏发电站。在我国，国家能源局及相关部门相继出台了各种鼓励和支持新能源开发的政策，尤其是分布式发电及微电网。这些新能源发电方式都需要电力电子技术参与调节和控制。同时，这些发电方式发出的电能在联网和储能时也离不开电力电子装置。图0-12

图 0-9　660kV 高压直流输电线路

为并网光伏发电系统，从图中可以看出，太阳能电池阵列输出的直流电需经过并网逆变器变换为交流电才能提供给用户或送入交流电网。

图 0-10　海上风电场

图 0-11　光伏发电站

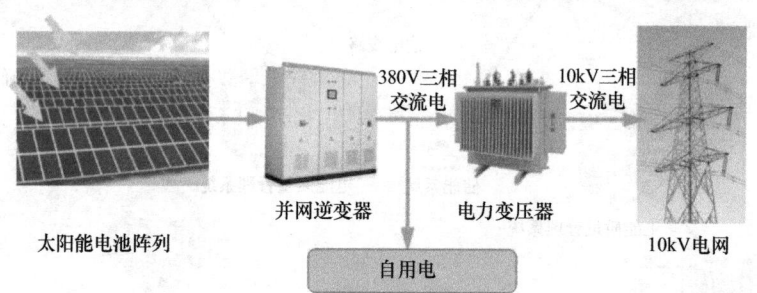

图 0-12　并网光伏发电系统

### 5. 电子装置与家用电器

各种电子装置都需要不同电压等级的直流电源供电，近年来高频开关电源因其具有体积小、重量轻、效率高的特点，已经取代了传统的线性稳压电源。

家用电器中，各种节能灯的镇流器、电视机、变频空调、变频冰箱等，都采用了电力电子技术。

总之，电力电子技术在国民经济各行各业和人们的日常生活中都必不可少。

## 0.4 电力电子技术的发展趋势

电力电子技术的发展趋势主要包括电力电子器件的发展趋势、电力电子电路的发展趋势和控制技术的发展趋势几个方面。

电力电子器件的发展方向主要是高频化、集成化、模块化和智能化。随着电力电子器件频率的提高，电力电子装置的性能得到大力改善，体积减小、重量降低、效率提高，所以电力电子器件的高电压、大电流和高频化是今后电力电子技术创新的主导方向。而硬件结构的标准模块是器件发展的必然趋势，集成化和模块化可以提高系统的可靠性和功率密度，降低成本，如采用半导体集成电路的加工方法将电力电子电路中的功率器件、驱动、控制和保护电路制作在同一硅片上将具有深远的意义，是电力电子技术应用领域最有希望的出路之一。

从电力电子电路的发展来看，电力电子主电路方面仍然是以单相和三相全桥的 AC - DC、AC - AC、DC - DC 和 DC - AC 四种变换结构为主。为了实现高压大容量逆变器，多电平、多重化复合逆变器结构取得了很大发展。为了提高电压等级而采用 IGBT 的直接串联或逆变器级联的方式也已经用于高压变频器和轻型直流输电装置中。伴随着有源滤波器和电能质量控制器而发展起来的 BTB（Back to Back）的电路拓扑结构也得到了广泛的应用。

而电力电子控制技术的发展与脉冲宽度调制（PWM）控制技术是密不可分的，各种现代控制技术广泛应用于电力电子装置中。目前最流行的 PWM 技术可以分为开环和闭环控制、线性和非线性控制。随着现代控制理论、微电子技术、计算机技术的飞速发展，现代电力电子装置正在向高电压、大容量、高频化、易驱动、高功率密度和全数字化、智能控制方向发展。

## 0.5 电力电子电路的仿真

由于电力电子电路中的电力电子器件具有非线性特性，给电力电子电路讨论和分析带来了一定的困难，使电路计算的复杂程度增加。对于电力电子电路的分析，一般采用波形分析和分段线性化的处理方法。现代计算机仿真技术为电力电子电路和系统的分析提供了崭新的方法，使复杂的电力电子电路分析和设计变得更加容易和简单。

所谓仿真，指的是在计算机平台上虚拟实际的物理系统，用数学模型代替实际的物理器件和电路，从而实现对实际电路的工作过程的研究和讨论。随着数值算法的不断完善，已经出现了大量的通用数字仿真语言和软件。现代仿真软件已经模块化，更适合工程上的应用，各种仿真软件已经成为科研、设计及学生学习的必备工具和好助手。

电力电子电路的仿真软件有很多，目前最常用的主要有 PSPICE 软件和 MATLAB 的 Simulink 平台。通过仿真软件的使用，电力电子电路设计人员可以在进行电路实验前，先进行电路仿真分析，确定合理应用的主电路和控制方式，大大减小了电力电子装置开发和设计的工作量，缩短了开发和设计时间。所以，电力电子仿真软件的学习对于从事电力电子装置开发和应用的工程技术人员来说是非常重要的。

## 0.6  本教材主要内容

本教材内容共有 7 章，第 1 章对电力电子技术学习需要用到的相关基础知识进行简单的复习，包括数学知识、电路知识等。第 2 章主要介绍常用电力电子器件的基本结构、工作原理和特性、主要技术参数和选用。介绍是从应用的角度出发，并对各种器件驱动和保护及串并联做了简单介绍。第 3 章～第 6 章介绍了 4 种基本变换电路（整流电路、斩波电路、交流调压和变频电路、无源逆变电路），重点介绍各种电路的基本组成结构、工作原理、波形分析和定量计算。第 7 章介绍了电力电子技术中的一些新技术，如 PWM 控制技术、软开关技术，以及电力电子技术的应用技术，如有源滤波技术、功率因数校正技术、高压直流输电技术和交流柔性输电技术、新能源发电技术等。为了便于读者更好地学习和理解，了解各种变换电路的应用场合，每章中重要的电路设计和计算都有例题，每章后有小结和思考题及习题。

电力电子技术是一门理论性和实践性都很强的课程，本教材在进行理论讲述时力求做到深入浅出、通俗易懂。内容选取上力求做到科学、先进、系统，便于读者自学。为了便于读者阅读相关英文文献，教材中对一些常用名词概念给出了英文翻译。

# 第1章 相关基础知识复习

## 1.1 非正弦周期函数的傅里叶级数分解

正弦函数（Sinusoidal Function）是一种常见而简单的周期函数，电气工程领域中，理想的三相交流电压（Three-phase Alternating Voltage）和电流（Current）均为正弦函数。而实际中，经常会遇到非正弦的周期函数，如周期为 $T$ 的矩形波。对于这些非正弦的周期函数，为了分析研究方便，可以将其展开成由简单的周期函数如三角函数组成的级数。在电工领域中，常常是将非正弦的周期函数展开为傅里叶级数（Fourier Series）。

设 $f(x)$ 是周期为 $2\pi$ 的周期函数，即有 $f(x)=f(x+n\cdot 2\pi)$，其中 $n$ 为自然数。如果函数 $f(x)$ 在 $[-\pi,\pi]$ 区间有定义，并且满足狄利克雷（Dirichlet）收敛条件，即①在一个周期内函数连续或只有有限个第一类间断点；②在一个周期内至多有有限个极值点，则 $f(x)$ 可以展开为傅里叶级数，且傅里叶级数收敛。

周期性函数 $f(x)$ 的傅里叶级数表达式为

$$f(x) = a_0 + \sum_{n=1}^{\infty}(A_n\cos nx + B_n\sin nx) \tag{1-1}$$

式中　$a_0, A_1, B_1, \cdots$，——函数 $f(x)$ 的傅里叶系数，其值为

$$a_0 = \frac{1}{2\pi}\int_{-\pi}^{\pi}f(x)\mathrm{d}x$$

$$A_n = \frac{1}{\pi}\int_{-\pi}^{\pi}f(x)\cos nx\mathrm{d}x \quad (n=1,2,3,\cdots)$$

$$B_n = \frac{1}{\pi}\int_{-\pi}^{\pi}f(x)\sin nx\mathrm{d}x \quad (n=1,2,3,\cdots)$$

如果周期函数为 $f(t)$，周期用时间 $T$ 表示，即 $f(t)=f(t+nT)$，则傅里叶级数表达式为

$$f(t) = a_0 + \sum_{n=1}^{\infty}(A_n\cos n\omega t + B_n\sin n\omega t) \tag{1-2}$$

式中　　　　　$\omega$——角频率，$\omega = 2\pi/T$；

$a_0, A_1, B_1, \cdots$，——函数 $f(t)$ 的傅里叶系数，其值为

$$a_0 = \frac{1}{T}\int_0^T f(t)\mathrm{d}t$$

$$A_n = \frac{2}{T}\int_0^T f(t)\cos n\omega t\mathrm{d}t \quad (n=1,2,3,\cdots)$$

$$B_n = \frac{2}{T}\int_0^T f(x)\sin n\omega t\mathrm{d}t \quad (n=1,2,3,\cdots)$$

傅里叶级数是一个无穷三角级数，其中第一项 $a_0$ 称为周期函数的恒定分量，或直流分

量。一般而言，一个函数的傅里叶级数都是既有正弦项，又有余弦项，但一些特殊周期函数也可能只有正弦项或只有余弦项。

当 $f(x)$ 为奇函数，即满足关系 $f(x) = -f(-x)$ 时，$f(x)\cos nx$ 是奇函数，而 $f(x)\sin nx$ 是偶函数，根据傅里叶系数计算公式有

$$a_0 = 0$$
$$A_n = 0 \quad (n = 1,2,3,\cdots)$$
$$B_n = \frac{2}{\pi}\int_0^\pi f(x)\sin nx\, dx \neq 0 \quad (n = 1,2,3,\cdots)$$

所以，奇函数的傅里叶级数表达式只含有正弦项，表示为

$$f(x) = \sum_{n=1}^{\infty} B_n \sin nx \tag{1-3}$$

当 $f(x)$ 为偶函数，即满足关系 $f(x) = f(-x)$ 时，$f(x)\cos nx$ 是偶函数，$f(x)\sin nx$ 是奇函数，根据傅里叶系数计算公式有

$$A_n = \frac{2}{\pi}\int_0^\pi f(x)\cos nx\, dx \neq 0 \quad (n = 1,2,3,\cdots)$$
$$B_n = 0 \quad (n = 1,2,3,\cdots)$$

所以，偶函数的傅里叶级数表达式只含有常数项和余弦项，表示为

$$f(t) = a_0 + \sum_{n=1}^{\infty} A_n \cos nx \tag{1-4}$$

## 1.2 谐波

在供电和用电系统中，通常总是希望交流电压和交流电流均呈正弦波形，正弦波电压可表示为

$$u(t) = \sqrt{2}U\sin(\omega t + \varphi_n) \tag{1-5}$$

式中　　$U$——电压有效值；

　　　　$\varphi_n$——初相角；

　　　　$\omega$——角频率（Angular Frequency），$\omega = 2\pi f = 2\pi/T$，$f$ 为电源频率（Frequency），$T$ 为周期（Period）。在我国，标准供电电压频率为 50Hz，有的国家为 60Hz，常将标准电压频率称为工频。

如果把正弦波电压加在线性无源元件（Linear Passive Components）电阻（Resistance）、电感（Inductance）和电容（Capacitance）上，其电流和电压分别为比例、积分和微分的关系，仍为同频率正弦波。若把正弦波电压加在非线性电路上，则电流波形为非正弦波，非正弦波的电流将在电网阻抗（Grid Impedance）上产生非正弦的电压，同样，非正弦电压施加在线性电路上时，电流波形也是非正弦波。

对于周期性的非正弦电压，其周期为 $T = 2\pi/\omega$ 时，进行傅立叶分解，有

$$u(\omega t) = a_0 + \sum_{n=1}^{\infty}(a_n\cos n\omega t + b_n\sin n\omega t) \tag{1-6}$$

式中　　　　　　　　　　　$a_0 = \frac{1}{2\pi}\int_0^{2\pi} u(\omega t)\, d(\omega t)$

$$a_n = \frac{1}{\pi}\int_0^{2\pi} u(\omega t)\cos n\omega t\, d(\omega t) \quad (n=1,2,3,\cdots)$$

$$b_n = \frac{1}{\pi}\int_0^{2\pi} u(\omega t)\sin n\omega t\, d(\omega t) \quad (n=1,2,3,\cdots)$$

也可以表示为

$$u(\omega t) = a_0 + \sum_{n=1}^{\infty} c_n \sin(n\omega t + \varphi_n) \tag{1-7}$$

式中

$$c_n = \sqrt{a_n^2 + b_n^2}$$

$$\varphi_n = \arctan\frac{a_n}{b_n}$$

$$a_n = c_n \sin\varphi_n$$

$$b_n = c_n \cos\varphi_n$$

式（1-6）和式（1-7）的傅里叶级数表达式中，频率与工频相同的分量称为基波分量，频率为基波频率整数倍（大于1）的分量称为谐波（Harmonics）分量，定义谐波次数（Harmonic Order）为谐波频率与基波频率的整数倍。以上公式定义同样适用于非正弦电流，只需将 $u(\omega t)$ 换成 $i(\omega t)$ 即可。

电压或电流波形偏离正弦波形的程度即波形发生畸变的程度用总畸变率（Total Harmonics Distortion，THD）来表示。总畸变率定义为总谐波有效值与基波有效值之比，即

$$THD = \frac{\sqrt{\sum_{n=2}^{\infty}(a_n^2 + b_n^2)}}{\sqrt{a_1^2 + b_1^2}} \tag{1-8}$$

电压和电流的总畸变率是衡量电能质量的重要性能指标。

## 1.3 平均值和有效值的计算

### 1.3.1 平均值

对于连续函数 $y = f(x)$，其在区间 $[a,b]$ 上的平均值 $\bar{y}$ 为

$$\bar{y} = \frac{1}{b-a}\int_a^b f(x)\, dx \tag{1-9}$$

对于周期为 $T$ 的周期函数 $f(t)$，其平均值为傅里叶级数的恒定分量，即

$$[f(t)]_{AVE} = \frac{1}{T}\int_{t_0}^{t_0+T} f(t)\, dt \tag{1-10}$$

### 1.3.2 有效值

交流电器一般都使用有效值，也叫均方根值或方均根值（Root Mean Square，RMS）。对于有效值，美国传统词典的定义为：The square root of the average of squares of a set of numbers。

周期函数有效值的计算公式为

$$[f(t)]_{\text{RMS}} = \sqrt{\frac{1}{T}\int_{t_0}^{t_0+T}[f(t)]^2 dt} \qquad (1\text{-}11)$$

## 1.4 瞬时功率和平均功率的计算

### 1.4.1 瞬时功率的定义

瞬时功率（Instantaneous Power）$p(t)$ 等于电压与电流瞬时值的乘积，即

$$p(t) = u(t)i(t) \qquad (1\text{-}12)$$

式中　$p(t)$，$u(t)$，$i(t)$ ——功率、电压、电流的瞬时值。

### 1.4.2 平均功率的定义及计算

工程上计量的功率，比如家用电器功率，都是周期量的平均功率（Average Power），如 40W 日光灯表示该日光灯消耗的平均功率为 40W。平均功率 $P$ 的定义为

$$P = \frac{1}{T}\int_0^T p\, dt = \frac{1}{T}\int_0^T u(t)i(t)\, dt \qquad (1\text{-}13)$$

直流电路中，由于 $u(t)$、$i(t)$ 为恒定值，所以直流电路中平均功率与瞬时功率相等。如果电路中电压为常量 $E$，电流为周期性变化量 $i(t)$，则电路消耗的平均功率为

$$P = \frac{1}{T}\int_0^T u(t)i(t)\, dt = \frac{1}{T}\int_0^T Ei(t)\, dt = EI_{\text{AVE}} \qquad (1\text{-}14)$$

式中　$I_{\text{AVE}}$ ——电流平均值。

正弦稳态电路中，电压和电流均不是常量，为周期性变化量，这里以电阻消耗的功率计算为例，说明正弦稳态电路中平均功率的计算方法。设正弦电流为 $i(t) = I_m\cos\omega t$，则电阻 $R$ 吸收的瞬时功率 $p_R$ 为

$$p_R = Ri^2(t) = RI^2(1 + \cos 2\omega t) \qquad (1\text{-}15)$$

式中　$I$ ——电流有效值，$I = \sqrt{\frac{1}{T}\int_0^T [i(t)]^2 dt}$。

从式（1-15）可以看出，电阻上消耗的瞬时功率是一个频率为正弦电流（或电压）频率 2 倍的非正弦量，而且功率始终大于 0，表明电阻总是从电路吸收功率。电路中电阻吸收的平均功率为

$$P_R = \frac{1}{T}\int_0^T RI^2[1 + \cos(2\omega t)]\, dt = RI^2 = UI \qquad (1\text{-}16)$$

式（1-16）即为通常正弦电路中电阻所消耗功率的计算公式。

## 1.5 有功功率、无功功率、视在功率及功率因数

### 1.5.1 有功功率

有功功率（Active Power）$P$ 即为平均功率，所以有功功率定义与平均功率定义相同，

为

$$P = \frac{1}{T}\int_0^T p\,\mathrm{d}t = \frac{1}{T}\int_0^T u(t)i(t)\,\mathrm{d}t \tag{1-17}$$

有功功率的单位为瓦，符号为 W。正弦稳态电路中，如果电压 $u(t) = \sqrt{2}U\cos(\omega t + \varphi_\mathrm{u})$，电流 $i(t) = \sqrt{2}I\cos(\omega t + \varphi_\mathrm{i})$，其中 $U$、$I$ 为电压和电流的有效值，$\varphi_\mathrm{u}$、$\varphi_\mathrm{i}$ 分别为电压与电流的初相位，则其有功功率为

$$P = \frac{1}{T}\int_0^T u(t)i(t)\,\mathrm{d}t = UI\cos\varphi \tag{1-18}$$

$\varphi$——$\varphi = \varphi_\mathrm{u} - \varphi_\mathrm{i}$，电压与电流之间的相位差。

### 1.5.2 无功功率

正弦稳态电路中无功功率（Reactive Power）$Q$ 的定义为

$$Q = UI\sin\varphi \tag{1-19}$$

非正弦电路中无功功率的定义及计算很复杂，到目前为止还没有公认的准确定义。值得注意的是，无功功率并不表示无用的功率，它代表由储能元件（如电感、电容）引起的与外部电路交换的功率，"无功"的意思是指这部分能量在往复交换的过程中没有被消耗。无功功率的单位为乏，符号为 var。

### 1.5.3 视在功率

视在功率（Apparent Power）$S$ 是负载要求电源提供的全部功率容量，包括有功功率和无功功率。工程上常用视在功率衡量电气设备在额定电压、额定电流条件下最大的负荷能力，或者是对外输出有功功率的最大能力。视在功率的单位为伏安，符号为 VA。视在功率的计算公式为

$$S = UI = \sqrt{P^2 + Q^2} \tag{1-20}$$

### 1.5.4 功率因数

功率因数（Power Factor）$PF$ 是衡量传输电能效果的一个非常重要的指标，它表示传输系统中有功功率所占的比例，即

$$PF = \frac{P}{S} \tag{1-21}$$

在正弦电路中，电路的有功功率就是其平均功率，即

$$P = \frac{1}{2\pi}\int_0^{2\pi} ui\,\mathrm{d}(\omega t) = UI\cos\varphi \tag{1-22}$$

视在功率为电压、电流有效值的乘积，即

$$S = UI \tag{1-23}$$

所以，正弦电路功率因数 $PF$ 为

$$PF = \frac{P}{S} = \cos\varphi \tag{1-24}$$

从式（1-24）可以看出，正弦电路中，电路功率因数等于电压和电流相位差角的余弦

值 $\cos\varphi$。

如果电压或电流不为正弦波形，那么功率因数就不再等于 $\cos\varphi$。下面分析非正弦电路中功率因数的计算。对于任意的电压和电流波形，可以用傅里叶级数表示为

$$u(\omega t) = \sum_{n=1}^{\infty} \sqrt{2} U_n \sin(n\omega t + \phi_n) \quad (1-25)$$

$$i(\omega t) = \sum_{n=1}^{\infty} \sqrt{2} I_n \sin(n\omega t + \phi_n + \varphi_n) \quad (1-26)$$

式（1-25）和式（1-26）中，$U_n$、$I_n$ 分别是基波及各次谐波的电压、电流有效值，$\phi_n$ 为基波及谐波的电压初相位，$\varphi_n$ 为基波及谐波电压与电流的相位差。则基波功率因数为基波有功功率与基波视在功率之比，总功率因数为总有功功率（基波有功功率与谐波有功功率之和）与总视在功率之比，即

基波功率因数为 
$$PF_1 = \frac{U_1 I_1 \cos\varphi_1}{U_1 I_1} = \cos\varphi_1 \quad (1-27)$$

总功率因数为
$$PF = \frac{\sum_{n=1}^{\infty} U_n I_n \cos\varphi_n}{UI} \quad (1-28)$$

式（1-28）中，$U$ 为电压有效值，$U = \sqrt{\sum_{n=1}^{\infty} U_n^2}$；$I$ 为电流有效值，$I = \sqrt{\sum_{n=1}^{\infty} I_n^2}$。

公用电网中，通常电压的波形畸变很小，而电流波形的畸变可能很大，一般可以认为电压波形为正弦波、电流波形为非正弦波，即有

$$u(\omega t) = \sqrt{2} U_1 \sin(\omega t + \phi_1) \quad (1-29)$$

$$i(\omega t) = \sum_{n=1}^{\infty} \sqrt{2} I_n \sin(n\omega t + \phi_n + \varphi_n) \quad (1-30)$$

基波电流与电压的相位差为 $\varphi_1$，这时有功功率为 $P = U_1 I_1 \cos\varphi_1 = UI_1 \cos\varphi_1$，则总功率因数为

$$PF = \frac{P}{S} = \frac{UI_1 \cos\varphi_1}{UI} = \frac{I_1}{I} \cos\varphi_1 = v\cos\varphi_1 \quad (1-31)$$

式（1-31）中，$v = I_1/I$，即基波电流有效值和总电流有效值之比，称为基波因数，而 $\cos\varphi_1$ 称为位移因数或基波功率因数。由此可见，这种情况下功率因数由基波电流相移和电流波形畸变两个因素决定。

【例 1-1】 某整流电路交流侧电压为 $u(t) = \sqrt{2} U\sin(\omega t)$，电流波形为矩形波，如图 1-1 所示，求：

(1) 用傅里叶级数表示该电流波形；
(2) 计算电流波形的畸变率；
(3) 计算该电路交流侧的功率因数。

解：(1) 图 1-1 所示电流函数为奇函数，所以其傅里叶级数只有正弦项，且波形半周期镜对称，所以无偶次项。用式（1-3）表示，其系数为

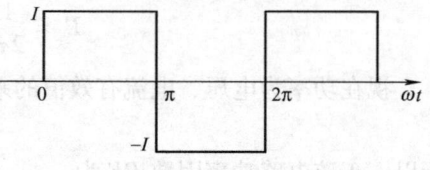

图 1-1 电流波形

$$B_{2n+1} = \frac{1}{\pi} \int_0^{2\pi} f(\omega t) \sin(2n+1)(\omega t) \mathrm{d}(\omega t)$$
$$= \frac{1}{\pi} \left[ \int_0^{\pi} I \sin(2n+1)(\omega t) \mathrm{d}(\omega t) + \int_{\pi}^{2\pi} (-I) \sin(2n+1)(\omega t) \mathrm{d}(\omega t) \right]$$
$$= \frac{2I}{\pi} \times \frac{-\cos(2n+1)\omega t}{2n+1} \Big|_0^{\pi}$$
$$= \frac{4I}{\pi(2n+1)}$$

其中，$n = 0,1,2,3,\cdots$，则有 $B_1 = \frac{4I}{\pi}$，$B_3 = \frac{4I}{3\pi}$，$B_5 = \frac{4I}{5\pi}$，$B_7 = \frac{4I}{7\pi}$，$\cdots$。

电流波形的傅里叶级数表达式为

$$i(t) = \frac{4I}{\pi} \sin \omega t + \frac{4I}{3\pi} \sin 3\omega t + \frac{4I}{5\pi} \sin 5\omega t + \frac{4I}{7\pi} \sin 7\omega t + \cdots$$

根据上述表达式可知，矩形波电流波形中只含有奇次谐波电流，无偶次谐波电流，且谐波电流幅值随谐波次数的增加而减小。

（2）基波电流有效值为

$$I_1 = \frac{4I}{\sqrt{2}\pi}$$

根据有效值计算公式（1-11）可知，总电流有效值为 $I$，则总电流畸变率为

$$THD_i = \frac{\sqrt{I^2 - I_1^2}}{I_1} = \frac{\sqrt{I^2 - 8I^2/\pi^2}}{4I/\sqrt{2}\pi} = \sqrt{\frac{\pi^2}{8} - 1} \approx 0.48$$

（3）该电路电流基波分量与电压同相位，即基波功率因数 $\cos\varphi_1 = 1$，所以交流侧功率因数为

$$PF = \frac{P}{S} = \frac{UI_1 \cos\varphi_1}{UI} = \frac{1}{I} \times \frac{4I}{\sqrt{2}\pi} = \frac{2\sqrt{2}}{\pi} = 0.9$$

从计算结果可以知道，非正弦电路中虽然基波电流与电压同相位，即基波功率因数为 1，但电路功率因数并不是 1，这是由于电流波形畸变造成的。

## 1.6 理想电感与理想电容

### 1.6.1 理想电感元件

电感元件是由导线绕制的实际线圈（Coil）的理想化模型，它反映了电流产生磁通和磁场能量储存这一物理现象，是磁场储能情况在电路中的反映。理想电感元件不考虑线圈电阻。对于线性电感元件，其电感值为常数，即磁链与电流具有线性关系，为

$$\psi = Li \tag{1-32}$$

式中  $\psi$ ——磁链；

$L$ ——电感元件参数，称为自感系数或电感；

$i$ ——产生该磁通的电流。

电感上的电压 $u_L(t)$ 可用电流表示为

$$u_L(t) = \frac{d\psi}{dt} = L\frac{di(t)}{dt} \tag{1-33}$$

如果线性电感元件通过的电流为 $i_L(t) = I_m\cos\omega t$,则电感吸收的瞬时功率为

$$p_L = u_L i_L = Li_L\frac{di_L}{dt} = -\omega LI_m^2\cos\omega t\sin\omega t = -\omega LI^2\sin 2\omega t \tag{1-34}$$

从式 (1-34) 可以看出,电感吸收的能量为一个频率为正弦电流(或电压)频率 2 倍的正弦量,在正弦电流一个周期内电感吸收的能量正负交替变换 2 次,即吸收 - 释放能量 2 次。电感元件吸收的平均功率为

$$P_L = \frac{1}{T}\int_0^T -\omega LI^2\sin(2\omega t)dt = 0 \tag{1-35}$$

式 (1-35) 表明,电感吸收的平均功率为 0,即电感不消耗有功功率,所以电感为储能元件。

已知电感电压,可以得到电感电流表达式为

$$i_L(t) = \frac{1}{L}\int u_L(t)dt \tag{1-36}$$

对式 (1-36) 积分,有

$$i_L(t_0 + T) - i_L(t_0) = \frac{1}{L}\int_{t_0}^{t_0+T} u_L(t)dt \tag{1-37}$$

稳态情况下,理想电感上的电流在周期开始和结束时相等,则有

$$\frac{1}{L}\int_{t_0}^{t_0+T} u_L(t)dt = 0 \tag{1-38}$$

由 (1-38) 可知,理想电感的电压平均值为 0,即理想电感上直流压降为 0,电感具有通过直流电流隔离交流电流的功能。

## 1.6.2 理想电容元件

电容器是储存电荷或者说是储存电场能量的元件,电容元件是反映这种物理现象的电路模型。理想电容元件也不考虑其电阻。线性电容元件的电容为常数,则其储存的电荷大小与电容上所加电压之间为线性关系,有

$$q = Cu_C \tag{1-39}$$

式中 $q$——电荷量;

$C$——电容元件参数,称为电容;

$u_C$——电容上电压。

电容上的电流大小为

$$i_C(t) = C\frac{du_C(t)}{dt} \tag{1-40}$$

如果线性电容元件流过的电流为 $i_C(t) = I_m\cos\omega t$,则电容吸收的瞬时功率为

$$p_C = u_C i_C = i_C(t)\frac{1}{C}\int i_C(t)dt = \frac{1}{\omega C}I_m^2\cos\omega t\sin\omega t = \frac{1}{\omega C}I^2\sin 2\omega t \tag{1-41}$$

从式 (1-41) 可以看出,电容吸收的瞬时功率也是一个频率为正弦电流(或电压)频率 2 倍的正弦量,在正弦电流一周期内吸收 - 释放能量 2 次。电容吸收的平均功率为

$$P_C = \frac{1}{T}\int_0^T \frac{1}{\omega C}I^2\sin(2\omega t)\mathrm{d}t = 0 \tag{1-42}$$

式（1-42）表明，电容上平均功率也为 0，即电容也不消耗有功功率，为储能元件。已知电容电流，可以得到电容电压表达式为

$$u_C(t) = \frac{1}{C}\int i_C(t)\mathrm{d}t \tag{1-43}$$

根据式（1-43），有

$$u(t_0 + T) - u(t_0) = \frac{1}{L}\int_{t_0}^{t_0+T} i_C(t)\mathrm{d}t \tag{1-44}$$

稳态情况下，理想电容上的电压在周期开始和结束时相等，则有

$$\frac{1}{C}\int_{t_0}^{t_0+T} i_C(t)\mathrm{d}t = 0 \tag{1-45}$$

由式（1-45）可知，理想电容的电流平均值为 0，即理想电容上没有直流电流通过，电容具有通过交流电流隔离直流电流的功能。

## 1.7 三相电路基本知识

自 19 世纪末三相供电系统（Three-phase Power Supply System）问世以来，就广泛应用于发电（Generation）、输电（Transmission）、配电（Distribution）系统中。三相供电系统包括三相电源、三相负载（Load）和三相输电线路（Transmission Line）几部分。三相电路（Three-phase Circuit）是由三相电源供电的电路，三相电源是能产生三相电压、输出三相电流的电源。

### 1.7.1 对称三相电压

频率相同、幅值（Amplitude）相同且初相位依次相差 120°的三相电压，称为对称（Symmetrical）三相电压。三相电源对称，三相负载和三相电路也对称，则三相系统为对称三相系统。A、B、C 对称三相电压的波形图及相量图（Phasor Diagram）如图 1-2 所示，对称三相电压有多种表达方式，用瞬时值公式可表示为

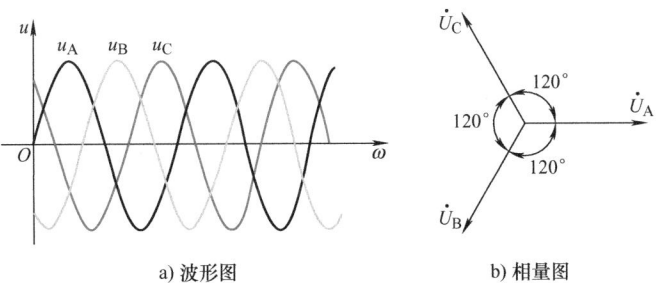

a) 波形图　　　　　　b) 相量图

图 1-2　对称三相电压

$$u_A = U_m\sin\omega t$$
$$u_B = U_m\sin(\omega t - 120°)$$

$$u_C = U_m\sin(\omega t - 240°) = U_m\sin(\omega t + 120°)$$

也可以用复数形式表示为

$$\dot{U}_A = U\angle 0°$$

$$\dot{U}_B = U\angle -120°$$

$$\dot{U}_C = U\angle -240° = U\angle 120°$$

式中 $U$ ——有效值。

对称三相电压瞬时值之和为零,即满足关系式

$$u_A + u_B + u_C = 0 \quad 或 \quad \dot{U}_A + \dot{U}_B + \dot{U}_C = 0$$

三相电压的相序指各相电源经过同一值(如正最大值)的先后顺序,如定义正序(Positive Sequence)为 A—B—C—A,则负序(Negative Sequence)为 A—C—B—A。

### 1.7.2 三相电路的联结方式

三相电源或三相负载有两种联结方式,星形联结方式和三角形联结方式,分别用符号丫和△表示。

**1. 三相电源的星形联结**

图 1-3 为三相电源星形联结方式的电路图及电压相量图。图 1-3a 为三相电源的星形联结电路图,图中电源的引出线 A、B、C 代表三根端线(配电系统中俗称"火线"),N 引出的为中性线(Neutral Line,俗称"零线")。中性线引出的接线方式为三相四线制方式,无中性线引出的接线方式为三相三线制方式,民用电系统均采用三相四线制接线系统。端线与中性点之间的电压 $u_{AN}$ 为相电压,端线与端线之间的电压 $u_{AB}$ 为线电压。图 1-3b 为星形联结时线电压和相电压的相量图。从图 1-3 可以看出:星形联结方式下,线电流与相电流相等,线电压是相电压的 $\sqrt{3}$ 倍,且线电压相位上超前相电压 30°,即有

$$\dot{U}_{AB} = \sqrt{3}\dot{U}_{AN}\angle 30°$$

$$\dot{U}_{BC} = \sqrt{3}\dot{U}_{BN}\angle 30°$$

$$\dot{U}_{CA} = \sqrt{3}\dot{U}_{CN}\angle 30°$$

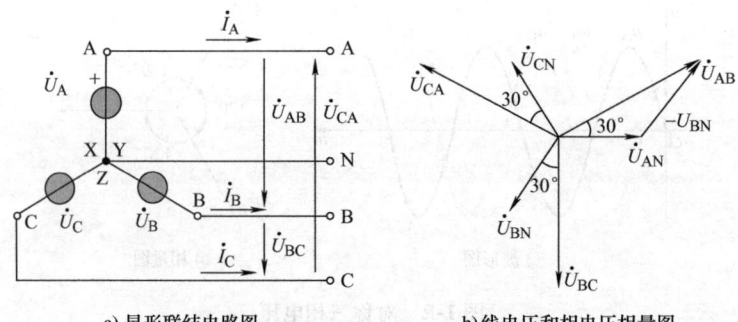

a) 星形联结电路图　　　　　　b) 线电压和相电压相量图

图 1-3　三相电源星形联结方式电路及电压相量图

**2. 三相电源的三角形联结**

图 1-4 所示为三相电源的三角形联结方式,三角形联结不能引出中性线。从图中可以看出,三角形联结方式中由于每相电源直接连接在两端线之间,所以三角形联结的线电压等于相电压。图 1-5 为电源和负载均为三角形联结方式的电路图及线电流和相电流相量图。从图中可以看出,三角形联结方式中线电流为相电流的 $\sqrt{3}$ 倍,而线电流相位上滞后相电流 30°。

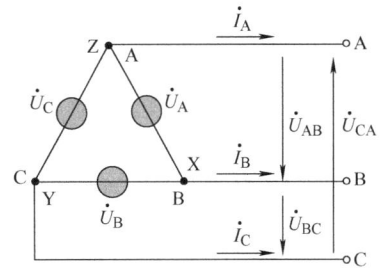

图 1-4 三相电源的三角形联结方式

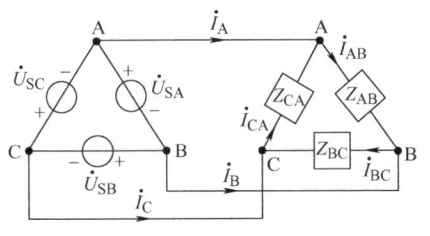

a) 三角形联结电路图

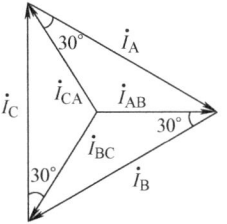

b) 线电流与相电流相量图

图 1-5 三角形联结方式电路及电压相量图

## 1.7.3 三相电路的功率计算

三相电路的瞬时功率为各相负载瞬时功率之和。对于三相对称电路,其三相瞬时功率之和为常量,等于平均功率,即

$$p = p_A + p_B + p_C = 3P_A \tag{1-46}$$

式中  $p$ ——三相总瞬时功率;

$p_A$、$p_B$、$p_C$——A、B、C 相的瞬时功率;

$P_A$——A 相功率。

三相电路功率计算公式为

$$P = 3P_A = 3U_p I_p \cos\varphi = \sqrt{3} U_l I_l \cos\varphi \tag{1-47}$$

式中  $P$ ——三相电路总功率;

$U_p$、$I_p$——相电压和相电流;

$U_l$、$I_l$——线电压和线电流。

从公式可知,不管是三角形联结还是星形联结,其功率计算公式相同。

# 小  结

本章对电力电子技术课程学习中将要用到的电路知识和数学知识进行了复习,包括周期函数的傅里叶级数表达式,谐波的定义,函数有效值、平均值的计算公式,几种功率的定义以及三相电路的相关基础知识。

## 思考题及习题

1-1 什么是谐波？谐波的次数是如何定义的？

1-2 什么是有功功率？什么是无功功率？无功功率就是无用的功率吗？

1-3 正弦电路中，功率因数如何计算？非正弦电路中，功率因数又如何计算？

1-4 民用电系统中，火线指的是什么？零线指的是什么？地线又是什么？

1-5 三角形接线电路中，线电压和相电压之间是什么关系？星形联结方式下，线电压与相电压之间又是什么关系？

1-6 求正弦波周期函数 $f(t) = A\sin\omega t$ 的平均值及有效值。

1-7 某电路电压为 $u(t) = U_m\sin\omega t$，电流为 $i(t) = I_m\sin(\omega t + \varphi)$，求该电路的瞬时功率 $p(t)$ 和平均功率 $P$，并给出用有效值表示的平均功率表达式。

1-8 某直流电路 $u(t) = E$，$i(t) = I$，求瞬时功率及平均功率。

1-9 将图1-6所示的某电压波形周期函数用傅里叶级数表示出来，并计算其谐波畸变率。

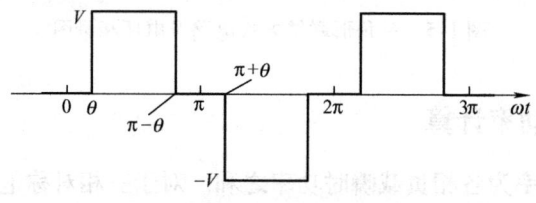

图1-6 题1-9图

# 第 2 章　电力电子器件及驱动和保护

电力电子器件（Power Electronic Device）是电力电子技术的基础，是电力电子装置中的核心部件，因此，了解和掌握常用电力电子器件对电力电子技术课程的学习是非常重要的。目前常用的电力电子器件有电力二极管、晶闸管、大功率晶体管、电力场效应晶体管、绝缘栅双极型晶体管等。本章就常用电力电子器件的结构、基本工作原理、基本工作特性和主要技术参数及选用进行介绍，在此基础上，对电力电子器件的驱动电路、串并联使用等也进行讨论。

## 2.1　概述

### 2.1.1　电力电子器件的定义

电力电子器件是电力电子装置（Power Electronic Apparatus）中实现电能变换与控制的电子器件，它直接用于电力主电路中。电力电子器件包括电真空器件和半导体器件两大类。目前，除了在大功率高频微波电路中仍使用电真空器件外，其他电能变换和控制领域中几乎全部使用半导体器件。所以，人们通常所说的电力电子器件指的是电力半导体器件（Power Semiconductor Device）。

电力半导体器件与普通的半导体器件一样，所采用的主要材料是单晶硅（Silicon）。但电力电子器件与信息处理电路中的普通半导体器件比较，由于其电压等级和功率的不同，使其制造工艺、工作方式等都与普通半导体器件有所不同，它主要具有以下特点：

1）电力电子器件用于对电能进行处理和变换，可以直接用于电力主电路中，能够承受高电压和通过大电流，所以功率容量是电力电子器件的重要性能指标。

2）普通信息处理的半导体器件既可以工作在放大状态，也可以工作在开关状态，而电力电子器件一般都工作在开关状态，目的是减小器件本身的损耗，高效地进行电能的控制和变换。

3）实际应用中，电力电子器件需要信息电子电路进行控制和驱动，也就是说，是通过弱电电路对强电电路进行控制。

4）电力电子器件应用中，除了在器件封装上考虑散热设计外，还必须安装散热器。因为，电力电子器件处理的电功率大，器件自身的损耗也大，导致器件发热厉害，所以电力电子装置采取必要的散热措施是非常重要的。

### 2.1.2　理想的电力电子开关

电力电子电路是非线性（Non-Linear）和时变（Time Variable）电路，对其分析和计算都很复杂和繁琐，为了简化分析和计算，常常认为电力电子器件为理想开关器件（Ideal Electronic Switch）。理想开关器件通常应满足：

1）器件导通时导通电阻为零，即器件两端电压降（导通压降）为零，导通时允许流过的电流任意大。

2) 器件关断时关断阻抗为无穷大,即漏电流(Leakage Current)为零,且器件两端能承受任意高的电压。

3) 器件的开通和关断是瞬时完成的,即器件的开关时间为零。

实际的电力电子器件不可能达到上述的理想工作情况,但也要求其在通态时能承受很高的电流密度而通态压降很低,断态时能承受很高的电压而漏电流很小,开关时间短。此外,对电力电子器件还要求应用时电路有限制器件电流和电压上升率的能力。总之,电力电子器件应具备工作损耗小、承受电流和电压能力大、开关速度快等特点。

### 2.1.3 电力电子器件的损耗

电力电子器件的损耗包括通态损耗(On-State Losses)、断态损耗(Off-State Losses)和开关损耗(Transition-State Losses/Switching Losses)。

通态损耗是由于器件导通时其两端电压不为零造成的,一般电力电子器件通态压降为$0.5 \sim 1V$,当器件流过成百上千安培的大电流时,这部分损耗是很大的。断态损耗是因为器件断态时漏电流不为零引起,这部分损耗很小,计算器件损耗时一般忽略其断态损耗。而开关损耗则是器件在开关过程中伴随电压和电流的变化产生的,开关损耗的大小和器件工作频率关系很大。通常,通态损耗是器件损耗的主要部分,但当器件工作在高频状态时,其开关损耗则上升为器件损耗的主要部分。

### 2.1.4 电力电子器件的分类

从世界上第一只晶闸管诞生开始,电力电子器件就得到了迅猛发展。从电力二极管、晶闸管到全控型器件,从电流控制型器件到电压控制型器件,从低频器件到高频器件,电力电子器件的种类很多,分类方式也各不相同。一般可根据器件的可控性、驱动信号的种类和驱动信号的波形形状以及器件参与导电的载流子情况等进行分类。

**1. 根据器件被控制信号所控制的程度分类**

1) 不可控器件(Uncontrolled Devices):不能通过控制信号来控制其开通和关断的器件,主要有电力二极管。这类器件的开通和关断完全依靠其在主电路中承受的电压和电流大小决定。对于电力二极管,在电路中承受正向电压时导通,承受反向电压时关断。

2) 半控型器件(Half-Controlled Devices):通过控制信号可以控制其开通,但不能控制其关断的器件,主要有晶闸管及其派生器件。这类器件的开通由触发电路的脉冲信号控制,而关断则由其在主电路中承受的电压和流过的电流决定。

3) 全控型器件(Fully-Controlled Devices):通过控制信号既可以控制其开通也可以控制其关断的器件,又称为自关断器件。这类器件种类很多,主要有大功率晶体管、门极关断晶闸管、绝缘栅双极型晶体管、集成门极换流晶闸管等。

**2. 根据器件驱动信号的类型分类**

1) 电流驱动型器件(Current-Driven Devices):通过从控制端注入或抽出电流来实现开通或关断的器件,称为电流驱动型器件,如晶闸管、大功率晶体管等。这类器件的驱动依靠电流信号,所以控制端输入阻抗低,驱动电流和驱动功率较大,驱动电路也较复杂。

2) 电压驱动型器件(Voltage-Driven Devices):通过在控制端和公共端施加一定的电

压信号来实现开通和关断的器件,称为电压驱动型器件。电压驱动型器件是通过场控原理来进行控制的,所以又称为场控型器件或场效应器件,如电力场效应晶体管及派生器件,以及一些复合器件,如绝缘栅双极型晶体管等。这类器件的驱动只需施加电压信号,控制端输入阻抗很高,所需驱动功率小,驱动电路简单。另外,电压驱动型器件工作温度高,抗干扰能力强。所以,这类器件是最有发展前途的器件。

**3. 根据器件驱动信号的波形不同分类**

1)脉冲触发型器件(Pulse - Triggered Devices):通过在控制端施加电压或电流的脉冲信号来实现开通或关断的器件,称为脉冲触发型器件,主要有晶闸管及派生器件。这类器件的特点是器件一旦导通或关断,在外电路不变的条件下,器件导通或关断的状态不发生改变。

2)电平驱动型器件(Level - Sensitive or Level - Triggered Devices):通过在控制端持续施加一定电平的电压或电流来使器件处于导通或关断状态,称为电平驱动型器件,如大功率晶体管、电力场效应晶体管等。

**4. 根据器件参与导电的载流子情况分类**

1)单极型器件(Unipolar Devices):只有一种载流子参与导电的器件,又称为多子导电型器件(Majority Carrier Devices)。这类器件由于只有一种载流子参与导电,没有少数载流子的注入和存储,器件在开关过程中不存在两种载流子的复合,所以开关速度很快、工作频率很高,可以达到几百千赫,甚至更高。单极型器件有电力场效应晶体管和静电感应晶体管等。

2)双极型器件(Bipolar Devices):电子(Electrons)和空穴(Holes)两种载流子均参与导电的器件,又称为少子导电型器件(Minority Carrier Devices)。这类器件存在电导调制效应,具有通态压降低、导通损耗小、阻断电压高、电流容量大的特点。但由于少子参与导电,所以开关速度较低,工作频率不高。常见的双极型器件如晶闸管、大功率晶体管、门极关断晶闸管等。

3)复合型器件(Composite Devices):由单极型器件和双极型器件集成混合而成的器件,又称为混合型器件,如绝缘栅双极型晶体管、集成门极换流晶闸管等。这类器件同时具有单极型器件和双极型器件的优点,各种性能介于单极型器件和双极型器件之间。

## 2.2 电力二极管

电力电子装置中,常常要用到不可控型器件——电力二极管(Power Diode)。电力二极管结构和原理简单、工作可靠,自 20 世纪 50 年代初期二极管出现开始到现在,一直得到广泛应用。常用的电力二极管有整流二极管(Rectifier Diode)、快恢复二极管(Fast Recovery Diode)和肖特基二极管(Schottky Barrier Diode)。整流二极管常在电力电子电路中作整流、续流和隔离用,快恢复二极管和肖特基二极管分别在中、高频整流和逆变电路以及低压高频整流的场合使用。

### 2.2.1 电力二极管的结构和基本工作原理

**1. 电力二极管的结构**

电力二极管的基本结构与信息电路中的普通二极管相似,是一个面积较大的 PN 结两端

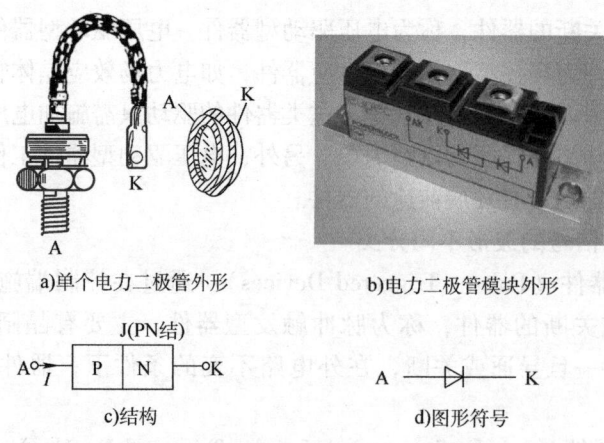

a)单个电力二极管外形　　　　　b)电力二极管模块外形

c)结构　　　　　　　　　　　d)图形符号

图 2-1　电力二极管及模块的外形、结构和图形符号

引线构成的两端半导体器件。图 2-1 所示为电力二极管及模块的外形、结构和图形符号。其中，两个引线分别为阳极（Anode）和阴极（Cathode）。

电力二极管外形主要有螺栓型（见图 2-1a）、平板型（见图 2-1a）和模块型（见图 2-1b）几种，其中电力二极管模块是将 2 个、4 个或 6 个二极管组合在一起制造，方便用户使用。螺栓型结构安装方便，但散热较差，一般 200A 以下的小容量管子采用螺栓型。平板型结构能够两面散热，一般用于 200A 以上容量较大的管子。

电力二极管的工作原理在于 PN 结的单向导电性，下面对 PN 结的形成和单向导电性进行讨论。

**2. PN 结的形成**

PN 结是由 P 型半导体和 N 型半导体结合构成。P 型半导体中空穴浓度大于电子浓度，空穴为多数载流子，N 型半导体中电子浓度大于空穴浓度，电子为多数载流子。当 P 型半导体和 N 型半导体结合后，在二者的交界处出现了电子和空穴的浓度差，载流子在无规则运动中由高浓度区向低浓度区扩散（Diffusion），各区的多子向对方区扩散成为该区的少子。在两种半导体的界面两侧留下不能运动的带正负电荷的杂质离子，称为空间电荷，如图 2-2 所示。这些空间电荷建立的电场称为内电场或自建电场。自建电场一方面阻止载流子的扩散运动，另一方面吸引对方区域的少子向本区运动形成漂移（Drift）运动。扩散运动和漂移运动达到动态平衡时，就形成了稳定的空间电荷区，即 PN 结。

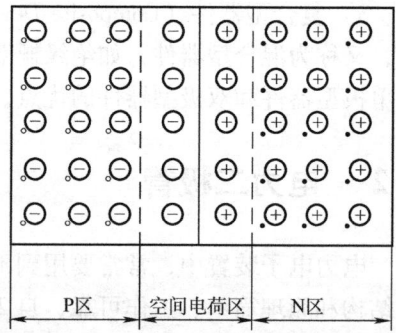

图 2-2　PN 结的形成

空间电荷区的载流子浓度较 P 区和 N 区的多数载流子浓度低得多，像被耗尽了一样，所以也被称为耗尽层。而空间电荷区的存在对载流子的扩散运动起阻碍作用，也称为阻挡层。

**3. PN 结的单向导电性**

当 PN 结外加正向电压即正向偏置（Forward Biasing）时，外加电压建立的外部电场与 PN 结内部的自建电场方向相反，内部电场被削弱，如图 2-3a 所示，这样，P 区的多数载流

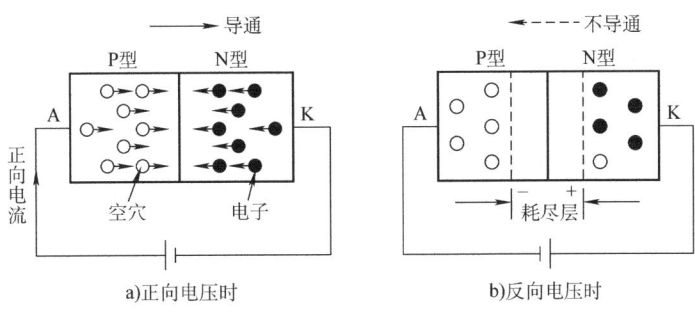

图 2-3　PN 结正向导通和反向截止的基本原理

子空穴和 N 区的多数载流子电子能迅速通过 PN 结交界面向对方区域进行扩散运动，从而在外电路形成较大的正向电流，电流大小由所加的电源电压和外电路电阻决定。此时，PN 结表现为低阻状态，称为 PN 结的正向导通。

当 PN 结外加反向电压即反向偏置（Reverse Biasing）时，外加电压建立的外部电场与 PN 结内部的自建电场方向相同，加强了内电场，使空间电荷区变宽，如图 2-3b 所示。此时，P 区和 N 区的多数载流子扩散运动被阻止，只有少数载流子的漂移运动，形成漂移电流。漂移电流的方向自 N 区流入，从 P 区流出。因为少子数目少，漂移电流小，称为 PN 结的反向漏电流。反向漏电流很小，一般为微安数量级。所以，反向偏置时，PN 结表现为高阻状态，称为 PN 结的反向截止。

PN 结具有一定的反向耐压能力，当施加的反向电压过大时，会造成 PN 结的反向击穿。此时，反向电流从很小的漏电流急剧增大，破坏 PN 结反向偏置状态。根据机理的不同，PN 结的反向击穿有雪崩击穿和齐纳击穿两种形式。当 PN 结发生反向击穿时，只要外电路采取一定措施，将反向电流限制在一定范围内，则当反向电压降低后 PN 结仍可恢复原来的状态。但如果反向电流未被限制，继续增加，将使 PN 结因温度急剧上升而导致热击穿，造成器件永久性损坏。

**4. 电导调制效应**

电力二极管正向导通时要流过很大的电流，但导通压降并不高，一般为 1V 左右。这是因为其通过正向大电流时注入基区（通常为 N 型材料）的少子（空穴）浓度大大增加，这些载流子来不及与电子复合就到达负端，半导体材料为了维持自身中性的条件，多子浓度也大幅度增加，即大注入条件下原始基片的电阻率大大下降，电导率大大提高，从而使 PN 结通过大电流时的导通压降很低，这种现象称为基区的电导调制效应（Conductivity Modulation）。

正是由于电力二极管中存在电导调制效应，才能使其正向导通通过大电流时，能保持较低的电压降。但为了提高电力二极管的反向耐压，其掺杂浓度一般较低，使其正向压降较普通二极管稍高。

**5. PN 结电容效应**

PN 结的空间电荷区就是一个平板电容器，其电荷量随着外加电压变化而变化，呈现电容效应，称为结电容（Junction Capacitor）。结电容影响 PN 结的工作频率，特别是高速开关状态时,结电容可能与电路的杂散电感共同引起高频振荡,影响电路正常工作。另一方面,高频状态下,结电容呈现低阻抗特征,使 PN 结的单向导电性变差,降低其反向阻断能力,使用时一定要注意。

### 2.2.2 电力二极管的基本工作特性

**1. 静态工作特性**

电力二极管的静态工作特性(Static Characteristics)是指电力二极管阳极和阴极之间的电压 $U$ 与阳极电流 $I$ 之间的关系,也称为伏安特性,如图 2-4 所示。

图 2-4 中,横坐标为阳极和阴极之间的电压,纵坐标为流过阳极的电流。第一象限为正向伏安特性区,表现为正向导通状态;第三象限为反向伏安特性区,表现为反向阻断状态。当电力二极管两端所加正向电压小于 $U_{TO}$ 时,电力二极管中只有很小的电流流过;当所加电压高于 $U_{TO}$,正向电流急剧增加,曲线出现与纵轴平行的趋势。$U_{TO}$ 被称为门槛电压或阈值电压(Threshold Voltage)。电力二极管导通后,阳极电流大小由外电路决定,电力二极管只有很小的正向管压降 $U_F$,一般为 0.4~1.2V。当在电力二极管两端施加反向阳极电压时,只有很小的反向漏电流,其特性曲线几乎平行于横轴。随着反向电压的增加,反

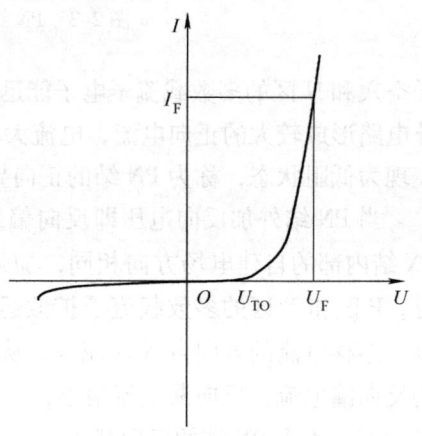

图 2-4 电力二极管的伏安特性

向电流有所增大。当反向电压增加到一定程度时,反向电流将急剧增大,这种现象称为电力二极管的击穿(Breakdown),此时所对应的电压叫做击穿电压。

电力二极管的静态特性是非线性的,在正向偏置时为低阻状态,正向管压降很低,近似为短路;在反向偏置时,二极管呈高阻状态,反向电流很小,近似为开路。实际电路分析及计算时,需根据精度要求对静态特性做适当简化,以得到合适的数学模型,如把二极管看作为二值电阻或理想开关等。

**2. 动态工作特性**

电力二极管的动态工作特性(Dynamic Characteristics/Switching Characteristics)是指二极管在导通和截止两种状态之间转换过程中的特性,也即电力二极管的开通和关断特性,简称开关特性。由于电力二极管结电容的存在,使其开通和关断过程不能瞬时完成,需要一定的时间,从而限制了电力二极管的工作频率。

图 2-5 所示为电力二极管由零偏置到正向偏置(即开通)的动态过程波形。从图中可以看出,开通初期电力二极管两端出现较高的瞬态压降,经过一个正向恢复时间 $t_{fr}$ 达到稳态时,导通压降才降为很小。二极管导通时出现电压过冲的原因是:①电导调制效应开始作用所需的大量少数载流子存储需要一定的时间,此阶段二极管导通电阻较大,所以二极管达到稳态导通前管压降较大;②电力二极管开通时呈现明显的电感效应,电流上升越快,电压过冲 $U_{FP}$ 越大。

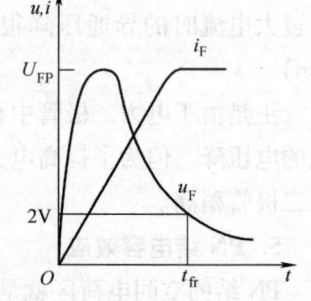

图 2-5 电力二极管的开通过程

图 2-6 所示为电力二极管由正向偏置到反向偏置（即关断）的动态过程波形。电力二极管在由正向偏置到反向偏置过程中，会出现一个较大的反向电流，并伴随明显的反向电压过冲。这是因为电力二极管在正向偏置时，PN 结两边的多数载流子不断向对方区域扩散，成为对方区域的少数载流子，这不仅使空间电荷区变窄，而且使 PN 结两侧有大量的少数载流子存储。正向电流越大，所存储的少数载流子越多。当输入电压突然由正向电压变为反向电压时，PN 结两边存储的载流子在反向电压作用下向各自原来的区域运动，即 P 区中的电子向 N 区运动，N 区

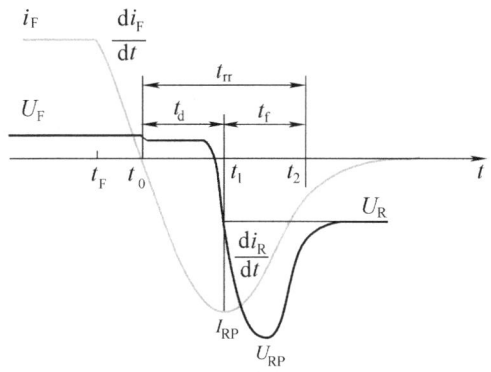

图 2-6 电力二极管的关断过程

的空穴向 P 区运动，形成反向漂移电流。由于开始时空间电荷区很窄，则二极管电阻很小，所以此时反向电流很大。经过延迟时间 $t_d$ 后，PN 结两侧存储的载流子显著减少，空间电荷区逐渐变宽，电力二极管开始重新恢复阻断能力，反向电流减小，直至经过下降时间 $t_f$ 后，二极管截止。在电流下降过程中，由于回路中电感的存在，会在电力二极管两端产生很高的反向电压过冲 $U_{RP}$。将延迟时间 $t_d$ 和电流下降时间 $t_f$ 之和称为电力二极管的反向恢复时间 $t_{rr}$（Reverse Recovery Time）。

## 2.2.3 电力二极管的主要参数

要正确选择和使用电力电子器件，除了需要掌握其工作特性外，还应该了解其主要技术参数。电力二极管的主要技术参数包括正向平均电流、正向电压降、反向重复峰值电压、反向漏电流，以及前面已经介绍过的正、反向恢复时间等参数。

（1）正向平均电流（Average Rectified Forward Current，即额定电流）$I_{F(AV)}$

$I_{F(AV)}$ 指在规定的壳温（+40℃）和散热条件下，器件结温达到额定温度且稳定时，电力二极管允许长时间连续通过的工频正弦半波电流的平均值。在选择电力二极管时，正向平均电流的确定是按发热条件决定的，即需按电流有效值来选取。

对于工频正弦半波电流，波形如图 2-7 所示，当电流峰值为 $I_m$ 时，正弦半波电流平均值为

$$I_d = \frac{1}{2\pi} \int_0^\pi I_m \sin \omega t \, d(\omega t) = \frac{I_m}{\pi} \quad (2-1)$$

正弦半波电流有效值为

$$I = \sqrt{\frac{1}{2\pi} \int_0^\pi (I_m \sin \omega t)^2 d(\omega t)} = \frac{I_m}{2} \quad (2-2)$$

所以，正弦半波电流的有效值与平均值之比为 1.57。根据正向平均电流的定义可知，额定电流为 $I_{F(AV)}$ 的电力二极管允许通过的电流有效值为 $1.57 I_{F(AV)}$。

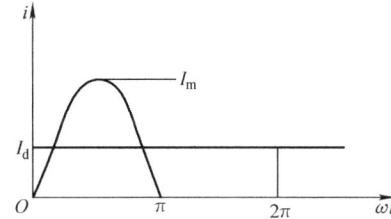

图 2-7 工频正弦半波波形

此外，当电力二极管工作在较高频率时，开关损耗不能忽略，在选择额定电流时，应加

以考虑。

(2) 反向重复峰值电压（Peak Repetitive Reverse Voltage）$U_{RRM}$

$U_{RRM}$指电力二极管在额定结温下，所能重复施加的反向最高峰值电压，通常是反向不重复峰值电压（击穿电压）的 2/3。使用时，一般按 2~3 倍裕量考虑选取。

(3) 正向电压降（Forward Voltage）$U_F$

$U_F$ 指在规定的 +40℃ 环境温度和标准的散热条件下，电力二极管通以工频正弦半波额定正向平均电流时的最大电压降，也称为管压降。$U_F$ 的大小影响二极管的发热与损耗，一般应选用管压降小的管子以降低其导通损耗。

(4) 反向漏电流（Reverse Current）$I_R$

对应于反向重复峰值电压 $U_{RRM}$ 下的平均漏电流称为电力二极管的反向漏电流 $I_R$。

(5) 最高允许结温（Junction Temperature）$T_{JM}$

结温是指整个 PN 结的平均温度，最高允许结温是指在 PN 结不至于损坏的前提下所能承受的最高平均温度。$T_{JM}$ 通常在 125~175℃ 范围内。

## 2.2.4 电力二极管的主要类型

电力二极管可以在整流电路中作为整流元件，也可以在电感元件组成的电路中作为续流元件，还可在各种变流电路中作为隔离、钳位或保护元件。由于其制造工艺和结构的差别，造成电力二极管的正向压降、反向耐压，特别是反向恢复特性存在差别。根据二极管反向恢复特性的不同，电力二极管主要可分为以下三种类型。

**1. 普通二极管**

普通二极管又称整流二极管（Rectifier Diode，RD），多用于开关频率不高（一般在 1kHz 以下）的整流电路中。其反向恢复时间较长，一般在 25μs 左右，但正向电流和反向电压的额定值可达到数千安和数千伏。

**2. 快恢复二极管**（Fast Recovery Diode，FRD）

快恢复二极管又称为开关二极管，它在制造时采用了掺金工艺，使其恢复过程时间很短，特别是反向恢复时间很短，一般在 5μs 以下。超快恢复二极管的反向恢复时间更短，可低于 50ns。快恢复二极管的正向压降很低，一般用于高频整流电路、斩波电路和逆变电路中。

**3. 肖特基二极管**（Schottky Barrier Diode，SBD）

肖特基二极管是肖特基势垒二极管的简称，它通过金属与半导体接触形成势垒。当金属与半导体接触后，电子从导体向金属区扩散，在半导体一侧形成空间电荷区、内电场和势垒。在外电场作用下，肖特基二极管也表现出单向导电性。与以 PN 结为基础的结型二极管比较，肖特基二极管有以下特点：比 PN 结器件的开关特性更接近理想开关；低的反向恢复电荷使得二极管反向恢复时间大大缩短，可以达到 0.01μs；便于高频工作，工作频率可达 1MHz；正向恢复过程没有明显的电压过冲；在外加电压较低时，正向压降小；高软化系数，从而减小二极管关断时所产生的 EMI 噪声，降低换向操作产生的干扰。但其反向耐压较低，一般只有 100V 左右，而且反向漏电流较大，多用于 200V 以下的低压场合。

## 2.2.5 电力二极管的型号

普通型电力二极管常用 ZP 表示，其中，Z 代表整流特性，P 为普通型。普通型电力二

极管型号可表示为

ZP【电流等级】—【电压等级/100】【通态平均电压组别】

例如，型号为 ZP50—16 的电力二极管，其型号含义为：普通型电力二极管，额定电流为 50A，额定电压为 1600V。

## 2.3 晶闸管

晶闸管（Thyristor）是硅半导体材料制成的硅晶体闸流管的简称，又叫可控硅整流器（Silicon Controlled Rectifiier，SCR）。它是最早出现的电力电子器件之一，为半控型器件，它在电力电子技术的发展过程中起了非常重要的作用。晶闸管容量大、价格低、工作可靠，尽管其工作频率较低，但在高电压、大电流应用场合，如高压直流输电中，仍然是无可替代的器件。目前，我国已成功研制出额定通流能力 4500A、反向耐压 8500A 的 6 英寸电触发晶闸管及 ±800kV、4500A 的换流阀，为 ±800kV 特高压输电技术工程应用及推广奠定了坚实的基础。

### 2.3.1 晶闸管的结构

晶闸管的结构和图形符号如图 2-8 所示，它是一种由四层半导体材料构成 PNPN 结构的器件。它有三个引出端，其中阳极（Anode）和阴极（Cathode）是功率引出端，而门极（Gate）是控制引出端。

晶闸管有螺栓型、平板型和模块型等几种不同的封装形式，如图 2-9 所示。对于螺栓型晶闸管，通常螺栓是阳极，制成螺栓形状是为了安装时与散热器紧密连接，且安装方便，另一侧的粗辫子为阴极，细辫子为门极。这种结构散热性较差，一般用于 200A 以下容量的器件。平板型封装由两个散热器将晶

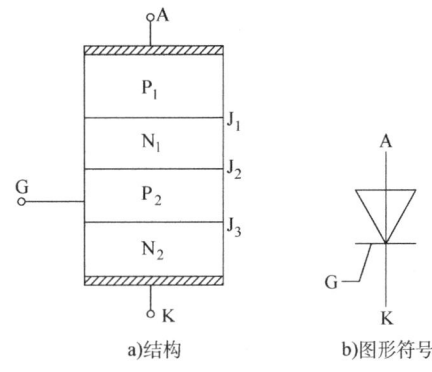

图 2-8 晶闸管的结构和图形符号

闸管夹在中间安装，散热效果较好，可用于 200A 以上容量的器件，其辫子为门极，而阳极、阴极用肉眼无法区分，可借助万用表测量出。

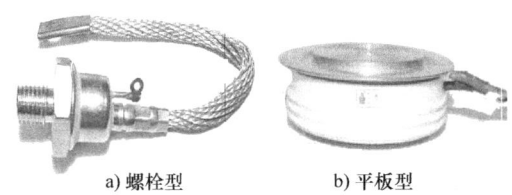  

a) 螺栓型　　　　b) 平板型　　　　c) 晶闸管模块　　d) 高压直流输电用光控晶闸管

图 2-9 不同封装形式晶闸管外形图

由于晶闸管是大功率电力电子器件，通流能力强，设计时需要考虑冷却散热问题。晶闸管的冷却散热介质可采用空气和水，常用的冷却方式有自冷、风冷和水冷几种。风冷和水冷

都是强迫冷却。由于水的热容量较空气大，所以在大容量场合采用水冷方式。

## 2.3.2 晶闸管的工作原理

晶闸管是电流驱动、双极性、半控型器件，其工作原理可用双晶体管模型来说明。晶闸管的双晶体管模型及工作原理如图2-10所示。

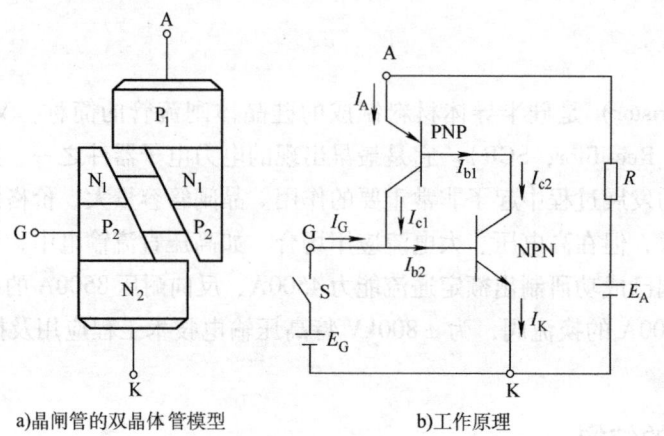

a) 晶闸管的双晶体管模型　　　　b) 工作原理

图 2-10　晶闸管的双晶体管模型及工作原理

从图 2-8 所示晶闸管的结构可知，晶闸管为四层三端器件，其中 $P_1$、$N_1$、$P_2$、$N_2$ 分别构成 $J_1$、$J_2$ 和 $J_3$ 三个 PN 结。而晶闸管的四层结构可等效看作为两个晶体管，如图 2-10a 所示；上层为 PNP 管，下层为 NPN 管，其工作原理如图 2-10b 所示。从图 2-10b 可以看出，两个晶体管的连接有以下特点：PNP 管的集电极电流为 NPN 管的基极电流，NPN 管的集电极电流又为 PNP 管的基极电流。

从图 2-10 可知，当晶闸管门极不加控制信号时，晶闸管阳极和阴极之间无论是承受正向电压还是反向电压，其 PNPN 四层结构中的三个 PN 结中总有 PN 结处于反偏状态，所以器件中只有少数载流子漂移作用形成的很小的漏电流，晶闸管处于阻断工作状态（Blocking State）。

当晶闸管 AK 间承受正向阳极电压时，其 $J_1$ 和 $J_3$ 结为正向偏置，而 $J_2$ 结处于反向偏置，晶闸管处于阻断状态。为使晶闸管导通，必须使晶闸管结构中承受反向电压的 $J_2$ 结失去阻挡作用。从图 2-10b 的双晶体管模型的工作原理可知，此时如果门极有足够大的门极电流 $I_G$ 流入，$J_1$ 和 $J_3$ 结向邻近的基区注入少数载流子，起发射极的作用，处于反向偏置的 $J_2$ 结起着集电极的作用。这时，两个复合晶体管电路形成强烈的正反馈，造成两个晶体管饱和导通，晶闸管由阻断状态进入饱和导通状态：

$$I_G \rightarrow I_{b2}\uparrow \rightarrow I_{c2}(I_{b1})\uparrow \rightarrow I_{c1}\uparrow$$

在晶闸管饱和导通后，如果去掉外加的门极电流 $I_G$，晶闸管由于内部已形成强烈的正反馈，仍然维持导通。要使晶闸管关断，必须去掉阳极正向电压，或施加阳极反向电压，当流过晶闸管的电流降低到某一较小电流（维持电流）时，使饱和导通的双晶体管退出饱和状态，晶闸管才能关断。

从前面的分析可以看出，通过对门极电流的控制可以控制晶闸管的开通，而不能控制其关断，所以晶闸管为半控型器件。

从图 2-10b 可以看出，PNP 管的发射极电流为晶闸管的阳极电流 $I_A$，NPN 管的发射极电流为晶闸管的阴极电流 $I_K$。设图中 PNP 管和 NPN 管共基极放大系数分别为 $\alpha_1$ 和 $\alpha_2$，在晶体管饱和导通时，有 $I_{c1} = \alpha_1 I_A$，$I_{c2} = \alpha_2 I_K$。晶闸管阳极电流等于两管的集电极电流和漏电流的之和，即

$$I_A = I_{c1} + I_{c2} + I_{co} = \alpha_1 I_A + \alpha_2 I_K + I_{co} \tag{2-3}$$

式中　$I_{co}$——两个晶体管的漏电流之和，也即为晶闸管 $J_2$ 结的反向漏电流。

晶闸管阳极电流、阴极电流和门极电流之间有关系

$$I_K = I_A + I_G \tag{2-4}$$

根据式（2-3）和式（2-4），有

$$I_A = \frac{I_{co} + \alpha_2 I_G}{1 - (\alpha_1 + \alpha_2)} \tag{2-5}$$

两个晶体管的放大系数 $\alpha_1$ 和 $\alpha_2$ 随发射极电流的变化而非线性变化，在发射极电流较小时，$\alpha_1$ 和 $\alpha_2$ 很小，随着发射极电流的增大，$\alpha_1$ 和 $\alpha_2$ 也迅速增大。

当晶闸管承受正向阳极电压，而门极电流 $I_G$ 为零时，由于漏电流 $I_{co}$ 很小，致使 $\alpha_1$ 和 $\alpha_2$ 很小，所以 $I_A$ 也很小，$I_A \approx I_{co}$，为晶闸管的正向漏电流。此时，晶闸管处于正向阻断状态，不导通。

当晶闸管承受正向阳极电压，而门极电流为 $I_G$ 且 $I_G$ 不为零时，当 $I_G$ 增大到一定程度，NPN 管的电流放大系数 $\alpha_2$ 增大，同时，使 NPN 管的集电极电流 $I_{c2}$ 即 PNP 管的基极电流 $I_{b1}$ 增大，使 PNP 管的电流放大系数 $\alpha_1$ 也增大，从而产生更大的集电极电流 $I_{c1}$，这样形成了强烈的正反馈过程。当晶体管电流放大系数 $\alpha_1 + \alpha_2 \approx 1$ 时，从式（2-5）中可知，晶闸管的阳极电流趋于无穷大，即晶闸管迅速饱和导通。实际电路中，由于外电路负载的限制，流过晶闸管的电流不可能是无穷大，而是由主电路的电源电压和负载大小决定。

由式（2-5）可以看出，在晶闸管导通后，阳极电流完全由外电路决定，和晶闸管的门极电流无关，门极失去控制作用。此时，即使去掉门极电流，即 $I_G = 0$，晶闸管仍然保持导通。所以，驱动晶闸管只需要施加一脉冲电流即可。对于晶闸管的驱动过程，一般称为触发，产生注入门极触发电流 $I_G$ 的电路称为触发电路。

晶闸管导通后，如果不断减小电源电压或是增大负载电阻，使阳极电流 $I_A$ 减小，当减小至维持电流（$I_H$）以下时，电流放大系数 $\alpha_1$ 和 $\alpha_2$ 迅速下降，此时 $1 - (\alpha_1 + \alpha_2) \approx 1$，晶闸管关断。

晶闸管开通和关断具有以下特点：

1）晶闸管只有同时承受正向阳极电压和正向门极电压时才能导通，二者缺一不可。

2）晶闸管一旦稳定导通后，其门极就失去控制作用，即门极电压对晶闸管导通后的状态不产生影响，故门极控制电压只要是有一定宽度的正向脉冲电压即可，这个脉冲称为触发脉冲。

3）要使已经导通的晶闸管关断，必须使阳极电流降低到维持电流以下，这可以通过增加负载电阻使阳极电流下降，也可以通过给晶闸管施加反向电压来实现。

前面讨论的是晶闸管正常导通的情况，除了给晶闸管同时加正向阳极电压和正向门极电压的正常导通情况外，下列因素也可能引起晶闸管导通：

1) 阳极电压升高到一定数值，由于漏电流增大造成雪崩效应而使晶闸管开通。
2) 阳极电压上升率 $du/dt$ 太高，由于晶闸管结电容的作用使晶闸管误导通。
3) 晶闸管结温过高，漏电流增大使晶闸管导通。
4) 光直接照射在硅片上，产生电子空穴对，在电场作用下产生电流而使晶闸管导通，即光触发导通。

以上可能引起晶闸管导通的方法中，除了光触发导通外，其他均为非正常导通，在实际电路中要避免产生这些情况。

### 2.3.3 晶闸管的基本工作特性

**1. 静态特性**

晶闸管的静态特性（Static Characteristics）指的是器件端电压和流过的电流之间的关系，包括阳极伏安特性和门极伏安特性。

（1）阳极伏安特性

晶闸管的阳极伏安特性指其阳极与阴极之间的电压 $U_A$ 与阳极电流 $I_A$ 之间的关系曲线，如图2-11所示，图中第一象限为正向特性，第三象限为反向特性。晶闸管的反向伏安特性与电力二极管相同，这里不再赘述。

对于晶闸管第一象限的正向伏安特性，与门极电流 $I_G$ 的大小有关，可分为正向阻断状态和正向导通状态。当门极未加触发电流即 $I_G = 0$ 时，晶闸管处于正向阻断状态，此时阳极只有很小的漏电流，特性曲线几乎与横轴平行。但晶闸管的正向阻断能力也是有限的，随着阳极电压 $U_A$ 的不断增大，当增大到正向转折电压 $U_{bo}$ 时，特性将从阻断区经负阻区进入导通区，阳极电流迅速增大，

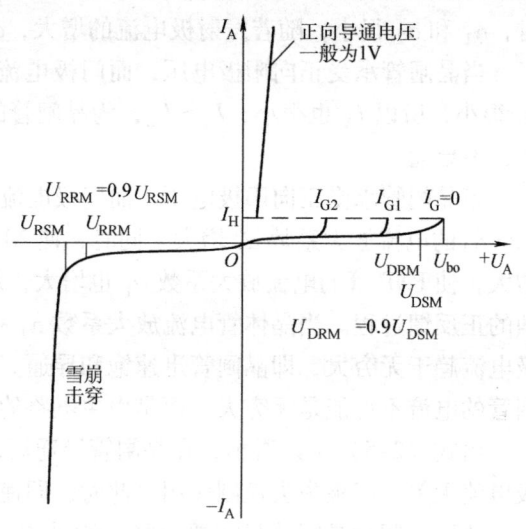

图2-11 晶闸管的阳极伏安特性

器件非正常导通。当门极有触发电流即 $I_G > 0$ 时，正向转折电压随门极电流 $I_G$ 的增大而下降，只要门极电流足够大，阳极和阴极之间的电阻降得很小，阳极电流增大到擎住电流 $I_L$（晶闸管由阻断状态进入导通状态所需的最小电流）后，晶闸管进入导通状态。导通后的晶闸管特性与二极管的正向特性相似，此时晶闸管流过很大的阳极电流而管子本身只有很小（约为1V）的电压降，特性曲线几乎平行于纵轴。

晶闸管正常工作时，不允许采用将阳极电压大于转折电压而使其导通的工作方式，而应采用施加正向门极电压，加入触发电流使之导通的工作方式，以免损坏晶闸管。当门极加触发电流后，晶闸管的转折电压大大降低，器件可在较低的阳极电压下由阻断状态变为导通状态。

（2）门极伏安特性

前面已经知道，晶闸管中存在三个 PN 结，其中门极和阴极之间有 $J_3$ 结，门极伏安特性即指这个 PN 结上的正向门极电压 $U_G$ 与所加的门极电流 $I_G$ 之间的关系。实际产品的门极伏

安特性分散性很大，无法找到一条典型曲线来代表，常用一条极限高阻门极特性和一条极限低阻门极特性之间的区域，即门极伏安特性区域来代表同类产品的门极伏安特性，称为门极伏安特性区域，如图 2-12 所示。

在晶闸管正常使用中，门极 PN 结不能承受过高的电压、过大的电流以及过大的功率，如图 2-12 中的门极正向峰值电压 $U_{GFM}$、门极正向峰值电流 $I_{GFM}$ 及门极峰值功率 $P_{GM}$，它们是门极伏安特性区域的上限。而晶闸管门极触发也有一定的灵敏度，为了能可靠触发，正向门极电压必须大于门极触发电压（Trigger Voltage/Gate Voltage）$U_{GT}$，正向门极电流必须大于门极触发电流（Trigger Current/Gate Current）$I_{GT}$。所以，晶闸管正常可靠触发时，要求其门极电压和门极电流必须在图 2-12 中的阴影区内，且门极平均功率损耗不超过规定的平均功率 $P_G$。

在晶闸管出厂的合格证上，标明了能够保证触发该器件的最小触发电流和最小触发电压。为使触发电路能适用于同型号的所有晶闸管，触发电路设计时应使门极的工作点在可靠触发区内。如果晶闸管的触发电压太低，则容易受外界干扰影响而造成管子误触发。如果触发电压太高，又使器件触发困难。另外，晶闸管所需的触发电压和触发电流的大小与温度有关，器件温度升高时，触发晶闸管所需的电流和电压可以相应降低；反之，则需增大。在驱动电路设计时，这些因素都必须考虑，以保证晶闸管在任何时候都能可靠工作。

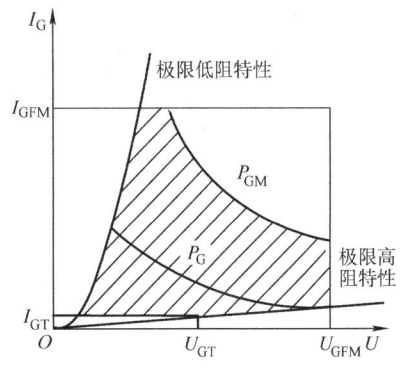

图 2-12　晶闸管的门极伏安特性

**2. 动态特性**

进行电力电子电路分析时，很多时候都将晶闸管看作理想器件，即认为器件开通和关断是瞬时完成的。但实际运行时，由于器件内部载流子的变化，使器件的开通和关断不是瞬时完成，而需要一定的时间。晶闸管的动态特性是指晶闸管工作在阻断状态和导通状态之间变换过程中的特性，包括开通特性和关断特性。图 2-13 所示为晶闸管的开关特性。

（1）开通过程（Turn – On Transients）

晶闸管的开通过程是指晶闸管由阻断状态到正向导通状态的转换过程。晶闸管在正向阻断状态下突加门极触发电流，由于其内部正反馈过程和外电路电感的影响，阳极电流上升需要一定的时间。从门极加触发电流到阳极电流上升到稳态值的 10% 所需的时间称为延迟时间（Delay Time）$t_d$。阳极电流从稳态值的 10% 上升到稳态值的 90% 所需的时间称为上升时间（Rise Time）$t_r$。延迟时间 $t_d$ 与上升时间 $t_r$ 之和称为开通时间 $t_{on}$，有

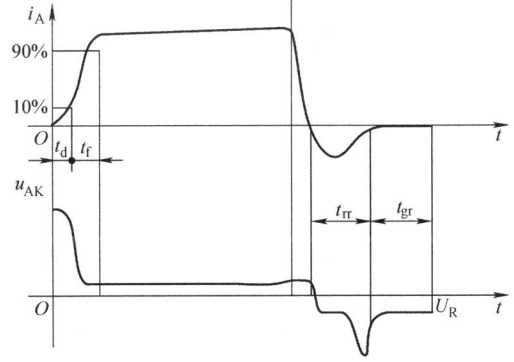

图 2-13　晶闸管的开关特性

$$t_{on} = t_d + t_r \tag{2-6}$$

一般认为延迟时间是由于载流子渡越基区造成的，上升时间反映了基区载流子浓度达到新稳态分布的过程。延迟时间受触发脉冲前沿陡度及其幅值的影响，采用强触发脉冲触发可缩短开通时间；上升时间受主电路阻抗的影响，不同性质的负载在开通过程中表现出不同的电流、电压变化。普通晶闸管的延迟时间为 0.5~2.5μs，上升时间为 0.5~3μs，开通时间约为 5μs。为确保晶闸管可靠开通，触发脉冲宽度通常在 20~50μs。

（2）关断过程（Turn – Off Transients）

晶闸管的关断过程指其由导通状态到阻断状态的转换过程。当反向电压加在晶闸管上时，晶闸管阳极电流将逐渐下降。阳极电流下降到零时，晶闸管不会立即关断，此时反向偏置的 PN 结空间电荷层厚度将增加，这种变化导致反向电流的存在，称为反向恢复电流。由于外电路中电感的作用，反向恢复电流逐步增大，达到峰值后再逐步减小。在反向恢复电流变化的同时，由于电感的存在，晶闸管两端的电压也发生变化，产生一个尖峰电压。最终反向恢复电流逐渐减小到接近零，晶闸管恢复对反向电压的阻断能力。从正向电流降为零开始到反向恢复电流衰减到接近零的时间称为晶闸管的反向阻断恢复时间 $t_{rr}$。反向恢复过程结束后，由于载流子复合过程较慢，晶闸管要恢复到具有正向电压的阻断能力还需要一定时间，这个时间称为正向阻断恢复时间 $t_{gr}$。在正向阻断恢复时间内，如果对晶闸管施加正向电压，由于此时其还不具有正向阻断能力，晶闸管可能立即正向导通，这种导通不是因为受到门极控制信号控制而导通的，属于不正常开通。实际应用中，晶闸管在关断后应当施加足够长时间的反向电压，使晶闸管充分恢复到对正向电压的阻断能力，电路才能可靠工作。晶闸管的反向阻断恢复时间 $t_{rr}$ 和正向阻断恢复时间 $t_{gr}$ 之和，称为关断时间 $t_{off}$，有

$$t_{off} = t_{rr} + t_{gr} \tag{2-7}$$

普通晶闸管的关断时间约为几百微秒。为了缩短关断时间，应适当加大反向电压，并保持一段时间，以使载流子充分复合而消失。

由于晶闸管正向阻断恢复时间的存在，其开通时间和关断时间较长，限制了其工作频率。

### 2.3.4 晶闸管的主要参数

晶闸管的参数很多，这里主要介绍阳极电压和电流参数、动态参数、温度特性参数等。值得注意的是，晶闸管在承受正向电压时，有正向阻断状态和正向导通状态两种状态存在，所以讨论晶闸管参数时，断态和通态一般指晶闸管正向阻断状态和正向导通状态两种不同工作状态，而将"正向"两字省略。反向工作状态时，一般加"反向"二字进行强调。

**1. 电压参数**

（1）断态重复峰值电压（Peak Repetitive Forward Blocking Voltage）$U_{DRM}$

$U_{DRM}$ 指在门极开路和额定结温下，允许重复施加在器件上的正向峰值电压。国家标准规定测试时重复频率为 50Hz，每次持续时间小于 10ms。其大小取断态不重复峰值电压（即断态最大瞬时电压）$U_{DSM}$ 的 90%，而 $U_{DSM}$ 的值应低于正向转折电压 $U_{bo}$，所留裕量由生产厂家自定，如图 2-11 所示。

（2）反向重复峰值电压（Repetitive Reverse Blocking Voltage）$U_{RRM}$

$U_{RRM}$ 指在门极开路和额定结温情况下，允许重复加在器件上的反向峰值电压。其大小为反向不重复峰值电压 $U_{RSM}$ 的 90%，$U_{RSM}$ 的值应低于反向转折电压。

通常将断态重复峰值电压 $U_{DRM}$ 和反向重复峰值电压 $U_{RRM}$ 中的较小值规定为器件的额定电压。注意：额定电压不是任意决定的，一般情况下，额定电压在1000V以下时每100V为一个电压等级，1000~3000V时每200V为一个电压等级。

由于晶闸管工作过程中可能会受到一些意想不到的瞬时过电压，为了确保器件的安全运行，选用晶闸管时其额定电压常取正常工作电压峰值的2~3倍，即考虑足够的安全裕量。

(3) 通态（峰值）电压（Peak On-State Voltage）$U_{TM}$

$U_{TM}$ 指晶闸管通过规定倍数的额定通态平均电流时的瞬态峰值电压。从减小器件损耗和发热的角度考虑，晶闸管选用时应尽量选用 $U_{TM}$ 较小的管子。

**2. 电流参数**

(1) 通态平均电流（Average On-State Current）$I_{T(AV)}$

$I_{T(AV)}$ 指晶闸管在环境温度为+40℃和规定的散热条件下，稳定结温不超过额定结温（125℃），晶闸管的导通角不小于170°，且带阻性负载时的单相工频正弦半波电流的平均值。与电力二极管一样，晶闸管额定电流的确定是按照器件本身的通态损耗的发热效应来定义的，所以额定电流选取时需按照有效值相等的原则考虑。

对于电流平均值相等而波形形状不同的电流波形，其有效值是不一样的。常用波形系数 $k_f$ 来表示不同形状电流波形中有效值与平均值的关系。波形系数 $k_f$ 定义如下：

$$k_f = \frac{I(\text{电流有效值})}{I_d(\text{电流平均值})} \tag{2-8}$$

前面已经计算，电流波形为正弦半波的情况下，有 $I/I_d = \pi/2 = 1.57$，所以，额定电流为 $I_{T(AV)}$ 的晶闸管，允许通过的电流有效值为

$$I = 1.57 I_{T(AV)} \tag{2-9}$$

实际电路中，由于晶闸管的热容量小，过载能力很低，因此实际选择晶闸管时，一般考虑1.5~2倍的安全裕量。在给定了晶闸管的额定电流后，可计算出该晶闸管通过任意波形情况下，管子允许流过的电流平均值为

$$I_d = \frac{1.57 I_{T(AV)}}{(1.5~2) k_f} \tag{2-10}$$

所以，额定电流为100A的晶闸管，只有在通过正弦半波电流的情况下，允许通过的电流平均值才是100A。当波形系数 $k_f > 1.57$ 时，晶闸管允许通过的电流平均值将小于100A；反之，当 $k_f < 1.57$ 时，晶闸管允许通过的电流平均值将大于100A。

(2) 维持电流（Holding Current）$I_H$

$I_H$ 指晶闸管导通后，逐渐减小其阳极电流而能够维持晶闸管继续导通所需的最小阳极电流。当阳极电流小于 $I_H$ 后，晶闸管将关断。$I_H$ 的大小与结温有关，结温越高，$I_H$ 越小。

(3) 擎住电流（Latching Current）$I_L$

$I_L$ 指晶闸管刚刚由断态转入通态并去掉触发门极信号后，仍能保持其导通状态的最小阳极电流。如果阳极电流还未上升到擎住电流 $I_L$，门极触发信号就消失，则晶闸管将重新回到阻断状态。在感性负载的电路中，由于电感的存在使阳极电流上升到 $I_L$ 需要一定的时间，所以对触发脉冲的宽度有一定要求，要求保证阳极电流上升到 $I_L$ 以上，才能去掉触发脉冲。

维持电流和擎住电流是描述晶闸管导通与阻断状态的两个参数，对于同一个器件而言，擎住电流较维持电流大，一般擎住电流 $I_L$ 是维持电流 $I_H$ 的2~4倍。

(4) 通态浪涌电流 (Peak Forward Surge Current) $I_{TSM}$

$I_{TSM}$ 指在规定的条件下、额定结温时，晶闸管能够承受的不重复最大正向过载电流峰值。

晶闸管所承受的浪涌过载能力很有限，在设计晶闸管电路时，必须考虑电路中电流产生的波动。

**3. 动态参数**

动态参数指的是晶闸管在工作状态变化过程中，即开通和关断过程中的参数，除了前面已经介绍过的开通时间和关断时间外，还有：

(1) 断态电压临界上升率 $du/dt$

断态电压临界上升率 $du/dt$ 指的是在额定结温和门极开路条件下，不会使晶闸管发生从阻断状态到导通状态的状态转换的最大电压上升率。

晶闸管在使用过程中要求断态下阳极电压的上升速度小于此参数，否则，可能导致晶闸管误触发导通。这是由于阻断状态下，晶闸管结构中的 PN 结 $J_2$ 结相当于一个电容，当晶闸管阻断状态下阳极电压具有正向上升率时，会有充电电流流过此结面，这个充电电流称为位移电流。该位移电流流经 $J_3$ 结时，起到类似门极触发电流的作用。如果晶闸管断态时的电压上升率过大，使结电容充电电流足够大，达到晶闸管最小触发电流，则可能使晶闸管误导通。

(2) 通态电流临界上升率 $di/dt$

通态电流临界上升率 $di/dt$ 指在规定条件下，晶闸管从断态到通态转换时所能承受而不会使管子损坏的最大电流上升率。

当晶闸管由门极触发导通时，首先是在门极附近一个很小的区域内流过电流，随着时间的增长，导通区域逐渐扩大，直至全部结面导通为止。如果电流上升太快，器件导通结面还未扩展到应有的大小，则可能引起局部电流密度过大，使门极附近区域过热，而使晶闸管损坏。

所以，晶闸管在开通时要控制其电流上升速度，在关断时要控制其电压上升速度，这可以通过控制电路中的缓冲电路来实现。

**4. 门极参数**

(1) 门极触发电流 (Gate Trigger Current) $I_{GT}$

$I_{GT}$ 指的是在室温下，器件从断态到完全开通所必需的最小门极电流。

(2) 门极触发电压 (Gate Trigger Voltage) $V_{GT}$

$V_{GT}$ 是与 $I_{GT}$ 对应的门极触发电压。

一般来说，如果器件的触发电流和触发电压太小，容易受到外界干扰而引起器件误触发；触发电流和触发电压太大，则造成器件触发导通困难。此外，环境温度对门极触发参数影响较大，环境温度高时，$I_{GT}$ 和 $V_{GT}$ 会显著降低；随着温度的降低，$I_{GT}$ 和 $V_{GT}$ 则增大。这就造成了同一晶闸管装置在夏天晶闸管容易触发导通，而到了冬天却可能不能正常触发导通。

## 2.3.5 晶闸管的型号

普通晶闸管的型号可表示如下：

KP【电流等级】—【电压等级/100】【通态平均电压组别】

其中，K 表示闸流特性，P 为普通型。例如，KP100—5 型号的晶闸管表示，其通态平均电流（额定电流）$I_{T(AV)}$ 为 100A，断态和反向重复峰值电压（额定电压）为 500V，通态平均电压组别以英文字母表示出，小容量晶闸管可以不标出。

### 2.3.6 晶闸管的派生器件

**1. 快速晶闸管**

快速晶闸管（Fast Switching Thyristor，FST）的工作原理及特性与普通晶闸管相同，但其开关速度快，普通晶闸管的关断时间为数百微秒，而快速晶闸管的关断时间为数十微秒，高频晶闸管可以达到 $10\mu s$ 以内。所以，快速晶闸管可使用在高频电力电子电路中，如变频器、中频电源、不停电电源、斩波器等。

快速晶闸管的型号与普通晶闸管类似，只是用 KK 代替 KP。

**2. 双向晶闸管**

在交流电力控制电路中，为了对波形的正、负半周都能进行控制，需要采用两只普通晶闸管反并联，从而增加了装置的复杂性，这样双向晶闸管就诞生了。

双向晶闸管（Triode AC Switch，TRIAC）是 NPNPN 五层结构的三端器件，有两个主电极 $T_1$ 和 $T_2$，一个门极 G。TRIAC 具有正反两个方向都能控制导通的特性，可以看作一对反并联的普通晶闸管，但其触发电路更简单，工作更加稳定可靠。图 2-14 所示为双向晶闸管的图形符号及静态特性。从图 2-14b 可以看出，双向晶闸管特性在第一、三象限是完全对称的。

双向晶闸管主要用于交流调压、固态继电器和交流调速等交流电路中，因而其通态时额定电流不是用平均值表示，而是用有效值表示的，这一点与普通晶闸管的额定电流定

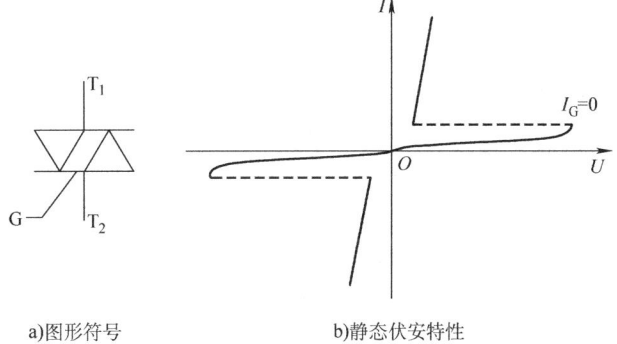

a) 图形符号　　　　b) 静态伏安特性

图 2-14　双向晶闸管的图形符号和静态特性

义不同，值得注意。普通晶闸管的额定电流与双向晶闸管的额定电流换算系数为 2.22，即 100A 的双向晶闸管负载能力与两只 45A 的普通晶闸管反并联后的负载能力相同。

双向晶闸管的型号用 KS 表示。

**3. 逆导晶闸管**

普通晶闸管表现为正向可控闸流特性、反向高阻特性，为逆阻型器件。而在逆变电路和斩波电路中，常常需要晶闸管和大功率二极管反并联使用的情况，为了简化电路结构和提高电路的工作速度，制造厂家将晶闸管和二极管制作在同一芯片上，派生出了另一种晶闸管器件——逆导型晶闸管（Reverse Conducting Thyristor，RCT）。所以，逆导型晶闸管就是将晶闸管与二极管反并联，其图形符号和伏安特性如图 2-15 所示。

从图 2-15 可以看出，逆导晶闸管承受正向阳极电压时，表现出与普通晶闸管相同的特性，阳极伏安特性位于第一象限。当逆导晶闸管承受反向阳极电压时，反向导通（逆导），表现出二极管的低阻特性，阳极伏安特性位于第三象限。

逆导晶闸管具有正向管压降小、关断时间短、高温特性好、结温高等优点，用于不需要承受反向阻断电压且需要二极管续流的场合，由其构成的变流装置体积小、重量轻且成本低。特别是简化了器件间的接线，消除了大功率二极管的配线电感，使晶闸管承受反向电压的时间增加，有利于快速换流，从而提高了变流装置的工作频率。

**4. 光控晶闸管**

光控晶闸管（Light Triggered Thyristor, LTT）又称为光触发晶闸管，它是利用一定波长的光信号触发导通的晶闸管。小功率光控晶闸管只有两个电极（阳极 A 和阴极 K），大功率光控晶闸管带有光缆，光缆上

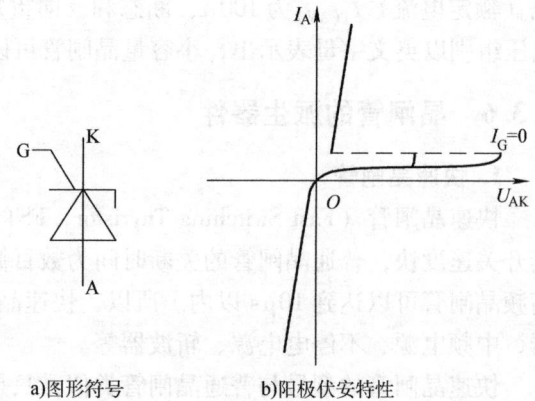

a) 图形符号　　　　b) 阳极伏安特性

图 2-15　逆导晶闸管的图形符号和阳极伏安特性

装有作为触发光源的发光二极管或半导体激光器。光控晶闸管的图形符号和伏安特性如图 2-16 所示。

从图 2-16b 的伏安特性曲线可以看出，随着光强度的增加，光控晶闸管转折点左移。光控晶闸管一旦触发导通，即使无光照，也不会自行关断。由于光信号和电信号有很好的隔离作用，因此绝缘性和抗干扰性优越。目前，光控晶闸管是晶闸管家族中额定容量最大的器件，广泛应用于高电压、大电流电力电子装置中，如高压直流输电系统。

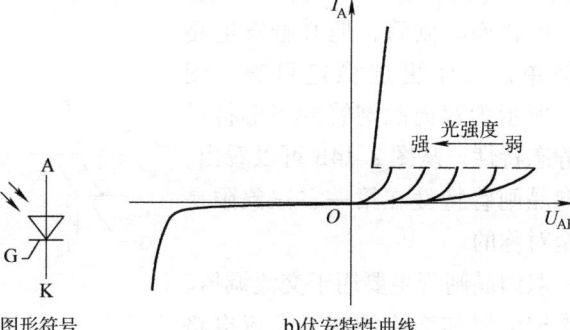

a) 图形符号　　　　b) 伏安特性曲线

图 2-16　光控晶闸管的图形符号和伏安特性

**【例 2-1】**　某电路中流过晶闸管的电流波形如图 2-17 所示，其幅值为 $I_m$，试计算该电流波形的平均值、有效值和波形系数。如考虑 2 倍安全裕量，问额定电流为 100A 的晶闸管，允许通过的电流平均值和最大值分别是多少？

**解：** 根据平均值和有效值计算公式可知，该电流波形的电流平均值为

$$I_d = \frac{1}{2\pi}\int_{\pi/3}^{\pi} I_m \sin\omega t \, d(\omega t) = 0.24 I_m$$

电流有效值为

$$I = \sqrt{\frac{1}{2\pi}\int_{\pi/3}^{\pi}(I_m \sin\omega t)^2 d(\omega t)} = 0.46 I_m$$

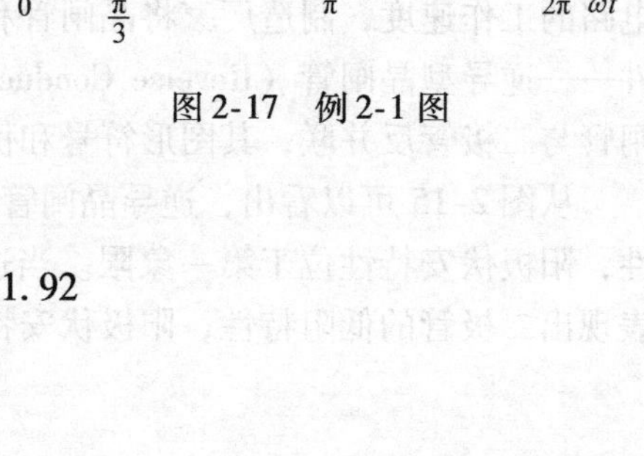

则该电流波形的波形系数为

$$K_f = \frac{I}{I_d} = \frac{0.46 I_m}{0.24 I_m} = 1.92$$

图 2-17　例 2-1 图

考虑 2 倍裕量，额定电流为 100A 的晶闸管，允许通过的电流平均值为

$$I_\mathrm{d} = \frac{1.57 \times 100}{2 \times 1.92}\mathrm{A} = 41\mathrm{A}$$

允许通过的电流最大值为

$$I_\mathrm{m} = \frac{I_\mathrm{d}}{0.24} = \frac{41}{0.24}\mathrm{A} = 171\mathrm{A}$$

**【例 2-2】** 在如图 2-18 所示电路中，$E = 50\mathrm{V}$，$L = 0.5\mathrm{H}$，$R = 0.5\Omega$，晶闸管的擎住电流 $I_\mathrm{L} = 15\mathrm{mA}$，若晶闸管使用单脉冲触发，试问为保证晶闸管 VT 可靠导通，触发脉冲宽度至少应为多少？

**解**：晶闸管 VT 导通后，电路的电压方程为

$$L\frac{\mathrm{d}i}{\mathrm{d}t} + Ri = E$$

求解方程，可得流过晶闸管的电流为

$$i = \frac{E}{R}(1 - \mathrm{e}^{-\frac{Rt}{L}})$$

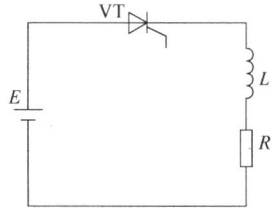

图 2-18  例 2-2 图

要保证晶闸管可靠导通，则阳极电流 $i$ 需要达到擎住电流以上，门极触发信号才能撤出，即触发脉冲必须保证至少持续到电流 $i$ 上升到擎住电流之后，这样可得触发脉冲持续时间为

$$\left[\frac{50}{0.5}(1 - \mathrm{e}^{-t})\right] > 15 \times 10^{-3}$$

近似取 $\mathrm{e}^{-t} \approx 1 - t$，则得到时间

$$t > 150 \times 10^{-6}\mathrm{s} = 150\mathrm{\mu s}$$

所以，触发脉冲宽度至少应大于 $150\mathrm{\mu s}$。

## 2.4  门极关断晶闸管

普通晶闸管具有耐压高、电流大和相对较强的过载能力，在高压大功率领域占有主导地位，得到广泛应用。但由于晶闸管为半控型器件，当其用于斩波和逆变电路中时，器件的关断就是一个突出问题。为了能使晶闸管器件关断，必须附加强迫换流电路，从而使得变流装置控制复杂、体积大、效率低。

门极关断晶闸管（Gate Turn-Off Thyristor，GTO）是一种通过门极施加负脉冲可以使其关断的晶闸管，为全控型器件，但由于其结构和晶闸管类似，它也可以看作为晶闸管的派生器件。由于 GTO 的关断不需要换流电路，简化了变流装置电路、提高了电路可靠性，减少了关断时所需要的能量，还可提高装置的工作频率，所以 GTO 主要用于大功率领域。虽然 GTO 的额定电压和额定电流均较大，但它的驱动电路技术难度大、价格高等缺点，使其推广受到了限制，近年来，有被 IGCT 取代的趋势。

### 2.4.1  GTO 的结构

GTO 的结构与普通晶闸管类似，也为 PNPN 四层三端结构。图 2-19 为 GTO 的结构、剖面、图形符号和外形。

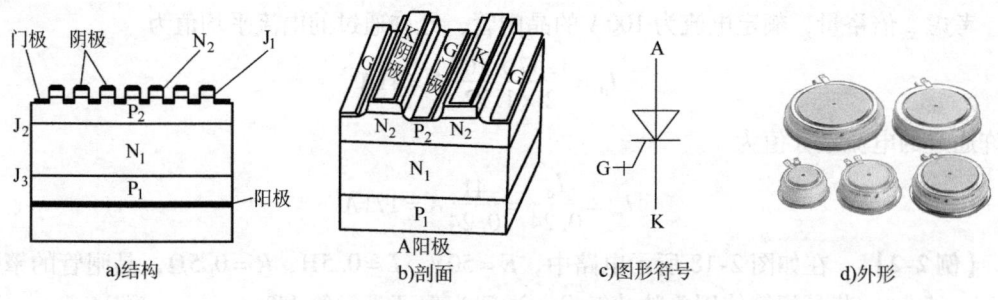

图 2-19 GTO 的结构、剖面、图形符号及外形

为了实现器件可以通过门极来关断，GTO 采用多元集成化结构，内部由成百上千个小 GTO 单元组成。这些小 GTO 单元阳极共有，阴极由数百个细长的小条并联，周围被门极包围，这种结构可以减小门极和阴极之间的距离，即阴极呈岛状结构。阴极宽度越小，门极与阴极之间的距离越短（横向电阻越小），越有利于关断。它们的门极、阴极单独引线，分别并联在一起，组成 GTO 器件。而组成一个 GTO 器件的所有小 GTO 单元特性应一致，否则先开通和后关断的 GTO 单元将被烧毁。

## 2.4.2 GTO 的工作原理

GTO 的工作原理与普通晶闸管相似，也可以用双晶体管模型进行分析。其导通过程与晶闸管基本相同，有同样的正反馈过程。但为了使 GTO 门极可控关断，在制造上使双晶体管模型中的 NPN 管电流放大系数 $\alpha_2$ 较 PNP 管的电流放大系数 $\alpha_1$ 大，这样使 NPN 管控制更加灵敏，GTO 更容易关断。另外，GTO 与普通晶闸管最大的区别在于两个晶体管的放大系数 $\alpha_1 + \alpha_2$ 数值的不同。对于普通晶闸管，$\alpha_1 + \alpha_2$ 常为 1.15 左右，晶闸管器件导通时进入深饱和导通状态，导通电阻较小；而 GTO 在导通时 $\alpha_1 + \alpha_2$ 非常接近于 1，使 GTO 导通时处于临界饱和状态，这为通过门极控制其关断提供了有利条件，但其导通时的导通电阻较大。

GTO 在导通状态下，给门极施加负的关断脉冲，形成 $-I_G$，相当于将双晶体管模型中的 PNP 管集电极电流 $I_{c1}$ 抽出，使 NPN 管的基极电流减小，$I_{c2}$ 也随之减小，PNP 管的基极电流更小，则 $I_{c2}$ 也进一步减小，从而 GTO 的阳极电流迅速下降。这也是一个正反馈过程，$I_{c1}$ 和 $I_{c2}$ 的减小使 $\alpha_1 + \alpha_2$ 退出饱和，GTO 不能继续导通而关断。

正是由于 GTO 导通时，处于临界饱和状态，才能用抽走阳极电流的方法使其关断，而晶闸管导通时，处于深度饱和状态，用抽走阳极电流的方法就无法使其关断。GTO 关断时，随着阳极电流的减小，阳极电压逐步上升，因而关断时的瞬时功耗较大。

图 2-20 所示为 GTO 开通和关断时的电流波形。从图中可以看出，开通过程与晶闸管相同，开通时间包括延迟时间和电流上升时间两个部分，而关断过程有所不同。GTO 关断过程分为三个阶段，除了和晶闸管相同的存储时间、下降时间外，增加了尾部时间 $t_t$，$t_t$ 对应阳极电流下降到很小直到电流下降为维持电流以下器件关断的时间。这段时间内，器件仍有残存的载流子被抽出，为了保证 GTO 可靠关断，有必要继续保持反向门极电流来减小尾部时间。增加关断时的门极电流上升率可以显著减少存储时间，一般关断时的门极电流上升率应大于或等于 $30A/\mu s$。另外，在尾部时间时，GTO 的阳极电压已经建立，所以很容易因为过高的 $du/dt$ 使器件关断失败。

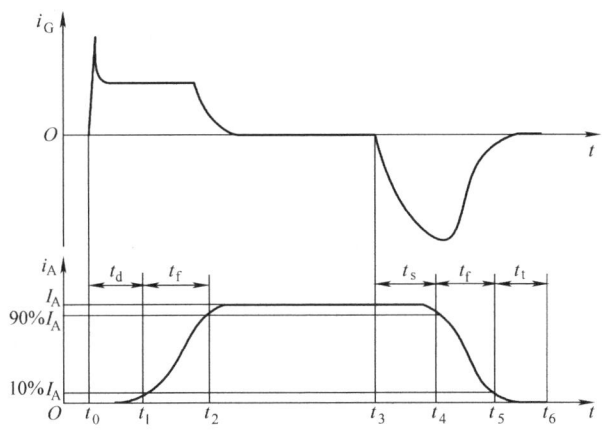

图 2-20　GTO 开通和关断过程电流波形

### 2.4.3　GTO 的主要参数

GTO 的很多参数与晶闸管相同，这里介绍与晶闸管不同的参数。

(1) 最大可关断阳极电流 $I_{ATO}$

最大可关断阳极电流指在规定条件下，由门极控制可关断的阳极电流最大值。该电流与门极关断电路、主电路及缓冲电路等条件有关。

GTO 的阳极电流受两个条件限制：一是发热限制，即管子的额定工作结温决定的平均电流额定值，这一点与普通晶闸管相同；另一个是由临界饱和导通条件所决定的最大阳极电流。因为阳极电流过大，管子进入深饱和状态，导致门极关断失败，所以 GTO 定义其门极能可靠关断的阳极最大电流为额定电流容量。

(2) 电流关断增益 $\beta_{off}$

GTO 的电流关断增益 $\beta_{off}$ 指最大可关断阳极电流 $I_{ATO}$ 与门极所加负脉冲电流最大值 $I_{GM}$ 之比，它是表征 GTO 关断能力强弱的重要特征参数。GTO 的 $\beta_{off}$ 一般较小，通常只有 5 左右，$\beta_{off}$ 低是 GTO 的一个主要缺点。例如对于一个 1000A 的 GTO，关断时需要施加的门极负脉冲电流峰值为 200A，这是一个电压不高、电流数值很大的控制电流，且对此电流波形有很高的要求。显然，要产生这样的关断脉冲对 GTO 的门极驱动电路设计提出了很高的要求。

目前 GTO 在电气轨道交通动车的斩波调压调速中大量使用，其额定电压和电流可达 6000V、6000A 以上，容量大是其主要特点，而额定电压 9000V 的 GTO 也已经问世。另外，GTO 还常与二极管反并联组成逆导型 GTO，逆导型 GTO 如果需要承受反向电压，则需要另外串联电力二极管。

## 2.5　电力晶体管

电力晶体管（Giant Transitor，GTR），又称为双极结型晶体管（Bipolar Junction Transistor，BJT），它是一种耐压较高、电流较大的大功率晶体管，工作原理与一般双极结型晶体管相同。相对于 GTO，GTR 具有控制方便、开关时间短等优点。20 世纪 80 年代以来，在中、小功率范围取代晶闸管，近年来，GTR 在许多场合又逐渐被 IGBT 和电力 MOSFET 所取代。

### 2.5.1 GTR 的结构

GTR 是由三层半导体材料、两个 PN 结组成的三端器件，三个极分别为基极、集电极和发射极。GTR 有 PNP 和 NPN 两种结构，使用较多的是 NPN 型 GTR。图 2-21 给出了 NPN 型 GTR 的结构、图形符号及外形照片。

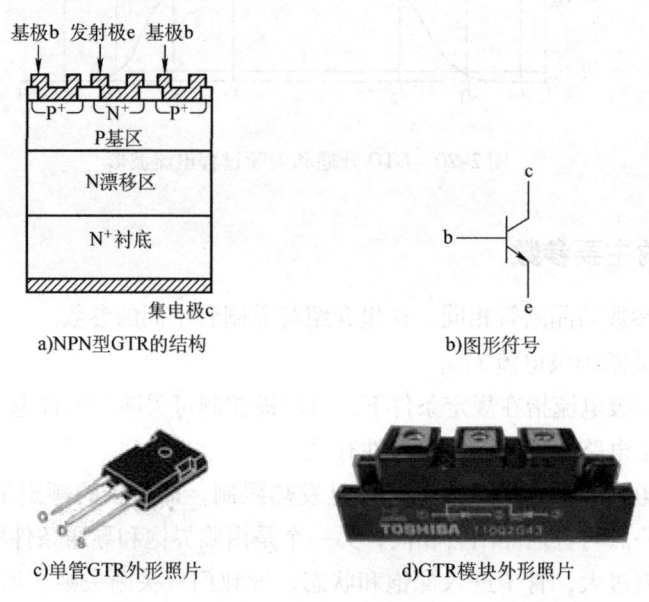

图 2-21 NPN 型 GTR 的结构、图形符号及外形照片

常用的 GTR 有单管、达林顿管和模块型三种类型。

图 2-21a 给出的就是单管 GTR 的典型结构，这种结构可靠性高，能改善器件的二次击穿特性，易于提高耐压能力，并易于散热。

达林顿结构的 GTR 由两个或多个晶体管复合而成，可以是 PNP 型，也可以是 NPN 型，其性质取决于驱动管，它与普通复合晶体管相似。达林顿结构的 GTR 电流放大系数很大，可以达到几十甚至几百倍。值得注意的是，达林顿结构虽然提高了 GTR 的电流放大系数，但其饱和管压降却增加了，从而使导通损耗增大，管子的开关速度降低。

GTR 模块是将许多达林顿单元电路集成制作在同一硅片上，这样大大提高了器件的集成度和可靠性，同时增加了器件的性价比。作为大功率开关，用得最多的 GTR 器件是 GTR 模块，目前生产的模块中，可将多达六个相互绝缘的单元电路制作在同一个模块内，便于组成三相桥电路。

### 2.5.2 GTR 的工作特性

**1. 静态特性**

GTR 的静态特性包括输入特性和输出特性，输入特性指的是在集射极电压 $U_{ce}$ 一定时，

基极电流 $i_b$ 与基极－发射极之间的电压 $U_{be}$ 之间的关系，它与二极管 PN 结的正向伏安特性相似，这里不再介绍。GTR 有各种不同的接线方式，不同接线方式时特性也不相同。图 2-22 给出了共射极接法时 GTR 的集电极输出特性，它是以基极电流 $i_b$ 为参变量，集电极电流 $I_c$ 与集－射极电压 $U_{ce}$ 之间的关系曲线。从图中可以看出，输出特性分为三个区域：截止区、放大区和饱和区。所以，GTR 有放大、饱和和截止三种工作状态，线性和开关两种工作方式。在需要放大作用时，GTR 工作在线性工作方式；在只需要导通和关断作用时，采用开关工作方式。电力电子装置中，GTR 一般工作在开关工作方式，即工作在截止区或饱和区，相当于开关的断开和接通。但是 GTR 状态转换（即由截止区到饱和区或由饱和区到截止区）过程中，需要经过放大区，为了降低器件开关损耗，希望 GTR 快速通过放大区。

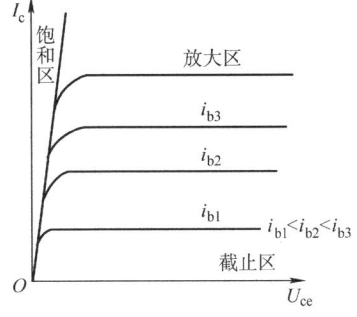

图 2-22　共射极接法时 GTR 的集电极输出特性

**2. 动态特性**

GTR 是由基极电流控制集电极电流的电流驱动型器件，器件开关过程的瞬态变化反映了其动态特性。图 2-23 所示为 GTR 的动态特性曲线。由于 GTR 结电容和储存电荷的存在，开关过程不是瞬时完成的。GTR 开通时需要经过延迟时间 $t_d$ 和上升时间 $t_r$ 两个阶段，二者之和为开通时间，即开通时间 $t_{on} = t_d + t_r$；关断时需要经过储存时间 $t_s$ 和下降时间 $t_f$ 两个阶段，二者之和为关断时间，即关断时间 $t_{off} = t_s + t_f$。

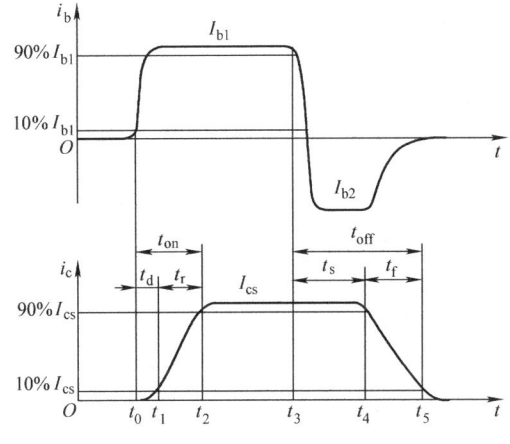

图 2-23　GTR 的动态特性曲线

实际应用中，开通 GTR 时，增大基极驱动电流 $i_b$ 的幅值和 $di/dt$ 变化率，可以减小延迟时间和上升时间，但驱动电流也不能太大，否则会由于器件过饱和而增大存储时间；而减小 GTR 导通时的饱和深度以减小载流子的储存数量，或基极加反向电压可加速存储电荷的消散，加快 GTR 关断速度，但反向偏压也不能太大，否则会使发射极击穿。

另外，还可以通过选用结电容较小的快速开关管，或是采用加速电容来改善 GTR 的开关特性。在 GTR 基极电阻两端并联一个电容，利用换流瞬间其上电压不能突变的特点，也可以改善 GTR 的开关特性。

### 2.5.3　GTR 的主要参数

**1. 电压参数**

（1）集电极额定电压 $U_{CEM}$

如果加在 GTR 上的电压超过规定值，会使管子击穿。GTR 击穿电压与其本身特性及外电路接法有关。各种不同接法时的击穿电压分别如下：

1) $BU_{CBO}$——发射极开路时，集电极—基极之间的击穿电压。

2) $BU_{CEO}$——基极开路时,集电极—发射极之间的击穿电压。

3) $BU_{CES}$——基极和发射极短路时,集电极—发射极之间的击穿电压。

4) $BU_{CER}$——基极和发射极间并联电阻时,集电极—发射极之间的击穿电压,并联电阻越小,击穿电压值越高。

5) $BU_{CEX}$——基极—发射极施加反向偏压时,集电极—发射极之间的击穿电压。

以上各种击穿电压之间有如下关系:

$BU_{CEO} > BU_{CEX} > BU_{CES} > BU_{CER} > BU_{CBO}$

为了保证器件安全工作,GTR 的最高工作电压 $U_{CEM}$ 需小于最小击穿电压 $BU_{CBO}$。

(2) 饱和压降 $U_{CES}$

GTR 处于深饱和状态工作时,其集电极—发射极之间的电压称为饱和压降。器件在大功率场合应用时,这是一个非常重要的指标,关系到器件导通的功率损耗。单个 GTR 的饱和压降一般不超过 1~1.5V,且它随集电极电流的增加而增大。

**2. 电流参数**

(1) 集电极连续(直流)电流额定值 $I_C$

集电极连续(直流)电流指只要保证结温不超过允许的最高结温,GTR 允许连续通过的直流电流值。

(2) 集电极最大电流额定值 $I_{CM}$

集电极最大电流额定值指在最高允许结温下,不造成器件损坏的最大电流。超过此额定电流值,将导致 GTR 内部结构烧毁。在实际使用中,可利用热容量效应,根据占空比来增大连续电流,但不能超过峰值额定电流。

(3) 基极电流最大允许值 $I_{BM}$

基极电流最大允许值较集电极电流额定值小很多,通常 $I_{BM} = (1/10 ~ 1/2)I_{CM}$。

**3. 其他参数**

(1) 集电极最大耗散功率 $P_{CM}$

集电极最大耗散功率指最高允许结温下,GTR 所对应的耗散功率。它受结温的限制,由集电极工作电压和电流的乘积决定。

(2) 最高结温 $T_{JM}$

最高结温指 GTR 正常工作时不损坏器件所允许的最高温度,它由器件所用的半导体材料、制造工艺、封装形式及可靠性等要求来决定,塑封器件一般为 120~150℃,金属封装通常为 150~170℃。为了充分利用器件功率而又不超过允许结温,GTR 使用时必须选配合适的散热器。

### 2.5.4 GTR 二次击穿现象及安全工作区

**1. 二次击穿现象**

GTR 在使用中,实际允许的功率损耗不仅由 $P_{CM}$ 决定,还要受到二次击穿功率的限制。实践表明,二次击穿是 GTR 损坏的最主要原因,是影响 GTR 变流装置可靠性的一个重要因素。

当 GTR 的集电极电压 $U_{ce}$ 逐渐增大到某一数值时,集电极电流 $I_c$ 急剧增大,出现雪崩击穿现象，这是一次击穿。一次击穿的特点是在集电极电流 $I_c$ 增大的过程中，集电极电压 $U_{ce}$ 保持基本不变。一般来说，一次击穿不会使 GTR 的特性变坏。但是，在发生一次击穿后，集电极电压 $U_{ce}$ 继续增大，$I_c$ 也继续增加，则 GTR 上电压突然下降，出现负阻效应，导致 GTR 二次击穿。一旦发生二次击穿，器件将受到永久性损坏。

虽然二次击穿问题并非 GTR 所特有，但 GTR 的二次击穿问题比较突出，在 GTR 使用时需特别注意。

**2. 安全工作区**

GTR 在运行过程中受电压、电流、功率损耗和二次击穿等额定值的限制。为了使 GTR 安全可靠地运行，必须使其工作在一个安全工作范围，即 GTR 的安全工作区（SOA）。安全工作区是由 GTR 的二次击穿功率 $P_{SB}$、集射极最高电压 $U_{CEM}$、集电极最大电流 $I_{CM}$ 和集电极最大耗散功率 $P_{CM}$ 等参数所限制的区域，如图 2-24 所示。

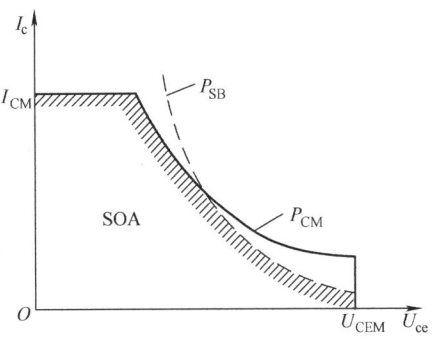

图 2-24 GTR 的安全工作区

## 2.6 电力场效应晶体管

电力场效应晶体管（Power Metal Oxide Semiconductor Field Effect Transistor，Power MOSFET），简称电力 MOSFET，是只有一种载流子参与导电的单极性电压控制型器件，它采用栅极 G 电压来控制漏极（D）电流。电力 MOSFET 的优点是驱动电路简单，驱动功率小；开关速度快，工作频率高，工作频率可达 1MHz；不存在二次击穿问题等。电力 MOSFET 在高频电力电子装置中广泛应用，如应用于 DC-DC 变换、开关电源、航空航天及汽车等电子电器设备中。但是，电力 MOSFET 的电流容量小、耐压低，目前的最高电压为 500~1000V，最高电流 200A 左右，所以一般适合于功率不超过 10kW 的电力电子装置。

### 2.6.1 电力 MOSFET 的结构和工作原理

场效应晶体管有结型场效应晶体管和 MOS 场效应晶体管两种。其中，通过外加电场控制 PN 结耗尽层来改变沟道宽度的场效应晶体管，称为结型场效应晶体管，在电力电子技术中将其称之为静电感应晶体管（Static Induction Transistor，SIT）。通过控制以氧化硅绝缘的栅极和半导体之间的电场来改变半导体中感应沟道宽度的场效应晶体管，称为 MOS 场效应晶体管，在电力电子技术中称之为电力 MOSFET。

电力 MOSFET 的种类和结构很多，按导电沟道（Channel）可分为 P 沟道和 N 沟道两类，同时又有耗尽型（Depletion）和增强型（Enhanced）之分。所谓 N 沟道，是指导电沟道中载流子是电子，而导电沟道中载流子是空穴的，则称为 P 沟道。当栅极电压为零时漏源极之间就存在导电沟道的称为耗尽型，否则，只有栅极电压不为零时才存在沟道的器件称为增强型。在电力 MOSFET 中，主要使用的是 N 沟道增强型器件。

电力 MOSFET 的导电机理与小功率绝缘栅极 MOS 管相同，但结构有很大区别。小功率绝缘栅极 MOS 管采用一次扩散形成，导电沟道平行于芯片表面，横向导电。电力 MOSFET

大多采用垂直导电结构，提高了器件的耐压和通流能力。

电力 MOSFET 采用多元集成结构，一个器件由成千上万个小的 MOSFET 构成。图 2-25 为电力 MOSFET 一个单元的剖面、图形符号及外形。它有三个端子：漏极 D（Drain），源极 S（Source）和栅极 G（Gate）。

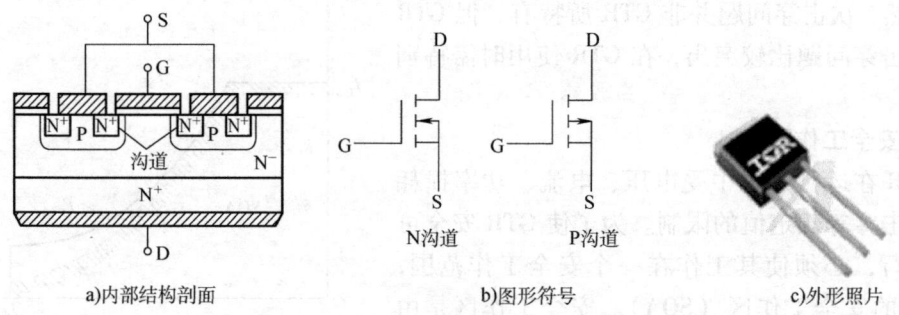

图 2-25　电力 MOSFET 的结构、图形符号及外形

如图 2-25 所示，当在电力 MOSFET 的漏源极间加正向电压、栅源极之间电压为零时，其 P 基区与 N 区之间的 PN 结反偏，漏源极之间无电流通过；如果在漏源极间加正向电压的同时，栅源极之间也加一正向电压 $U_{GS}$，则栅极上的正电压将其下面的 P 基区中的空穴推开，而将电子吸引到栅极下的 P 基区表面。当 $U_{GS}$ 大于器件的开启电压 $U_T$ 时，栅极下 P 基区表面的电子浓度将超过空穴浓度，从而使 P 型半导体反型成 N 型半导体，称为反型层。由反型层构成的 N 沟道使 PN 结消失，则漏源极导电，器件开通，漏源极流过电流 $I_D$。$U_{GS}$ 越大，器件导电能力越强，漏极电流越大。

电力 MOSFET 由于结构上的特点，在其内部漏极和源极之间存在一个反并联的体内二极管（Body Diode）。当电力 MOSFET 承受反向电压时，体内二极管将导通，因此在感性电路中使用时可不必在外部反并联续流二极管，利用其自身的体内二极管即可，但如果续流电流较大，还需另外并联较大容量的快速二极管。当需要电力 MOSFET 承受反向电压时，则需在电路中反串联正向快速二极管。

### 2.6.2　电力 MOSFET 的特性

**1. 静态特性**

电力 MOSFET 的静态特性包括转移特性和输出特性。

（1）转移特性

电力 MOSFET 的转移特性是在一定的漏源极电压 $U_{DS}$ 下，漏极电流 $I_D$ 和栅源电压 $U_{GS}$ 的关系曲线，如图 2-26a 所示。图中，$U_T$ 为电力 MOSFET 的栅极开启电压，也称阈值电压。当栅源电压大于开启电压时，电力 MOSFET 形成沟道导通，漏极有较大电流通过。当漏极电流 $I_D$ 较大时，$I_D$ 与 $U_{GS}$ 的关系近似为线性，其斜率称为电力 MOSFET 的跨导 $g_m$，即

$$g_m = \frac{dI_D}{dU_{GS}}$$

（2）输出特性

图 2-26b 是电力 MOSFET 的漏极伏安特性，即输出特性，它是以栅源电压 $U_{GS}$ 为参变

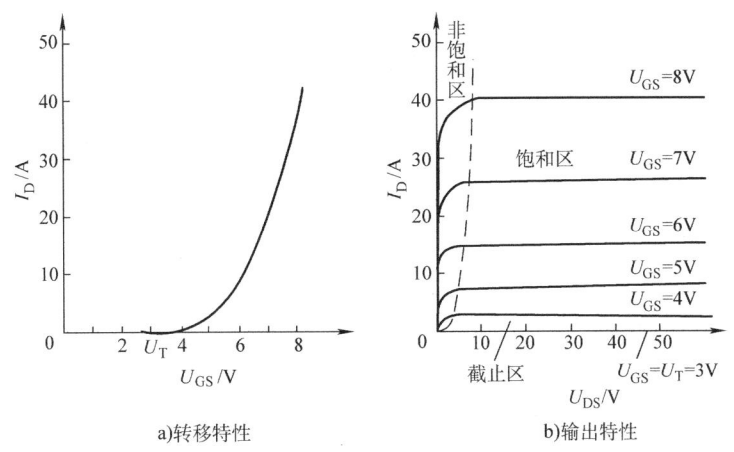

a) 转移特性　　　b) 输出特性

图 2-26　电力 MOSFET 的静态特性

量，漏极电流 $I_D$ 与漏源电压 $U_{DS}$ 之间的关系特性。电力 MOSFET 的输出特性包括三个区域：截止区、饱和区和非饱和区。这里的饱和是指漏源电压增加时漏极电流不再增加，即漏极电流不随漏源电压变化而变化时为饱和；非饱和区是指漏源电压增加时漏极电流相应增加的区域。电力电子装置中，电力 MOSFET 工作在开关状态，即在截止区和非饱和区之间反复转换。

电力 MOSFET 的通态电阻具有正的温度系数，或者说，流过电力 MOSFET 的电流具有负的温度系数，即随漏极电流的增大，器件损耗增大，温度升高，通态电阻增加，流过的电流减小，这有利于电力 MOSFET 并联时的均流。

**2. 动态特性**

动态特性主要影响电力 MOSFET 的开关过程，它和 GTR 的动态特性相似，但电力 MOSFET 的开关速度高、开关时间短。

图 2-27a 给出了测试电力 MOSFET 动态特性的电路，其中 $u_p$ 为矩形脉冲电压信号源，$R_s$ 为信号源内阻，$R_G$ 为栅极电阻，$R_L$ 为漏极负载电阻，$R_F$ 是漏极电流的检测电阻。

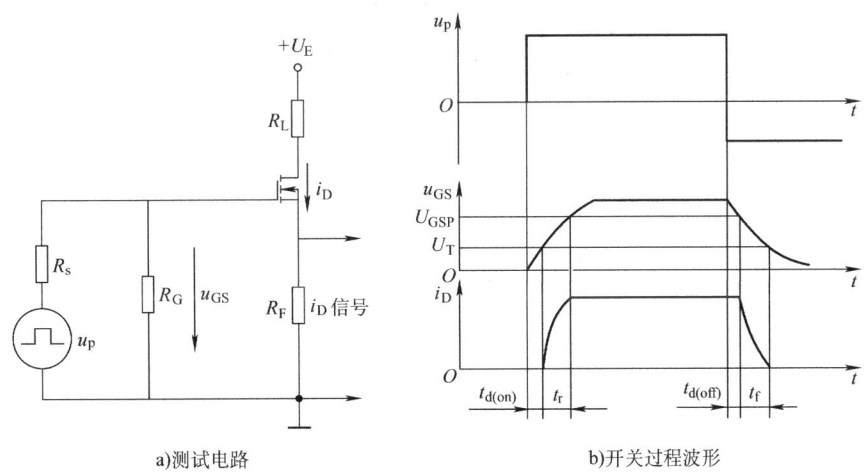

a) 测试电路　　　b) 开关过程波形

图 2-27　电力 MOSFET 开关过程

由于输入电容 $C_{in}$ 的存在，在输入脉冲 $u_p$ 前沿到来时，$C_{in}$ 有充电过程，栅源电压 $u_{GS}$ 呈指数规律上升,如图 2-27b 所示。当 $u_{GS}$ 上升到开启电压 $U_T$ 时,开始出现漏极电流 $i_D$。从 $u_p$ 前沿出现时刻到 $i_D$ 出现的时刻,这段时间称为导通延迟时间 $t_{d(on)}$。从 $u_{GS}=U_T$ 到 $u_{GS}$ 等于电力 MOSFET 进入非饱和区的栅源电压 $U_{GSP}$,这段时间称为上升时间 $t_r$。这时 $i_D$ 已达到其稳定值,该值决定于漏极电源电压 $U_E$ 和漏极负载电阻。$U_{GSP}$ 与 $i_D$ 的稳态值有关。$u_{GS}$ 的值达到 $U_{GSP}$ 之后,在脉冲信号源 $u_p$ 的作用下继续升高直到稳态值,此时 $i_D$ 已不再变化。电力 MOSFET 的开通时间 $t_{on}$ 定义为

$$t_{on} = t_{d(on)} + t_r \tag{2-11}$$

当脉冲电压 $u_p$ 下降到零时,栅极输入电容 $C_{in}$ 通过信号源内阻 $R_s$ 和栅极电阻 $R_G$ ($\gg R_s$)放电,栅源电压按指数曲线下降。当 $u_{GS}$ 下降到 $U_{GSP}$ 时,$i_D$ 才开始减小,这段时间称为关断延迟时间 $t_{d(off)}$。此后,$u_{GS}$ 继续下降,当 $u_{GS} < U_T$ 时沟道消失,$i_D$ 下降到零,这段时间称为下降时间 $t_f$。电力 MOSFET 的关断时间 $t_{off}$ 为

$$t_{off} = t_{d(off)} + t_f \tag{2-12}$$

从以上动态特性的分析可知,电力 MOSFET 的开关速度与其输入电容的充放电有很大的关系。电路设计者虽然无法降低 $C_{in}$ 的值,但可以通过降低栅极驱动电路的内阻 $R_s$,从而减小栅极回路的充放电时间常数,来加快器件开关速度,提高工作频率。电力 MOSFET 的开关时间在 10~100ns 之间,其工作频率可达 100kHz 以上。

电力 MOSFET 是电压控制型器件,静态时几乎不需要输入电流;但在开关过程中需要对 $C_{in}$ 充放电,仍需要一定的驱动功率;开关频率越高,所需的驱动功率越大。

### 2.6.3 电力 MOSFET 的主要参数

除了前面已经提到过的跨导 $g_m$、开启电压 $U_T$ 及开通时间和关断时间外,电力 MOSFET 还有以下主要参数:

(1) 漏源额定电压 $U_{DS}$

这是标称电力 MOSFET 的电压额定的参数,它决定了器件的最高工作电压。

(2) 漏极连续(直流)电流 $I_D$ 和漏极脉冲峰值电流 $I_{DM}$

$I_D$ 是流过漏极的最大电流;$I_{DM}$ 是流过漏极的最大脉冲电流。这两个电流参数主要受器件工作温度的限制,不论器件通过连续还是脉冲电流,其内部结温都不得超过最大结温。

(3) 栅源电压 $U_{GS}$

$U_{GS}$ 是表示栅源间能承受的最高正反向电压,一般为 20V。栅源之间的绝缘层很薄,$|U_{GS}|>20$V 将导致绝缘层击穿,造成器件永久性损坏。

(4) 极间电容 $C_{GS}$、$C_{GD}$、$C_{DS}$

电力 MOSFET 的三个极之间分别存在极间电容 $C_{GS}$、$C_{GD}$、$C_{DS}$,而厂家提供的是漏源极短路时的输入电容 $C_{iss}$、共源极输出电容 $C_{oss}$ 和反向转移电容 $C_{rss}$。这些电容的关系如下:

$$\begin{cases} C_{iss} = C_{GS} + C_{GD} \\ C_{rss} = C_{GD} \\ C_{oss} = C_{DS} + C_{GD} \end{cases} \tag{2-13}$$

前面提到的输入电容 $C_{in}$ 可以近似用漏源极短路时的输入电容 $C_{iss}$ 代替。

## 2.7 绝缘栅双极型晶体管

GTR 是电流控制型器件，对基极驱动功率要求较高，常常因为驱动功率、关断时间和开关损耗等问题引起器件损坏，工作时存在二次击穿的特殊问题，而且由于存储时间的影响，开关速度也不高。电力 MOSFET 是电压控制型器件，驱动功率小，开关速度快，但通态压降大，电流容量低，难以做成高电压、大电流器件。20 世纪 80 年代出现了将二者导通机制相结合的第三代电力半导体器件——绝缘栅双极型晶体管（Insulated Gate Bipolar Transistor，IGBT）。IGBT 是具有电力 MOSFET 的高速开关特性和双极型晶体管的低导通电压特性两方面优势的电力半导体器件。因此，它兼有电压控制型器件电流控制型器件的优点，驱动功率小，开关速度快，电流、电压容量大，无二次击穿现象，安全工作区宽等。目前，IGBT 常用的规格有 1700V/2400A，3300V/1200A，4500V/900A，6500V/600A 等，在电力电子设备中已成为应用范围很广、占有重要地位的半导体器件。

IGBT 的特点可总结如下：

1）IGBT 开关速度高，开关损耗小。当电压在 1000V 以上时，IGBT 的开关损耗与电力 MOSFET 相当，只有 GTR 的 10% 左右。

2）在相同电压和电流定额情况下，IGBT 的安全工作区比 GTR 大，而且具有耐脉冲电流冲击的能力。

3）IGBT 的通态电阻在 1/2 或 1/3 额定电流以下区段不具有正的温度系数；而在以上区段则具有正的温度系数。因此，在额定电流附近 IGBT 易于并联，而且通态压降比电力 MOSFET 低，特别是在电流较大的区域。

4）IGBT 的输入阻抗高，其输入特性与电力 MOSFET 类似，为电压控制型，易于驱动。

### 2.7.1 IGBT 的结构和工作原理

IGBT 的结构如图 2-28a 所示，也是四层三端器件，有栅极 G、集电极 C 和发射极 E。IGBT 结构与电力 MOSFET 相似，是在 VDMOSFET 基础上，增加了一层 P 层而构成的。

IGBT 相当于一个由 MOSFET 驱动的厚基区 GTR，其等效电路和图形符号如图 2-28b、c 所示，图 2-28d、e 分别是单管 IGBT 和 IGBT 模块照片。从等效电路可以看出，IGBT 是以 MOSFET 为驱动元件，GTR 为主导元件的达林顿结构器件。图中的 $R_N$ 是厚基区内的调制电阻，其 MOSFET 为 N 沟道型，称为 N 沟道 IGBT，相应的还有 P 沟道 IGBT。

IGBT 的驱动原理与电力 MOSFET 基本相同，它是一种电压型控制器件，其开通和关断由栅极和发射极之间的电压 $U_{GE}$ 控制。在 IGBT 的栅极加正电压且值大于 IGBT 开启电压时，电力 MOSFET 内形成导电沟道，为 PNP 晶体管提供基极电流，则 IGBT 导通。这时从集电极端的 P 层半导体层通过向 N 型半导体层注入空穴，导通电阻急剧降低，即产生电导调制效应，从而减小了 N 区总电阻，使高耐压的 IGBT 也具有低的通态压降。这一点是与电力 MOSFET 的最大区别，也是 IGBT 可以大电流化的原因。当栅极电压降到开启电压以下时，内部 MOSFET 的沟道消失，PNP 晶体管的基极电流被切断，IGBT 关断。

### 2.7.2 IGBT 的工作特性

**1. 静态特性**

IGBT 的静态特性也包括转移特性和输出特性。

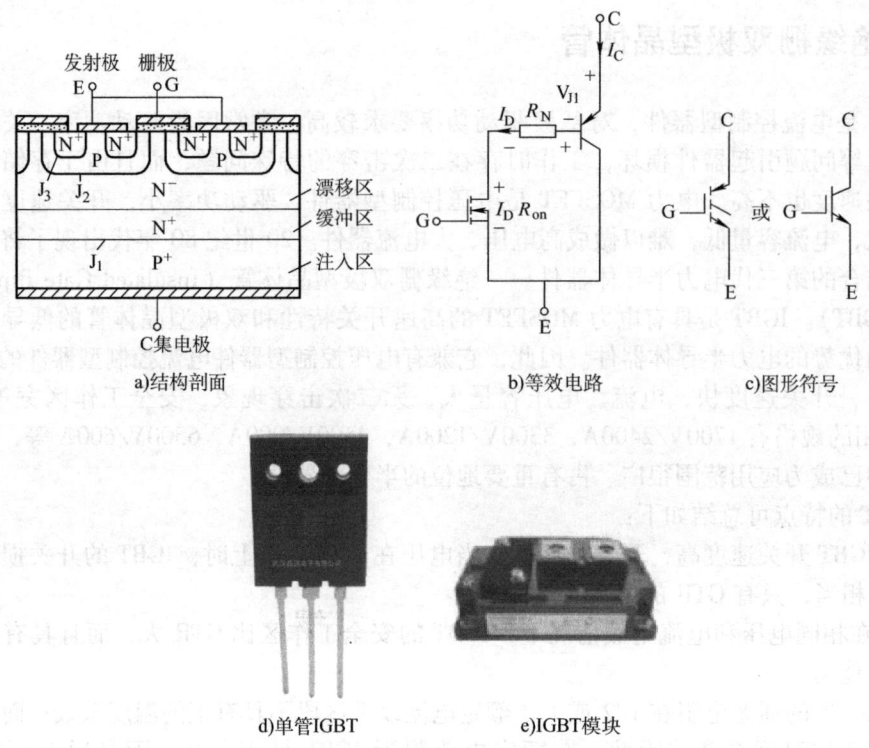

图 2-28 IGBT 的图形符号和基本结构

图 2-29a 所示为 IGBT 的转移特性，它描述的是集电极电流 $I_C$ 与栅射电压 $U_{GE}$ 之间的关系，与电力 MOSFET 的转移特性相似。图中，临界电压 $U_{GE(th)}$ 是 IGBT 能实现电导调制而导通的最低栅射电压。$U_{GE(th)}$ 随温度升高而略有下降，在 +25℃时，$U_{GE(th)}$ 的值一般为 2~6V。

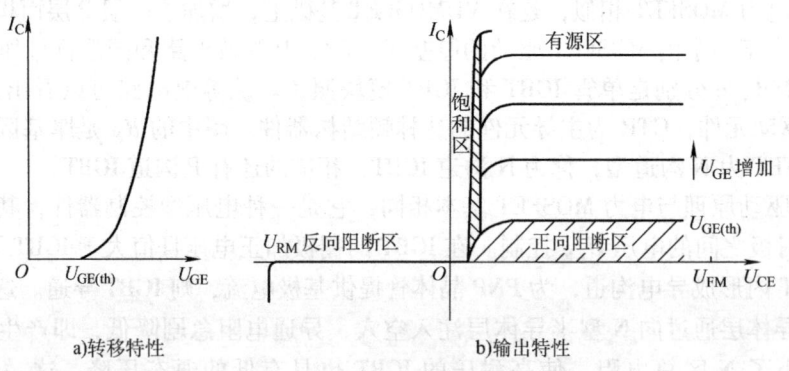

图 2-29 IGBT 的静态特性

图 2-29b 所示为 IGBT 的输出特性，即伏安特性，它描述的是以栅射电压为参变量时集电极电流 $I_C$ 与集射电压 $U_{CE}$ 之间的关系。IGBT 的输出特性分为三个区域：正向阻断区、有源区和饱和区。当 $U_{CE}<0$ 时，IGBT 工作在反向阻断状态，伏安特性位于第三象限。在电力电子电路中，IGBT 工作在开关状态，即在正向阻断区与饱和区之间来回转换。

**2. 动态特性**

图 2-30 给出了 IGBT 开关过程的波形。从图中可以看出，IGBT 的开通过程与电力 MOSFET 很相似，这是因为 IGBT 在开通过程中大部分时间是作为 MOSFET 工作的。

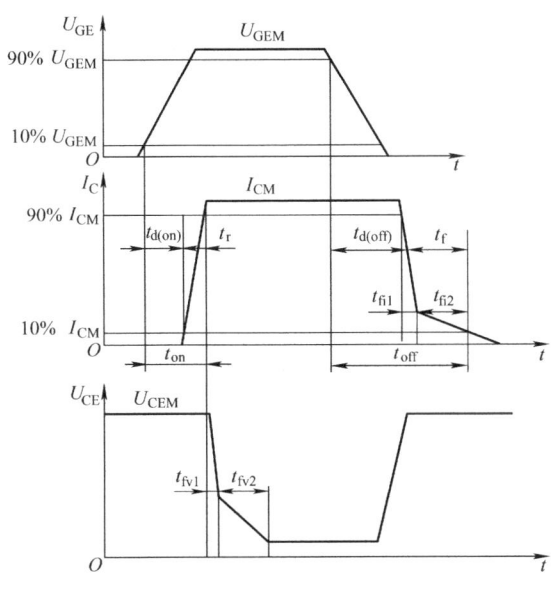

图 2-30 IGBT 的开关过程

如图 2-30 所示，从驱动电压 $U_{GE}$ 的前沿上升到幅值的 10% 开始，到集电极电流 $I_C$ 上升至幅值的 10% 时刻为止，这段时间为开通延迟时间 $t_{d(on)}$；而 $I_C$ 从 10% $I_{CM}$ 到 90% $I_{CM}$ 所需的时间为电流上升时间 $t_r$，则开通时间为 $t_{on} = t_{d(on)} + t_r$。开通时，集射极电压 $U_{CE}$ 的下降过程分为 $t_{fv1}$ 和 $t_{fv2}$ 两段。前者为 IGBT 中的 MOSFET 单独工作时的电压下降过程；后者为 MOSFET 和 PNP 晶体管同时工作时的电压下降过程。只有在 $t_{fv2}$ 段结束时，IGBT 才完全进入饱和导通区域。

IGBT 关断时，从驱动电压 $U_{GE}$ 的脉冲下降到其幅值的 90% 时刻起，到集电极电流下降到 90% $I_{CM}$ 止，这段时间为关断延迟时间 $t_{d(off)}$，集电极电流从 90% $I_{CM}$ 下降到 10% $I_{CM}$ 的这段时间为电流下降时间 $t_f$，则关断时间定义为 $t_{off} = t_{d(off)} + t_f$，其中 $t_f = t_{fi1} + t_{fi2}$，前者对应 IGBT 内部的 MOSFET 的关断过程，后者对应 IGBT 内部的 PNP 晶体管的关断过程。

由此可见，IGBT 中双极型 PNP 晶体管的存在，虽然带来了电导调制效应的好处，使 IGBT 的容量较电力 MOSFET 大，但同时也引入了少数载流子储存现象，而使 IGBT 的开关速度低于电力 MOSFET。

### 2.7.3 IGBT 的擎住效应和安全工作区

由于 IGBT 结构上的原因，在其体内存在一只 NPN 型寄生晶体管，与作为主开关器件的 PNP 晶体管组成了寄生晶闸管。如果 IGBT 内部的寄生晶闸管一旦导通，则栅极就会失去对集电极电流的控制作用，这种电流失控现象，被称为 IGBT 的擎住效应或自锁效应。引发擎住效应的原因，可能是集电极电流过大（静态擎住效应），也可能是 $dU_{CE}/dt$ 过大（动态擎住效应），另外温度升高也会加重发生擎住效应的危险。动态擎住效应比静态擎住效应所允许的集电极电流还要小。

根据最大集电极电流、最大集射电压和最大集电极功耗，可以确定 IGBT 在导通工作状态的参数极限范围，即正向偏置安全工作区（FBSOA）。根据最大集电极电流、最大集射电压和最大电压允许上升率 $dU_{CE}/dt$ 可以确定 IGBT 在阻断工作状态下的参数极限范围，即反向偏置安全工作区（RBSOA）。

### 2.7.4 IGBT 的主要参数

IGBT 的参数很多，除了前面介绍的参数外，其主要参数有：

（1）最大集射电压 $U_{CES}$

IGBT 的最大集射电压由器件内部的 PNP 晶体管所能承受的击穿电压所确定。

（2）最大集电极电流

IGBT 的最大集电极电流包括额定直流电流 $I_C$ 和 1ms 脉宽最大电流 $I_{CP}$，定义也与晶体管的集电极电流定义类似。

（3）最大集电极功耗 $P_{CM}$

最大集电极功耗指 IGBT 在正常工作温度下，IGBT 开通和关断时所允许的最大且不导致器件损坏的耗散功率。

（4）结温

结温指 IGBT 工作时不导致器件损坏的最高允许温度。

此外，实际中，IGBT 常常与二极管反并联用于逆变电路中，为了使用方便，生产厂家常将 IGBT 与反并联的快速二极管封装在一起，制成模块结构，选用时一定要注意。

## 2.8 其他新型电力电子器件

### 2.8.1 静电感应晶体管

静电感应晶体管（Static Induction Transistor，SIT）是一种结型场效应晶体管，于 1970 年开始研制。SIT 是一种多数载流子导电的单极型电压控制型器件，其工作频率与电力 MOSFET 相当，甚至超过电力 MOSFET，而功率容量也比电力 MOSFET 大。

SIT 也是多元集成结构，内部由成百上千个小单元并联而成，它的内部单元结构和图形符号如图 2-31 所示。SIT 为三端器件，有三个极，分别为栅极 G、源极 S 和漏极 D。由图 2-31 可知，当 $U_{GS}=0$ 时，电源可以经很宽的 N 区（有多数载流子可导电）流过电流，N 区通道的等效电阻不大，SIT 处于导通状态。当给栅源极加负电压 $U_{GS}<0$，即给图中的 N 型半导体接正电压，P 型半导体接负电压，则 P 型和 N 型之间的 PN 结承受反向电压形成耗尽层，耗尽层不导电。如果反向电压足够高，耗尽层很宽，则导电沟道被夹断，使 SIT 关断。所以，SIT 最重要的特征是在栅极短路，即栅源电压 $U_{GS}$ 为零时，器件处于导通状态，它属于正常开通型器件。

SIT 具有工作频率高、输入阻抗大、开关特性好、抗辐射和热稳定性好等优点，但它是正常导通型器件，在使用时稍有不便，并且开通电阻较大，因而通态损耗也大。目前，SIT

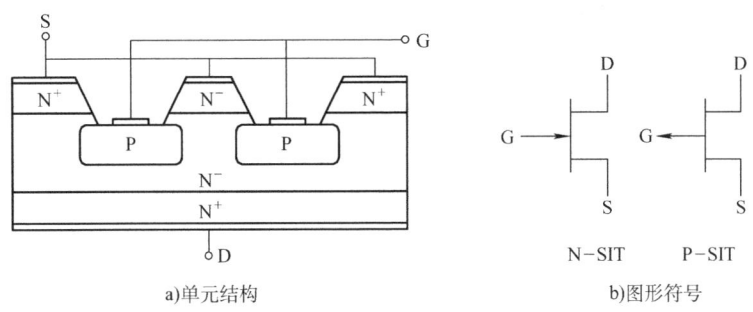

图 2-31 SIT 的内部单元结构和图形符号

在雷达通信设备、超声波功率放大、开关电源和高频感应加热等方面有广泛应用。

### 2.8.2 静电感应晶闸管

静电感应晶闸管（Static Induction Thyristor，SITH）又称为场控晶闸管。它是在 SIT 的结构基础上增加了一个 PN 结，在器件内部多形成一个晶体管，两个晶体管构成一个晶闸管而称为静电感应晶闸管。

SITH 的通 – 断控制机理与 SIT 类似，它也为正常开通型器件，但也有正常关断型的。实际使用时，为了使器件可靠导通，常加 5~6V 的正向栅极电压而不是零栅极电压，以降低器件通态压降。一般关断 SIT 和 SITH 需要几十伏的负栅极电压。

SITH 是两种载流子参与导电的双极型器件，很多性能与 GTO 相似。与 GTO 相比，SITH 具有通态电阻小、通态电压低、开关速度高、开关损耗小、正向阻断增益大、开通和关断的电流增益大及 $di/dt$ 和 $du/dt$ 耐量高等优点。但由于 SITH 制造工艺复杂，成本较高，而且为正常导通型，所以其发展受到一定限制。

### 2.8.3 集成门极换流晶闸管

集成门极换流晶闸管（Integrated Gate – Commutated Thyristor，IGCT）是 20 世纪 90 年代后期出现的新型电力电子器件。IGCT 是将 GTO 与反并联二极管和门极驱动电路集成在一起的集成功率器件，所以也称为 GCT。

IGCT 结合了晶体管的稳定关断能力和晶闸管低通态损耗的优点，在导通阶段发挥晶闸管的性能，关断阶段呈现晶体管的特性。IGCT 具有电流大、电压高、开关频率高、可靠性高、结构紧凑、损耗低等特点，而制造成本低，成品率高，有很好的应用前景。采用晶闸管技术的 GTO 是常用的大功率开关器件，它相对于采用晶体管技术的 IGBT 在截止电压上有更高的性能，但广泛应用的标准 GTO 驱动技术造成不均匀的开通和关断过程，需要高成本的 $du/dt$ 和 $di/dt$ 吸收电路和较大功率的门极驱动单元，因而造成 GTO 可靠性下降，价格较高，不利于串联。而 IGCT 克服了 GTO 的这些缺点，已经成为高压大功率低频变流器的优选器件。

在国外，瑞典的 ABB 公司已经推出比较成熟的高压大容量 IGCT 产品。在国内，由于价格等因素，电力电子装置中应用 IGCT 的例子还不是很多。

### 2.8.4 电子注入增强栅晶体管

电子注入增强栅晶体管（Injection Enhanced Gate Transistor，IEGT）是由日本东芝公司开发的新型电力电子器件。IEGT 是在沟槽型 IGBT 的基础上，把部分沟道同 P 基区相连，使发射区注入增强，造成基区内的载流子浓度很高，从而使器件的通态压降减小。

IEGT 兼有 IGBT 和 GTO 两者的优点，它的特点有低饱和压降、宽安全工作区（吸收回路容量仅为 GTO 的 1/10 左右）、低栅极驱动功率（比 GTO 低两个数量级）、较高的工作频率和较大的器件容量，目前 IEGT 已经达到 4.5kV/3000A 的水平。近年来，IEGT 在大功率 FACTS 装置及柔性高压直流输电领域应用较多。

### 2.8.5 基于新材料的电力电子器件

目前电力电子领域的晶闸管和 IGBT 等高电压、大电流器件仍使用硅晶材料。随着对高电压、大功率器件的需求日益增加，传统的硅材料器件在性能及参数方面已无法满足要求，人们开始关注新材料器件的开发，如碳化硅（SiC）及氮化镓（GaN）等，目前研究和应用较多的是碳化硅材料器件。

碳化硅与其他半导体材料相比，具有以下特点：高禁带宽度、高饱和电子漂移速度、高击穿强度、低介电常数和高热导率。这些特点使碳化硅在高温、高频率、高功率的应用场合成为极为理想的材料。在同样的耐压和电流条件下，碳化硅器件的漂移区电阻要比硅器件低 200 倍，即使是高耐压的碳化硅场效应管，其导通压降也比单极性、双极性硅场效应管低得多。而且碳化硅器件的开关频率可以更高，其器件开关时间可达 10ns 级。碳化硅可以用来制造射频和微波功率器件、高频整流器、MOSFET 和 JFET 等。

目前，碳化硅材料高频功率器件已在 Motorola 公司研发成功，并应用于微波和射频装置；美国通用电气公司正在开发碳化硅功率器件和高温器件；西屋公司已经制造出了 26GHz 频率下工作的甚高频碳化硅 MOSFET；ABB 公司正在研制用于工业和电力系统的高压、大功率碳化硅整流器和其他碳化硅低频功率器件。2013 年的 PCIM Asia 电力电子展览会上三菱电机展出了多种碳化硅功率器件产品，可以认为这些产品基本代表了当前碳化硅功率器件的国际水平，其中用于工业设备的产品有：1200V/75A 混合碳化硅 IPM、1200V/800A 全碳化硅模块、600V/200A 混合碳化硅 IPM、1700V/1200A 混合碳化硅 HVIGBT。近年来，西安理工大学、西安电子科技大学微电子所、中科院半导体所等单位一直坚持不懈进行碳化硅材料及其器件的研究，取得了一些成绩。但从市场产品来看，大多为碳化硅肖特基二极管，其参数大致为：击穿电压 600V、1200V、1700V 等级别，工作电流最大可达 40A，和国外相比，器件容量及类型方面还存在一定的差距。

由于碳化硅器件所具有的优异性能，曾有专家在 2002 年预言 2010 年前后，碳化硅器件将主宰功率器件的市场。但实际并非如此，2014 年碳化硅器件的电流和电压参数还远远不及硅器件水平，硅器件仍然在功率器件中占主导地位。碳化硅器件发展中的主要问题在于碳化硅晶体有微管缺陷使其工艺成品率低；制造掺杂工艺有特殊要求；配套材料的耐温性能很难满足要求等，这些都阻碍了其发展。理论分析表明，碳化硅功率器件非常接近于理想的功率器件，碳化硅器件的研发将成为未来的一个主要趋势。但在碳化硅材料和功率器件的机理、理论和制造工艺等方面，还有大量问题有待解决，碳化硅要真正引领电力电子技术领域的又一次革命，还需要一定的时间。

### 2.8.6 功率模块、功率集成电路与集成电力电子模块

从20世纪80年代中后期开始，模块化成为电力电子器件研制和开发的一个主要趋势。

模块化的一种形式是将多个相同的电力电子器件或多个相互配合的不同电力电子器件封装在一个模块中，可以缩小装置体积、降低成本、提高可靠性。更重要的是，对功率较高的电路，可以大大减小电路电感，从而简化对保护电路和缓冲电路的要求。这种模块被称为功率模块（Power Module）。例如IGBT模块、MOSFET模块、GTO模块等。

模块化的另一种形式是将电力电子器件与它的控制、保护、传感、检测、自诊断等电路制作在同一芯片上，称为功率集成电路（Power Integrated Circuit，PIC）。在功率集成电路方面，已有许多实例。例如，将横向高压器件与控制电路实现单片集成的高压集成电路（High Voltage IC，HVIC）；将纵向功率器件与控制电路实现单片集成的智能功率集成电路（Smart Power IC，SPIC）；实现IGBT及其辅助器件与保护、驱动电路单片集成的智能功率模块（Intelligent Power Module，IPM）等。

而近年来发展起来的集成电力电子模块（Intergrated Power Electronics Modules，IPEM）是将电力电子装置的诸多器件集成在一起的模块。它首先将半导体器件MOSFET、IGBT或MCT与二极管的芯片封装在一起组成一个积木单元，然后将这些积木单元叠装到开孔的高电导率的绝缘陶瓷衬底上，在它的下面依次是铜基板、氧化铍瓷片和散热片。在积木单元的上部，则通过表面贴装将控制电路、门极驱动、电流和温度传感器以及保护电路集成在一个薄的绝缘层上。所以，IPEM实现了电力电子技术的智能化和模块化，大大降低了电路接线电感、系统噪声和寄生振荡，提高了系统效率及可靠性。

电力电子积木（Power Electronic Building Block，PEBB）是在IPEM的基础上发展起来的可处理电能的集成器件或模块。PEBB并不是一种特定的半导体器件，它是依照最优的电路结构和系统结构设计的不同器件和技术的集成。它除了包括功率半导体器件外，还包括门极驱动电路、电平转换电路、传感器、保护电路、电源和无源器件。PEBB还具有功率输入/输出接口和通信接口，通过这两种接口，几个PEBB就可以组成电力电子系统，这些系统可以像小型的DC-DC变换器一样简单，也可以像大型的分布式电力系统那样复杂。一个系统中PEBB的数量可以从一个到任意多个，多个PEBB模块一起工作可以完成电压转换、能量的储存和转换、阻抗匹配等系统级功能。PEBB最重要的特点就是其通用性。

## 2.9 电力电子器件的驱动要求

电力电子器件的驱动是通过控制极加一定的信号使器件导通或关断的，产生驱动信号的电路称为驱动电路。驱动电路是电力电子主电路与控制电路之间的接口，它的性能对整个变流电路有重要影响。

各种不同电力电子器件有不同的驱动要求，根据触发信号的不同驱动电路可分为电流驱动型电路和电压驱动型电路。总的来说，驱动电路的任务，就是将信息电子电路传来的信号按照控制目标的要求，转换为加在电力电子器件控制端和公共端之间，可以使其开通或关断的信号。对于半控型器件，只需要提供开通控制信号，对于全控型器件则既要提供开通控制信号，又要提供关断控制信号，以保证器件的可靠开通和关断。

驱动电路是低压电路，电压一般在数伏以下，而主电路是高压电路，电压可高达数千伏，如果二者之间有电的直接联系，主电路的高压将对驱动电路产生威胁，二者之间需要电气隔离，所以驱动电路与主电路之间的电气隔离是非常重要的。常采用变压器隔离和光耦器件隔离两种方式。下面分别介绍几种常用电力电子器件对驱动电路的要求。

### 2.9.1 晶闸管的触发要求

晶闸管是半控型电流驱动器件，是采用脉冲信号触发导通的，所以晶闸管的驱动电路又称为触发电路。触发电路的作用是要产生符合要求的门极触发脉冲，保证晶闸管在需要的时候可由阻断状态转为导通状态。晶闸管门极触发脉冲电流的理想波形如图2-32所示。从图中可以看出，晶

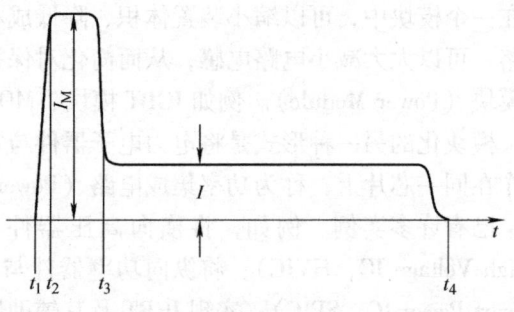

图2-32　晶闸管的触发电流波形

闸管的触发脉冲分为两部分，前一部分为强脉冲触发部分，后一部分为平顶波脉冲部分。

根据晶闸管对门极触发脉冲电流波形的要求，晶闸管触发电路应满足：

1) 触发电路产生的触发脉冲应有足够的宽度，以保证晶闸管可靠导通。

2) 为了加快晶闸管的导通速度和保证晶闸管可靠触发，晶闸管一般采用强触发方式，即采用如图2-32所示形状的触发脉冲波形。强触发电流峰值 $I_M$ 可达电平触发电流的3~5倍左右，强触发脉冲宽度应大于 $50\mu s$。触发脉冲平台部分电流略大于额定触发电流以保证晶闸管可靠导通。对于触发脉冲前沿陡度也有要求，一般需达 $1~2A/\mu s$。

3) 在晶闸管关断时，可以在门极加5V左右的负电压以保证晶闸管可靠关断和有一定的抗干扰能力。

### 2.9.2 GTO的驱动要求

GTO用正向门极电流开通，反向门极电流关断。理想的GTO门极电压和电流波形如图2-33所示。GTO的开通控制与普通晶闸管相似，但对其触发脉冲前沿的幅值和陡度要求更高，且一般需要在器件整个导通期间施加正向门极电压。门极驱动电路应包括门极开通电路、关断电路和反向偏置电路。

对于GTO的驱动电路，控制关键是器件的关断，使GTO关断需要施加负门极电流，对关断所需的负门极电流幅值和陡度的要求很高，幅值需达阳极电流的 $1/5~1/3$ 左右，陡

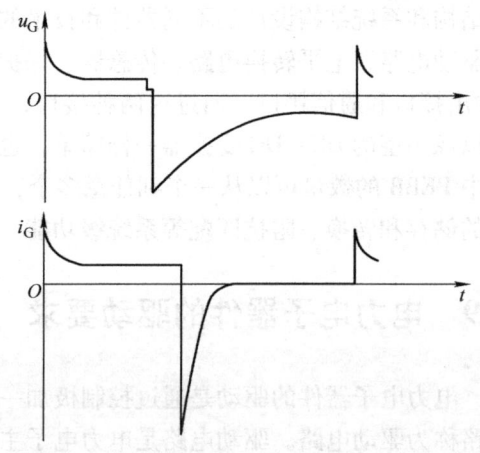

图2-33　GTO的理想门极电压和门极电流波形

度需达 $50A/\mu s$，强负脉冲宽度约为 $30\mu s$，负脉冲总宽度约为 $100\mu s$，关断后还应在门极施加约5V的负偏压，以提高抗干扰能力。

## 2.9.3 GTR 的驱动要求

GTR 也是电流驱动型器件，基极驱动方式直接影响其工作状态，驱动方式不同可使某些特性参数得到改善或使参数变坏。例如，过驱动可加速开通，减小开通损耗，但对器件关断不利，增加关断损耗。理想的 GTR 驱动电流波形如图 2-34 所示。

从图 2-34 可以看出，为了保证 GTR 快速导通，要求驱动电流波形前沿要陡，以减少开通时的开通损耗。为此在触发时基极电流幅值可以达到基极饱和电流幅值的 2 倍，时间控制在 1～3μs。而在 GTR 导通期间要有恰当的基极电流，使它刚好达到饱和状态，以维持低的通态损耗，但又不进入深饱和区。因为如果驱动电流偏小，则器件的管压降增大，管子易发热烧坏；如果驱动电流偏大，器件管压降虽小但器件进入深饱和状态，在关断时需要清除的载流子量多，关断就慢，关断损耗增加，也易使 GTR

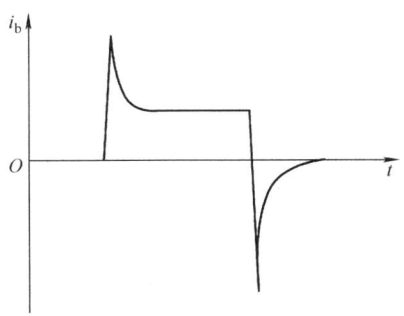

图 2-34 GTR 的理想驱动电流波形

损坏。因此 GTR 的驱动电路中常有抗饱和环节，使过大的基极电流分流，避免 GTR 达到深度饱和。GTR 关断时，应向 GTR 提供一个足够大的反向基极电流，以清除基区的剩余载流子，使 GTR 迅速由饱和导通进入截止，以缩短 GTR 工作在放大区的时间。同样，GTR 关断后，应给基射极提供一个 4～6V 的反向偏置电压，以提高 GTR 关断时集电极的正向阻断能力。

常见的 GTR 驱动模块有 THOMSON 公司的 UAA4002、三菱公司的 M57215BL 等。

## 2.9.4 电力 MOSFET 的驱动要求

电力 MOSFET 是电压驱动型器件，它具有很高的输入阻抗，所需的驱动功率较小，驱动电路相对较简单。对于电力 MOSFET，要求驱动电路能向栅极提供器件开通所需的 10～15V 驱动电压，器件关断时需要的一定幅值的负偏压，一般为 -5～-15V。

值得注意的是，电力 MOSFET 驱动电路的驱动电压不能太高，如果超过 20V，即使电流被限制到很小值，栅源极间的氧化层也很容易被击穿。由于该氧化层的击穿是器件失效的最常见原因之一，应该注意使栅源电压不超过最大额定电压。同时还需注意的是，即使所加栅极电压保持低于栅源间最大额定电压，栅极连线的寄生电感和栅极电容耦合也会产生使该氧化层毁坏的振荡电压。通过漏栅自身电容，还能把漏极电路瞬变造成的过电压耦合过来。鉴于上述原因，应在栅源极间连接一个稳压管，以对栅极电压提供可靠的钳位。通常还采用一个小电阻或铁氧体来抑制不希望的振荡。栅源电压不能过高的另一个原因是：随着栅源电压的升高，电力 MOSFET 开通、关断的充放电时间会加长，开关速度就会降低。

但是栅源电压也不能太低，过低的栅源电压会带来两个问题：一是电力 MOSFET 的通态电阻是栅源电压的函数，随着栅源电压的下降而增大，通态电阻的增大带来通态损耗增大；二是栅源电压过低，抗干扰能力差，容易误关断。综合考虑，一般选择栅源电压为 10～15V。

为了提高开关速度，驱动脉冲也应具有足够快的上升和下降速度。由于电力 MOSFET

栅源间电容的存在,应减小驱动电路的输出电阻以提高栅极充放电时间,从而加快开关速度。但为了抑制驱动电压的尖峰,避免过大的 $du/dt$,也常在栅极串入一个低值电阻,此电阻阻值随电力 MOSFET 额定电流的增大而减小。

电力 MOSFET 常采用专门的驱动模块驱动,常用的电力 MOSFET 驱动模块有三菱公司的 M57918,其输入电流信号幅值为 16mA,输出最大脉冲电流为 +2A 和 -3A,输出驱动电压为 +15V 和 -10V。

### 2.9.5 IGBT 的驱动要求

IGBT 的栅极驱动性能直接影响它的静态和动态特性,因而驱动电路设计不合理,可能导致 IGBT 损坏。对于 IGBT 驱动电路要求主要包括以下内容:

1)栅极驱动电压脉冲要有足够陡的上升沿和下降沿,可使 IGBT 快速开通和关断,减小开关时间,从而减小开关损耗。为保证驱动电压脉冲的上升沿和下降沿陡度,驱动电路在有合适的正、反向驱动电压的同时,还要有低阻抗输出特性。

2)IGBT 导通后,驱动电路有足够的驱动功率,使 IGBT 不至退出饱和而损坏。

3)驱动电路输出合适的驱动电压。当 IGBT 正向驱动电压增加时,通态压降和开通损耗减小;但在负载短路时,IGBT 集电极电流随栅源电压的增加而增大,同时也使 IGBT 承受短路损坏的脉冲宽度变窄,所以驱动电压也不能太大。IGBT 的驱动电压一般在 15~20V。

4)IGBT 关断过程中,栅极施加反偏电压,有利于器件快速关断,一般反偏电压取 $-2 \sim -10\text{V}$。

IGBT 一般也采用专门的驱动模块驱动,常用的 IGBT 驱动模块有日本三菱公司的 M579 系列(M57962L、M57959L)、富士公司的 EXB 系列(如 EXB840、EXB850、EXB851)和西门子公司的 2ED020I12 等。

## 2.10 电力电子器件的串并联技术

前面已经介绍,从 20 世纪 80 年代以来,电力电子器件得到迅猛发展,器件的容量和电压等级在不断提高,但是在许多高电压、大电流场合(如高压直流输电)仍然不能满足要求,这时需要对器件采取串联或并联的措施。

电力电子器件通过串联方式可以提高器件电压承受能力,通过并联方式可以增加器件通流能力。器件串联或并联时,要求串联或并联器件的参数尽量一致,以保证各串联器件承受电压相等,各并联器件流过的电流相等,所以一般采用相同型号的器件进行串联或并联。但由于器件参数的分散性,即使是同一厂家生产的相同型号的器件其参数也有所不同,使串联或并联使用的器件电压或电流分配不均匀。对于串联器件,所承受的电压不均匀,有的器件承受的电压高,超过器件耐压损坏;对于并联器件,流过的电流不同,有的器件通过的电流超过器件额定电流而损坏。所以,器件进行串联和并联时,要解决器件的均压问题和均流问题。由于高压直流输电系统中,使用大量的晶闸管串并联,因此这里以晶闸管为例介绍器件串并联使用时常用的均压和均流措施。

### 2.10.1 晶闸管的串联

当晶闸管的额定电压低于电路实际电压时,需要将晶闸管进行串联。晶闸管串联使用的均压分为静态均压和动态均压两种。

**1. 静态均压**

串联晶闸管在正向阻断状态或反向截止状态下,由于伏安特性曲线的差异而使器件流过相同漏电流情况下所承受的电压不同,称为器件的静态不均压。解决静态不均压问题所采取的措施即为静态均压措施。如图 2-35 所示,由于两个串联晶闸管的正向伏安特性有差异,它们在流过相同电流时,其所承受的电压 $U_1$ 和 $U_2$ 不相等,这种不相等即为静态不均压。

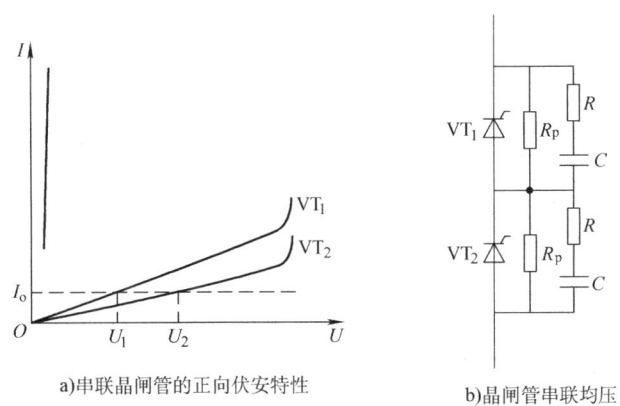

a)串联晶闸管的正向伏安特性　　b)晶闸管串联均压

图 2-35　串联晶闸管的正向伏安特性和串联均压电路

对于串联晶闸管的静态均压问题,除了尽量选用静态伏安特性参数一致的器件外,最常用的方法就是给每个器件并联相同阻值的均压电阻 $R_p$。均压电阻 $R_p$ 应小于晶闸管的断态电阻,使并联电阻后各晶闸管的并联总电阻基本相同,达到均压的目的。但均压电阻也不能太小,如果 $R_p$ 过小,电阻上的损耗增大,很不经济,所以 $R_p$ 的阻值大小需要综合考虑。

**2. 动态均压**

串联晶闸管在开通和关断时,由于各串联晶闸管的开关时间不同,开通时有的器件先开通,关断时有的器件先关断,开通时的后开通器件和关断时的先关断器件将承受电路全部电压,使这些器件承受过电压损坏,这是由于器件的动态电压分配不均匀。保持器件在动态过程中的电压均匀分配,称为器件的动态均压。

为了实现器件的动态均压,除了选用动态特性参数尽量一致的器件外,还对门极触发脉冲提出了更高要求,要求触发脉冲前沿尽量陡,触发脉冲电流足够大,以使晶闸管开通时间尽量短。另外,还要考虑在每个器件上并联阻容电路,利用电容来限制器件开关时电压的变化速度,电阻的作用是限制电容对晶闸管造成过大的 $di/dt$ 而使晶闸管损坏。

晶闸管串联后,必须降低器件的电压定额,串联后晶闸管的额定电压可按下式确定:

$$U_N = (2.2 \sim 3.8)\frac{U_m}{n} \quad (2\text{-}14)$$

式中　$U_m$——加在全部晶闸管上的电路电压峰值;

$n$——串联晶闸管的个数。

随着电力电子器件制造技术的不断提高,器件的电压等级不断增加,要求晶闸管串联连接的情况将会越来越少。

## 2.10.2 晶闸管的并联

晶闸管使用时,如果额定电流小于电路实际电流,就需要晶闸管并联连接,此时需要考虑器件的均流问题。晶闸管的均流也有静态均流和动态均流两种情况。

晶闸管并联时,由于其静态伏安特性不一致,造成通态电阻大小不同,从而使器件在相同管压降时流过的电流不同,这是晶闸管的静态不均流。如图 2-36 所示,器件在相同的压降 $U_o$ 下所流过的电流 $I_1$ 和 $I_2$ 不相同。同样,由于器件的开通和关断时间不一致,并联器件中先开通或后关断的器件流过全部电流,使这些器件因为过电流而损坏。所以,并联晶闸管也需要考虑静态均流和动态均流的问题。

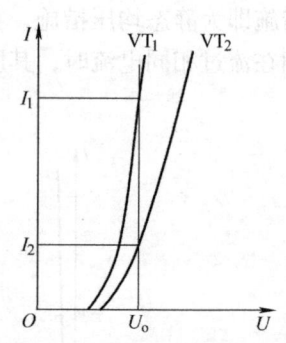

图 2-36 并联晶闸管的电流分配

为了保证并联晶闸管的电流均衡,除了选用相同型号、参数和特性尽量一致的器件外,还可以采用并联晶闸管串联电阻、均流电抗器等措施。

晶闸管导通后的导通电阻很小,如果在并联晶闸管支路各串一小电阻,使器件流过额定电流时电阻上的压降与器件管压降相当,由于串入电阻后器件伏安特性曲线斜率变小,在一定程度上改善了电流分配。但是,串入电阻只能改善器件的静态均流特性,不能改善动态均流特性,并且将增大电路损耗,所以很少采用这种方法均流。

为了对器件动态电流起均流作用,可在并联支路中串入均流电抗器。电抗器能对动态电流均流,而对静态电流均流较差。通常采用空心电抗器,由于电抗器线圈本身有电阻,实际相当于电阻、电感均流,而串联的电抗器还可以限制器件的 $di/dt$,有利于器件开通。

当变流装置要求输出高电压大电流时,常常采用晶闸管串并联方式,如高压直流输电系统。晶闸管串并联连接有先串联后并联(链式)和先并联后串联(网式)两种方式。先串后并的连接方式中,串联器件之间电流均衡,电压不均衡,需要采取均压措施;当有晶闸管被击穿损坏时与损坏管子相串联的管子承受过电压,当有晶闸管开路损坏时其他并联支路正常工作的晶闸管可能过电流;这种连接方式中,各晶闸管的驱动电路均需隔离,每个晶闸管都需要 $RC$ 均压电路;容易实现器件的故障检测。先并后串的连接方式中,电压均衡,电流不均衡,需采取均流措施。当有晶闸管被击穿损坏时除与损坏管子并联的一组管子外其余管子均可能过电压,当有晶闸管发生开路损坏时与故障管子并联的一组管子可能过电流;每组并联的晶闸管需要 $RC$ 均压电路;不容易实现器件的故障检测。高压直流输电系统中,常采用先串后并的链式连接方式。

## 小　　结

本章在介绍电力电子器件的基本知识,如定义、分类方法及各种类型电力电子器件特点的基础上,重点介绍了电力二极管、晶闸管和典型全控型器件——GTO、GTR、电力 MOSFET 和 IGBT。对每一种器件,从应用的角度出发,要求掌握器件的结构、工作原理、静态特性和动态特性及主要技术参数,学会对器件的正确选用。最后讨论了各种器件对驱动信号的要求,并以晶闸管为例,介绍了晶闸管串并联使用时的均压和均流问题。

## 思考题及习题

2-1 电力电子器件有哪些基本类型？其发展趋势如何？

2-2 电力二极管与普通信号二极管有何区别？电力二极管有哪些主要类型？分别适用于什么场合？

2-3 在什么条件下能使晶闸管导通？

2-4 维持晶闸管导通的条件是什么？怎样使晶闸管由导通变为关断？

2-5 晶闸管的额定电流是如何定义的？与其他电气设备的额定电流定义有什么不同？晶闸管额定电流选取时应遵照什么原则？

2-6 晶闸管装置冬天能正常工作，夏天工作不可靠，可能是什么原因？而夏天能正常工作，冬天工作不可靠，又可能是什么原因？

2-7 什么是晶闸管的断态电压临界上升率？如何能够提高器件的 $du/dt$ 承受能力？

2-8 什么是晶闸管的通态电流临界上升率？如何能够提高器件的 $di/dt$ 承受能力？

2-9 图2-37a、b 分别给出了流过晶闸管的电流 $i_{VT}$ 的波形和负载电流 $i_d$ 的波形，问额定电流为100A的晶闸管流过图中形状的电流时，晶闸管允许通过的电流平均值为多少？允许的负载电流平均值 $I_d$ 为多大？

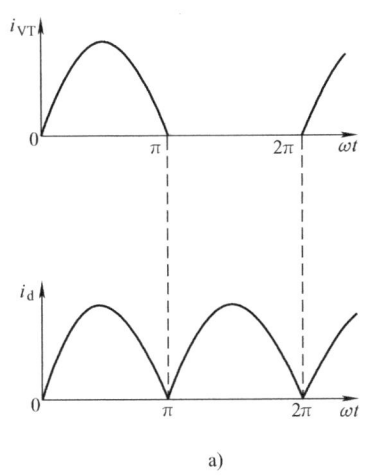
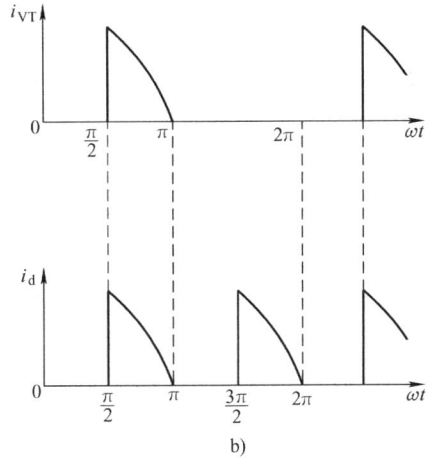

图 2-37 题 2-9 图

2-10 单相正弦交流电路中，晶闸管和负载电阻串联，交流电源电压有效值为220V，试问晶闸管承受的最高正向和反向电压分别是多少？若晶闸管的通态平均电流为100A，计算晶闸管导通角为180°和90°时电路允许的峰值电流。

2-11 GTO 和晶闸管同为 PNPN 四层三端结构，为什么 GTO 能自关断，而晶闸管却不能？

2-12 试比较 GTR、电力 MOSFET、IGBT 和 GTO 几种常用的全控型器件的各自优缺点？

2-13 什么是 IGBT 的擎住效应？产生擎住效应的原因是什么？

2-14 晶闸管装置对触发电路有哪些要求？

2-15 晶闸管串联和并联使用时，应采取哪些措施来实现器件的均压和均流？

# 第 3 章　可控整流及有源逆变电路

整流是指将交流电变换为直流电的变换，而将交流电变换为直流电的电路称为整流电路。整流电路是四种变换电路中最基本的变换电路，应用非常广泛。整流电路分为传统的相控整流电路和近年发展起来的 PWM 整流电路。PWM 整流电路和相控整流电路相比在电流波形及电路功率因数方面都有很大改善。

本章主要介绍由晶闸管器件构成的可控整流电路的基本结构及其工作原理，分析可控整流电路中各物理量的工作波形、定量计算公式和器件参数的确定方法。对于整流电路，当其带不同负载情况下，电路的工作情况不同。此外，可控整流电路不仅可以工作在整流状态，即将交流电能变换为直流电能，还可以工作在逆变状态，即将直流电能变换为交流电能，称为有源逆变。所以，本章在对各种整流电路分析时，分别讨论其带阻性负载、阻感负载、阻容负载及反电动势负载的情况，并对可控整流电路的有源逆变状态进行讨论。在此基础上，还分析了变压器漏抗对电路工作的影响、整流电路交流侧和直流侧的谐波、电力电子装置中功率因数的定义及计算。最后，简单介绍了 PWM 整流电路的基本工作原理。

## 3.1　概述

### 3.1.1　整流的概念

把交流电变换为直流电的变换称为整流（Rectifier），又叫 AC – DC 变换（AC – DC Converter）。整流电路是一种把交流电源电压转换成所需的直流电压的电路。AC – DC 变换的功率流向是双向的，功率流向由交流电源流向负载的变换称之为"整流"，功率流向由负载流向交流电源的变换称之为"有源逆变"。

整流电路是电力电子装置中出现最早的一种变换电路，其应用十分广泛，整流电路的形式也多种多样，各具特色。传统的方法是采用晶闸管作为整流电路的主控器件，通过对晶闸管触发相位的控制从而达到控制输出直流电压的目的，这样的电路称之为相控整流电路。

### 3.1.2　整流电路的分类

为了满足不同的生产需要，已产生了许多各具特色的整流电路，它们虽然都能获得直流输出电压，但其电路性能指标是不同的，主要反映在直流输出电压的平均值、直流输出中的交流分量、功率因数和电网侧谐波电流等各方面。

整流电路的分类方法很多，实际中常对整流电路按以下方法分类。

**1. 按电路结构分类**

1）半波整流电路：半波整流电路中每根电源进线流过单方向电流，又称为零式整流电路或单拍整流电路。

2）全波整流电路：全波整流电路中每根电源进线流过双方向电流，又称为桥式整流电路或双拍整流电路。

**2. 按电源相数分类**

1）单相整流电路：又分为单脉波整流电路和双脉波整流电路。

2）三相整流电路：又分为三脉波整流电路和六脉波整流电路。

3）多相整流电路：多脉波整流电路。

**3. 按电路控制特点分类**

1）不可控整流电路：整流电路的直流输出电压平均值同交流电源电压的比值固定不变，且功率流向只能由电源侧流向负载侧，即整流电路的输出电压大小与功率流向均是固定的，不可改变，为单向变流器。这种电路的控制器件一般是二极管。

2）半控整流电路：整流电路的直流输出电压平均值与交流电源电压的比值可以改变，但功率流向仍为单向，只能由电源侧流向负载侧。这种电路的控制器件一般是晶闸管和二极管同时存在。

3）全控整流电路：整流电路的直流输出电压值可以改变，且功率流向是双向的。全控整流电路中控制器件一般为晶闸管或全控型器件。

**4. 按电路的工作范围分类**

1）单象限整流电路。

2）多象限整流电路。

**5. 按控制方式分类**

1）相控整流电路：控制器件主要采用晶闸管，其特点是容量大，控制简单，技术成熟。

2）脉冲宽度调制（PWM）整流电路：这是一种新型整流电路，采用全控型控制器件和现代控制技术，其性能优于相控整流电路，如功率因数可达到接近于1、电网侧电流谐波含量小等，越来越受到工程领域的重视。

## 3.1.3　整流电路的主要性能指标

在实际工程应用中，希望整流电路直流输出电压大小可调，且可调范围大，谐波含量小；整流输出电流脉动小，电路带负载能力强；交流侧功率因数高，电流谐波含量小；避免变压器直流磁化，以提高变压器的利用率。

对于整流电路，评价其性能的指标有很多，如输出电压和电流的大小及波形质量、成本、效率、重量、体积、电磁干扰及电磁兼容性等。下面给出整流电路的主要性能指标：

1）整流输出电压平均值：也就是负载上的直流电压。

2）电压波形系数：输出电压有效值与直流电压平均值之比。

3）直流输出电压中的交流分量：反映了直流电压的平滑程度，常用纹波因数 $\gamma$ 来表示。整流输出电压中除直流平均值外的全部交流分量，称为电压纹波分量。纹波因数定义为输出电压中电压纹波分量（交流谐波分量的有效值）与直流电压平均值之比，即

$$\gamma = \frac{U_R}{U_d} \tag{3-1}$$

式中，$U_d$，$U_R$——直流电压及交流谐波电压有效值，已知电压有效值为 $U$，则 $U_R = \sqrt{U^2 - U_d^2}$。

4）直流输出电压的脉动系数：整流输出电压中最低次谐波幅值与直流电压平均值之比定义为直流输出电压的脉动系数。

5）交流侧的功率因数 $PF$：交流侧输出有功功率与视在功率之比。

6）交流侧谐波电流：可用输入电流总畸变率（$THD$）或电流谐波因数来反应。

7）变压器利用系数。

以上参数中，1）~4）是考核整流电路输出直流电源性能的指标，5）~7）是考核整流电路对交流电源影响的性能参数。

## 3.2 单相可控整流电路

### 3.2.1 单相半波可控整流电路

**1. 阻性负载**

在实际生活中，一些负载如电灯、电炉和电炊具以及生产中所用的电解、电镀和电焊等，通常都认为是阻性负载（Resistive Load）。阻性负载是一个耗能元件，它只能消耗电能而不能储存或放出电能。阻性负载的特点是负载上的电压和电流波形形状和相位都相同。

图 3-1 所示为单相半波可控整流电路（Single Phase Half Wave Converter）带阻性负载时的电路及工作波形。为了分析简单起见，在以后的分析中，如无特别说明，均认为电路中开关器件为理想器件，即开关器件导通时通态压降为零，阻断状态下漏电流为零，器件开关过程中开关时间为零；另外也不考虑变压器漏电抗对电路的影响。

图 3-1a 所示电路中，变压器 T 为整流变压器（Transformer），起变换电压和电路隔离（Isolation）的作用，变压器一次和二次电压瞬时值分别用 $u_1$ 和 $u_2$ 表示，有效值用 $U_1$ 和 $U_2$ 表示。

（1）工作原理及波形分析

在电源电压 $u_2$ 的正半周（0，π）期间，$\omega t$ 为 $0 \sim \omega t_1$ 阶段，晶闸管虽然承受正向阳极电压（阳极电位高于阴极电位），但在未加触发脉冲之前，晶闸管 VT 处于阻断状态，电路中无电流流过，此时负载电阻两端电压 $u_d$ 为零，全部电源电压 $u_2$ 施加在晶闸管 VT 两端。即 $\omega t = 0 \sim \omega t_1 : u_d = 0$，$i_d = 0$，$u_{VT} = u_2$。

在 $\omega t_1$ 时刻，给 VT 门极加触发脉冲，如图 3-1c 所示，VT 立即导通，负载上便有电流流过，电源电压全部加在负载电阻上，此时 $u_d = u_2$，负载电流 $i_d = \dfrac{u_d}{R}$，$i_d$ 波形与 $u_d$ 相同，晶闸管导通后认为其压降为零。则 $\omega t = \omega t_1 \sim \pi : u_d = u_2$，$u_{VT} = 0$，$i_d = \dfrac{u_d}{R} = \dfrac{u_2}{R} = \dfrac{\sqrt{2}U_2}{R}\sin\omega t$。

当 $\omega t = \pi$ 时，电源电压 $u_2$ 降为零，则负载电阻上的电压 $u_d = 0$，电流 $i_d = 0$。由于晶闸管 VT 中电流降至维持电流以下，晶闸管由导通状态转入阻断状态。

在电源电压的负半周，$\omega t$ 为 $\pi \sim 2\pi$ 期间，VT 承受反向电压处于反向阻断状态，电源电压又全部降至晶闸管上，负载上承受的电压和流过的电流均为零。有 $\omega t = \pi \sim 2\pi$：$u_d = 0$，$i_d = 0$，$u_{VT} = u_2$。

直到下一个周期，晶闸管又处于正向电压作用下，若又给门极加触发脉冲，晶闸管再次导通，如此不断循环重复上述过程。

负载电阻承受的电压 $u_d$ 波形如图 3-1d 所示，为电源电压的一部分；晶闸管 VT 承受的电压波形 $u_{VT}$ 如图 3-1e 所示，也为电源电压的一部分。

从上述分析可知，在电源电压的一个周期中，负载上得到的只是脉动的直流电压，其脉动频率与电源频率一致，故此电路是单脉波整流电路（若整流输出电压的脉动频率是电源频率的 2、3 或 6 倍……，则分别称为二脉波、三脉波或六脉波电路……）。另外，此电路只在交流电源电压的正半周内实现整流，电源进线流过的电流为单方向电流，所以又称为半波可控整流电路。

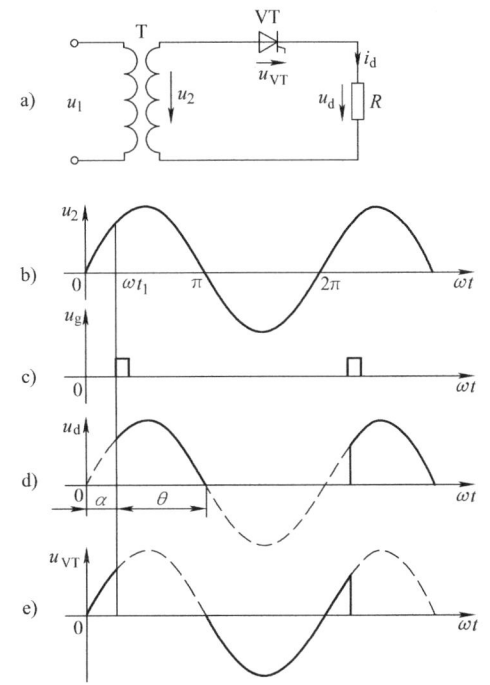

图 3-1 单相半波可控整流电路带阻性负载时的电路及工作波形图

由图 3-1d 中 $u_d$ 波形可以看出，改变晶闸管触发脉冲电压的相位（即控制脉冲的触发时刻），输出电压 $u_d$ 的值随之改变，所以把这种通过相位（Phase）控制来调节直流输出电压大小的方式称为相位控制方式，简称为相控方式，相应的整流电路称为相控整流电路。

(2) 几个基本概念

1）触发延迟角（Delay or Firing Angle）：从晶闸管开始承受正向电压的时刻起到晶闸管施加触发脉冲导通为止的电角度称为触发延迟角，简称触发角或控制角，常用 $\alpha$ 来表示。如图 3-1c 中 $0 \sim \omega t_1$ 这一段对应的电角度即触发延迟角。

2）导通角：晶闸管在一个周期内导通的电角度称为导通角，用 $\theta$ 表示。对于单相半波可控整流电路带电阻负载的情况，导通角 $\theta$ 和触发延迟角 $\alpha$ 之间的关系是：$\theta = \pi - \alpha$。

3）移相：改变触发延迟角 $\alpha$ 的大小，即改变触发脉冲电压 $u_g$ 出现的相位，称为移相。

4）移相范围：触发延迟角 $\alpha$ 从 0° 开始到最大触发电角度的区间称为移相范围。

5）同步：要使整流电路输出直流电压稳定，则要求每个周期中晶闸管触发延迟角 $\alpha$ 都相同，所以要求触发脉冲信号与电源电压在频率和相位上要协调配合，这种相互协调配合的关系，称之为同步。

(3) 基本数量关系

1）整流输出电压平均值。根据图 3-1d 输出电压波形，有整流输出电压平均值（Average Output Voltage）为

$$U_\mathrm{d} = \frac{1}{2\pi}\int_\alpha^\pi \sqrt{2}U_2\sin\omega t\,\mathrm{d}(\omega t) = \frac{\sqrt{2}U_2}{2\pi}(1+\cos\alpha) = 0.45U_2\frac{1+\cos\alpha}{2} \qquad (3\text{-}2)$$

从式（3-1）可以看出：$\alpha = 0°$时，$U_\mathrm{do} = U_\mathrm{dmax} = 0.45U_2$（$U_\mathrm{do}$表示$\alpha = 0°$时的$U_\mathrm{d}$值），此值即单相半波不可控整流电路的输出电压最大值。随着$\alpha$增大，输出电压$U_\mathrm{d}$将逐渐减小。当$\alpha = \pi/2$时，$u_\mathrm{d} = U_\mathrm{do}/2 = 0.225U_2$；当$\alpha = \pi$时，$U_\mathrm{d} = 0$。

所以，单相半波可控整流电路带阻性负载时，移相范围为$180°$。

2）整流输出电流平均值。根据欧姆定律，由式（3-2）得负载电流平均值为

$$I_\mathrm{d} = \frac{U_\mathrm{d}}{R} = 0.45\frac{U_2}{R}\frac{1+\cos\alpha}{2} \qquad (3\text{-}3)$$

3）整流输出电压和电流有效值。根据有效值定义，可求出整流输出电压有效值（Root Mean Square，RMS）为

$$U = \sqrt{\frac{1}{2\pi}\int_\alpha^\pi (\sqrt{2}U_2\sin\omega t)^2\,\mathrm{d}(\omega t)} = U_2\sqrt{\frac{\pi-\alpha}{2\pi}+\frac{\sin2\alpha}{4\pi}} \qquad (3\text{-}4)$$

负载电流有效值为

$$I = \frac{U}{R} = \frac{U_2}{R}\sqrt{\frac{\pi-\alpha}{2\pi}+\frac{\sin2\alpha}{4\pi}} \qquad (3\text{-}5)$$

4）整流输出电压纹波因数。如图3-1d）所示，整流电路输出的直流电压含有很大的交流纹波，所以单相半波整流电路输出直流电压脉动大，其电压纹波因数为

$$\gamma = \frac{U_\mathrm{R}}{U_\mathrm{d}} = \frac{\sqrt{U^2-U_\mathrm{d}^2}}{U_\mathrm{d}} = \sqrt{\pi\frac{\pi-\alpha+(1/2)\sin2\alpha}{(1+\cos\alpha)^2}-1} \qquad (3\text{-}6)$$

式中，$\alpha = 0°$时，$\gamma_0 = 1.21 = 121\%$，$\gamma_0$为$\alpha = 0°$时的电压纹波因数。可以看出，随着触发延迟角$\alpha$的增加，纹波将更大。

5）整流变压器二次电流有效值。变压器二次电流有效值$I_2$等于负载电流有效值，即

$$I_2 = I \qquad (3\text{-}7)$$

所以，单相半波可控整流电路带阻性负载时，负载电流有效值与平均值之比即波形系数为

$$k_\mathrm{f} = \frac{I}{I_\mathrm{d}} = \frac{U}{U_\mathrm{d}} = \frac{\sqrt{2\pi(\pi-\alpha)+\pi\sin2\alpha}}{\sqrt{2}(1+\cos\alpha)} \qquad (3\text{-}8)$$

当$\alpha = 0°$时，$I = 1.57I_\mathrm{d}$；当$\alpha = \frac{\pi}{2}$时，$I = 2.22I_\mathrm{d}$。所以，触发延迟角$\alpha$不同时，波形系数$k_\mathrm{f}$也不一样。

6）流过晶闸管的电流有效值和平均值。单相半波可控整流电路中，流过晶闸管的电流有效值为

$$I_\mathrm{VT} = I_2 = I = \frac{U_2}{R}\sqrt{\frac{\pi-\alpha}{2\pi}+\frac{\sin2\alpha}{4\pi}} \qquad (3\text{-}9)$$

流过晶闸管的电流平均值为

$$I_\mathrm{dVT} = I_\mathrm{d} = \frac{U_\mathrm{d}}{R} \qquad (3\text{-}10)$$

在选用晶闸管时，必须要考虑流过晶闸管中电流的波形。因为在同一电路中，$\alpha$不同，流过器件的电流波形将不一样，波形系数$k_\mathrm{f}$也不一样，所以要求输出相同电流平均值时流

过晶闸管器件的电流有效值不相同。为确保晶闸管不至因结温太高而被损坏，需按有效值相等的原则选用晶闸管。晶闸管额定电流所对应的电流有效值为 $I_{VT} = 1.57I_{TAV}$。当然，器件的结温除了受器件自身损耗的影响外，还与散热情况有关，所以选定晶闸管额定电流以后，还需选择与之相应的散热器，才能保证器件可靠工作。

7) 晶闸管承受的最大正向、反向电压 $U_{FM}$ 和 $U_{RM}$。从图 3-1e 的波形可以看出，晶闸管承受的最大正向、反向电压均为变压器二次电压最大值，即电源电压最大值，为

$$U_{FM} = U_{RM} = \sqrt{2}U_2 \tag{3-11}$$

8) 整流电路的功率因数 $PF$。根据功率因数 $PF$ （Power Factor）的定义有

$$PF = \frac{P}{S} = \frac{UI_2}{U_2I_2} = \sqrt{\frac{\pi-\alpha}{2\pi}+\frac{\sin2\alpha}{4\pi}} \tag{3-12}$$

式中　$P$——变压器二次侧输出的有功功率，$P = I_2^2R = UI_2$；

　　　$S$——变压器二次侧的视在功率，$S = U_2I_2$。

由式（3-12）可知，功率因数是触发延迟角 $\alpha$ 的函数。当 $\alpha = 0°$ 时，$PF$ 最大为 $1/\sqrt{2} = 0.707$。

这里要提醒注意的是，整流电路虽然带阻性负载，但由于电流存在谐波分量，所以电源的功率因数不会等于 1，而且随着 $\alpha$ 的增加，功率因数还会减小。

9) 整流变压器容量选取。触发延迟角 $\alpha = 0°$ 时，整流电路输出功率最大，所以变压器容量选取必须以电路最大输出功率为依据。此时，变压器二次电流有效值为 $I_2 = \frac{\pi}{2}I_d$，二次电压有效值为 $U_2$，且 $U_2 = \frac{\pi}{\sqrt{2}}U_{d0}$，则变压器二次绕组容量为

$$S_2 = U_2I_2 = \frac{\pi}{\sqrt{2}}U_{d0} \times \frac{\pi}{2}I_d \approx 3.49U_{d0}I_d \tag{3-13}$$

从式（3-13）可以看出，变压器二次绕组容量为直流输出功率的 3.49 倍，表明单相整流电路变压器利用率很低，原因在于输出有功功率中含有谐波有功功率。

变压器一次电流 $I_1$，即电源电流为交流电流，变压器变比为 $k$，则一次电流为

$$I_1 = I_{2\sim}/k = \gamma_0 I_d/k$$

其中 $I_{2\sim}$ 为二次电流的交流分量；$\gamma_0 = 1.21$。

变压器一次绕组容量为

$$S_1 = U_1I_1 = k\frac{\pi}{\sqrt{2}}U_{d0} \times \gamma_0 I_d/k \approx 2.69U_{d0}I_d \tag{3-14}$$

考虑变压器利用率和体积，取变压器容量为一次绕组和二次绕组容量的平均值，有

$$S_N = \frac{S_1+S_2}{2} = 3.09U_{d0}I_d \tag{3-15}$$

【例 3-1】 单相半波可控整流电路带阻性负载，不经整流变压器直接与 220V 交流电源相接，要求整流输出平均电压为 85V，最大输出直流平均电流为 20A，求此电路中触发延迟角 $\alpha$、负载电阻 $R$、输出电压有效值 $U$、交流侧电流 $I_2$、流过晶闸管的电流有效值 $I_{VT}$、流过晶闸管的电流平均值 $I_{dVT}$ 和交流侧功率因数 $PF$，并选择晶闸管额定电压和额定电流（考虑 2 倍裕量）。

**解：**（1）已知 $U_d = 85\text{V}$，根据式（3-2），$U_d = 0.45U_2\dfrac{1+\cos\alpha}{2}$，可计算触发延迟角 $\alpha$，有

$$\cos\alpha = \frac{2U_d}{0.45U_2} - 1 = \frac{2 \times 85}{0.45 \times 220} - 1 = 0.717$$

则 $\alpha = 44°$

（2）已知 $U_d = 85\text{V}$，$I_d = 20\text{A}$，可计算负载电阻为

$$R = \frac{U_d}{I_d} = \frac{85}{20}\Omega = 4.25\Omega$$

（3）整流输出电压有效值为

$$U = U_2\sqrt{\frac{\pi-\alpha}{2\pi} + \frac{\sin 2\alpha}{4\pi}} = 220 \times \sqrt{\frac{\pi-44°}{2\pi} + \frac{\sin 88°}{4\pi}}\text{V} = 148.7\text{V}$$

（4）交流侧电流有效值为

$$I_2 = I = \frac{U}{R} = \frac{148.7}{4.25}\text{A} = 35\text{A}$$

（5）流过晶闸管的电流有效值和平均值分别为

$$I_{VT} = I_2 = 35\text{A}$$

$$I_{dVT} = I_d = 20\text{A}$$

（6）交流侧功率因数

$$PF = \frac{P}{S} = \frac{UI_2}{U_2I_2} = \frac{U}{U_2} = \frac{148.7}{220} = 0.676$$

（7）选择晶闸管定额。考虑 2 倍裕量，晶闸管额定电流应为

$$I_{T(AV)} = 2 \times \frac{I_{VT}}{1.57} = 2 \times \frac{35}{1.57}\text{A} = 44.6\text{A}$$

晶闸管的额定电压应为

$$U_{FM} = U_{RM} = 2 \times \sqrt{2}U_2 = 622\text{V}$$

所以，可选额定电流为 50A，额定电压为 700V 左右的晶闸管。

**2. 感性负载**

实际生产实践中，除了阻性负载外，还经常遇到电阻电感性负载，即当负载的感抗（$\omega L$）与电阻 $R$ 相比不可忽略时，认为整流电路带感性负载（Inductive Load），例如带各种电机的励磁绕组、电磁铁线圈等负载。另外，由于阻性负载时电流波形与电压波形相同，有较大的脉动，一些要求电流波动小的场合需要在负载中接入电感，以使负载电流变化平缓，减小电流脉动。这种接入直流回路用于使负载电流波形平滑的电感一般称为平波电抗器。整流电路带感性负载时，工作情况与阻性负载时不同。因为电路中电感的存在，它对电流的变化起抗拒作用，所以流过电感的电流不能突变，当电感中电流增加时，电感产生一自感电动势阻止电流增加，而当电感中电流减小时，自感电动势又将阻止电流的减小。下面分析单相半波可控整流电路带阻感负载时的工作情况。

（1）工作原理及波形分析

图 3-2 所示为单相半波可控整流电路带感性负载时的电路及工作波形。

在电源电压正半周,晶闸管承受正向阳极电压。当 $\alpha = \omega t_1$ 时刻,晶闸管 VT 触发导通,负载上有输出电压 $u_d$,此时 $u_d = u_2$。由于负载电感的存在使负载电流 $i_d$ 不能突变,只能从零逐步增加,电流滞后电压一个角度,负载电流波形不再和负载电压波形相同,如图 3-2e 所示。在 $i_d$ 增加的过程中,电感 $L$ 中产生自感电动势的方向为上正下负,它力图阻止电流的增加,这时交流电网除了供给电阻 $R$ 所消耗的能量外,还要供给电感所吸收的磁场能量。当 $i_d$ 达到最大值时,电流变化率为零,即 $L\dfrac{di_d}{dt} = 0$。之后,电流 $i_d$ 开始减小,电感 $L$ 中自感电动势方向变为上负下正,$L$ 释放能量,释放的能量除消耗在电阻 $R$ 上外,还通过变压器二次绕组将能量反馈回电网。

$\omega t = \pi$ 时刻,电源电压 $u_2 = 0$,但由于电感 $L$ 中能量尚未释放完,还要继续释放能量,其感应电动势极性为上负下正,使晶闸管仍然承受正向电压而维持继续导通状态,直至 $L$ 中能量释放完毕,电流降为零时($\omega t_2$ 时刻),晶闸管关断。一旦晶闸管关断,立即承受反向阳极电压,如图 3-2f 所示。

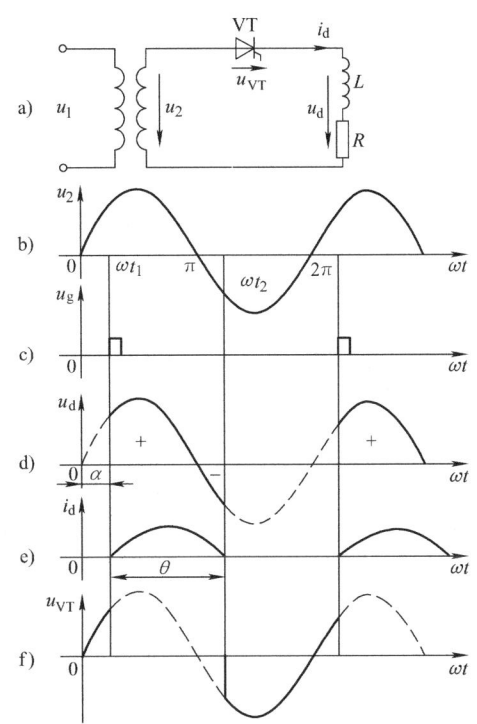

图 3-2 单相半波可控整流电路带感性负载时的电路及工作波形

所以,单相半波可控整流电路带感性负载时,由于电感的存在,使晶闸管导通时间增加,导通角加大,不再是 $\pi - \alpha$,其导通角的大小与负载电感大小有关。同时,由于晶闸管在电源电压 $u_2$ 负半周的一段时间内还处于导通状态,使输出电压 $u_d$ 波形中出现负值,输出电压平均值 $U_d$ 减小。晶闸管导通期间,回路方程为

$$L\dfrac{di_d}{dt} + Ri_d = \sqrt{2}U_2\sin\omega t \qquad (\alpha < \omega t < \alpha + \theta)$$

(3-16)

对式(3-16)微分方程求解,得到电路电流表达式

$$i_d = \dfrac{\sqrt{2}U_2}{Z}\sin(\omega t - \varphi) + Ae^{-Rt/L}$$

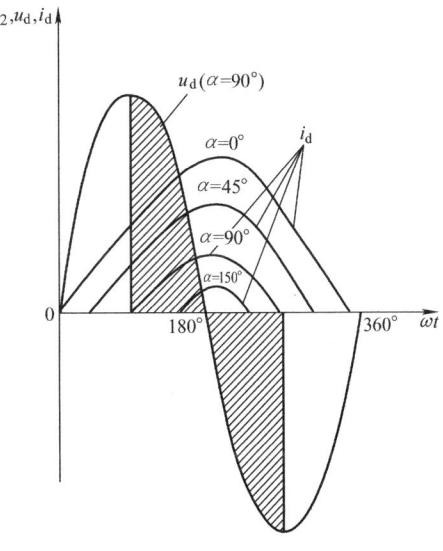

图 3-3 单相半波可控整流电路带感性负载时不同 $\alpha$ 时的输出电压和电流波形

其中，$Z = \sqrt{R^2 + (\omega L)^2}$，$\varphi = \arctan\left(\dfrac{\omega L}{R}\right)$，$A$ 为系数，可根据边界条件求出。

从图 3-2 可以看出，$\omega t = \alpha$ 和 $\omega t = \alpha + \theta$ 时刻，$i_d = 0$，据此可求出

$$A = \frac{\sqrt{2}U_2}{Z}\sin\varphi = \frac{\sqrt{2}U_2\omega L}{Z^2}$$

则得到晶闸管导通期间的负载电流表达式为

$$i_d = \frac{\sqrt{2}U_2}{Z}\sin(\omega t - \varphi) + \frac{\sqrt{2}U_2\omega L}{Z^2}\mathrm{e}^{-Rt/L} \tag{3-17}$$

在负载电阻 $R$ 一定的情况下，随着电感量 $L$ 的增加，电感储存的能量增多，使电压 $u_d$ 进入负半周后，电感 $L$ 维持晶闸管导通的时间增加，导通角 $\theta$ 越大，则整流输出电压 $u_d$ 波形中负值部分占的比例越大，输出电压平均值越小。当 $\omega L$ 比 $R$ 大很多时，$\theta \approx 2(\pi - \alpha)$，$u_d$ 波形中正、负面积接近相等，即输出电压平均值 $U_d \approx 0$。

单相半波整流电路带纯电感负载理想情况下，当电路为不可控整流或触发延迟角 $\alpha = 0°$ 时，$\varphi = \pi/2$，导通角 $\theta = 2\pi$，$U_d = 0$，负载电流表达式为

$$i_d = \frac{\sqrt{2}U_2}{\omega L}(1 - \cos\omega t)$$

根据平均值计算公式，可以得到负载电流平均值为

$$I_d = \frac{1}{2\pi}\int_0^{2\pi} \frac{\sqrt{2}U_2}{\omega L}(1 - \cos\omega t)\mathrm{d}(\omega t) = \frac{\sqrt{2}U_2}{\omega L}$$

根据有效值计算公式，可得到负载电流有效值为

$$I = \frac{\sqrt{3}U_2}{\omega L}$$

则此时负载电流纹波为

$$\gamma_i = \frac{\sqrt{I^2 - I_d^2}}{I_d} = 71\%$$

图 3-3 是 $\omega L \gg R$ 时，不同触发延迟角 $\alpha$ 情况下整流输出电压 $u_d$ 和输出电流 $i_d$ 的波形。从图中可以看出，大电感负载情况下，晶闸管一个周期导通角接近 $2(\pi - \alpha)$，输出电压平均值约为零。

由以上分析可知，单相半波可控整流电路带大电感负载时，不管怎样调节触发延迟角 $\alpha$，其输出电压平均值总是很小，电流平均值也很小，所以此电路是无法使用的。为了解决这个问题，通常在整流电路的负载两端并联一个硅整流二极管 $VD_R$，称为续流二极管，如图 3-4 所示。

图 3-4a 所示电路中，电源电压正半周，晶闸管 VT 在 $\alpha$ 时刻触发导通，有电流流过 VT、$L$、$R$，负载上电压 $u_d$ 为电源电压 $u_2$，续流二极管 $VD_R$ 因承受反向电压关断，不影响电路工作。当电源电压过零变负后，二极管 $VD_R$ 承受正向电压导通，同时，使晶闸管 VT 承受反向电压关断。此时电感 $L$ 释放能量提供给负载电阻，负载电流经 $VD_R$、$R$ 构成回路，保持电流连续。所以，二极管 $VD_R$ 称为续流二极管（Freewheeling Diode）。不考虑续流二极管 $VD_R$ 的导通压降，二极管续流阶段 $u_d = 0$，所以输出电压 $u_d$ 中不再出现负电压部分。

由此可见，有了续流二极管后，电路输出电压波形及电压平均值和阻性负载时一样，只与触发延迟角 α 有关，与电感 L 的大小无关。但负载电流 $i_d$ 波形就有较大不同，因为电感很大，流过负载的电流 $i_d$ 不但连续，且基本上维持不变，电感越大，电流波形越接近一条水平线，如图 3-4d 所示。负载电流平均值 $I_d$ 由晶闸管和续流二极管共同分担，流过它们的电流波形基本上是矩形波。一个周期中，晶闸管的导通角为 $\pi - \alpha$，续流二极管的导通角则为 $\pi + \alpha$。

（2）基本数量关系

这里讨论单相半波可控整流电路带续流二极管、大电感负载时的基本数量关系。

1）整流输出电压平均值 $U_d$。与阻性负载时相同，则输出电压平均值为

$$U_d = 0.45 U_2 \frac{1 + \cos\alpha}{2}$$

所以，电路的移相范围仍为 180°。

2）流过晶闸管电流平均值 $I_{dVT}$ 与续流二极管的电流平均值 $I_{dVD_R}$。从图 3-4e、f 可知，若晶闸管触发延迟角为 α，则晶闸管的导通角为 $\pi - \alpha$，续流二极管导通角为 $\pi + \alpha$，所以

$$I_{dVT} = \frac{\pi - \alpha}{2\pi} I_d \quad (3-18)$$

$$I_{dVD_R} = \frac{\pi + \alpha}{2\pi} \quad (3-19)$$

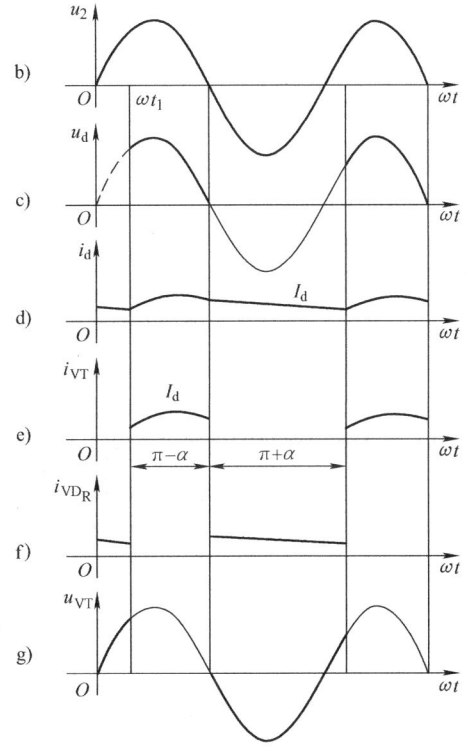

图 3-4　单相半波可控整流电路带续流二极管时的电路及工作波形

3）流过晶闸管电流有效值 $I_{VT}$ 与续流二极管的电流有效值 $I_{VD_R}$。根据有效值的定义，流过晶闸管的电流有效值 $I_{VT}$ 为

$$I_{VT} = \sqrt{\frac{1}{2\pi} \int_\alpha^\pi I_d^2 d(\omega t)} = I_d \sqrt{\frac{\pi - \alpha}{2\pi}} \quad (3-20)$$

流过续流二极管的电流有效值 $I_{VD_R}$ 为

$$I_{VD_R} = I_d \sqrt{\frac{\pi + \alpha}{2\pi}} \quad (3-21)$$

4）晶闸管和续流二极管承受的最大电压。晶闸管可能承受的最大正、反向电压均为 $\sqrt{2} U_2$，续流二极管可能承受的最大反向电压也为 $\sqrt{2} U_2$。

当整流电路中接有大电感负载时，由于晶闸管触发导通的瞬间电流从零开始缓慢上升，如果触发脉冲宽度不够，有可能发生电流未上升到晶闸管的擎住电流触发脉冲就已消失的情

况,从而使晶闸管在触发脉冲消失后又恢复正向阻断状态,所以电路要求触发脉冲有足够的宽度。

单相半波可控整流电路的特点是简单、易调整。但电路输出的电流脉动大,变压器二次绕组只有半个周期有电流流过,利用率低,且变压器二次绕组中通过含直流分量的电流,使铁心直流磁化。为使变压器铁心不饱和,需加大铁心的截面积,从而增大变压器的体积和重量。

### 3.2.2 单相桥式全控整流电路

**1. 阻性负载**

(1) 工作原理及波形分析

单相桥式全控整流电路(Single Phase Full Bridge Converter)如图3-5a所示,图中晶闸管 $VT_1$、$VT_4$ 组成一对桥臂,$VT_2$、$VT_3$ 组成另一对桥臂,$VT_1$、$VT_3$ 为共阴极连接,$VT_2$、$VT_4$ 为共阳极连接,变压器二次电压 $u_2$ 加在桥臂的中点。任何时刻,电路中需同时有两个晶闸管导通,才能构成回路。图3-5所示晶闸管桥式整流电路,在触发延迟角 $\alpha = 0°$ 时,与二极管整流电路工作过程相同。二极管桥式整流电路中,任何时刻共阴极连接的二极管阳极电位最高的管子导通,共阳极连接的二极管则是阴极电位最低的管子导通,所以在电源电压正半周,1、4管导通,2、3管关断;在电源电压负半周,2、4管导通,1、3管关断。晶闸管构成的桥式整流电路,管子导通规律与二极管电路相同,当电源电压处于正半周时,同时触发 $VT_1$、$VT_4$;当电源电压处于负半周时,同时触发 $VT_2$、$VT_3$,两对晶闸管触发脉冲相位相差180°。下面具体分析电路工作过程。

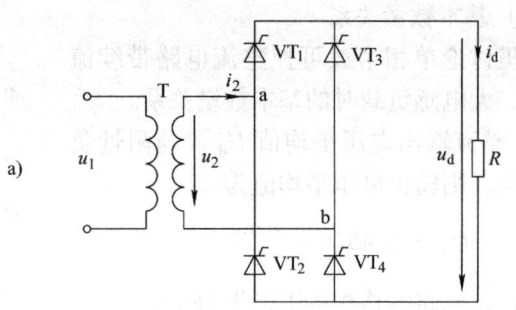

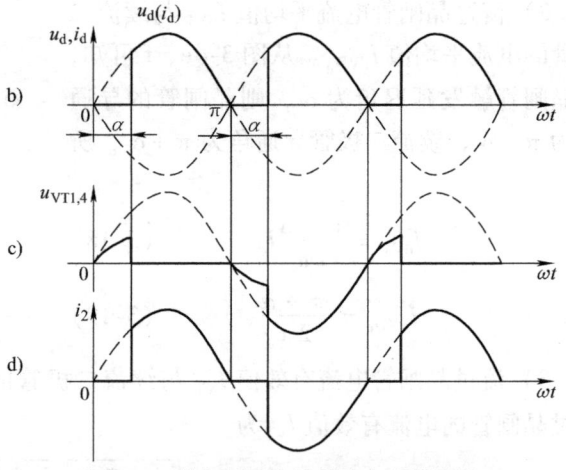

图3-5 单相桥式全控整流电路带阻性
负载时的电路及工作波形

电源电压 $u_2$ 正半周 $(0, \alpha)$ 期间,$VT_2$、$VT_3$ 承受反向阳极电压处于截止状态,虽然 $VT_1$、$VT_4$ 承受正向阳极电压,但此时 $VT_1$、$VT_4$ 门极未加触发信号,处于正向阻断状态,所以此阶段四个晶闸管全部未导通,等效电路如图3-6a所示,负载电压为零,即 $u_d = 0$(可以认为负载被短接),$i_d = 0$,输出电压波形如图3-5b所示。$u_2$ 全部加在晶闸管上,若晶闸管特性完全一致,则 $VT_1$、$VT_4$ 各承受一半电源电压,所以器件承受的电压为 $u_{VT_1} = u_{VT_4} = u_2/2$,波形如图3-5c所示。

$\omega t = \alpha$ 时刻,同时触发 $VT_1$、$VT_4$,两管立即导通,电流从电源a端经过 $VT_1$、$R$、$VT_4$

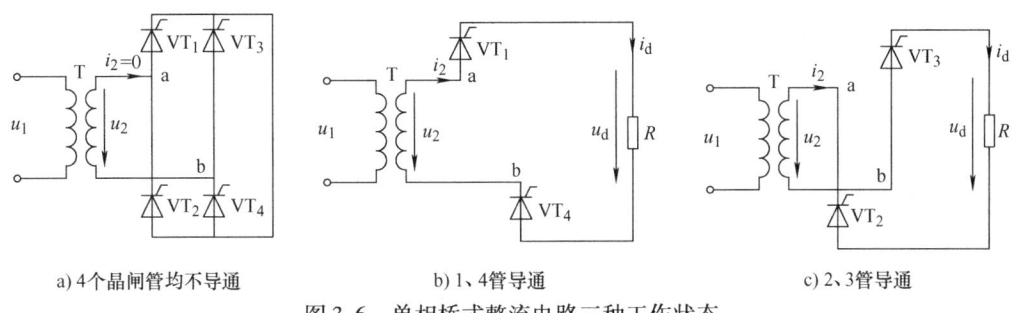

a) 4个晶闸管均不导通　　　　b) 1、4管导通　　　　c) 2、3管导通

图 3-6　单相桥式整流电路三种工作状态

流回电源 b 端，$i_2>0$ 等效电路如图 3-6b 所示，负载两端的电压 $u_d$ 与电源电压 $u_2$ 相等，即 $u_d=u_2$。这期间 VT$_2$、VT$_3$ 均承受反向电压关断。$\omega t=\pi$ 时刻，电源电压过零，负载电流也降为零，VT$_1$、VT$_4$ 关断。

在电源电压 $u_2$ 负半周（$\pi$，$\pi+\alpha$）期间，晶闸管 VT$_2$、VT$_3$ 虽然承受正向阳极电压，但由于门极没有触发信号，所以 VT$_2$、VT$_3$ 正向阻断。此时，VT$_1$、VT$_4$ 也不导通，全部电源电压加在两个串联晶闸管上，等效电路如图 3-6a 所示，每个器件承受的电压为全部电源电压的一半，$u_{VT1}=u_{VT4}=u_2/2$。

$\omega t=\pi+\alpha$ 时刻触发 VT$_2$、VT$_3$，则 VT$_2$、VT$_3$ 导通。电流从电源 b 端经 VT$_3$、R、VT$_2$ 流回电源 a 端，$i_2<0$ 等效电路如图 3-6c 所示，此阶段，负载电压 $u_d=-u_2$，VT$_1$、VT$_4$ 分别承受全部电源电压，即 $u_{VT1}=u_{VT4}=u_2$。待 $u_2$ 负半周结束时，电源电压 $u_2$ 为零，电流也降为零，VT$_2$、VT$_3$ 关断。

图 3-5d 为变压器二次电流波形，从波形可以看出，电源电压的正、负半周，变压器二次侧绕组中有大小相等、方向相反的电流通过，所以绕组电流中没有直流分量，即此电路不存在变压器铁心直流磁化的问题。

以上是电路一个周期的工作过程，往后又重复循环此过程。显然，VT$_1$、VT$_4$ 和 VT$_2$、VT$_3$ 两组器件触发脉冲在相位上应相差 180°，每对晶闸管导通角为 $\pi-\alpha$。

由于此电路在交流电压的正、负半周都能实现整流，所以为全波可控整流电路。又由于输出整流电压在一个周期内脉动两次，又称为双脉波整流电路。其输出整流电压脉动程度比半波整流电路要小。另外，变压器二次绕组中不存在单相半波整流电路中的直流磁化现象，且电源电压正负半周变压器中均有电流流过，所以与半波整流电路相比，变压器利用率较高。

(2) 基本数量关系

1) 整流输出电压平均值 $U_d$ 与有效值 $U$

因为一个周期内电压有两个相同的波形，计算时在半个周期内求平均值即可，即

$$U_d = \frac{1}{\pi}\int_{\alpha}^{\pi}\sqrt{2}U_2\sin\omega t\,d(\omega t) = 0.9U_2\frac{1+\cos\alpha}{2} \tag{3-22}$$

其值是单相半波整流电路的 2 倍。

当 $\alpha=0°$ 时，电路工作情况相当于不可控整流的情况，此时 $U_{d0}=U_{dmax}=0.9U_2$；$\alpha=\pi$ 时，$U_d=0$，故电路移相范围是 180°。

整流输出电压有效值 $U$ 为

$$U = \sqrt{\frac{1}{\pi}\int_{\alpha}^{\pi}(\sqrt{2}U_2\sin\omega t)^2 d(\omega t)} = U_2\sqrt{\frac{\sin 2\alpha}{2\pi}+\frac{\pi-\alpha}{\pi}} \tag{3-23}$$

桥式整流电路电压有效值为半波整流电路的$\sqrt{2}$倍。

$\alpha=0°$时，有$U=U_2$，此时输出电压纹波因数为$\gamma_0=\dfrac{U_R}{U_{d0}}=\dfrac{\sqrt{U^2-U_{d0}^2}}{U_{d0}}=48.3\%$，较半波整流电路的121%减小了很多。

2）负载电流的平均值为

$$I_d=\dfrac{U_d}{R}=0.9\dfrac{U_2}{R}\dfrac{1+\cos\alpha}{2} \tag{3-24}$$

3）晶闸管的电流平均值$I_{dVT}$和有效值$I_{VT}$。由于晶闸管$VT_1$、$VT_4$和$VT_2$、$VT_3$在电路中轮流导通，所以流过每个管子中电流平均值为负载电流的一半，即

$$I_{dVT}=\dfrac{1}{2}I_d=0.45\dfrac{U_2}{R}\dfrac{1+\cos\alpha}{2} \tag{3-25}$$

流过晶闸管的电流有效值为

$$I_{VT}=\sqrt{\dfrac{1}{2\pi}\int_\alpha^\pi\left(\dfrac{\sqrt{2}U_2}{R}\sin\omega t\right)^2 d(\omega t)}=\dfrac{U_2}{\sqrt{2}R}\sqrt{\dfrac{1}{2\pi}\sin 2\alpha+\dfrac{\pi-\alpha}{\pi}} \tag{3-26}$$

4）变压器二次绕组电流有效值为

$$I_2=\sqrt{\dfrac{1}{\pi}\int_\alpha^\pi\left(\dfrac{\sqrt{2}U_2}{R}\sin\omega t\right)^2 d(\omega t)}=\dfrac{U_2}{R}\sqrt{\dfrac{1}{2\pi}\sin 2\alpha+\dfrac{\pi-\alpha}{\pi}}=\sqrt{2}I_{VT} \tag{3-27}$$

5）电路的功率因数为

$$PF=\dfrac{P}{S}=\dfrac{UI_2}{U_2I_2}=\sqrt{\dfrac{1}{2\pi}\sin 2\alpha+\dfrac{\pi-\alpha}{\pi}} \tag{3-28}$$

根据式（3-22）、式（3-24）、式（3-27）、式（3-28），将不同$\alpha$时的$U_d/U_2$、$I_2/I_d$和$PF$值作成曲线如图3-7所示，其数值列于表3-1中。

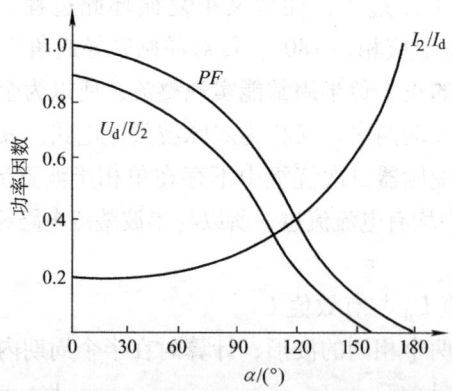

图3-7 单相桥式可控整流电路阻性负载时的电压、电流比及功率因数与触发延迟角$\alpha$的关系

表3-1 单相桥式全控整流电路阻性负载时的电压电流比及功率因数与触发延迟角$\alpha$的关系

| 触发延迟角$\alpha/(°)$ | 0 | 30 | 60 | 90 | 120 | 150 | 180 |
|---|---|---|---|---|---|---|---|
| $\dfrac{U_d}{U_2}$ | 0.900 | 0.840 | 0.676 | 0.450 | 0.226 | 0.060 | 0 |
| $\dfrac{I_2}{I_d}$ | 1.11 | 1.17 | 1.33 | 1.57 | 1.97 | 2.82 | — |
| $PF$ | 1.000 | 0.987 | 0.898 | 0.707 | 0.427 | 0.170 | 0 |

## 第3章 可控整流及有源逆变电路

6) $\alpha = 0°$时，变压器容量$S_N$与整流输出的有功功率$P$之间的关系。

由于单相桥式整流电路带阻性负载时，负载电压和电流波形相同，均为非正弦波形，负载电流不是直流，所以整流电路输出的有功功率与负载上的直流功率不相等，除直流功率外还输出谐波有功功率。在$\alpha = 0°$时负载电阻上的直流功率$P = U_{d0}I_d$，此时$U_{d0} = 0.9U_2$，$I_2 = 1.11I_d$，则有

$$S_N = S_2 = U_2 I_2 = 1.23P \tag{3-29}$$

即单相桥式整流电路带阻性负载时变压器容量为整流电路输出直流功率的1.23倍，与单相半波整流电路带阻性负载的公式（3-15）比较可以看出，桥式电路变压器利用率更高。

**【例3-2】** 单相桥式全控整流电路，带阻性负载，要求输出直流电压$U_d = 20 \sim 100V$连续可调，负载平均电流恒定为20A，晶闸管最小触发延迟角限制为30°，计算变压器二次电压、二次电流值，估算其容量以及确定晶闸管导通角的变化范围并选择晶闸管。

**解：**（1）已知$\alpha_{\min} = 30°$，最小触发延迟角对应最大输出电压，所以对应的$U_{d\max} = 100V$。根据式（3-22）有

$$U_2 = \frac{U_{d\max}}{0.45(1+\cos\alpha_{\min})} = \frac{100}{0.45(1+\cos30°)}V = 119V$$

（2）要求整流电路输出电压$U_d = 20 \sim 100V$连续可调，则晶闸管最大触发延迟角为

$$\cos\alpha_{\max} = \frac{U_{d\min}}{0.45U_2} - 1 = \frac{20}{0.45 \times 119} - 1 = -0.6265$$

$$\alpha_{\max} = 129°$$

可知，晶闸管导通角的变化范围为51°~150°。

在整个输出电压可调范围内，$I_d$恒为20A，考虑最严重情况，即在$U_{d\min} = 20V$时，电路仍能输出20A电流。从表3-1可知，当$I_d$一定时，$\alpha$越大，所需$I_2$越大，据此可求出变压器最大电流有效值。

当$\alpha_{\max} = 129°$时，有

$$\frac{I_2}{I_d} = \frac{\sqrt{\pi\sin2\alpha + 2\pi(\pi-\alpha)}}{2(1+\cos\alpha)} = 2.14$$

$$I_2 = 2.14 I_d = 2.14 \times 20A = 42.8A$$

本例中应注意，若按$\alpha_{\min} = 30°$时电路输出电流为20A计算，则变压器二次电流$I_2 = 1.17 I_d = 23.4A$，较上面的42.8A小得多，据此计算的变压器容量小于实际容量，显然无法满足运行要求。

（3）变压器容量估算

$$S_N = S_2 = U_2 I_2 = 119 \times 42.8 V \cdot A = 5.1 kV \cdot A$$

（4）选择晶闸管

流过晶闸管的电流有效值为

$$I_{VT} = \frac{1}{\sqrt{2}} I_2 = \frac{1}{\sqrt{2}} \times 42.8A = 30A$$

考虑2倍裕量时，晶闸管额定电流

$$I_{T(AV)} = 2I_{VT}/1.57 = 38A$$

晶闸管承受的最大电压为$\sqrt{2}U_2 = \sqrt{2} \times 119V = 169V$，若考虑2倍裕量为338V，则可选取

型号为 KP50—5 的晶闸管,其通态平均电流为 50A,正向重复峰值电压为 5 级 (500V)。

**2. 感性负载**

(1) 工作原理及波形分析

单相桥式全控整流电路带感性负载时的电路及工作波形如图 3-8 所示。这里假设电感很大,即 $\omega L \gg R$,从而保证负载电流连续,其波形为一条水平线,且电路已处于稳态工作情况,电流波形已经形成。

电源电压 $u_2$ 正半周,在触发延迟角 $\alpha$ 时刻触发晶闸管 $VT_1$、$VT_4$ 导通,负载上电压 $u_d = u_2$。由于电感的存在使电路中电流不能突变,电感起了平波的作用,$i_d$ 波形为直线。

当 $u_2$ 过零变负时,因电感中产生感应电动势将使 $VT_1$、$VT_4$ 仍承受正向电压而继续导通,则 $u_d$ 波形中出现负值部分,此时晶闸管 $VT_2$、$VT_3$ 也承受正向电压,但由于未加触发脉冲,所以处于正向阻断状态,负载电压 $u_d = u_2$。

到 $\omega t = \pi + \alpha$ 时刻,给 $VT_2$、$VT_3$ 加触发脉冲,$VT_2$、$VT_3$ 立即导通,从而使 $VT_1$、$VT_4$ 承受反向电压而关断,负载电流从 $VT_1$、$VT_4$ 转移到 $VT_2$、$VT_3$ 上,这个过程叫换相。$VT_2$、$VT_3$ 导通后,负载电压 $u_d = -u_2$,负载电流大小不变,波形仍为直线。

到下一周期又重复上述过程。

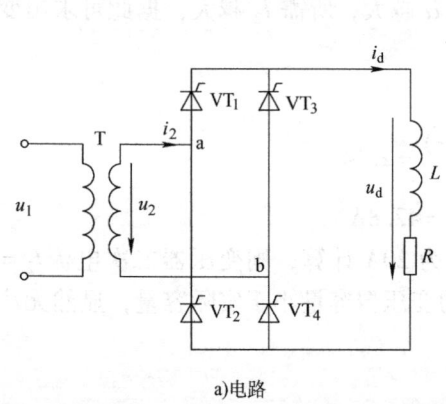
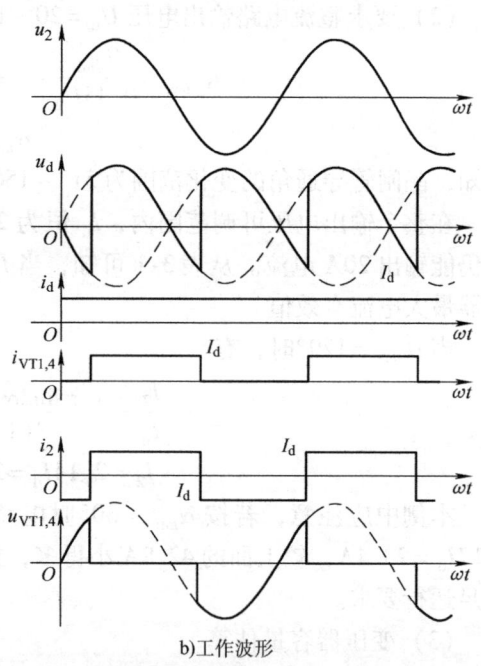

a) 电路    b) 工作波形

图 3-8 单相桥式全控整流电路带感性负载时的电路及工作波形

从图 3-8 可知,$VT_1$、$VT_4$ 和 $VT_2$、$VT_3$ 之间触发脉冲相位相差仍为 180°,每对晶闸管导通角也为 180°。整流输出电压波形中出现负面积,并且随着触发延迟角 $\alpha$ 的增大,负面积也增大,当 $\alpha = 90°$ 时,正负面积相等,输出直流电压降为零,所以单相桥式全控整流电路带阻感负载时,晶闸管触发脉冲移相范围为 90°。当 $\alpha = 90°$ 时,晶闸管承受的最大正、反向电压均为 $\sqrt{2}U_2$。这是因为电流 $i_d$ 波形连续,始终有一对晶闸管导通,从而将电源电压加在另一对未导通晶闸管上,使晶闸管在关断时承受了全部电源电压。

(2) 基本数量关系

1) 整流输出电压平均值为

$$U_d = \frac{1}{\pi}\int_{\alpha}^{\pi+\alpha}\sqrt{2}U_2\sin\omega t\,d(\omega t) = \frac{2\sqrt{2}U_2}{\pi}\cos\alpha = 0.9U_2\cos\alpha \qquad (3\text{-}30)$$

当 $\alpha=0°$ 时，$U_{do}=0.9U_2$；当 $\alpha=90°$ 时，$U_d=0$。电路移相范围为 $90°$。

2) 负载电流平均值 $I_d$。由于电感是储能元件不消耗能量，其两端电压一周期内平均值为零，因此全部直流电压都降落在负载电阻上，则 $I_d$ 的计算公式与电阻性负载时一样。负载电流为

$$I_d = \frac{U_d}{R} = 0.9\frac{U_2}{R}\cos\alpha \qquad (3\text{-}31)$$

3) 流过晶闸管的电流有效值 $I_{VT}$ 和平均值 $I_{dVT}$。流过晶闸管的电流有效值为

$$I_{VT} = \sqrt{\frac{1}{2\pi}\int_{\alpha}^{\pi+\alpha}I_d^2\,d(\omega t)} = \frac{1}{\sqrt{2}}I_d \qquad (3\text{-}32)$$

因为一周期中两组晶闸管轮流导通，各导通 $180°$，与 $\alpha$ 无关，所以流过晶闸管的电流平均值为

$$I_{dVT} = \frac{1}{2}I_d \qquad (3\text{-}33)$$

4) 变压器二次电流有效值为

$$I_2 = \sqrt{\frac{1}{\pi}\int_{\alpha}^{\pi+\alpha}I_d^2\,d(\omega t)} = I_d = \sqrt{2}I_{VT} \qquad (3\text{-}34)$$

5) 电路的功率因数。由于大电感负载时认为负载电流波形平直，为直流，所以电路输出有功功率即为直流功率，谐波有功功率为零。所以，功率因数为

$$PF = \frac{P}{S} = \frac{U_d I_d}{U_2 I_2} = 0.9\cos\alpha \qquad (3\text{-}35)$$

根据式 (3-35) 可知，单相桥式可控整流电路带阻感负载时，其功率因数最大为 0.9。

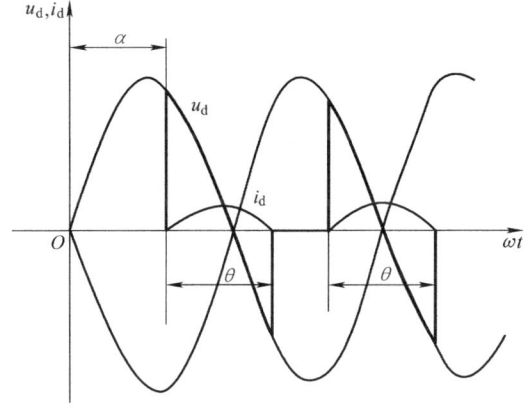

图 3-9 电感较小时电路的输出电压和电流波形

6) 变压器容量 $S_N$ 的确定。$\alpha=0°$ 时，有 $U_{d0}=0.9U_2$，而 $I_2=I_d$，有

$$S_N = S_2 = U_2 I_2 = 1.11 U_{d0} I_d \qquad (3\text{-}36)$$

即变压器容量为整流输出功率的 1.11 倍，带感性负载较阻性负载时变压器利用率有所提高，原因在于感性负载时电流连续，变压器绕组在一个周期内均有电流流过。

前面的分析是基于电感足够大，能维持电流波形几乎为一条直线，实际中负载电流波形不可能是一条直线，而是一个周期波动两次的脉动波形。如果负载回路中电感量不够大，电感中储存的能量不足以维持晶闸管导通 $\pi$ 角度，负载电流将不连续，其输出电压和电流波形如图 3-9 所示。此时，输出电压平均值为

$$U_{\mathrm{d}} = \frac{1}{\pi}\int_{\alpha}^{\alpha+\theta}\sqrt{2}U_{2}\sin\omega t\,\mathrm{d}(\omega t) = \frac{\sqrt{2}U_{2}}{\pi}[\cos\alpha - \cos(\alpha+\theta)] \tag{3-37}$$

式中  $\theta$——晶闸管的导通角,其大小与电感大小有关。

整流电路带直流电动机在电动机低速轻载情况下运行时,电路可能工作在电流断续情况。电流断续将使电动机的机械特性变软,晶闸管导通角减小,电流波形变窄。而为了保证一定大小的电流平均值,则负载电流峰值将增大,即电流有效值增加,从而使整流装置和电动机的容量增大,并且使电动机换向困难。所以,整流电路带电动机负载时,一般在直流侧串联一个平波电抗器,以保证电流连续。所串联的平波电抗器电感最小值可由下式计算:

$$L_{\min} = \frac{2\sqrt{2}U_{2}}{\pi\omega I_{\mathrm{dmin}}} \approx 2.87 \times 10^{-3}\frac{U_{2}}{I_{\mathrm{dmin}}} \tag{3-38}$$

从上面分析可知,单相桥式全控整流电路带感性负载工作时,由于输出电压 $u_\mathrm{d}$ 波形中出现负值部分,从而使整流输出电压平均值 $U_\mathrm{d}$ 较阻性负载时减小。欲提高 $U_\mathrm{d}$ 值,必须将 $u_\mathrm{d}$ 波形中负值部分去掉。为此,可采用与单相半波可控整流电路类似的方法,即在负载两端并联续流二极管 $VD_R$,如图 3-10 所示。电路工作过程请自行分析。

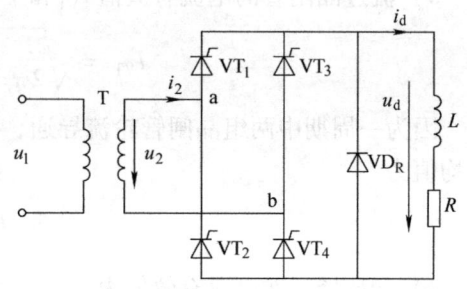

图 3-10 带续流二极管的单相桥式全控整流电路

### 3. 反电动势负载

整流电路输出接蓄电池、直流电动机电枢等负载时,由于负载本身是一个直流电源,对于整流电路而言,它们属于反电动势负载(Electro – motive – force – Load)。当反电动势为蓄电池时,一般不外接平波电抗器,此时可认为电路接电阻 – 反电动势负载;当反电动势为直流电动机时,为了保证负载电流连续,一般接平波电抗器,此时可认为电路接电感 – 反电动势负载。

图 3-11 所示为带电阻 – 反电动势负载的单相桥式全控整流电路及工作波形。从图 3-11b 中可以看出,由于反电动势的存在,电路只有在输出电压大于反电动势时,才有电流输出,使晶闸管导电时间缩短。

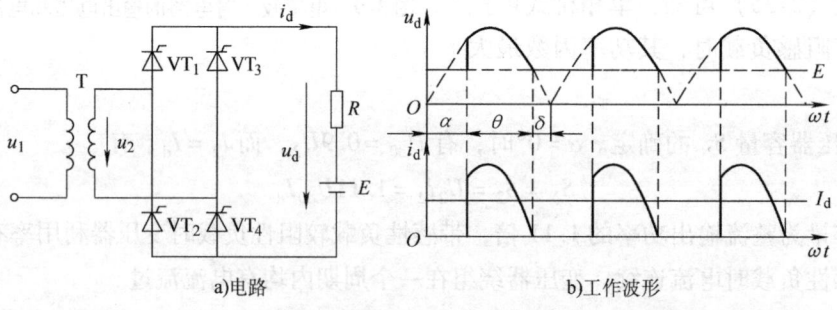

a)电路    b)工作波形

图 3-11 单相桥式全控整流电路带电阻 – 反电动势负载的电路及工作波形

只有当电源电压大于反电动势时,晶闸管才开始承受正向阳极电压。对窄脉冲触发的电路来说,晶闸管有最小触发延迟角 $\alpha_{\min}$ 的限制,若触发延迟角 $\alpha < \alpha_{\min}$,因电源电压值小于反电动势,晶闸管不能导通。如果变压器二次电压的峰值为 $\sqrt{2}U_2$,反电动势大小为 $E$,有 $\alpha_{\min} = \arcsin \dfrac{E}{\sqrt{2}U_2}$。

图 3-11 中,当 $\omega t = \alpha$ 时触发 $VT_1$、$VT_4$,此时电源电压 $u_2$ 大于反电动势 $E$,$VT_1$、$VT_4$ 导通,电源电压 $u_2$ 加于电阻 - 反电动势负载上,此时 $u_d = u_2$,负载电流 $i_d = \dfrac{u_2 - E}{R}$。当电源电压正半周 $u_2$ 下降至等于 $E$ 时,负载电流 $i_d = 0$,$VT_1$、$VT_4$ 停止导通,之后开始承受反向电压,由于反电动势的存在,晶闸管提前关断。这里值得注意的是,在 $VT_1$、$VT_4$ 关断时,由于负载端有直流电动势,其输出电压不再是零,而是电动势 $E$,即 $u_d = E$。因此在相同 $\alpha$ 下,带反电动势负载时整流输出电压较阻性负载时要大。

同样,晶闸管也不是在电源电压过零时刻关断,而是在电源电压与反电动势相等时刻关断,图 3-11 中从 $VT_1$、$VT_4$ 停止导电到 $\omega t = \pi$ 时刻这段时间所对应的电角度通常称为停止导电角,用 $\delta$ 表示。则停止导电角 $\delta$ 可求出为

$$\delta = \alpha_{\min} = \arcsin \dfrac{E}{\sqrt{2}U_2} \tag{3-39}$$

此时晶闸管的导通角为

$$\theta = \pi - \alpha - \delta$$

整流输出电压平均值为

$$\begin{aligned}U_d &= E + \dfrac{1}{\pi} \int_\alpha^{\pi-\delta} (\sqrt{2}U_2 \sin\omega t - E) \mathrm{d}(\omega t) \\ &= \dfrac{\sqrt{2}U_2}{\pi}(\cos\delta + \cos\alpha) + \dfrac{E}{\pi}(\delta + \alpha)\end{aligned} \tag{3-40}$$

对于宽脉冲触发电路,在 $\alpha < \delta$ 时触发晶闸管,整流电路仍然可以工作,因为在 $\omega t = \delta$ 时触发脉冲还未消失,所以晶闸管在 $\omega t = \delta$ 时被触发导通,此时晶闸管的导通角为 $\theta = \pi - 2\delta$。

带反电动势负载时,负载电流平均值为

$$I_d = \dfrac{U_d - E}{R} \tag{3-41}$$

如果单相桥式全控整流电路带电感 - 反电动势负载,只要电感足够大,可维持负载电流连续且基本上为一条水平线,则晶闸管每周期导通角仍为 $\pi$,电路的工作情况就与带感性负载的情况相同,输出电压和输出电流波形形状相同,输出电压计算公式仍采用感性负载时的计算式 (3-30),这里不再赘述。但反电动势负载时负载电流平均值计算公式应为 $I_d = \dfrac{U_d - E}{R}$。

### 3.2.3 单相全波可控整流电路

**1. 阻性负载**

单相全波可控整流电路(Single Phase Full - Wave Converter)又称为单相双半波可控整

流电路，图 3-12 为单相全波可控整流电路带阻性负载时的电路及工作波形。图中，变压器 T 为二次绕组带中心抽头的整流变压器，变压器二次电压为 $2u_2$，晶闸管 $VT_1$、$VT_2$ 共阴极连接。两个晶闸管 $VT_1$、$VT_2$ 分别在电源电压的正、负半周触发导通，所以两个晶闸管触发脉冲相位相差180°。

电源电压 $u_2$ 正半周，$VT_1$ 承受正向电压，在 $\omega t = \alpha$ 时刻触发晶闸管 $VT_1$，$VT_1$ 即导通，$VT_2$ 因承受反向电压而呈阻断状态。电流流通路径为 a→$VT_1$→R→o，整流输出电压 $u_d = u_2$，电源电压过零时 $VT_1$ 关断。在电源电压负半周，$\omega t = \pi + \alpha$ 时，触发 $VT_2$ 导通，电流流通路径为 b→$VT_2$→R→o，整流输出电压 $u_d = -u_2$。所以一个周期内负载上得到两个半波电压，整流输出电压波形与单相桥式全控整流电路带电阻负载时输出电压波形相同。

在 $(0, \alpha)$ 和 $(\pi, \pi + \alpha)$ 期间两个管子均不导通，所以此阶段 $VT_1$、$VT_2$ 串联承受变压器二次绕组上全部电压 $2u_2$。若认为两管特性一致，则各自承受的电压为 $u_2$，即 $u_{VT1} = u_2$。而只要两管中一管触发导通，则另一管将承受二次绕组上全部电压 $2u_2$。所以单相全波整流电路带阻性负载时，晶闸管器件可能承受的最大正向电压为 $\sqrt{2}U_2$，最大反向电压为 $2\sqrt{2}U_2$。触发延迟角 $\alpha$ 的移相范围及导通角变化范围与单相桥式全控整流电路相同，即移相范围为180°，导通角为 $180° - \alpha$。由于单相全波整流

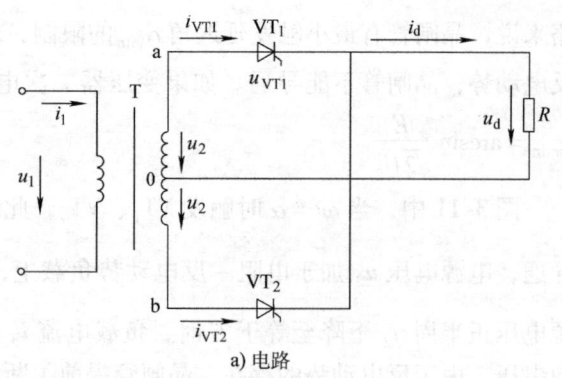

a) 电路

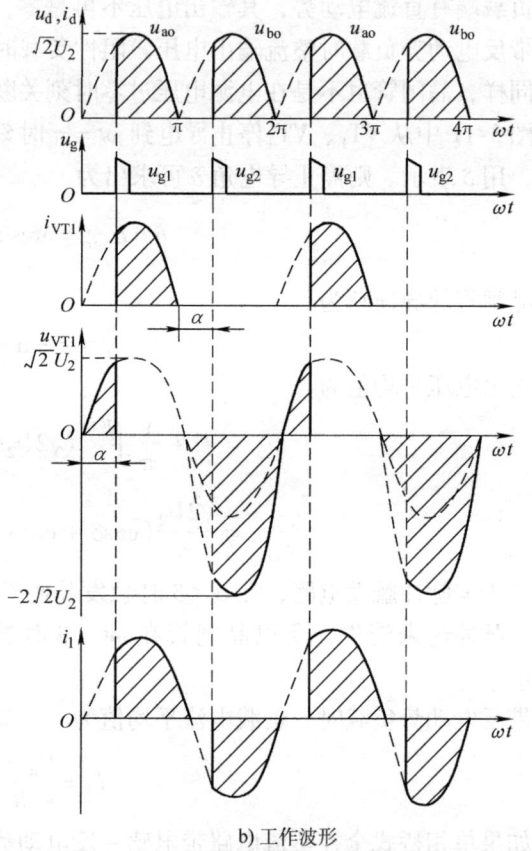

b) 工作波形

图 3-12 单相全波可控整流电路带阻性负载时的电路及工作波形图

电路输出电压波形与单相桥式整流电路相同，所以其输出电压、电流及流过晶闸管的电流等数量关系也与单相桥式全控电路相同。

**2. 感性负载**

图 3-13 为单相全波可控整流电路带感性负载时的电路及工作波形。假定电感足够大，使负载电流连续且基本为一水平线。

电源电压 $u_2$ 正半周，$\omega t = \alpha$ 时刻触发 $VT_1$，$VT_1$ 导通，整流输出电压 $u_d = u_2$。$\omega t = \pi$

时，$u_2$ 过零变负，由于为大电感负载，使 $VT_1$ 继续导通，直到 $\omega t = \pi + \alpha$ 时刻触发 $VT_2$ 为止。一旦 $VT_2$ 触发导通，使 $VT_1$ 承受 $2u_2$ 的反向电压截止，整流输出电压 $u_d = -u_2$。所以，一周期内 $VT_1$、$VT_2$ 轮流导通，各导通180°，晶闸管器件承受的最大正、反向电压均为 $2\sqrt{2}u_2$。电路波形及其他数量关系与单相桥式全控整流电路带感性负载时相同，这里不再赘述。

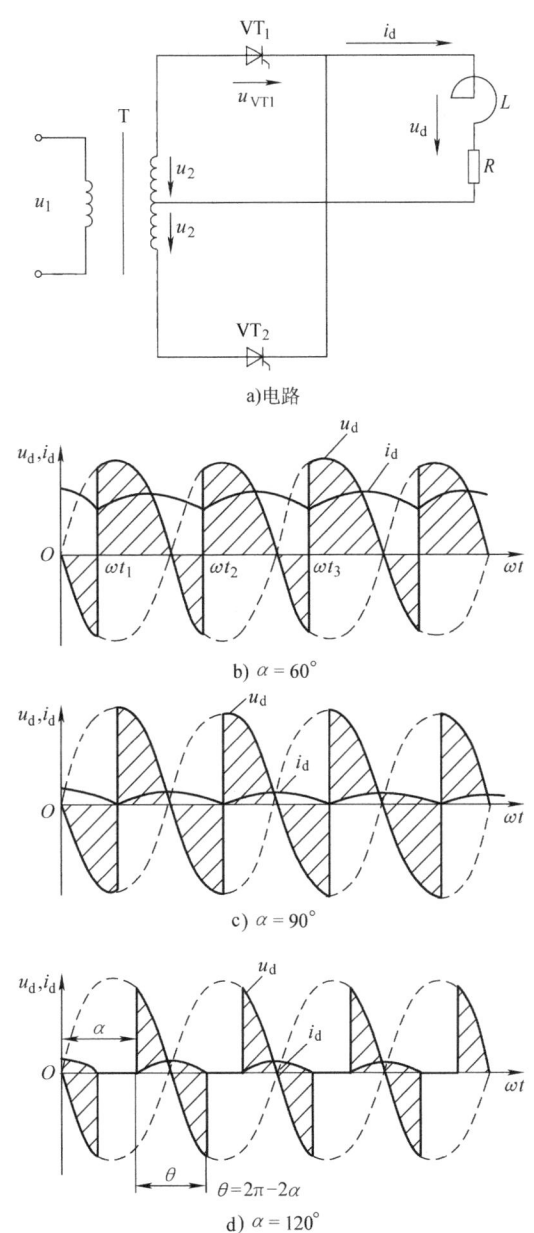

图 3-13 单相全波可控整流电路带感性负载时的电路及工作波形

单相全波可控整流电路与单相桥式全控整流电路比较，所用晶闸管器件减少一半，一个导电回路中只有一个晶闸管，所以导通时导通压降小，电压损失小，此电路常用于低压整流的情况下。但器件容量较单相桥式全控整流电路增加一倍，且变压器二次绕组带中心抽头，结构复杂，二次绕组每周期只工作半个周期，利用率低，故单相全波可控整流电路只适用于低压、小容量场合。

**【例3-3】** 图3-14所示为带续流二极管的单相全波可控整流电路，带阻感负载，电感足够大，保证电流连续且平直，已知 $U_2 = 220V$，$R = 20\Omega$，$\alpha = 60°$。要求：(1) 求晶闸管的电压、电流定额，考虑2倍安全裕量，选择晶闸管型号；(2) 计算续流二极管电流平均值及有效值。

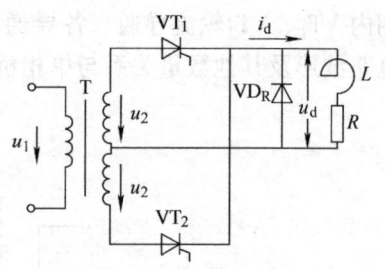

图3-14 例3-3图

**解：**(1) 带续流二极管的单相全波可控整流电路工作过程请同学自行分析，并画出波形图。其输出电压波形与阻性负载情况相同，所以整流电路输出电压平均值为

$$U_d = 0.9 U_2 \frac{1+\cos\alpha}{2} = 0.9 \times 220 \times \frac{1+\cos 60°}{2} V = 148.5V$$

负载电流为

$$I_d = \frac{U_d}{R} = \frac{148.5}{20} A = 7.4A$$

晶闸管一个周期导通角 $\theta = \pi - \alpha$，流过晶闸管的电流有效值为

$$I_{VT} = \sqrt{\frac{\pi - \alpha}{2\pi}} I_d = \sqrt{\frac{180° - 60°}{360°}} \times 7.4A = 4.27A$$

考虑2倍裕量，晶闸管的额定电流可选

$$I_{T(AV)} = 2 \times \frac{I_{VT}}{1.57} = 2 \times \frac{7.4}{1.57} A = 5.4A$$

晶闸管承受的最高电压为 $2\sqrt{2} U_2$，考虑2倍裕量，晶闸管额定电压为

$$2 \times 2\sqrt{2} U_2 = 2 \times 2 \times \sqrt{2} \times 220V = 1244V$$

所以，可选型号为 KP10—14 的晶闸管。

(2) 续流二极管一周期内导通 $2\alpha$ 电角度，则续流二极管的电流平均值为

$$I_{dVD_R} = \frac{\alpha}{\pi} I_d = \frac{60°}{180°} \times 7.4A = 2.5A$$

续流二极管的电流有效值为

$$I_{VD_R} = \sqrt{\frac{\alpha}{\pi}} I_d = \sqrt{\frac{60°}{180°}} \times 7.4A = 4.3A$$

### 3.2.4 单相桥式半控整流电路

在单相桥式全控整流电路中，采用两个晶闸管同时导通来规定电流流通的路径，如果电路仅需工作于整流状态，只要求调节输出电压的大小，则可把电路中两个晶闸管换成两个二极管，这样就组成了单相桥式半控整流电路（Single Phase Bridge Half Controlled Rectifier）。单相桥式半控整流电路与单相桥式全控整流电路相比，因为减少了晶闸管数量，使得控制更为简单，更为经济。

## 1. 阻性负载

图 3-15 为电阻性负载时单相桥式半控整流电路及工作波形图，它是将图 3-5 中的晶闸管 $VT_2$、$VT_4$ 换成了二极管 $VD_2$、$VD_4$。图 3-15 中，两个二极管为共阳极接法。对于共阳极接法的二极管，其导通原则为阴极电位低的管子导通。所以，此电路的工作特点是晶闸管触发导通，整流二极管自然换相。

电阻性负载时单相桥式半控整流电路的工作情况与单相桥式全控整流电路的工作情况几乎完全相同，电源电压正半周触发 $VT_1$ 后 $VT_1$、$VD_4$ 导通，电源电压负半周触发 $VT_3$ 后 $VT_3$、$VD_2$ 导通，其 $u_d$、$i_d$ 波形及 $U_d$、$I_d$、$I_{VT}$ 等参数的计算均与单相桥式全控整流电路相同，这里不再赘述。

单相桥式半控整流电路与全控整流电路唯一不同之处在于晶闸管器件承受的电压波形 $u_{VT}$。这里分析 $VT_1$、$VD_4$ 承受的电压波形：

$\alpha \sim \pi$ 阶段，$VT_1$、$VD_4$ 导通，$u_{VT1}=0$，$u_{VD4}=0$；

$\pi \sim \pi+\alpha$ 阶段，$VT_1$、$VT_3$ 均不导通，由于 $u_2$ 处于负半周，共阳极连接的二极管 $VD_2$、$VD_4$ 中 $VD_2$ 阴极电位低，此时处于导通状态，虽然 $VD_2$ 流过的电流为零，但二极管不能承受正向电压，所以此时 $u_{VD2}=0$，全部电源电压 $u_2$ 加在 $VD_4$ 上，此时 $u_{VT1}=0$，$u_{VD4}=u_2$；

$\pi+\alpha \sim 2\pi$ 阶段，$VT_1$ 处于反向截止状态，$VT_2$ 导通，$u_{VT1}=u_2$，$u_{VD4}=u_2$；

$0 \sim \alpha$ 阶段，$VT_1$ 处于正向阻断状态，由于二极管 $VD_4$ 承受正向电压将导通，其正向压降为 0，即 $u_{VD4}=0$，所以此阶段正向电压全部由晶闸管 $VT_1$ 承受，$u_{VT1}=u_2$。

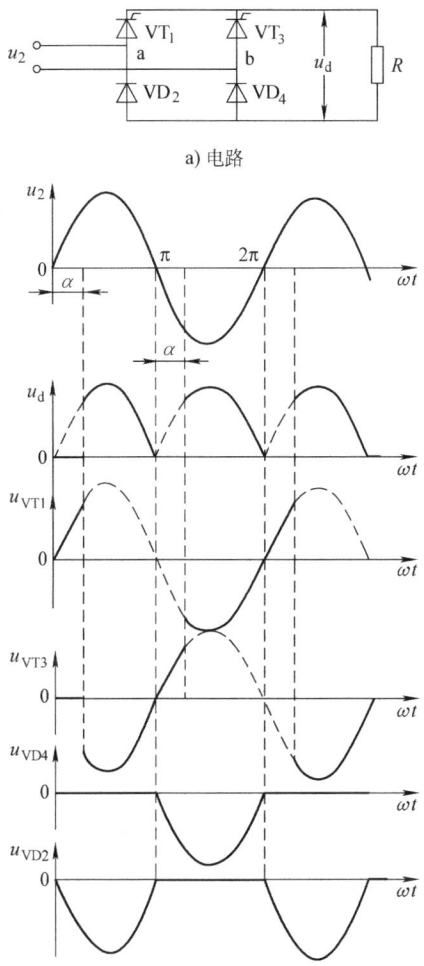

图 3-15 单相桥式半控整流电路带阻性负载的电路及工作波形

## 2. 感性负载

（1）工作原理及波形分析

图 3-16 为单相桥式半控整流电路带感性负载时的电路，认为负载电感足够大从而使负载电流连续且为一水平线。

电源电压 $u_2$ 的正半周，$\omega t=\alpha$ 时刻触发晶闸管 $VT_1$，则 $VT_1$、$VD_4$ 导通，电流从电源流出经 $VT_1$、负载、$VD_4$ 流回电源，电路处于整流工作状态，如图 3-17a 所示，负载电压 $u_d=u_2$。当 $\omega t=\pi$ 时，电源电压 $u_2$ 经零变负，由于电感的存在，$VT_1$ 将继续导通，此时 a 点电位较 b 点电位低，二极管自然换流，从 $VD_4$ 换至 $VD_2$，这样电流不再经过变压器绕组，而由 $VT_1$、$VD_2$ 续流，电路处于续流工作状态，如图 3-17b 所示，忽略器件导通压降，$u_d=0$。所以，单相桥式半控整流电路输出电压不会出现负的波形。

电源电压 $u_2$ 的负半周工作过程与正半周类似，$\omega t = \pi + \alpha$ 时刻触发晶闸管 $VT_3$，$VT_3$、$VD_2$ 导通，$VT_1$ 承受反向电压而关断，电源通过 $VT_3$ 和 $VD_2$ 又向负载供电，$u_d = -u_2$。$u_2$ 从负半周过零变正时，电流从 $VD_2$ 换流至 $VD_4$，电感通过 $VT_3$、$VD_4$ 续流，$u_d$ 又为零。以后，$VT_1$ 再次触发导通，重复以上过程。电路工作波形如图 3-18 所示。

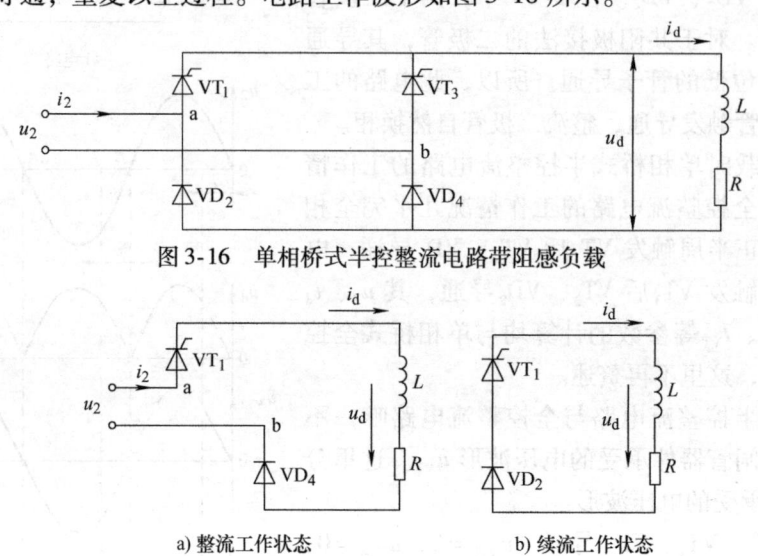

图 3-16　单相桥式半控整流电路带阻感负载

a) 整流工作状态　　　　　　　b) 续流工作状态

图 3-17　单相桥式半控整流电路带阻感负载时电路的两种工作状态

由以上分析可知，单相桥式半控整流电路带感性负载时的输出电压 $u_d$ 波形与阻性负载时完全相同。晶闸管一个周期内的导通角为 $\pi$，其换流时刻由门极触发脉冲决定；二极管一个周期内的导通角也为 $\pi$，其导通与关断时刻仅由电源电压决定，在 $\omega t = n\pi$ 处二极管自然换流。所以单相桥式半控整流电路带感性负载时各元件导通角均为 $\pi$，电源在 $0 \sim \alpha$、$\pi \sim \pi + \alpha$ 区间内停止对负载供电，负载消耗的能量由电感提供。

对于单相桥式半控整路电路，在正常运行情况下，如果突然把触发脉冲切断或者将触发延迟角 $\alpha$ 增大到180°，电路将产生"失控"现象。这里假设电路稳态工作情况下，$VT_3$ 的触发脉冲消失或者是触发角增大到180°，则 $VT_3$ 不能导通。由于之前 $VT_1$ 导通并处以续流状态，如图 3-17b 所示，只要负载电感足够大，能维持回路导通到电源电压下一个正半周，则电路又将处于整流状态，电感储存能量，在电源电压负半周电路进入续流状态。周而复始，此时电路失控。电路失控后，一个晶闸管持续导通，两个二级管轮流导通，整流输出电压波形为正弦半波，即半周期为正弦波，另外半周期为零，输出电压平均值恒定。单相桥式半控整流电路出现失控的原因在于正在导通的晶闸管关断是依靠后续导通晶闸管的正常开通，后续导通的管子开通后使正在导通的管子承受反向电压关断，一旦由于某种原因使后续导通的管子不能正常开通，则原来导通的管子将持续导通而无法关断。解决这个问题可以在负载侧并联一个续流二极管 $VD_R$，让续流二极管代替晶闸管、二极管构成的续流回路，续流二极管导通使得晶闸管承受反向电压关断，从而解决了电路的失控问题。带续流二极管的半控桥式整流电路及工作波形如图 3-19 所示。

图 3-19 中，负载电路续流阶段，晶闸管不再导通，而是由续流二极管导通，这样续流阶段导电回路中只有一个管压降，也有利于降低电路损耗。接续流二极管后，电路的输出电压

$u_d$、输出电流 $i_d$、变压器二次电流 $i_2$ 的波形都与不接续流二极管时相同。不同的是晶闸管和整流二极管的导通角,由不接续流二极管时的 π 减小为 π-α,续流二极管的导通角为 2α。

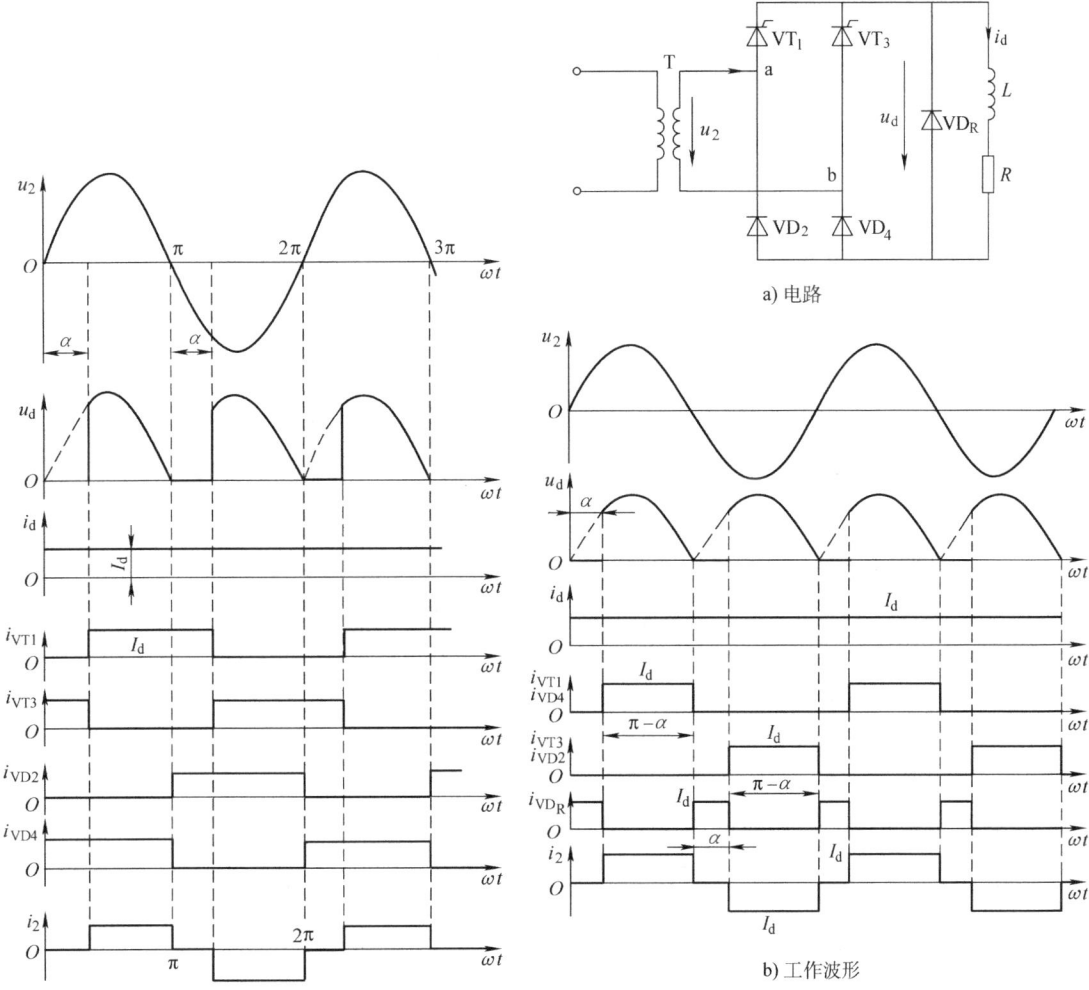

图 3-18　单相桥式半控整流电路工作波形　　图 3-19　带续流二极管的单相桥式半控整流
电路感性负载时的电路及工作波形

（2）基本数量关系

由于实际半控整流电路均是带续流二极管的电路,下面讨论这种电路的基本数量关系。

1）输出直流电压平均值 $U_d$。与阻性负载时完全相同,为

$$U_d = \frac{1}{\pi}\int_\alpha^\pi \sqrt{2}\sin\omega t \mathrm{d}(\omega t) = 0.9U_2\frac{1+\cos\alpha}{2} \qquad (3-42)$$

2）负载电流平均值为

$$I_d = \frac{U_d}{R} = 0.9\frac{U_2}{R}\frac{1+\cos\alpha}{2} \qquad (3-43)$$

由于负载电流波形为直流,所以有负载电流有效值 $I = I_d$。

3）晶闸管和整流二极管的电流有效值及平均值。晶闸管和整流二极管的电流有效值为

$$I_{VT} = I_{VD} = \sqrt{\frac{\pi-\alpha}{2\pi}}I_d \qquad (3-44)$$

晶闸管和整流二极管的电流平均值为

$$I_{dVT} = I_{dVD} = \frac{\pi - \alpha}{2\pi} I_d \tag{3-45}$$

4）续流二极管电流有效值及平均值。续流二极管电流有效值为

$$I_{VD_R} = \sqrt{\frac{\alpha}{\pi}} I_d \tag{3-46}$$

电流平均值为

$$I_{dVD_R} = \frac{\alpha}{\pi} I_d \tag{3-47}$$

5）变压器二次绕组中电流有效值为

$$I_2 = \sqrt{\frac{\pi - \alpha}{\pi}} I_d = \sqrt{2} I_{VT} \tag{3-48}$$

【例3-4】 有一大电感负载采用单相桥式半控带续流二极管的整流电路，负载电阻$R = 4\Omega$，电源电压$U_2 = 220V$，晶闸管触发角$\alpha = 60°$，求流过晶闸管、二极管的电流平均值及有效值。

**解**：整流输出电压平均值为

$$U_d = 0.9 U_2 \frac{1 + \cos\alpha}{2} = 0.9 \times 220 \times \frac{1 + \cos 60°}{2} V = 148.5V$$

负载电流平均值为

$$I_d = \frac{U_d}{R} = \frac{148.5}{4} A = 37.13A$$

流过晶闸管和整流二极管的电流平均值为

$$I_{dVT} = I_{dVD} = \frac{\pi - \alpha}{2\pi} I_d = \frac{\pi - \pi/3}{2\pi} \times 37.13A = 12.38A$$

流过晶闸管和整流二极管的电流有效值为

$$I_{VT} = I_{VD} = \sqrt{\frac{\pi - \alpha}{2\pi}} I_d = \sqrt{\frac{\pi - \pi/3}{2\pi}} \times 37.13A = 21.44A$$

流过续流二极管的电流平均值为

$$I_{dVD_R} = \frac{\alpha}{\pi} I_d = \frac{1}{3} \times 37.13A = 12.38A$$

电流有效值为

$$I_{VD_R} = \sqrt{\frac{\alpha}{\pi}} I_d = \sqrt{\frac{1}{3}} \times 37.13A = 21.44A$$

由上述计算可知，当$\alpha = 60°$时，流过续流二极管的电流与流过晶闸管的电流相等。当$\alpha < 60°$时，流过晶闸管的电流大于续流二极管的电流。当$\alpha > 60°$时，流过续流二极管的电流大于流过晶闸管的电流。所以选续流二极管容量时，必须考虑续流二极管中实际流过的电流大小，有时选用与晶闸管定额相同的管子，有时可能要求大一些。

前面对单相可控整流电路进行了介绍，表3-2对各种常用单相可控整流电路的主要特点和性能参数进行了简单比较。

表 3-2 常用单相可控整流电路参数比较

| 主电路形式 | | 单相半波 | 单相全波 | 单相半控桥式 | 单相全控桥式 |
|---|---|---|---|---|---|
| 阻性负载时整流输出电压 | | $0.45U_2 \dfrac{1+\cos\alpha}{2}$ | $0.9U_2 \dfrac{1+\cos\alpha}{2}$ | $0.9U_2 \dfrac{1+\cos\alpha}{2}$ | $0.9U_2 \dfrac{1+\cos\alpha}{2}$ |
| 大电感负载时整流输出电压 | | 接近零 | $0.9U_2\cos\alpha$ | $0.9U_2 \dfrac{1+\cos\alpha}{2}$ | $0.9U_2\cos\alpha$ |
| 脉动频率 | | $f$ | $2f$ | $2f$ | $2f$ |
| 器件承受的最大电压 | | $\sqrt{2}U_2$ | $2\sqrt{2}U_2$ | $\sqrt{2}U_2$ | $\sqrt{2}U_2$ |
| 移相范围 | 阻性负载或感性负载带续流二极管 | $0\sim\pi$ | $0\sim\pi$ | $0\sim\pi$ | $0\sim\pi$ |
| | 大电感负载 | — | $0\sim\pi/2$ | $0\sim\pi$ | $0\sim\pi/2$ |
| 最大导通角 | | $\pi$ | $\pi$ | $\pi$ | $\pi$ |
| 特点与适用场合 | | 一个晶闸管，简单。用于要求不高的小电流负载 | 两个晶闸管，较简单。用于低压小电流场合 | 两个晶闸管，较简单。用于不需要逆变的小功率场合 | 四个晶闸管，可用于需要逆变的小功率场合 |

## 3.3 三相可控整流电路

单相可控整流电路简单经济，调整方便，但整流输出电压脉动大，脉动频率低，一般适用于小功率场合。当整流负载容量较大，要求直流电压脉动较小或要求快速控制时，都采用三相整流电路。三相整流电路可分为三相半波可控整流电路、三相桥式全控整流电路、三相桥式半控整流电路及带平衡电抗器双反星形整流电路等。本节介绍其中最基本的三相半波可控整流电路、三相桥式全控整流电路及三相桥式半控整流电路。采用相同的分析方法，可以对其他电路进行分析。

### 3.3.1 三相半波可控整流电路

**1. 阻性负载**

（1）工作原理及波形分析

三相半波可控整流电路（Three Phase Half Wave Converter），为了统一又称为三相零式可控整流电路。三相半波可控整流电路带阻性负载时的电路如图 3-20 所示，为了使负载电流 $i_d$ 能够流通，整流变压器的二次绕组必须接成星形，而一次绕组一般接成三角形，目的是减小 3 次和 3 的倍数次谐波。图 3-20 中的三个晶闸管采用共阴极接法，其阳极分别接至 a、b、c 三相电源，这样的接法使触发电路有公共端，无需隔离，所以得到广泛应用。

1）触发延迟角 $\alpha=0°$ 时整流电路的工作情况。

先讨论三相半波不可控整流电路的工作情况，假设将图 3-20a 中的三个晶闸管均换作二极管，此电路即为三相半波不可控整流电路。由于二极管采用共阴极连接，所以任何时刻均是阳极电位高的二极管导通，即电源相电压最高的相所接的二极管导通，其余两相二极管将承受反压关断，整流电压为该相的相电压，输出电压波形如图3-20d所示。在$\omega t_1 \sim \omega t_2$段，$u_a > u_b > u_c$，a相电压最高，所以a相所在二极管导通，负载电压$u_d = u_a$；在$\omega t_2 \sim \omega t_3$段，$u_b > u_a > u_c$，b相电压最高，b相所在二极管导通，$u_d = u_b$；在$\omega t_3 \sim \omega t_4$段，$u_c > u_a > u_b$，c相电压最高，c相所在二极管导通，$u_d = u_c$，下一个周期又重复这一过程。所以一周期中三个二极管轮流导通，各导通120°，输出电压$u_d$的波形为三个相电压在正半周的包络线。

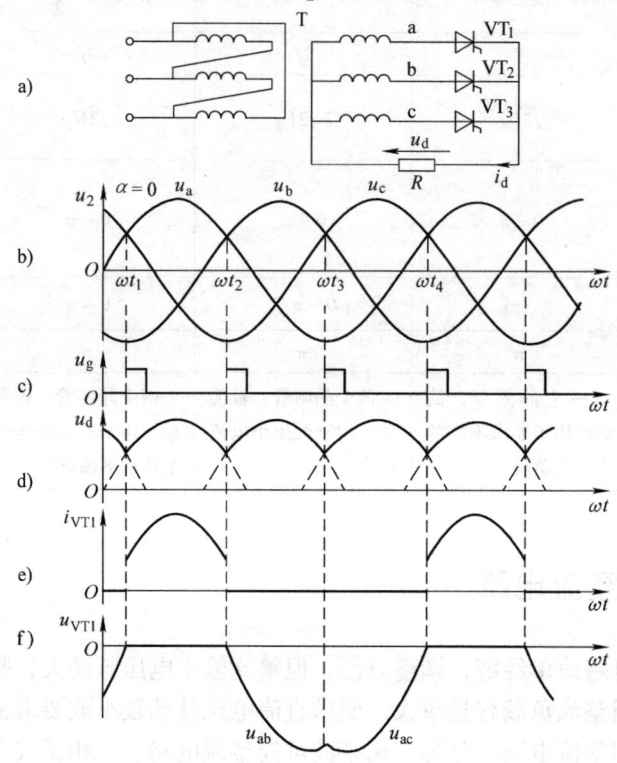

图3-20 三相半波可控整流电路带阻性负载$\alpha = 0°$时的电路及工作波形

从上面分析可知，三相半波整流电路在不可控整流情况下，二极管换相发生在三相相电压的交点$\omega t_1$、$\omega t_2$、$\omega t_3$、$\omega t_4$处，这些交点称为自然换相点，从自然换相点开始二极管承受正向电压而导通。所以，对三相半波可控整流电路而言，自然换相点也就是各相晶闸管开始承受正向电压可能触发导通的最早时刻，将其作为计算各晶闸管触发延迟角$\alpha$的起点，即定义该点$\alpha = 0°$，则三相半波可控整流电路$\alpha = 0°$对应在各相电源电压过零后30°的时刻。对于单相可控整流电路，其自然换相点是电源电压$u_2$过零点。

三相半波可控整流电路，若晶闸管触发延迟角$\alpha = 0°$，其工作过程就与上面讨论的不可控整流时完全相同，各工作波形如图3-20所示。由于是阻性负载，电流波形与电压波形形状一样。变压器二次侧各相绕组与晶闸管直接串联，其上流过的电流与各相晶闸管流过的电流相同，每周期只有单方向电流流过，所以变压器有直流磁化问题。

对于每个晶闸管承受的电压，以$VT_1$为例讨论。$\omega t_1 \sim \omega t_2$段，$VT_1$导通，理想情况下认为$u_{VT_1} = 0$；$\omega t_2 \sim \omega t_3$段，$VT_2$触发导通，$VT_1$关断，$u_{VT_1} = u_a - u_b = u_{ab}$，为线电压；$\omega t_3 \sim \omega t_4$段，$VT_3$触发导通，$VT_2$关断，$u_{VT_1} = u_a - u_c = u_{ac}$。所以$\alpha = 0°$时，晶闸管承受的反向电压为线电压，所承受的最大反向电压为线电压峰值$\sqrt{6}U_2$。这种情况下器件未承受正向电压，但

随着α的增大，晶闸管将承受正向电压。

2）触发延迟角α=30°时整流电路的工作情况。

如图3-21所示，假设电路已进入稳态工作情况。$\omega t = 0$时，晶闸管$VT_3$已经导通，$u_d = u_c$，经过自然换相点时，由于$VT_1$触发脉冲未到，$VT_1$不能导通，$VT_3$承受正向电压继续导通，在$\omega t_1$时刻（α=30°），触发$VT_1$，$VT_1$导通，$VT_3$因承受反向电压（$u_c < u_a$）关断，负载电压$u_d = u_a$，负载电流$i_d$从c相换流至a相。同理，$VT_1$、$VT_3$均在各自自然换相点后30°处导通。从图3-21可以看出，输出电压波形仍为电源相电压的一部分，负载电流波形与电压波形形状相同，此时负载电流处于连续和断续的临界状态，所以三相半波可控整流电路带阻性负载时α=30°是电流连续和断续的分界点。α=30°时，各相晶闸管每周期仍导电120°，晶闸管$VT_1$已有一段时间承受正向电压。

3）触发角α>30°（α=60°）时整流电路的工作情况。

α>30°时分析方法与α=30°相同，整流电压波形如图3-22所示，从图中可以看出，晶闸管的触发延迟角增大，输出电压波形后移。由于负载电压为电源相电压的一部分，所以在电源相电压过零处，负载电压和负载电流均为零，晶闸管将关断。三相半波可控整流电路带阻性负载时，晶闸管在触发延迟角增大后总是在导通相电源相电压过零处关断，此时下一相应该导通的晶闸管虽然承受正向电压，但未加触发脉冲，不会导通，输出电压、电流均为零，从而使$u_d$、$i_d$波形断续。电压和电流断续时，晶闸管导通角为150°−α（因为α=0°位置在该相相电压过零后30°），小于120°。而三相半波整流电路在三个晶闸管均不导通时，各管承受的电压为各相相电压，所以，三相半波可控整流电路带阻性负载时，晶闸管承受最大正向电压为相电压峰值$\sqrt{2}U_2$，最大反向电压为线电压的峰值$\sqrt{6}U_2$。

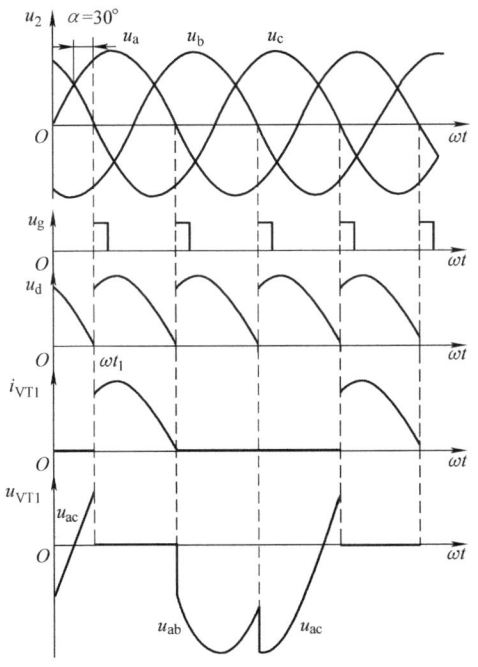

图3-21 三相半波可控整流电路α=30°时的工作波形

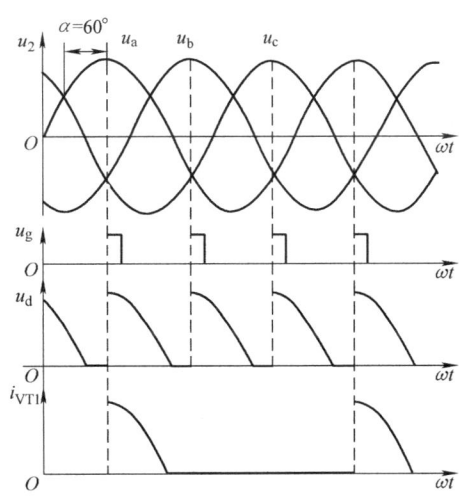

图3-22 三相半波可控整流电路α=60°时的工作波形

若 $\alpha$ 角继续增大，整流电压将越来越小。当 $\alpha \geq 150°$，晶闸管获得触发脉冲时，该晶闸管承受的相电压已为负值，即器件承受反向电压，不可能导通，则整流输出电压为零，所以三相半波可控整流电路带阻性负载时晶闸管移相范围为150°。

（2）基本数量关系

1) 整流输出电压平均值 $U_d$。对于三相半波可控整流电路阻性负载时，由于电压波形有连续和断续之分，故 $U_d$ 值也不相同。

① $0° \leq \alpha \leq 30°$，$i_d$ 连续，各相晶闸管均导通120°，有

$$U_d = \frac{3}{2\pi}\int_{\frac{\pi}{6}+\alpha}^{\frac{5}{6}\pi+\alpha} \sqrt{2}U_2\sin\omega t\,d(\omega t) = \frac{3\sqrt{6}}{2\pi}U_2\cos\alpha = 1.17U_2\cos\alpha \tag{3-49}$$

② $30° \leq \alpha \leq 150°$，$i_d$ 断续，各相晶闸管导通至该相相电压为零时刻，有

$$U_d = \frac{3}{2\pi}\int_{\frac{\pi}{6}+\alpha}^{\pi} \sqrt{2}U_2\sin\omega t\,d(\omega t)$$

$$= \frac{3\sqrt{2}}{2\pi}U_2\left[1 + \cos\left(\frac{\pi}{6}+\alpha\right)\right]$$

$$= 0.675U_2\left[1 + \cos\left(\frac{\pi}{6}+\alpha\right)\right] \tag{3-50}$$

2) 负载电流平均值为

$$I_d = \frac{U_d}{R}$$

则

$$0° \leq \alpha \leq 30°, I_d = \frac{1.17U_2}{R}\cos\alpha \tag{3-51}$$

$$30° \leq \alpha \leq 150°, I_d = \frac{0.675U_2}{R}\left[1 + \cos\left(\frac{\pi}{6}+\alpha\right)\right] \tag{3-52}$$

3) 整流变压器二次侧各相绕组电流有效值 $I_2$。

电流连续时

$$I_2 = \sqrt{\frac{1}{2\pi}\int_{\frac{\pi}{6}+\alpha}^{\frac{5}{6}\pi+\alpha}\left(\frac{\sqrt{2}U_2}{R}\sin\omega t\right)^2 d(\omega t)} = \frac{U_2}{R}\sqrt{\frac{1}{3}+\frac{\sqrt{3}}{4\pi}\cos2\alpha} \tag{3-53}$$

电流断续时

$$I_2 = \sqrt{\frac{1}{2\pi}\int_{\frac{\pi}{6}+\alpha}^{\pi}\left(\frac{\sqrt{2}U_2}{R}\sin\omega t\right)^2 d(\omega t)} = \frac{U_2}{R}\sqrt{\frac{5}{12}-\frac{\alpha}{2\pi}+\frac{\sqrt{3}}{8\pi}\cos2\alpha+\frac{1}{8\pi}\sin2\alpha} \tag{3-54}$$

4) 流过晶闸管的电流有效值 $I_{VT}$ 和平均值 $I_{dVT}$。三相半波可控整流电路中，流过变压器二次侧某相绕组的电流就是通过该相晶闸管的电流，所以 $I_{VT} = I_2$。

由于一周期中三个晶闸管轮流导通，每个晶闸管各导通1/3时间，所以流过晶闸管电流平均值为直流平均值 $I_d$ 的 1/3，$I_{dVT} = I_d/3$。

5) 晶闸管承受的最大正向电压 $U_{FM}$ 和最大反向电压 $U_{RM}$。从前面分析可知，晶闸管承受的最大正向电压 $U_{FM} = \sqrt{2}U_2$，最大反向电压 $U_{RM} = \sqrt{6}U_2$。

**2. 感性负载**

（1）工作原理及波形分析

三相半波可控整流电路带感性负载，假定电感感抗足够大，整流电路电流波形连续且基

本为水平线。当 α≤30°时，电流波形连续，电路工作情况与阻性负载时类似，输出电压 $u_d$ 波形与阻性负载时相同。由于电感的存在，负载电流波形与阻性负载时不同，近似为直线，如图 3-23 所示。

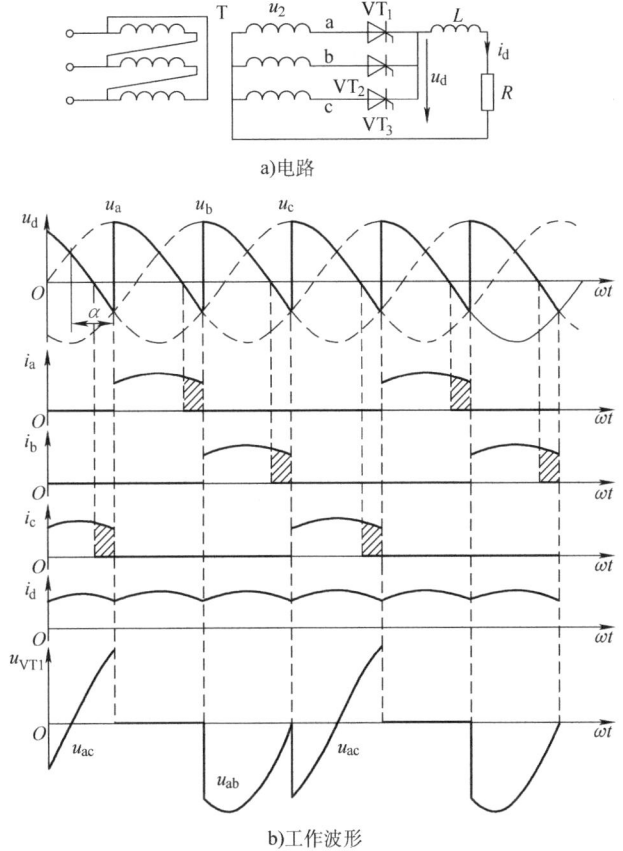

图 3-23　三相半波可控整流电路带感性负载 α=60°时的电路及工作波形

α≥30°时，由于大电感的存在，使负载电流连续，各相晶闸管一周期内导通角均为 120°，导通相的晶闸管在该相电源电压由零变负时仍承受正向电压导通，直到下一相晶闸管触发导通为止，所以，输出电压 $u_d$ 波形中出现负值，输出电压较相同触发延迟角带阻性负载时要小。图 3-23 所示为三相半波可控整流电路带感性负载且 α=60°时的工作波形。由于电流连续，任何时刻电路总有一个管子导通，所以晶闸管承受的最大正、反向电压均为线电压峰值 $\sqrt{6}U_2$。

（2）基本数量关系

1）整流输出电压平均值 $U_d$。电流连续情况下，晶闸管导通角总是 120°，整流电压平均值为

$$U_d = \frac{3}{2\pi}\int_{\frac{\pi}{6}+\alpha}^{\frac{5}{6}\pi+\alpha}\sqrt{2}U_2\sin\omega t\,d(\omega t)$$
$$= 1.17U_2\cos\alpha \tag{3-55}$$

当 α=0°时，$U_{do}=1.17U_2$；α=90°时，$U_d=0$，所以电路移相范围为 90°。

图 3-24 所示为 $U_d/U_2$ 与 α 的关系曲线，曲线 1 为阻性负载情况，曲线 2 为大电感负载情

况,曲线3是电感量不够大的情况。可以看出,在相同触发延迟角情况下,带阻性负载时电路输出电压最大,带大电感负载时输出电压最小。

整流输出电压有效值为

$$U = \sqrt{\frac{3}{2\pi} \int_{\frac{\pi}{6}+\alpha}^{\frac{5}{6}\pi+\alpha} (\sqrt{2}U_2 \sin \omega t)^2 \mathrm{d}(\omega t)} = U_2\sqrt{1 + \frac{3\sqrt{3}}{4\pi}\cos 2\alpha} \qquad (3\text{-}56)$$

2)负载电流平均值 $I_d$ 为

$$I_d = \frac{U_d}{R} = \frac{1.17U_2}{R}\cos\alpha \qquad (3\text{-}57)$$

由于大电感负载,认为电流波形平直,所以负载电流有效值与平均值相等,有 $I = I_d$。

3)整流变压器二次绕组电流有效值 $I_2$。电感足够大时,变压器二次绕组每相电流波形为矩形波,波形幅值为 $I_d$,一个周期内导通 $120°$,所以,电流有效值为

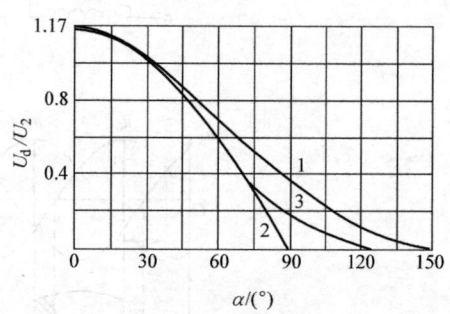

图 3-24 三相半波可控整流电路的 $U_d/U_2$ 与 $\alpha$ 的关系曲线

$$I_2 = \sqrt{\frac{120°}{360°}}I_d = \frac{1}{\sqrt{3}}I_d = 0.577I_d \qquad (3\text{-}58)$$

4)流过晶闸管的电流有效值 $I_{VT}$ 和平均值 $I_{dVT}$ 为

$$I_{VT} = I_2 = \frac{1}{\sqrt{3}}I_d = 0.577I_d \qquad (3\text{-}59)$$

$$I_{dVT} = \frac{1}{3}I_d \qquad (3\text{-}60)$$

5)晶闸管承受的最大正、反向电压均为线电压峰值

$$U_{FM} = U_{RM} = \sqrt{6}U_2 = 2.45U_2 \qquad (3\text{-}61)$$

6)整流输出电压纹波因数

$$\gamma = \frac{U_R}{U_d} = \frac{\sqrt{U^2 - U_d^2}}{U_d} = \sqrt{\frac{U^2}{U_d^2} - 1} = \sqrt{\pi\frac{2\pi + (3\sqrt{3}/2)\cos 2\alpha}{27\cos^2\alpha} - 1} \qquad (3\text{-}62)$$

式 (3-62) 中,$\alpha = 0°$时,$\gamma_0 \approx 0.183 = 18.3\%$,可以看出,三相半波整流电路与双脉波的单相整流电路 (48.3%) 相比纹波减小了很多。

7)整流变压器的容量 $S_N$ 的选取。变压器二次侧容量为

$$S_2 = 3U_2I_2 = 3 \times \frac{2\pi U_{d0}}{3\sqrt{6}} \times \frac{1}{\sqrt{3}}I_d = 1.48U_{d0}I_d \qquad (3\text{-}63)$$

变压器一次绕组为三角形联结,则变压器一次线电流为

$$I_1 = \sqrt{2}\frac{I_2}{k} = \sqrt{\frac{2}{3}}I_d/k \qquad (3\text{-}64)$$

式 (3-64) 中 $k$ 为变压器变比。

变压器一次绕组电压 $U_1 = kU_2$,所以变压器一次绕组容量为

$$S_1 = \sqrt{3}U_1I_1 = \sqrt{3} \times kU_2 \times \sqrt{\frac{2}{3}}I_d/k = \sqrt{2} \times \frac{2\pi U_{d0}}{3\sqrt{6}} \times \sqrt{\frac{2}{3}}I_d = 1.21U_{d0}I_d \qquad (3\text{-}65)$$

整流变压器容量选取按一、二次绕组平均容量确定，为

$$S_N = \frac{1}{2}(S_1 + S_2) = 1.35 U_{d0} I_d \tag{3-66}$$

从式（3-66）可以看出，三相半波整流电路变压器利用率较低。

8）整流电路的功率因数 $PF$

$$PF = \frac{P}{S_1} = \frac{U_{d0}\cos\alpha I_d}{1.21 U_{d0} I_d} = 0.83\cos\alpha \tag{3-67}$$

由式（3-67）可知，当 $\alpha = 0°$ 时，$PF$ 最大为 0.83。

由上面的分析可知，三相半波可控整流电路只用三只晶闸管，接线和控制都很简单，但要输出相同的直流电压 $U_d$ 时，晶闸管承受的正、反向电压都较高（与三相桥式全控整流电路比较），且整流变压器二次绕组一周期仅导电120°，绕组利用率低，在要求输出功率一定时所需变压器容量较大。变压器绕组中电流为单方向，存在直流分量，使铁心直流磁化，产生较大的漏磁通，引起附加损耗。所以三相半波可控整流电路多用于中等偏小容量的设备上。

**【例3-5】** 已知三相半波可控整流电路带大电感负载，$\alpha = 60°$，$R = 2\Omega$，整流变压器二次电压 $U_2 = 200V$，求不接续流二极管和接续流二极管两种情况下的输出直流电流 $I_d$ 值，并选择晶闸管。

**解：**（1）带大电感负载不接续流二极管时，有

$$U_d = 1.17 U_2 \cos\alpha = 1.17 \times 200 \times \cos 60° V = 117V$$

$$I_d = \frac{U_d}{R} = \frac{117}{2} A = 58.5A$$

流过晶闸管的电流有效值为

$$I_{VT} = \frac{1}{\sqrt{3}} I_d = \frac{1}{\sqrt{3}} \times 58.5A = 33.75A$$

考虑2倍裕量，晶闸管电流定额为

$$I_{T(AV)} = 2 \times \frac{I_{VT}}{1.57} = 2 \times \frac{33.75}{1.57} A = 43A$$

考虑2倍裕量，晶闸管电压定额为

$$U_{RM} = 2 \times \sqrt{6} U_2 = 2 \times 2.45 \times 200V = 980V$$

所以，可选型号为 KP50—10 的晶闸管，其额定电压为1000V，额定电流为50A。

（2）带大电感负载接续流二极管时

请自行分析电路的工作过程并画出各电量的波形，其输出电压波形与阻性负载相同，按阻性负载电流断续公式计算，有

$$U_d = 0.675 U_2 \left[1 + \cos\left(\frac{\pi}{6} + \alpha\right)\right] = 0.675 \times 200V = 135V$$

$$I_d = \frac{U_d}{R} = \frac{135}{2} A = 67.5A$$

$$I_{VT} = \sqrt{\frac{150° - \alpha}{360°}} I_d = 33.75A$$

$$I_{T(AV)} = 2 \times \frac{I_{VT}}{1.57} = 2 \times \frac{33.75}{1.57}A = 43A$$

$$U_{RM} = 980V$$

根据电压和电流参数可选择型号为 KP50—10 的晶闸管，其额定电压为 1000V，额定电流为 50A。

计算结果表明，有了续流二极管，流过整流变压器二次绕组的电流即流过晶闸管的电流较不接续流二极管时减小，减小的电流通过续流二极管。所以，当负载电流 $I_d$ 相等时，接有续流二极管的电路中晶闸管额定电流和变压器容量相应减小。

### 3.3.2 三相桥式全控整流电路

在工业中应用最广泛的是三相桥式全控整流电路（Three Phase Full Bridge Converter），它是由两个三相半波可控整流电路发展而来，如图 3-25a 所示，其中一组三相半波可控整流电路为共阴极连接，一组为共阳极连接。如果两组负载完全相同且触发延迟角 α 一样，则负载电流 $I_{d1}$、$I_{d2}$ 相等，电路中性线中无电流流过，如果将中性线去掉，并不影响电路的工作，就成为三相桥式全控整流电路，如图 3-25b 所示。图 3-25 中值得注意的是晶闸管的编号，共阴极组晶闸管编号为 1—3—5，共阳极组晶闸管编号为 4—6—2，这样编号的目的是为了和晶闸管的导通顺序一致，即晶闸管的导通按照 1—2—3—4—5—6 的顺序。

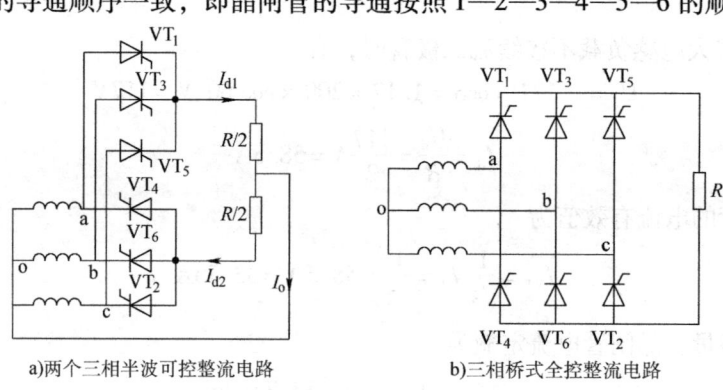

a) 两个三相半波可控整流电路　　b) 三相桥式全控整流电路

图 3-25　三相桥式全控整流电路

由于共阴极组的管子在电源正半周导通，流经变压器二次绕组的是正向电流，共阳极组的管子在电源负半周导通，流经变压器二次绕组的是反向电流，因此一周期中变压器绕组中有正反两个方向电流流过，没有直流磁动势，且每相绕组的正、负半周都有电流流过，变压器绕组利用率较三相半波整流电路有所提高。下面分别分析电路带电阻负载及阻感负载时的工作过程。

**1. 阻性负载**

（1）工作原理及波形分析

1) 触发延迟角 α=0°时整流电路的工作情况。

对于三相桥式全控整流电路的分析可以采用与分析三相半波可控整流电路类似的方法，首先分析由二极管组成的不可控电路。图 3-25 中晶闸管触发延迟角 α=0°时的工作情况与由二极管组成的不可控整流电路相同，即电路为三相桥式不可控整流的情况。图 3-25 所示电路中，因 α=0°，所以可假设将电路中的六个晶闸管均换作二极管，管子编号相同进行分析。那么，任意时刻共阳极组和共阴极组必须各有一个管子处于导通状态，电路才能正常工作。对于共阴极组的三个管子，阳极所接交流电压值最高的一相所在的管子导通，而对于共阳极组的三个管子，则是阴极所接交流电压值最低的一相所在的管子导通。

三相桥式不可控整流电路的工作波形（即三相全控整流电路 $\alpha = 0°$ 时的工作波形）如图3-26 所示，一个周期可分为六个阶段。第 I 阶段，a 相电压最高，共阴极组 a 相的管子 1 号管导通，b 相电压最低，共阳极组 6 号管导通，电流流通路径为 a→1→R→6→b，负载电压 $u_d = u_a - u_b = u_{ab}$。变压器 a、b 两相工作，共阴极组 a 相电流为正，共阳极组的 b 相电流为负。

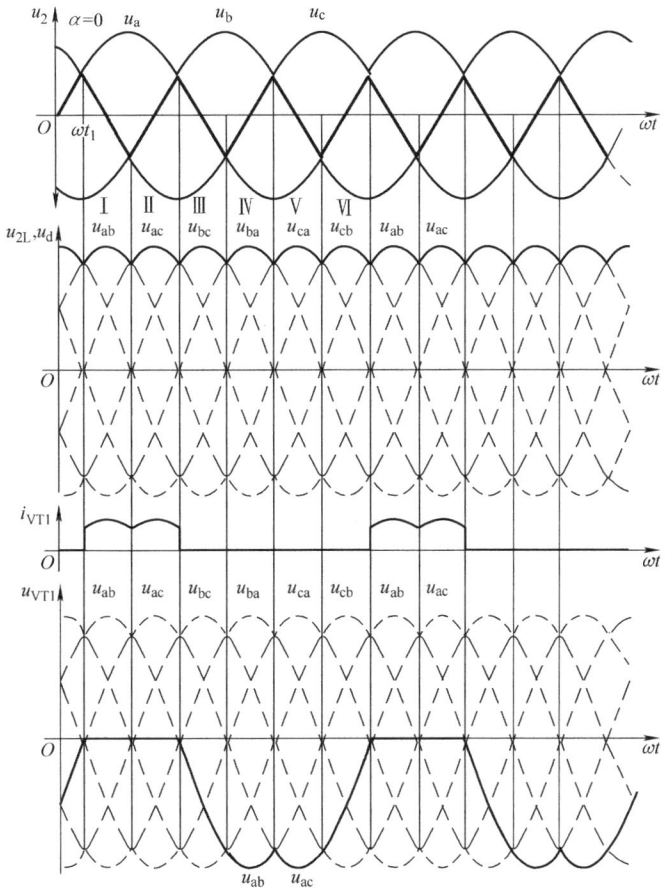

图 3-26 三相桥式全控整流电路阻性负载 $\alpha = 0°$ 时的工作波形

第 II 阶段，a 相电压仍然为最高，1 号管继续导通，但 b 相电压不再是最低，c 相电压最低，在自然换相点处换相至 c 相的 2 号管导通，电流从 b 相换至 c 相，6 号管因承受反向电压关断。电流流通的路径为 a→1→R→2→c，负载上电压 $u_d = u_a - u_c = u_{ac}$。

第 III 阶段，b 相电压最高，自然换相点处 3 号管导通，1 号管关断，电流从 a 相换至 b 相，2 号管因 c 相电压仍为最低而继续导通，负载上电压 $u_d = u_b - u_c = u_{bc}$。

以下 IV、V、VI 阶段依次类推。在 IV 阶段，3、4 号管导通，$u_d = u_{ba}$；第 V 阶段，4、5 号管导通，$u_d = u_{ca}$；第 VI 阶段，5、6 号管导通，$u_d = u_{cb}$。以后重复上述过程。

所以，三相桥式不可控整流电路二极管的导通顺序为：1，6→1，2→2，3→3，4→4，

5→5，6→1，6，按照 1—2—3—4—5—6 的顺序依次导通。所以图 3-25 中晶闸管的编号就是按这个导通顺序进行编号的。三相桥式不可控整流电路中，二极管一周期中每管导通 120°，每隔 60°在自然换相点处换相，管子承受的反向电压波形为线电压波形。

从上面分析可知，共阴极组和共阳极组的管子均在自然换相点换相，即在自然换相点后管子才开始承受正向电压，电路中晶闸管取代二极管可得到三相桥式全控整流电路，其 $\alpha = 0°$位置也在自然换相点处，与三相半波可控整流电路相同。而晶闸管 $\alpha = 0°$时电路的工作情况与三相桥式不可控整流电路工作情况相同，这里不再重复分析。

2) 触发延迟角 $\alpha > 0°$时整流电路的工作情况。

当触发延迟角 $\alpha > 0°$时，每个晶闸管都不在自然换相点换相，而是从自然换相点向后移 $\alpha$ 角开始换相。

图 3-27 所示为 $\alpha = 30°$时电路工作波形，其分析方法与 $\alpha = 0°$时相同。可从 $\alpha$ 角开始把一个周期分为六等分，晶闸管导通顺序仍为 1，6→1，2→2，3→3，4→4，5→5，6，所以输出电压波形还是 $u_{ab}$、$u_{ac}$、$u_{bc}$、$u_{ba}$、$u_{ca}$ 和 $u_{cb}$ 六个部分，每个部分电压均为线电压的一部分，和 $\alpha = 0°$相比，相位后移 30°。这里以晶闸

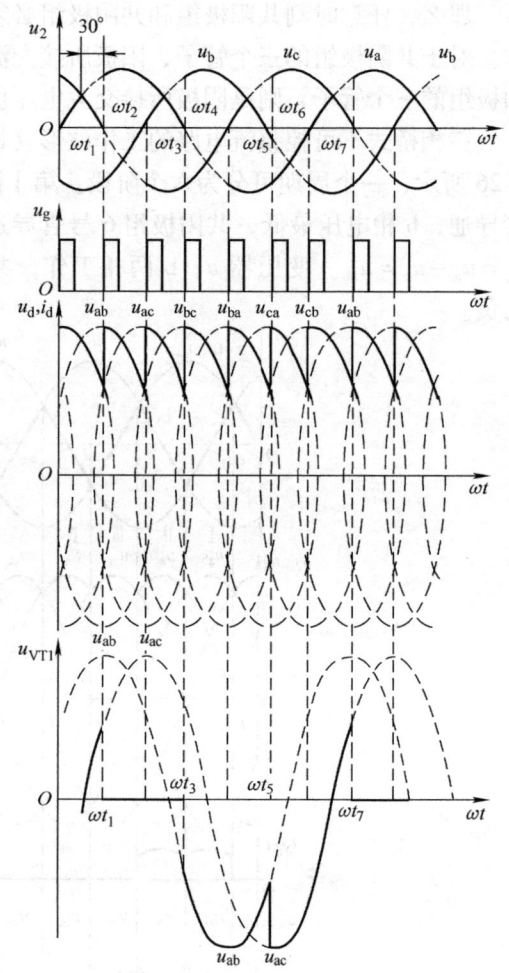

图 3-27　三相桥式全控整流电路阻性负载 $\alpha = 30°$时的工作波形

管 VT$_1$ 为例讨论晶闸管承受的电压波形，晶闸管 VT$_1$ 承受的电压波形由三段组成：$\omega t_1 \sim \omega t_3$ 段，VT$_1$ 导通，$u_{VT1} = 0$；$\omega t_3 \sim \omega t_5$ 段，共阴极组 VT$_3$ 导通，$u_{VT1} = u_a - u_b = u_{ab}$；$\omega t_5 \sim \omega t_7$ 段，共阴极组 VT$_5$ 导通，$u_{VT1} = u_a - u_c = u_{ac}$，所以晶闸管承受的电压仍为电源线电压。

图 3-28、图 3-29 分别给出了触发延迟角 $\alpha = 60°$和 $\alpha = 90°$时输出电压 $u_d$ 的工作波形。从图 3-28 可以看出，$\alpha = 60°$时已处于电流连续和断续的临界条件。$\alpha = 60°$时晶闸管 VT$_1$ 可能承受最大正向电压为 $\sqrt{6}U_2\sin 60° = \frac{\sqrt{18}}{2}U_2$。当 $\alpha > 60°$后电流波形将断续，如图 3-29 所示，为 $\alpha = 90°$时输出电压和电流波形，此时电路处于断续工作状态。$\alpha = 90°$时，晶闸管 VT$_1$ 承受的电压波形 $u_{VT1}$ 读者可自行画出。

综上所述，三相桥式全控整流电路有以下特点：

1) 三相桥式全控整流电路在任何时刻必须保证共阴极组和共阳极组各有一个晶闸管导通，才能构成导电回路。

2) 器件换相只在本组内进行，每隔 120°换相一次，所以共阴极组晶闸管 VT$_1$、VT$_3$、

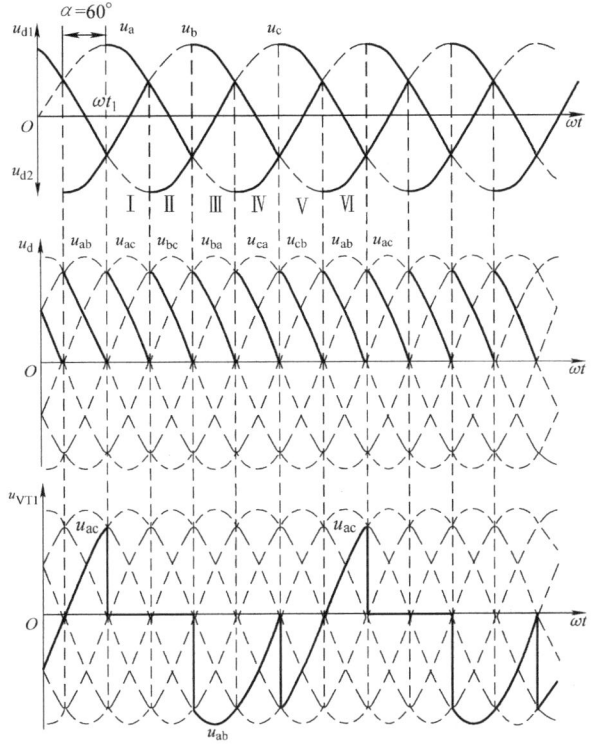

图 3-28　三相桥式全控整流电路阻性负载 $\alpha=60°$ 时的工作波形

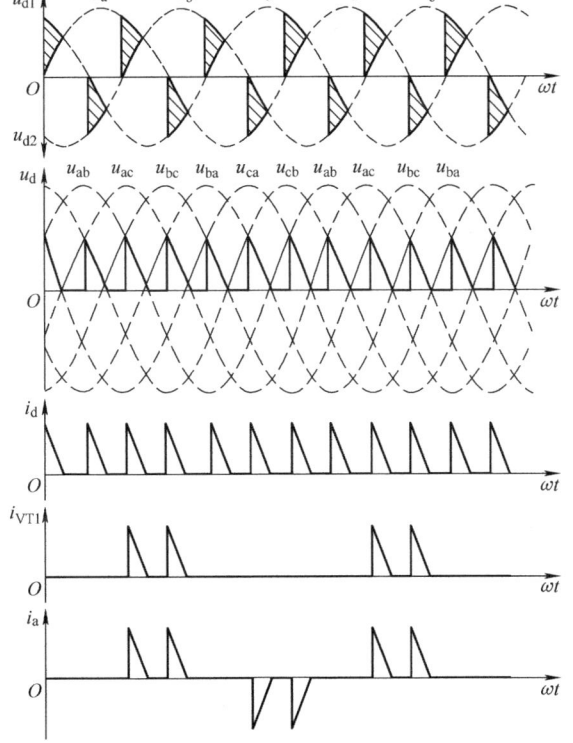

图 3-29　三相桥式全控整流电路阻性负载 $\alpha=90°$ 时的工作波形

VT₅ 触发脉冲相位相差120°，共阳极组晶闸管 VT₄、VT₆、VT₂ 的触发脉冲相位也相差120°。由于共阴极组和共阳极组换相点相隔60°，所以每隔60°有一个器件换相。接在同一相的两个晶闸管触发脉冲相位相差180°。晶闸管触发脉冲顺序如下：

$$VT_1 \rightarrow VT_2 \rightarrow VT_3 \rightarrow VT_4 \rightarrow VT_5 \rightarrow VT_6$$

3）为了保证任何时刻共阴极组和共阳极组中各有一个晶闸管导通，或者由于电流断续后晶闸管能再次导通，必须对两组中应导通的一对晶闸管同时加触发脉冲。这可以采用宽脉冲（脉冲宽度大于60°，一般取80°~100°）或双窄脉冲（即一周期内对一个晶闸管连续触发两次，两次脉冲间隔60°）实现。

实际工程应用中常采用双窄脉冲触发方式，虽然它的触发电路复杂，但可使触发装置输出功率减小，从而减小脉冲变压器铁心的体积。用宽脉冲触发，虽然脉冲次数减少一半，但为了使脉冲变压器不饱和，铁心体积做得较大，绕组匝数也多，使漏感加大，脉冲前沿不够陡。

4）三相桥式全控整流电路整流输出电压是线电压的一部分，一个周期内脉动六次，为六脉波整流电路，脉动频率为300Hz，较三相半波可控整流电路提高一倍。

(2) 基本数量关系

1）整流输出电压平均值 $U_d$。

① 电流连续时（$\alpha \leq 60°$）

$$U_d = \frac{6}{2\pi} \int_{\frac{\pi}{3}+\alpha}^{\frac{2}{3}\pi+\alpha} \sqrt{6}U_2\sin\omega t \, d(\omega t) = \frac{3\sqrt{6}}{\pi} U_2 \cos\alpha = 2.34 U_2 \cos\alpha \tag{3-68}$$

② 电流断续时（$\alpha > 60°$）

$$U_d = \frac{6}{2\pi} \int_{\frac{\pi}{3}+\alpha}^{\pi} \sqrt{6}U_2\sin\omega t \, d(\omega t) = 2.34 U_2 \left[1 + \cos\left(\frac{\pi}{3}+\alpha\right)\right] \tag{3-69}$$

式（3-69）中，$\alpha = 120°$时，$U_d = 0$，则电路的移相范围为120°，此结论也可以从图3-29中输出电压 $u_d$ 的波形分析出来。从图中可以看出，随着触发延迟角 $\alpha$ 的增加，输出电压波形后移，当 $\alpha = 120°$时，$u_{ab} = 0$，此时触发 VT₁ 和 VT₆，两个晶闸管不能导通，所以三相全控桥式整流电路带阻性负载时电路的移相范围为120°。

2）负载电流平均值为

$$I_d = \frac{U_d}{R}$$

3）变压器二次电流有效值 $I_2$。$\alpha \leq 60°$时，电流连续，以 $\alpha = 30°$为例，对图3-27波形进行分析，可得到变压器二次电流有效值为

$$I_2 = \sqrt{\frac{4}{2\pi} \int_{\frac{\pi}{3}+\alpha}^{\frac{\pi}{3}+\alpha+\frac{\pi}{3}} \left(\frac{\sqrt{6}U_2}{R}\sin\omega t\right)^2 d(\omega t)} = \frac{\sqrt{6}U_2}{R} \sqrt{\frac{1}{3} + \frac{\sqrt{3}\cos 2\alpha}{2\pi}} \tag{3-70}$$

$\alpha > 60°$时，电流断续，从图3-28、图3-29可知，有

$$I_2 = \sqrt{\frac{4}{2\pi} \int_{\frac{\pi}{3}+\alpha}^{\pi} \left(\frac{\sqrt{6}U_2}{R}\sin\omega t\right)^2 d(\omega t)} = \frac{\sqrt{3}U_2}{R} \sqrt{\frac{4}{3} - \frac{2\alpha}{\pi} + \frac{\sin\left(\frac{2}{3}\pi + 2\alpha\right)}{\pi}} \tag{3-71}$$

4）流过晶闸管的电流有效值 $I_{VT}$ 和平均值 $I_{dVT}$。流过晶闸管电流平均值为负载电流的1/3，即

$$I_{\text{dVT}} = \frac{I_\text{d}}{3} \tag{3-72}$$

流过晶闸管电流有效值也有连续和断续两种情况，但两种情况下均有

$$I_{\text{VT}} = \frac{1}{\sqrt{2}} I_2 \tag{3-73}$$

5）整流变压器的容量 $S$。阻性负载时，$\alpha = 0°$，$I_2 = 0.816 I_\text{d}$，$U_2 = \dfrac{U_{\text{do}}}{2.34}$，所以二次绕组容量

$$S_2 = 3 U_2 I_2 = 3 \times \frac{U_{\text{do}}}{2.34} \times 0.816 I_\text{d} = 1.05 P_\text{d} \tag{3-74}$$

三相桥式整流电路整流变压器容量为

$$S_\text{N} = S_1 = S_2 = 1.05 U_{\text{do}} I_\text{d} \tag{3-75}$$

从式（3-75）可以看出，和单相桥式整流电路及三相半波整流电路相比，三相桥式整流电路变压器利用率最高。

**2. 感性负载**

（1）工作原理及波形分析

三相桥式全控整流电路带阻感负载，认为电感足够大，使负载电流连续且其波形基本上为一条水平线。

感性负载时导电规律与阻性负载相同，$\alpha \leqslant 60°$时，电路整流输出电压 $u_\text{d}$ 波形与阻性负载时一样。当 $\alpha > 60°$时，由前面分析可知，阻性负载的输出电压波形断续，对于大电感负载，由于电感 $L$ 的作用，在电源线电压过零后晶闸管仍然导通，直到下一个晶闸管触发导通为止，负载电流连续，输出电压波形中出现负的部分。直到 $\alpha = 90°$时，$u_\text{d}$ 波形中正负面积相等，输出电压平均值 $U_\text{d} = 0$，所以感性负载时电路移相范围为 $90°$。图 3-30 和图 3-31 分别为 $\alpha = 30°$ 和 $\alpha = 90°$ 情况下三相桥式全控整流电路带感性负载时的工作波形。

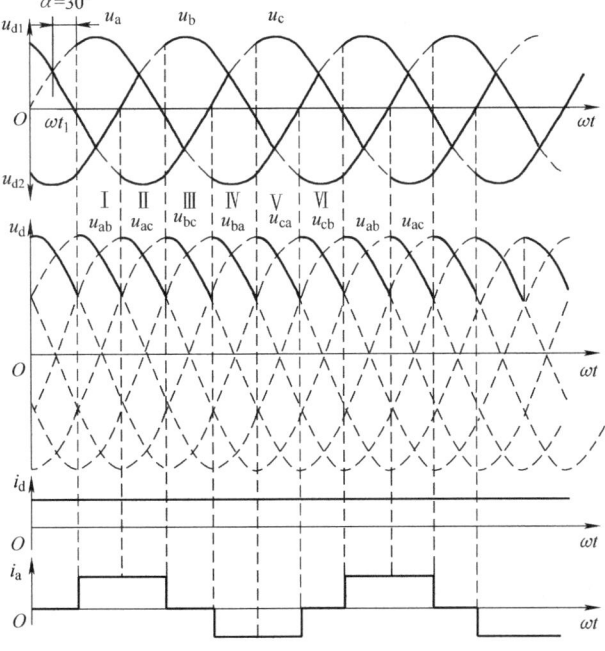

图 3-30　三相桥式全控整流电路带感性负载 $\alpha = 30°$ 时的工作波形

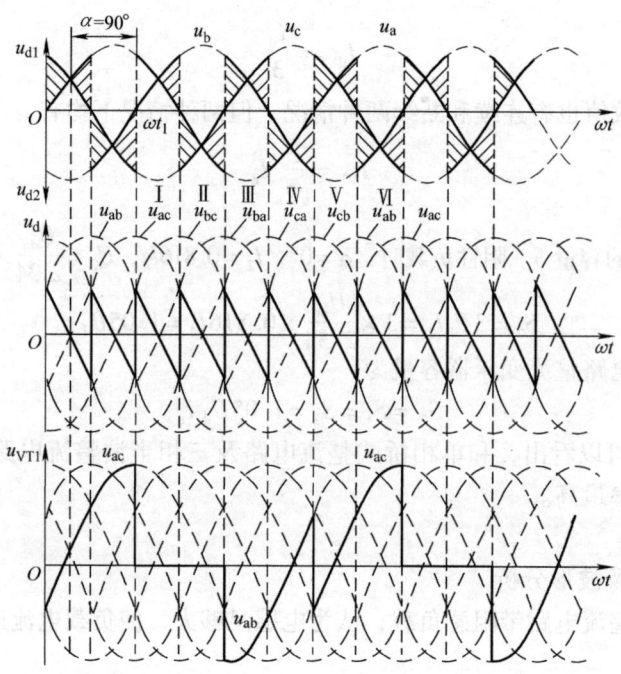

图 3-31 三相桥式全控整流电路带感性负载 α=90°时的工作波形

从图 3-31 晶闸管 $VT_1$ 承受的电压 $u_{VT1}$ 波形可知,在电压可调范围内,晶闸管承受的最大正、反向电压均为电源线电压峰值,即 $\sqrt{6}U_2$。

(2) 基本数量关系

1) 整流输出电压平均值 $U_d$。感性负载电流连续时,晶闸管导通角总是 $2\pi/3$,$u_d$ 波形每隔60°重复一次,所以输出电压平均值为

$$U_d = \frac{6}{2\pi}\int_{\frac{\pi}{3}+\alpha}^{\frac{2}{3}\pi+\alpha}\sqrt{6}U_2\sin\omega t\,d(\omega t) = 2.34U_2\cos\alpha \qquad (3\text{-}76)$$

整流输出电压有效值为

$$U = \sqrt{\frac{6}{2\pi}\int_{\frac{\pi}{3}+\alpha}^{\frac{2}{3}\pi+\alpha}(\sqrt{6}U_2\sin\omega t)^2 d(\omega t)} = U_2\sqrt{3+\frac{9\sqrt{3}}{2\pi}\cos 2\alpha}$$

2) 整流输出电压纹波因数 $\gamma$

$$\gamma = \frac{U_R}{U_d} = \frac{\sqrt{U^2-U_d^2}}{U_d} = \sqrt{\frac{U^2}{U_d^2}-1} = \sqrt{\pi\frac{\pi+(3\sqrt{3}/2)\cos 2\alpha}{18\cos^2\alpha}-1} \qquad (3\text{-}77)$$

式 (3-77) 中,$\alpha=0°$时,$\gamma_0 \approx 0.042 = 4.2\%$,可以看出,三相桥式整流电路相比三相半波整流电路纹波减小了很多。

3) 负载电流平均值为

$$I_d = \frac{U_d}{R} = 2.34\frac{U_2}{R}\cos\alpha \qquad (3\text{-}78)$$

4) 变压器二次电流有效值 $I_2$。变压器二次绕组一周期内流过电流波形如图 3-30 所示,为矩形波,其中正半周为120°,负半周也为120°,所以有

$$I_2 = \sqrt{\frac{2}{3}}I_d \qquad (3\text{-}79)$$

5) 流过晶闸管的电流有效值 $I_{VT}$ 和平均值 $I_{dVT}$ 为

$$I_{VT} = \sqrt{\frac{1}{3}} I_d = 0.577 I_d = \frac{1}{\sqrt{2}} I_2 \quad (3\text{-}80)$$

$$I_{dVT} = \frac{1}{3} I_d \quad (3\text{-}81)$$

6) 整流电路的功率因数 PF 为

$$PF = \frac{P}{S_2} = \frac{U_{d0}\cos\alpha I_d}{3U_2 I_2} = \frac{2.34 U_2 \cos\alpha I_d}{3U_2 \sqrt{\frac{2}{3}} I_d} = 0.955\cos\alpha \quad (3\text{-}82)$$

三相桥式全控整流电路带感性负载相比带阻性负载输出电压有所降低。

为了提高整流输出电压平均值,可在负载侧并联一续流二极管,构成带续流二极管的三相桥式全控整流电路,其工作过程请读者自行分析。

三相桥式全控整流电路接反电动势阻感负载,在负载电感足够大、足以使负载电流连续的情况下,电路工作情况与带感性负载时相似,电路中各处电压、电流波形均相同,只在计算负载电流平均值 $I_d$ 时有所不同,此时 $I_d = \dfrac{U_d - E}{R}$。

### 3.3.3　三相桥式半控整流电路

将三相桥式全控整流电路中的三个晶闸管用三个二极管代替,就构成了三相桥式半控整流电路(Three Phase Bridge Half Controlled Recifier)。三相桥式半控整流电路中,输出直流电压是完全可控的,只需控制三相桥中一组晶闸管(三只)即可,所以它的控制较全控桥简单、经济,多用在中等容量或不要求可逆运行的电力拖动装置中。

三相桥式半控整流电路如图 3-32 所示,是将三相桥式全控整流电路中共阳极组的三只晶闸管换为二极管构成。电路工作特点是共阴极组的晶闸管必须触发才能换流,而共阳极组的二极管总是在自然换流点换流。所以,一周期中器件仍然换流六次,三次为自然换流,其余三次为触发换流。

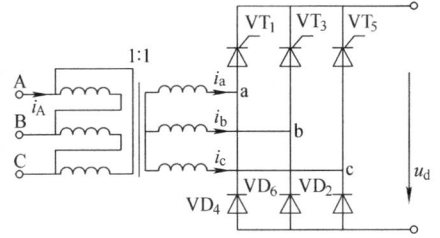

图 3-32　三相桥式半控整流电路

**1. 阻性负载**

1) 触发延迟角 $\alpha = 0°$ 时整流电路的工作情况。

三相桥式半控整流电路在 $\alpha = 0°$ 时的工作情况与三相桥式全控整流电路完全相同,这里不再讨论。

2) 触发延迟角 $\alpha = 30°$ 时整流电路的工作情况。

$\alpha = 30°$ 时,电路输出电压波形如图 3-33 所示,结合图 3-32 和图 3-33 分析电路工作过程。$\omega t_1$ 时刻触发晶闸管 $VT_1$ 导通,此时 b 相电压最低,共阳极组 b 相所接的二极管 $VD_6$ 阴极电位最低,所以 $VD_6$ 导通,电流流通路径为 a→$VT_1$→R→$VD_6$→b,此时负载电压 $u_d = u_{ab}$。$\omega t_2$ 时刻,c 相电压降为最低,c 相所接的二极管 $VD_2$ 导通,$VD_6$ 承受反向电压关断,共阳极组二极管自然换流,电流流通路径为 a→$VT_1$→R→$VD_2$→c,负载电压 $u_d = u_{ac}$。$\omega t_3$ 时刻,虽然 $VT_3$ 开始承受正向阳极电压,但 $VT_3$ 无触发脉冲,所以 $VT_3$ 不导通,$VT_1$ 继续导通,直到 $\omega t_4$ 时刻为止。$\omega t_4$ 时刻

VT$_3$ 触发导通,使 VT$_1$ 承受反向电压关断,此时 c 相电压仍为最低,c 相所接的二极管 VD$_2$ 继续导通,电流流通路径为 b→VT$_3$→R→VD$_2$→c,负载电压 $u_d = u_{bc}$,依次类推。负载上得到的电压波形 $u_d$ 一个周期内仍有六个波头,但六个波头不再相同。

在 $\alpha \leq 60°$ 时,波形总是连续的,随着 $\alpha$ 的增加,波形后移。当 $\alpha = 60°$ 时,触发晶闸管 VT$_1$ 导通时,c 相电压为最低,c 相所接的二极管 VD$_2$ 导通,VD$_6$ 无法导通,负载电压 $u_d = u_{ac}$,在这种情况下 $u_d$ 的波形中只剩下三个波头,分别为 $u_{ac}$、$u_{ba}$、$u_{cb}$,并且此时 $u_d$ 波形出现零值,所以 $\alpha = 60°$ 是三相桥式半控整流电路带阻性负载时整流电压波形连续与断续的临界点。

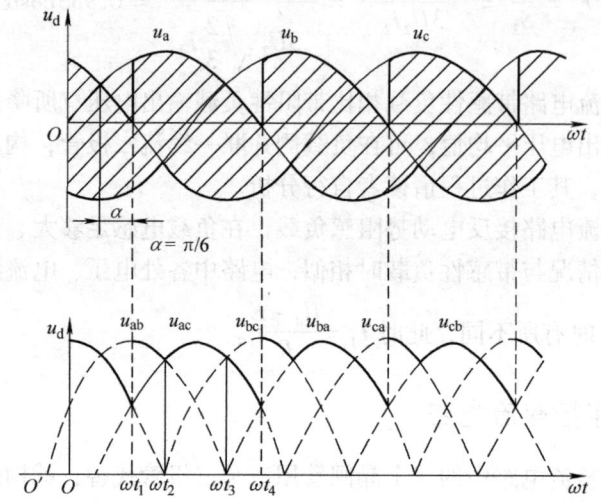

图 3-33 三相桥式半控整流电路带阻性负载 $\alpha = 30°$ 时输出电压波形

3)触发延迟角 $\alpha = 120°$ 时整流电路的工作情况。

图 3-34 所示为 $\alpha = 120°$ 时输出电压波形,从图中可以看出,此时输出电压波形已不再连续。$\omega t_1$ 时刻,VT$_1$ 管触发导通,共阳极组二极管 VD$_2$ 阴极电位最低,VT$_1$、VD$_2$ 导通,输出电压 $u_d = u_{ac}$。$\omega t_2$ 时刻,虽然相电压 $u_a = 0$,但线电压 $u_{ac}$ 大于零,VT$_1$ 管仍然承受正向阳极电压,VT$_1$ 继续导通,直到 $\omega t_3$ 时刻 $u_{ac} = 0$ 时 VT$_1$ 才关断。$\omega t_3 \sim \omega t_4$ 时刻,虽然 VT$_3$ 承受正向电压但无触发脉冲,VT$_3$ 不导通,输出电压 $u_d = 0$。$\omega t_4$ 时刻,VT$_3$ 触发导通,此时

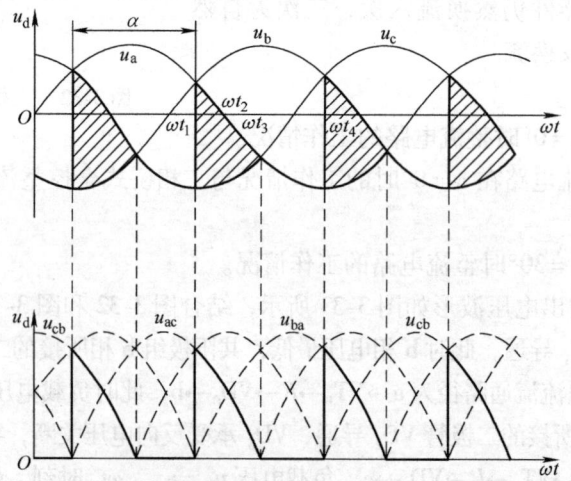

图 3-34 三相桥式半控整流电路带阻性负载 $\alpha = 120°$ 时输出电压波形

二极管 $VD_4$ 阴极电位最低导通，输出电压 $u_d = u_{ba}$，直到 $u_{ba}=0$ 为止，以后的工作情况一样。此时，电路输出电压波形断续，一周期内只有三个波头。

需要指出的是，由图 3-33 和图 3-34 输出电压的波形可见，随着触发延迟角 $\alpha$ 的增大，晶闸管不导通角度也增大，输出整流电压 $u_d$ 减小。因为三相桥式整流电路是对线电压的整流，工作电压为线电压，不是相电压，所以判断一个晶闸管能否被触发导通是根据其线电压是否过零来判断。例如 $\alpha=150°$ 时，$VT_1$ 加触发脉冲，虽然此时 a 相电压 $u_a=0$，但因为 $u_{ac}>0$，所以 $VT_1$、$VD_2$ 仍然能够导通，输出电压 $u_d = u_{ac}$。直到 $\alpha=180°$ 时，$VT_1$ 触发脉冲发出时 $u_{ac}=0$，则 $VT_1$ 不能导通，输出电压 $U_d=0$。所以，三相桥式半控整流电路带阻性负载时移相范围为 180°，而不是三相全控桥式整流电路的 150°。

三相桥式半控整流电路带阻性负载时整流输出平均电压值 $U_d$ 的计算也要分别考虑电压波形连续和断续的情况。

电压波形连续时（$\alpha \leqslant 60°$），如图 3-33 所示，有

$$U_d = \frac{3}{2\pi}\Big[\int_{\frac{\pi}{3}+\alpha}^{\frac{2}{3}\pi}\sqrt{6}U_2\sin\omega t\,\mathrm{d}(\omega t) + \int_{\frac{2}{3}\pi}^{\pi+\alpha}\sqrt{6}U_2\sin\Big(\omega t - \frac{\pi}{3}\Big)\mathrm{d}(\omega t)\Big]$$
$$= 1.17U_2(1+\cos\alpha) \tag{3-83}$$

电压波形断续时（$60° \leqslant \alpha \leqslant 180°$）如图 3-34 所示，有

$$U_d = \frac{3}{2\pi}\int_\alpha^\pi \sqrt{6}U_2\sin\omega t\,\mathrm{d}(\omega t) = 1.17U_2(1+\cos\alpha) \tag{3-84}$$

从式（3-83）、式（3-84）可见，三相桥式半控整流电路在阻性负载时，整流输出平均电压值均为 $U_d = 1.17U_2(1+\cos\alpha)$。

其余参数计算方法和三相桥式全控整流电路相同，这里不再赘述。

**2. 感性负载**

（1）工作原理及波形分析

三相桥式半控整流电路在感性负载时工作特点是：晶闸管在承受正向阳极电压并有触发信号时导通，整流二极管承受正向阳极电压时自然导通；当电源线电压过零变负时，由于电感的存在，使晶闸管仍然承受正向阳极电压继续导通，同单相桥式半控整流电路相似，形成同一相上的晶闸管与二极管同时导通的情况，通过晶闸管和二极管续流，所以输出电压 $u_d$ 波形与阻性负载时相同，也不会出现负的波形。

$\alpha \leqslant 60°$ 时电路工作波形如图 3-35 所示，输出电压波形与阻性负载时相同，一个周期有六个波头，但六个波头并不相同。电路电感足够大时，可认为负载电流波形平直，为直流。图 3-35 中还给出了晶闸管、二极管及变压器一次、二次绕组的电流波形。

$\alpha > 60°$ 后，输出电压波形将断续。由于晶闸管 $VT_1$ 触发导通时，b 相电压已不再是最低，c 相电压最低，所以共阳极组中 c 相二极管 $VD_2$ 导通，输出电压 $u_d = u_{ac}$，此时电路处于整流状态，如图 3-36a 所示。当 $u_{ac}=0$ 之后，a 相电压将低于 c 相，二极管 $VD_2$ 将不再导通，a 相所在的二极管 $VD_4$ 因其阴极电压最低而导通，二极管自然换流。而由于电感的存在，使晶闸管 $VT_1$ 仍然承受正向电压继续导通。此时，电路如图 3-36b 所示，电流通过的路径是 $VT_1 \rightarrow L \rightarrow R \rightarrow VD_4$，交流侧电源不输出电能，负载电阻消耗的能量由电感提供，$VT_1$ 和 $VD_4$ 构成续流回路，输出电压 $u_d=0$。直到 $VT_3$ 触发导通时，a 相电压仍然最低，二极管 $VD_4$ 继续导通，$VT_3$ 和 $VD_4$ 构成回路，输出电压 $u_d = u_{ba}$。之后二极管自然换流至 $VD_6$，$VT_3$

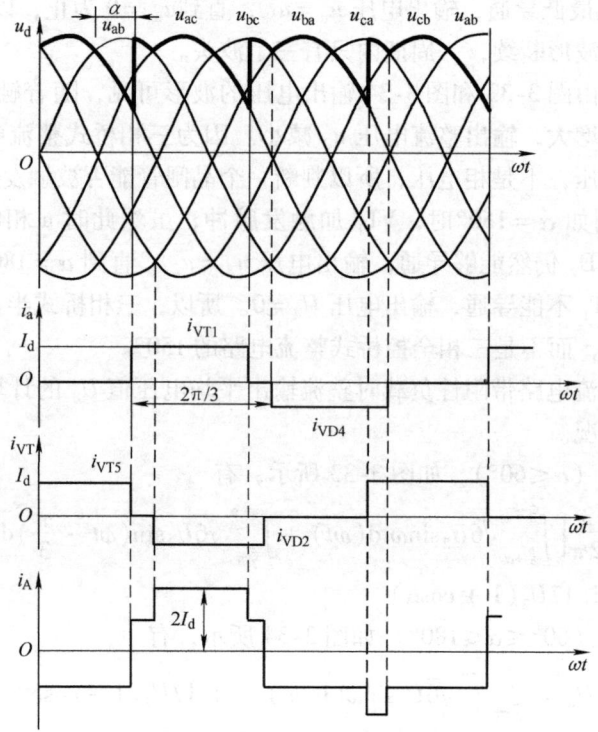

图 3-35 三相桥式半控整流电路带感性负载 $\alpha \leqslant 60°$ 时输出电压波形

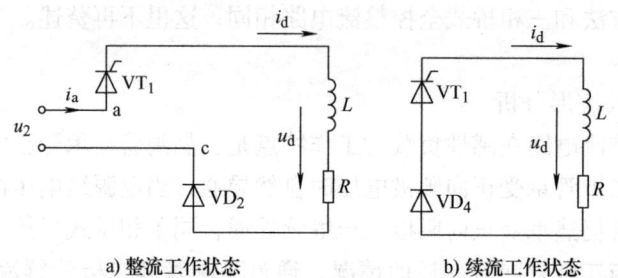

a) 整流工作状态　　　　　　　b) 续流工作状态

图 3-36 三相桥式半控整流电路带阻感负载时电路的两种工作状态

和 $VD_6$ 续流，$u_d = 0$。最后一个阶段，$VT_5$ 导通，与 $VD_6$ 构成回路，$u_d = u_{cb}$，然后 $VT_5$ 和 $VD_2$ 续流，$u_d = 0$。$60° < \alpha < 180°$ 时电路工作波形如图 3-37 所示，从图中可以看出，其输出电压波形仍然与阻性负载时相同，流过变压器绕组的电流相比 $\alpha \leqslant 60°$ 时减小，原因在于续流阶段负载与电源之间无功率交换。

(2) 失控现象

前面已经分析过单相桥式半控整流电路带感性负载时，如果电路中不接续流二极管则会出现失控现象，而三相桥式半控整流电路也一样。在整流电路工作过程中，如突然去掉触发脉冲或将触发延迟角 $\alpha$ 从某一值突然增大到 180°，电路会出现某个晶闸管连续导通，三个二极管轮流导通的失控现象。

图 3-38 为三相桥式半控整流电路带感性负载失控时的输出电压波形，图中是假定在晶

闸管 $VT_3$ 导通时触发脉冲消失的情况。在晶闸管 $VT_3$ 导通后，由于触发脉冲消失，$VT_1$、$VT_5$ 不可能再导通。$VT_3$ 先与 $VD_2$ 同时导通，整流输出电压 $u_d = u_{bc}$。当 $u_a < u_c$ 时，$VD_2$ 自然换流至 $VD_4$，$VD_2$ 关断，$VT_3$、$VD_4$ 同时导通，$u_d = u_{ba}$。以上两个阶段，负载电感储存能量。当 $u_c < u_b$ 时，二极管又从 $VD_4$ 自然换流至 $VD_6$，电流通过 $VT_3$、$VD_6$ 续流，$u_d = 0$，电感释放能量。下一周期重复此过程，所以一个周期中晶闸管 $VT_3$ 一直导通，而三个二极管轮流导通，各导通$120°$，输出电压恒定，电路失控。

为了解决三相桥式半控整流电路的失控问题，可采用与单相桥式半控整流电路一样的方法，在负载两端并联一续流二极管即可。并联续流二极管的三相桥式半控整流电路中，当电源线电压过零后，由续流二极管导通续流，二极管续流期间晶闸管关断，电路不再需要晶闸管和整流二极管串联回路续流。由于续流二极管只要承受正向电压即导通，而续流二极管导通可以使正在

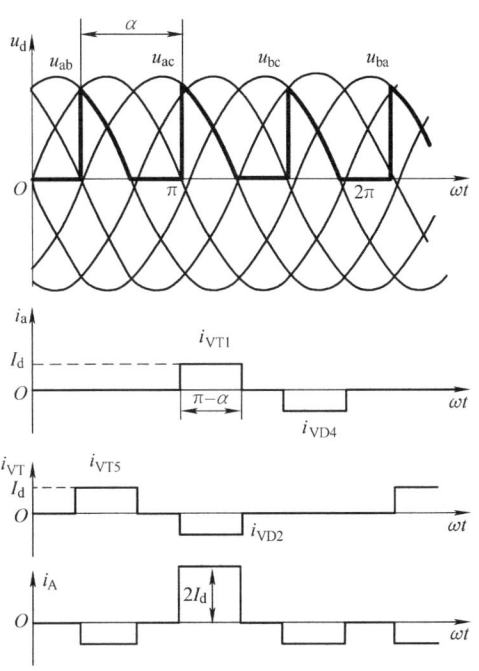

图3-37 三相桥式半控整流电路带感性负载$60° < \alpha < 180°$时输出电压波形

导通的晶闸管承受反向电压关断，从而保证电路正常工作，不会出现失控。接有续流二极管的三相桥式半控整流电路，只有在 $\alpha > 60°$ 以后，续流二极管才起作用，这时晶闸管、整流二极管、续流二极管电流可根据器件导通角很容易计算。

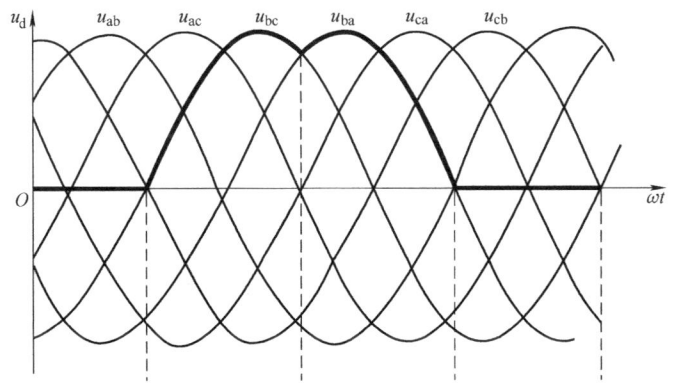

图3-38 三相桥式半控整流电路带感性负载失控时 $u_d$ 波形

三相整流电路由于输出功率较大、输出直流电压波动小等特点，在实际中应用非常广泛，如电力系统中的特高压直流输电、发电机的励磁系统、传统的电气机车驱动系统等都采用晶闸管构成的三相可控整流电路。表3-3对三相半波、三相桥式全控及三相桥式半控整流电路的主要特点和性能参数进行了简单比较。

**表 3-3  常用三相可控整流电路比较**

| 主电路形式 | | 三相半波 | 三相全控桥 | 三相半控桥带续流二极管 |
|---|---|---|---|---|
| 大电感负载时整流输出电压 | | $1.17U_2\cos\alpha$ | $2.34U_2\cos\alpha$ | $1.17U_2(1+\cos\alpha)$ |
| 纹波因数（$\alpha=0°$） | | 18.3% | 4.2% | 4.2% |
| 脉动频率 | | $3f$ | $6f$ | $6f$ |
| 元件承受的最大电压 | | $\sqrt{6}U_2$ | $\sqrt{6}U_2$ | $\sqrt{6}U_2$ |
| 移相范围 | 阻性负载或感性负载带续流二极管 | $0\sim\dfrac{5}{6}\pi$ | $0\sim\dfrac{5}{6}\pi$ | $0\sim\pi$ |
| | 大电感负载 | $0\sim\dfrac{\pi}{2}$ | $0\sim\dfrac{\pi}{2}$ | $0\sim\pi$ |
| 最大导通角 | | $\dfrac{2\pi}{3}$ | $\dfrac{2\pi}{3}$ | $\dfrac{2\pi}{3}$ |
| 功率因数（$\alpha=0°$） | | 0.83 | 0.955 | 0.955 |
| 整流变压器 | | 利用率较低，有直流磁化 | 利用率较高，无直流磁化 | 利用率较高，无直流磁化 |
| 特点与适用场合 | | 3个晶闸管，较简单。用于中小功率场合 | 6个晶闸管，控制复杂。用于大功率场合 | 3个晶闸管，较简单。用于不需要逆变的大功率场合 |

## 3.4  变压器漏抗对整流电路的影响

在前面对整流电路的分析和计算中，都未考虑包括变压器漏感在内的交流侧电感对电路工作过程的影响，认为晶闸管换相是瞬间完成的，即对于要关断的管子，认为其电流是从负载电流 $I_d$ 突然降至零；对于要开通的管子其电流则从零瞬时上升至 $I_d$。但实际上，变压器绕组总存在一定的漏感，交流回路中也有一定的电感，这些电感的存在对整流电路的工作将产生影响。为了分析和讨论的方便，将所有交流侧电感都折算到变压器二次侧，用一个集中电感 $L_B$ 来表示。电感 $L_B$ 对电路中电流的变化起阻碍作用，使换相过程不可能瞬时完成，晶闸管在换相过程中会出现两条支路同时导通，即重叠的情况，这必然会影响整流输出电压。下面讨论交流侧电感的存在对整流电路的影响。

### 3.4.1  换相期间的整流输出电压

以三相半波可控整流电路带大电感负载为例，这种情况下负载电流 $i_d$ 近似为一水平线，下面分析变压器漏抗对三相半波整流电路的影响。

图 3-39 是不考虑变压器漏抗的影响时，三相半波可控整流电路负载电流及各晶闸管的电流波形，流过晶闸管的电流波形 $i_{VT1}$、$i_{VT2}$、$i_{VT3}$ 均是宽度为120°的矩形波，此时各晶闸管之间换相瞬时完成，电流从零直接升至 $I_d$ 或从 $I_d$ 直接减小为零。

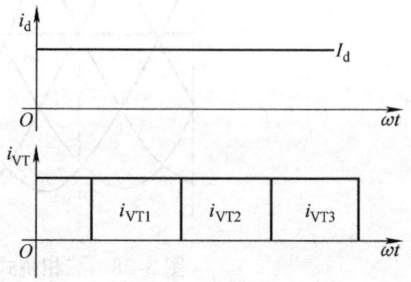

图3-39  不考虑变压器漏抗时三相半波可控整流电路的工作波形

图 3-40 是考虑变压器漏抗时的三相半波可控整流电路及工作波形。从图 3-40b 可以看出，由于漏感 $L_B$ 的存在，电路换相时流过晶闸管的电流不能突变，电流从 $I_d$ 减小到零和从零增大到 $I_d$ 都需要一定时间，这个过程叫换相过程，

换相过程持续的时间用电角度 $\gamma$ 表示，称为换相重叠角。

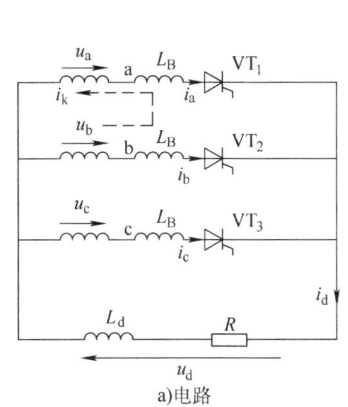
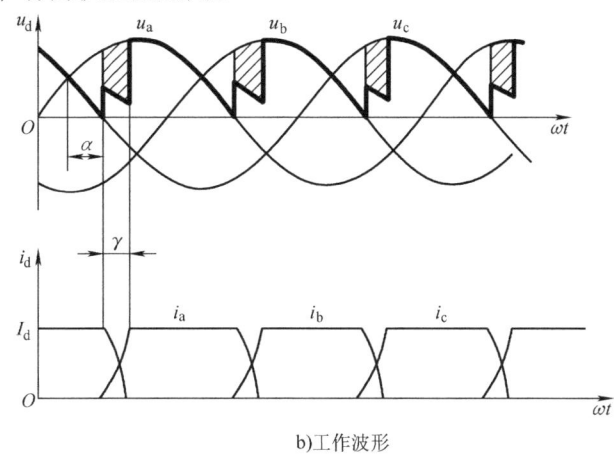

a) 电路　　　　　　　　　　　　　　　b) 工作波形

图 3-40　考虑变压器漏抗时三相半波可控整流电路及工作波形

三相半波可控整流电路在一个周期内有三次换相，因每次换相过程情况一样，这里只分析从 $VT_1$ 换相至 $VT_2$ 的过程。换相之前 $VT_1$ 导通，管子中流过电流为 $I_d$，换相开始时刻，触发 $VT_2$，则 $VT_2$ 导通，此时 a、b 两相电路中都存在电感 $L_B$，所以两相的电流 $i_a$ 和 $i_b$ 均不能突变，于是 $VT_1$、$VT_2$ 同时导通，电路工作在两相短路状态，两相之间电位差瞬时值为 $u_b - u_a$，此电压在换相回路中产生一假想的环流 $i_k$，方向如图 3-40a 所示。因为晶闸管是单向导电的，电流不能反向流过，只是相当于在原有电流的基础上叠加一电流 $i_k$。所以，a 相电流 $i_a = I_d - i_k$，将逐渐减小，b 相电流 $i_b = i_k$，将逐渐增大。当 $i_a$ 减小至零时，$i_b$ 增大至 $I_d$，换相过程结束，$VT_1$ 关断，$VT_2$ 完全开通。

在上述换相过程中，同时导通的两相回路电压平衡方程式为

$$u_b - u_a = u_{ba} = 2L_B \frac{di_k}{dt} \tag{3-85}$$

于是有

$$L_B \frac{di_k}{dt} = \frac{u_b - u_a}{2} \tag{3-86}$$

换相过程中整流输出电压瞬时值为

$$u_d = u_a + L_B \frac{di_k}{dt} = u_b - L_B \frac{di_k}{dt} = \frac{u_a + u_b}{2} \tag{3-87}$$

式 (3-87) 表明，换相过程中加在负载上的电压既不是 a 相电压 $u_a$ 也不是 b 相电压 $u_b$，而是换相两相相电压的平均值 $\frac{u_a + u_b}{2}$，其电压波形如图 3-40b 所示，此时的整流输出电压与不考虑变压器漏抗时的整流输出电压比较，波形出现缺口，面积减少了一块，如图中阴影部分的面积，使整流输出电压平均值 $U_d$ 减小。电压减小的大小用 $\Delta U_d$ 表示，称为换相压降。

## 3.4.2　换相压降的计算

图 3-40 所示的三相半波可控整流电路换相过程中，不计漏抗压降时整流输出电压 $u_d$ 为 $u_b$，考虑漏抗压降时输出电压 $u_d = u_b - L_B \dfrac{di_k}{dt}$，所以因漏抗而引起的换相压降为

$$\Delta U_\mathrm{d} = \frac{3}{2\pi}\int_\alpha^{\alpha+\gamma}(u_\mathrm{b}-u_\mathrm{d})\mathrm{d}(\omega t) = \frac{3}{2\pi}\int_\alpha^{\alpha+\gamma}L_\mathrm{B}\frac{\mathrm{d}i_\mathrm{k}}{\mathrm{d}t}\mathrm{d}(\omega t)$$

$$= \frac{3}{2\pi}\int_0^{I_\mathrm{d}}\omega L_\mathrm{B}\mathrm{d}i_\mathrm{k} = \frac{3}{2\pi}X_\mathrm{B}I_\mathrm{d} \tag{3-88}$$

式中 $X_\mathrm{B}$——交流侧电感 $L_\mathrm{B}$ 折算到二次侧的漏抗，$X_\mathrm{B}=\omega L_\mathrm{B}$。

考虑一般情况，$m$ 相整流时电路换相压降为

$$\Delta U_\mathrm{d} = \frac{m}{2\pi}\int_\alpha^{\alpha+\gamma}(u_\mathrm{b}-u_\mathrm{d})\mathrm{d}(\omega t) = \frac{m}{2\pi}X_\mathrm{B}I_\mathrm{d} \tag{3-89}$$

式中 $m$——一个周期内的换相次数。

对于单相全波整流电路，有 $m=2$；对于三相半波整流电路，有 $m=3$；对于三相桥式整流电路，有 $m=6$；对于单相桥式整流电路，因 $X_\mathrm{B}$ 在一周期的两次换相中都起作用，其电流是从 $I_\mathrm{d}$ 到 $-I_\mathrm{d}$，所以应取 $m=4$。

对于 $X_\mathrm{B}$ 的计算，因为它主要是变压器每相绕组折算到二次侧的漏抗，所以可以根据变压器铭牌参数计算，$X_\mathrm{B}=\dfrac{U_2}{I_2}\dfrac{U_\mathrm{k}\%}{100}$，其中 $U_2$ 为变压器二次绕组额定相电压，$I_2$ 为变压器二次绕组额定相电流（星形联结），$U_\mathrm{k}\%$ 为变压器短路电压比。

换相压降可看作在整流电路直流侧增加了一阻值为 $\dfrac{mX_\mathrm{B}}{2\pi}$ 的等效电阻后负载电流 $I_\mathrm{d}$ 在它上面产生的压降，它与欧姆电阻的区别在于不消耗有功功率，仅消耗无功功率。

### 3.4.3 换相重叠角的计算

根据式（3-86）可知

$$L_\mathrm{B}\frac{\mathrm{d}i_\mathrm{k}}{\mathrm{d}t} = \frac{1}{2}(u_\mathrm{b}-u_\mathrm{a})$$

则有

$$\frac{\mathrm{d}i_\mathrm{k}}{\mathrm{d}t} = \frac{u_\mathrm{b}-u_\mathrm{a}}{2L_\mathrm{B}} \tag{3-90}$$

以自然换相点 $\alpha=0°$ 处作为坐标的原点，整流电路以 $m$ 相整流的普遍形式计算，$u_\mathrm{a}$ 和 $u_\mathrm{b}$ 的表达式分别为

$$u_\mathrm{a} = \sqrt{2}U_2\cos\left(\omega t + \frac{\pi}{m}\right)$$

$$u_\mathrm{b} = \sqrt{2}U_2\cos\left(\omega t - \frac{\pi}{m}\right)$$

$$u_\mathrm{b}-u_\mathrm{a} = 2\sqrt{2}U_2\sin\frac{\pi}{m}\sin\omega t \tag{3-91}$$

将式（3-91）代入式（3-90）中，得到换相环流的表达式为

$$\mathrm{d}i_\mathrm{k} = \frac{1}{\omega L_\mathrm{B}}\sqrt{2}U_2\sin\frac{\pi}{m}\sin\omega t\,\mathrm{d}(\omega t) \tag{3-92}$$

式（3-92）的初始条件为：$\omega t=\alpha$ 时，$i_\mathrm{k}=0$，对式（3-92）求解，有

$$i_\mathrm{k} = \frac{\sqrt{2}U_2}{\omega L_\mathrm{B}}\sin\frac{\pi}{m}(\cos\alpha-\cos\omega t) \tag{3-93}$$

所以，电流 $i_k$ 的曲线是一条余弦曲线，从图 3-40 可知，换相结束时 $i_k = I_d$，即

$$I_d = \int_0^{I_d} \mathrm{d}i_k = \frac{\sqrt{2}U_2}{\omega L_B}\sin\frac{\pi}{m}\int_\alpha^{\alpha+\gamma}\sin\omega t \mathrm{d}(\omega t) = \frac{\sqrt{2}U_2\sin\frac{\pi}{m}}{X_B}[\cos\alpha - \cos(\alpha+\gamma)]$$

于是得

$$\cos\alpha - \cos(\alpha+\gamma) = \frac{X_B I_d}{\sqrt{2}U_2\sin\frac{\pi}{m}} \tag{3-94}$$

根据式（3-94）可以计算换相重叠角，而式（3-94）是一个适用于各种电路的普遍公式，不同的电路代入不同的 $m$ 即可。对于单相全波整流电路，$m=2$，则有

$$\cos\alpha - \cos(\alpha+\gamma) = \frac{X_B I_d}{\sqrt{2}U_2\sin\frac{\pi}{2}} = \frac{X_B I_d}{\sqrt{2}U_2} \tag{3-95}$$

对于三相半波整流电路，$m=3$，有

$$\cos\alpha - \cos(\alpha+\gamma) = \frac{X_B I_d}{\sqrt{2}U_2\sin\frac{\pi}{3}} = \frac{2X_B I_d}{\sqrt{6}U_2} \tag{3-96}$$

单相全控桥式整流电路，在换流期间电流是从 $-I_d$ 变化至 $+I_d$，积分方程为

$$\int_{-I_d}^{I_d}\mathrm{d}i_k = \frac{\sqrt{2}U_2\sin\frac{\pi}{m}}{\omega L_B}\int_\alpha^{\alpha+\gamma}\sin\omega t\mathrm{d}(\omega t)$$

$$2I_d = \frac{\sqrt{2}U_2\sin\frac{\pi}{m}}{X_B}[\cos\alpha - \cos(\alpha+\gamma)]$$

所以，有

$$\cos\alpha - \cos(\alpha+\gamma) = \frac{2X_B I_d}{\sqrt{2}U_2\sin\frac{\pi}{m}} = \frac{2X_B I_d}{\sqrt{2}U_2} \tag{3-97}$$

因为单相桥式整流电路在一个周期换相两次，式（3-97）中 $m$ 仍取 2。单相桥式整流电路虽然在一周期只换相两次，但由于此电流是从 $-I_d \sim +I_d$，相当于发生了四次换相，所以为了公式的统一，计算时用 $2I_d$ 代替 $I_d$，同样可用式（3-94）计算。

三相桥式全控整流电路，可等效于相电压为 $\sqrt{3}U_2$ 的六相半波可控整流电路，将其代入式（3-94），结果与式（3-96）相同。表 3-4 给出了各种整流电路的换相压降和换相重叠角的计算公式。

表 3-4 各种整流电路的换相压降和换相重叠角的计算公式

| 电路形式 | 单相全波 | 单相全控桥 | 三相半波 | 三相全控 | $m$ 脉波整流电路 |
|---|---|---|---|---|---|
| $\Delta U_d$ | $\dfrac{X_B}{\pi}I_d$ | $\dfrac{2X_B}{\pi}I_d$ | $\dfrac{3X_B}{2\pi}I_d$ | $\dfrac{3X_B}{\pi}I_d$ | $\dfrac{mX_B}{2\pi}I_d$ ① |
| $\cos\alpha - \cos(\alpha+\gamma)$ | $\dfrac{I_d X_B}{\sqrt{2}U_2}$ | $\dfrac{2I_d X_B}{\sqrt{2}U_2}$ | $\dfrac{2X_B I_d}{\sqrt{6}U_2}$ | $\dfrac{2X_B I_d}{\sqrt{6}U_2}$ | $\dfrac{I_d X_B}{\sqrt{2}U_2\sin\dfrac{\pi}{m}}$ ② |

① 单相桥式全控整流电路中，$I_d$ 取 $2I_d$；

② 三相桥式全控整流电路中，电压取 $\sqrt{3}U_2$，$m=6$。

根据以上分析,可得出整流电路换相重叠角 $\gamma$ 随电路及负载参数变化的规律:
1) 负载电流 $I_d$ 越大,则换相重叠角 $\gamma$ 越大。
2) 交流侧电抗 $X_B$ 越大,则 $\gamma$ 也越大。
3) 当 $\alpha \leq 90°$ 时,$\alpha$ 越小,$\gamma$ 越大。

### 3.4.4 可控整流电路的外特性

可控整流电路对整流负载来说,可看作为一个有内阻的可变直流电源。如果考虑换相压降 $\Delta U_d$ 及晶闸管导通压降 $U_{VT}$,整流装置直流输出电压为

$$U_d = U_{do}\cos\alpha - nU_{VT} - R_c I_d \tag{3-98}$$

式(3-98)中,$U_{do}$ 为 $\alpha = 0°$ 时整流电路输出电压,即空载电压。$n$ 为回路中晶闸管的只数,$U_{VT}$ 是一只晶闸管的导通压降,由于其值较小,可忽略其影响。$R_c$ 为整流装置等效内阻,包括变压器绕组电阻及换相等效电阻 $\dfrac{mX_B}{2\pi}$。从而可以得到可控整流电路外特性如图 3-41 所示。

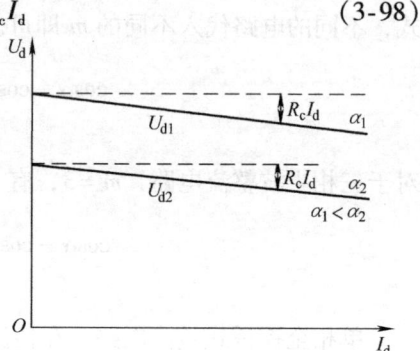

图 3-41 考虑变压器漏抗时可控整流电路的外特性

整流变压器的漏感存在,可以起到与交流进线电抗器一样的作用,可限制短路电流,并且使电流变化率减小,从而对晶闸管开通时限制其 $di/dt$ 有利,所以,有时会人为串入进线电抗器以抑制晶闸管的 $di/dt$。但是由于换相期间两相的重叠导通相当于两相短路,使整流电路的工作状态增多。在每一晶闸管换流的瞬间相电压波形会出现很深的缺口,造成电网波形畸变,使整流装置成为一个干扰源,如果整流变压器的容量在电网中举足轻重,则对电网影响较大,引起电网电能质量下降。同时,这个缺口还加剧了正向阻断晶闸管上电压的变化率,可能使晶闸管误导通,为此必须加吸收电路。另外,漏抗的存在使整流装置的功率因数变坏,电压脉动系数增大,整流输出电压降低,这些都是对整流电路的不利影响。

【例 3-6】 某设备的电动机由三相半波可控整流电路供电,整流变压器二次电压为 220V,变压器每相绕组漏感折算到二次侧的 $L_B$ 为 $100\mu H$,直流侧负载电流为 300A,求换相压降 $\Delta U_d$ 及 $\alpha = 0°$ 时的换相重叠角 $\gamma$。

**解**:三相半波可控整流电路,$m = 3$,根据式(3-96),有

$$\cos\alpha - \cos(\alpha + \gamma) = \frac{2X_B I_d}{\sqrt{6}U_2} = \frac{2 \times 314 \times 100 \times 10^{-6} \times 300}{\sqrt{6} \times 220} = 0.035$$

在 $\alpha = 0°$ 时,有
$$\cos(\alpha + \gamma) = 1 - 0.035 = 0.965$$
所以,换相重叠角为
$$\gamma = 15°$$
换相压降为
$$\Delta U_d = \frac{3X_B I_d}{2\pi} = \frac{3 \times 314 \times 100 \times 10^{-6} \times 300}{2 \times 3.14}V = 4.5V$$

## 3.5 电容滤波的不可控整流电路

前面介绍的可控整流电路中,为了保证输出电流波形连续且电流脉动小,常常在直流侧接平波电抗器来抑制电流脉动。近年来,在交-直-交变频器、不间断电源(UPS)、开关电源(交-直-交-直)等应用场合,其直流电源常常采用不可控整流电路经电容滤波得到,供后级的逆变电路或斩波电路使用。整流电路直流侧接电容器的目的是抑制直流电压的脉动。

目前,电容滤波的不可控整流电路主要有单相桥式整流电路和三相桥式整流电路两种主要形式,下面就这两种形式进行分析。

### 3.5.1 电容滤波的单相桥式不可控整流电路

**1. 工作原理及波形分析**

图3-42所示为电容滤波的单相桥式不可控整流电路及工作波形,图中,负载为纯电阻,是由于实际中整流电路的后级电路在稳态时,电流平均值一定,所以可以将后级电路的作用用电阻$R$代替。为了便于分析,定义电源电压$u_2$在正半周和负载电压$u_d$的交点处为坐标原点,即$\omega t=0$点,考虑电路已进入稳态的情况。此电路分析时一定要注意,只有当电源电压高于电容电压,二极管才能承受正向电压导通。否则,二极管承受反向电压而无法导通。

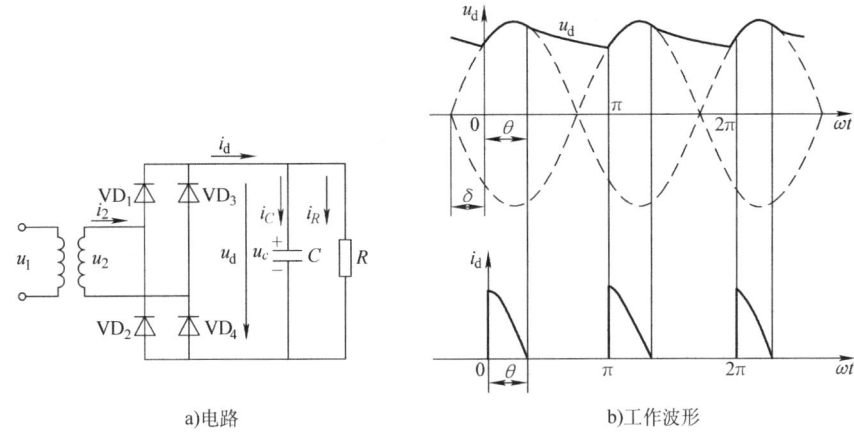

图3-42 电容滤波的单相桥式不可控整流电路及工作波形

图3-42中,电源电压$u_2$正半周从$u_2=0$到$\omega t=0$期间,由于$u_2<u_d$,二极管承受反向电压均不导通。电容$C$向电阻$R$放电,提供负载所需要的电流,负载电压$u_d$按指数规律下降。

$\omega t=0$之后,$u_2>u_d$,二极管$VD_1$、$VD_4$导通。一方面,电源向电容充电,电容电压$u_C$与负载电压$u_d$相等,随$u_2$上升而上升,到达$u_2$峰值后,$u_C$又随$u_2$下降而下降,负载电流$i_d$逐渐下降。另一方面,电源也提供负载电阻消耗的能量。

$\omega t=\theta$时刻,$i_d=0$,$u_2=u_d$,二极管$VD_1$、$VD_4$关断,$\theta$为二极管的导通角。之后,电容$C$又向电阻$R$放电。稳态情况下,$\omega t=\pi$时刻,电容电压降至开始充电时的值。二极管$VD_2$、$VD_3$由于承受正向电压导通,电源又同时向电容充电和提供负载消耗的能量,与正半周工作情况相同。图3-42b给出了负载电压和负载电流波形,只要电容足够大,负载电压脉动很小,就可认为输出电压为直流。

设 $\omega t=0$ 时刻与 $u_2=0$ 时刻相距 $\delta$ 角度，则电源电压 $u_2$ 可表示为

$$u_2=\sqrt{2}U_2\sin(\omega t+\delta)$$

二极管 $VD_1$、$VD_4$ 导通期间，有如下关系

$$u_d=u_2=u_C$$

且 $\omega t=0$ 时刻，有

$$u_d(0)=u_C(0)=u_2(0)=\sqrt{2}U_2\sin\delta \tag{3-99}$$

二极管 $VD_1$、$VD_4$ 导通期间，有方程

$$u_d(0)+\frac{1}{C}\int_0^t i_C\mathrm{d}t=u_2 \tag{3-100}$$

电容电流为

$$i_C=C\frac{\mathrm{d}u_C}{\mathrm{d}t}=C\frac{\mathrm{d}u_2}{\mathrm{d}t}=\sqrt{2}\omega CU_2\cos(\omega t+\delta) \tag{3-101}$$

负载电阻电流为

$$i_R=\frac{u_d}{R}=\frac{u_2}{R}=\frac{\sqrt{2}U_2}{R}\sin(\omega t+\delta) \tag{3-102}$$

则负载电流为

$$i_d=i_C+i_R=\sqrt{2}\omega CU_2\cos(\omega t+\delta)+\frac{\sqrt{2}U_2}{R}\sin(\omega t+\delta) \tag{3-103}$$

显然 $VD_1$、$VD_4$ 导通结束时，即 $\omega t=\theta$，$i_d=0$，将此条件代入式 (3-103)，可得二极管导通角计算公式为

$$\tan(\delta+\theta)=-\omega RC \tag{3-104}$$

$VD_1$、$VD_4$ 导通结束时，有如下电压关系：

$$u_d=u_C=u_2=\sqrt{2}U_2\sin(\theta+\delta) \tag{3-105}$$

在 $\theta\sim\pi$ 期间，二极管均不导通，电容以时间常数 $RC$ 按指数规律放电，直到 $\omega t=\pi$ 时刻，放电终了电压与充电初始电压相等，则有

$$\sqrt{2}U_2\sin(\theta+\delta)\mathrm{e}^{-\frac{\pi-\theta}{\omega RC}}=\sqrt{2}U_2\sin\delta \tag{3-106}$$

从式 (3-104) 可知，$(\delta+\theta)>\dfrac{\pi}{2}$，所以有

$$\arctan(\omega RC)=\pi-(\delta+\theta) \tag{3-107}$$

则

$$\pi-\theta=\delta+\arctan(\omega RC)$$

而

$$\sin(\delta+\theta)=\frac{\omega RC}{\sqrt{1+(\omega RC)^2}} \tag{3-108}$$

将式 (3-107) 和式 (3-108) 代入式 (3-106) 可得 $\delta$ 角计算公式，为

$$\frac{\omega RC}{\sqrt{1+(\omega RC)^2}}\mathrm{e}^{-\frac{\arctan(\omega RC)}{\omega RC}}\mathrm{e}^{-\frac{\delta}{\omega RC}}=\sin\delta \tag{3-109}$$

从式 (3-109) 可知，在电路参数 $\omega RC$ 已知的情况下，可以求出 $\delta$ 角，进而根据式

(3-107)得到二极管的导通角 θ。显然，δ 和 θ 都只与 ωRC 有关，图 3-43 给出了它们之间的关系曲线。

**2. 基本数量关系**

1）整流电路输出电压平均值。不可控整流电路带容性负载时，整流电路输出电压平均值推导繁琐，这里讨论两种极端情况，从而可知输出电压的变化趋势和变化范围。电路空载时，负载电阻 $R = \infty$，电容的放电时间常数也为无穷大，此时，整流电路输出电压最大，为电源电压峰值，即 $U_{dmax} = \sqrt{2}U_2$。电路负载且电阻 R 很小时，电容放电时间常数也很小，电容放电迅速，几乎失去了储能作用，电路工作情况和阻性负载不可控整流类似，此时整流电路输出电压最小，为 $U_{dmin} = 0.9U_2$。所以，一般情况下电路输出电压介于最大值 $\sqrt{2}U_2$ 和 $0.9U_2$ 之间。

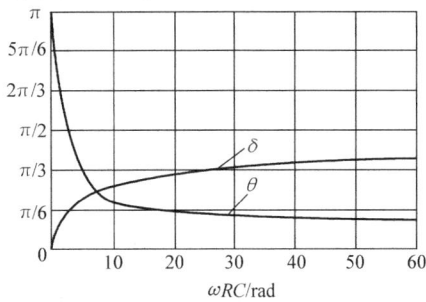

图 3-43　δ 和 θ 与电路参数 ωRC 的关系曲线

通常在设计时，可以根据负载大小来确定电容 C 的大小，一般取 C 值满足 $RC \geq \frac{3 \sim 5}{2}T$，这里 T 为交流电源的周期。当满足此条件时，整流电路输出电压为

$$U_d \approx 1.2U_2 \tag{3-110}$$

2）负载电流平均值

$$I_R = \frac{U_d}{R} \tag{3-111}$$

稳态时，电容上电流平均值为零，所以有

$$I_d = I_R = \frac{U_d}{R} \tag{3-112}$$

3）流过二极管的电流平均值。一个周期中，负载电流分别由 $VD_1$、$VD_4$ 和 $VD_2$、$VD_3$ 提供，所以流过二极管的电流平均值

$$I_{dVD} = \frac{I_d}{2} = \frac{I_R}{2} \tag{3-113}$$

4）二极管承受的最大电压为电源电压的峰值，即 $U_{RM} = \sqrt{2}U_2$。

值得注意的是，前面的分析中未考虑变压器和线路电感的存在，实际电路中，为了抑制电流冲击，常常在整流电路直流侧串联电抗器，这样电路就成为电感电容滤波电路，如图 3-44 所示。从图 3-44b 可以看出，接入电抗器后，电压波形更加平直，而电流波形变化也

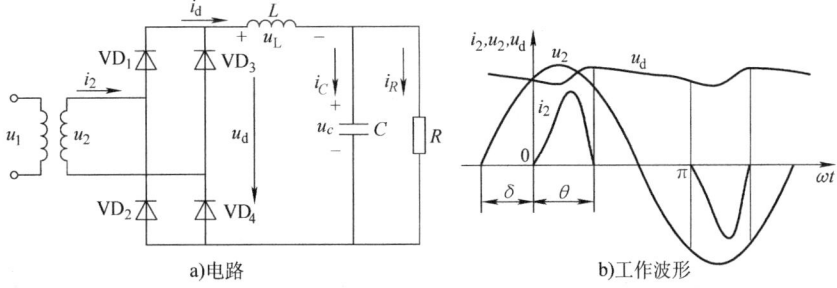

a)电路　　　　　　　　　　　　b)工作波形

图 3-44　电感电容滤波的单相桥式不可控整流电路及工作波形

减缓,更有利于电路工作。

### 3.5.2 电容滤波的三相桥式不可控整流电路

**1. 工作原理及波形分析**

电容滤波的三相桥式不可控整流电路及工作波形如图3-45所示。如果电路未接滤波电容,则输出电压为线电压包络线。电路中接入电容$C$后,只有当电源电压高于电容电压时,二极管才能导通,而对于三相桥式整流电路来说,加在二极管上的电压为线电压。

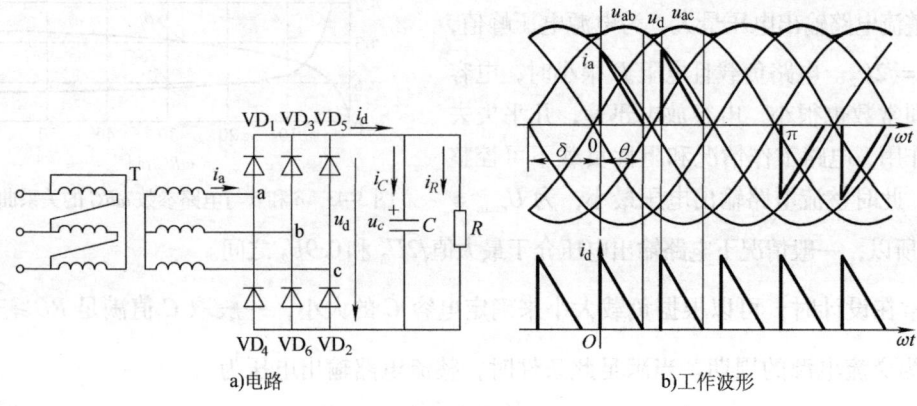

图 3-45 电容滤波的三相桥式不可控整流电路及工作波形

与电容滤波的单相桥式不可控整流电路类似,定义线电压$u_{ab}$过零点后$\delta$角为坐标原点,即$\omega t = 0$点。

$\omega t = 0$时,电源线电压$u_{ab} = \sqrt{6}U_2\sin(\omega t + \delta)$,此时$u_{ab} = u_d = u_C$。之后,即$\omega t = 0 \sim \theta$期间($\theta$为二极管导通角),二极管$VD_1$、$VD_6$导通,有输出电压$u_d = u_{ab}$。以后二极管按照编号依次导通,输出电压分别为$u_{ac}$、$u_{bc}$、$u_{ba}$、$u_{ca}$、$u_{cb}$,下一周期重复此过程。这一点与三相桥式整流电路带阻性负载及感性负载类似。图3-45b中所示电流波形断续,即二极管导通角$\theta \leq 60°$。

经分析可知,此电路电流连续与断续的临界条件为

$$\omega RC = \sqrt{3} \tag{3-114}$$

即当$\omega RC \leq \sqrt{3}\left(或 R \leq \dfrac{\sqrt{3}}{\omega C}\right)$时,输出电流连续,否则断续。图3-46给出了电流临界连续和电流连续两种情况下输出电流波形及交流侧电流波形。

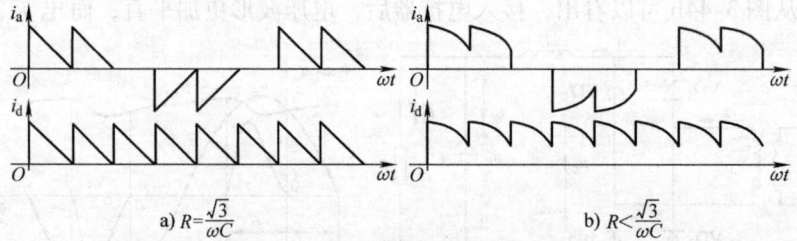

图 3-46 电容滤波的三相不可控整流电路电流临界连续和电流连续情况下电流波形

以上分析是未考虑电路中电感影响的情况,如果考虑电路电感,电流波形变化将减缓,

对电路工作有利。

**2. 基本数量关系**

1)输出直流电压平均值。与电容滤波的单相不可控整流电路类似,只讨论电路空载和电阻为零两种极端情况。电路空载时,输出直流电压平均值最大,为线电压峰值,即 $U_\mathrm{d} = \sqrt{6}U_2 = 2.45U_2$。随着负载的增加,输出电压将减小,当电阻很小时,输出电压大小与阻性负载时相同,即 $U_\mathrm{d} = 2.34U_2$。所以,一般情况下电路输出电压平均值 $U_\mathrm{d}$ 介于 $2.34U_2$ 和 $2.45U_2$ 之间。

2)输出电流平均值为

$$I_\mathrm{d} = I_R = \frac{U_\mathrm{d}}{R} \tag{3-115}$$

3)流过二极管的电流平均值为

$$I_\mathrm{dVD} = \frac{I_\mathrm{d}}{3} = \frac{I_R}{3} \tag{3-116}$$

4)二极管承受的最高电压为线电压峰值,即 $U_\mathrm{RM} = \sqrt{6}U_2$。

## 3.6 整流电路的有源逆变工作状态

### 3.6.1 逆变的概念

**1. 整流与逆变的关系**

前面讨论的是将交流电能通过晶闸管装置变换为直流电能供给负载的可控整流电路,但在生产实践中,常常有与整流过程相反的要求,即要求利用晶闸管电路将直流电变换为交流电。例如,晶闸管装置供电的电力机车,在机车下坡运行时,机车上的直流电动机将由于机械能的作用作为直流发电机运行,将机车的位能转变为电能,回馈至交流电网,以实现电动机制动。又如,运转着的直流电动机,要让它能迅速制动,也可让其作为发电机运行,把电动机的动能转变为电能,反送回电网。像这种把直流电转变成交流电的整流过程的反过程,定义为逆变(Invertion)。把直流电能变成交流电能的电路称为逆变电路。同一套晶闸管变流装置,既可工作在整流状态,也可工作在逆变状态。

变流装置工作在逆变状态时,如果其交流侧接在交流电源上,电源成为负载,把直流电逆变为与电源同频率的交流电反送到电网中去,这样的逆变叫"有源逆变"。有源逆变电路常用于直流可逆调速系统、交流绕线转子异步电动机串级调速以及高压直流输电等方面。对于可控整流电路,只要满足一定条件便可工作于有源逆变状态,此时电路形式未作任何改变,只是工作条件发生变化,因此本章将有源逆变作为相控整流电路的一种工作状态进行分析。

如果变流装置的交流侧不是接至交流电网,而是接至负载,即把直流电逆变为某一频率或可调频率的交流电供给负载,这样的逆变称为"无源逆变",无源逆变问题将在第 6 章讨论,本节只讨论有源逆变。

**2. 电源间能量的流转关系**

在分析有源逆变电路的工作时,弄清电源之间能量的流转关系是非常重要的。整流和有源逆变的根本区别即在于能量的传递方向不同。图 3-47 所示电路说明了电源之间能量的流转关系，图中两个直流电源 $E_1$ 与 $E_2$ 的大小和极性改变，两个电源之间能量流转关系不同。

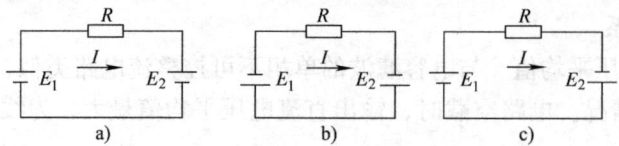

图 3-47 两个电源之间能量的流转关系

图 3-47a 中，直流电源 $E_1$ 与 $E_2$ 同极性连接，且 $E_1 > E_2$，回路中电流为

$$I = \frac{E_1 - E_2}{R} > 0$$

式中 $R$——回路的总电阻。

此时电源 $E_1$ 输出电能（$E_1 I$），输出的电能一部分消耗在电阻 $R$ 上（$I^2 R$），其余部分为电源 $E_2$ 吸收（$E_2 I$），$E_1$ 电动势方向与电流方向一致，而 $E_2$ 电动势方向与电流方向相反。

图 3-47b 中，直流电源 $E_1$ 与 $E_2$ 极性均反向，但仍为同极性连接，且 $E_2 > E_1$，则回路中电流方向不变，其值为 $I = \frac{E_2 - E_1}{R} > 0$，此时，电源 $E_2$ 输出电能，而 $E_1$ 吸收电能。

图 3-47c 中，$E_1$、$E_2$ 反极性连接，即顺向串联，电路中电流为 $I = \frac{E_1 + E_2}{R}$，此时，$E_1$、$E_2$ 均输出电能，全部消耗在电阻 $R$ 上。由于电源内阻很小，则相当于将两个电源直接短路，电路中电流很大。实际使用中，绝不允许出现这种两个电源反极性连接的情况。

根据以上分析，可得出下面有关结论：

1）两个电源同极性连接时，电流从高电动势电源流向低电动势电源，电流的大小取决于两个电源电动势之差和回路总电阻。在回路总电阻很小时，即使两个电源之间电动势差很小也可形成很大电流，两个电源之间发生较大的能量交换。

2）电流从电源的正极流出者，该电源输出电能；而电流从电源的正极流入者，该电源吸收电能，其输出或吸收的功率由电动势与电流的乘积决定，若电动势或电流方向改变，电能的传递方向也将改变。

3）两个电源反极性连接时，若电路总电阻很小，形成电源间短路，将损坏电源，这种情况应予避免。

### 3.6.2 有源逆变产生的条件

**1. 有源逆变的工作原理**

为便于分析有源逆变电路的工作原理，这里以单相全控桥式晶闸管整流电路对直流电动机供电的系统为例加以说明，为使电流连续且平稳，在回路中串接大电感 $L_d$ 作为平波电抗器，并忽略变压器漏抗，认为晶闸管工作在理想状态，电路如图 3-48 所示。

图 3-48a 中，晶闸管装置工作于整流状态，$0 < \alpha < \pi/2$。对于单相桥式全控整流电路，在 $0 < \alpha < \pi/2$ 的任一时刻触发晶闸管导通，装置整流输出电压平均值为 $U_d = U_{do} \cos\alpha$，且 $U_d$ 大于零，P 点电位高于 N 点电位。在 $U_d$ 大于电动机反电势 $E$ 的情况下，电枢回路电流 $I_d = \frac{U_d - E}{R} > 0$，变流器输出电能供给电动机，电动机运行在电动状态。电能流向是由交流

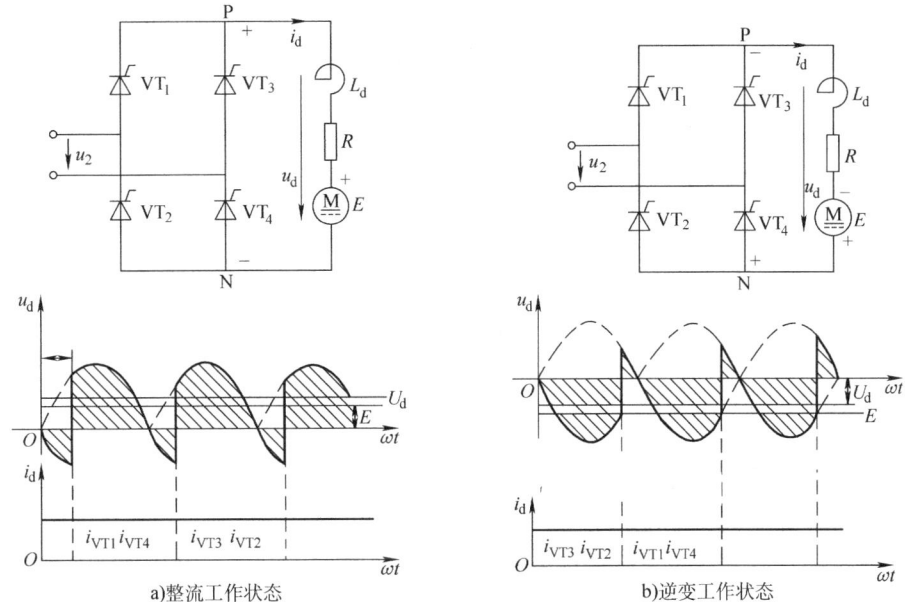

图 3-48  晶闸管—直流电动机系统的两种工作状态

电网流向直流电动机。

在整流工作状态下,晶闸管大部分时间工作于电源电压的正半周,承受的阻断电压主要是反向阻断电压,其正向阻断时间对应晶闸管的触发延迟角α。

图 3-48b 中,晶闸管变流装置工作于逆变状态,$\pi/2 < \alpha < \pi$,电动机工作在发电机运行(回馈制动)状态。当电动机工作状态改变时,如果改变电流流向,则电能流转方向改变,在直流发电机—电动机系统中电流流向不受限制,电能反向传送很容易实现。但在晶闸管—电动机系统中,由于晶闸管的单向导电性,电路内电流流向不能改变,要改变电能传送方向,只有改变电动机输出电压极性。所以,图 3-48b 中电动机反电动势 $E$ 极性为下正上负。为实现电动机的回馈制动运行,要求整流电路吸收能量,将电动机动能回馈回电网,所以整流电路直流侧输出电压平均值 $U_d$ 也必须反极性,即 $U_d$ 应为负值。为了保证电流流向不变,电动机电势 $E$ 必须大于 $U_d$。此时电流方向不变,其值 $I_d = \dfrac{|E| - |U_d|}{R}$,电路中电能流向与整流状态时相反,电动机输出功率,为发电工作状态,电网侧吸收电功率,实现了有源逆变。由于一般情况下电路中 $R$ 都很小,为防止过电流,通常应满足 $|E| \approx |U_d|$,在恒定励磁下 $E$ 取决于电动机的转速,$U_d$ 可通过改变触发延迟角 α 来调节。

已知整流电路中电流连续时,整流输出电压平均值 $U_d$ 与触发延迟角之间关系为 $U_d = U_{d0}\cos\alpha$,由此可见,只要保持电流连续,此公式适用于全部整流和逆变范围。只要改变触发延迟角α,就可改变 $U_d$ 的大小和极性。$\pi/2 < \alpha < \pi$ 时,$U_d$ 为负值,电路工作于逆变状态。在逆变状态下,尽管晶闸管大部分时间工作于交流电源的负半周,但由于外加直流电动势 $E$ 的存在,使其仍承受正向电压而导通。

**2. 实现有源逆变的条件**

从上述分析,可归纳出整流电路工作于有源逆变状态的条件如下:

1) 变流器直流侧有直流电动势,其极性必须与晶闸管导通方向一致。

2) 变流器输出的直流平均电压 $U_d$ 必须为负值,即晶闸管触发延迟角 $\alpha > \pi/2$,且 $|U_d| < |E|$。

以上两个条件必须同时满足,整流电路才能工作在有源逆变状态。

还应指出,并不是所有整流电路都可以工作于有源逆变状态。半控桥式整流电路和有续流二极管的整流电路,由于其整流输出电压 $U_d$ 不能为负值,也不允许直流侧出现负极性的反电动势,故不能实现有源逆变。所以,只有全控方式的整流电路才能实现有源逆变。

### 3.6.3 三相有源逆变电路

三相有源逆变电路较单相有源逆变电路要复杂一些,但掌握了整流和逆变的基本概念以后对三相有源逆变电路的各种原理就不难理解了。

**1. 三相半波有源逆变电路**

(1) 工作原理及波形分析

图 3-49 所示为三相半波可控整流电路带电动机负载时的情况,回路中串有平波电抗器,以保证负载电流连续。

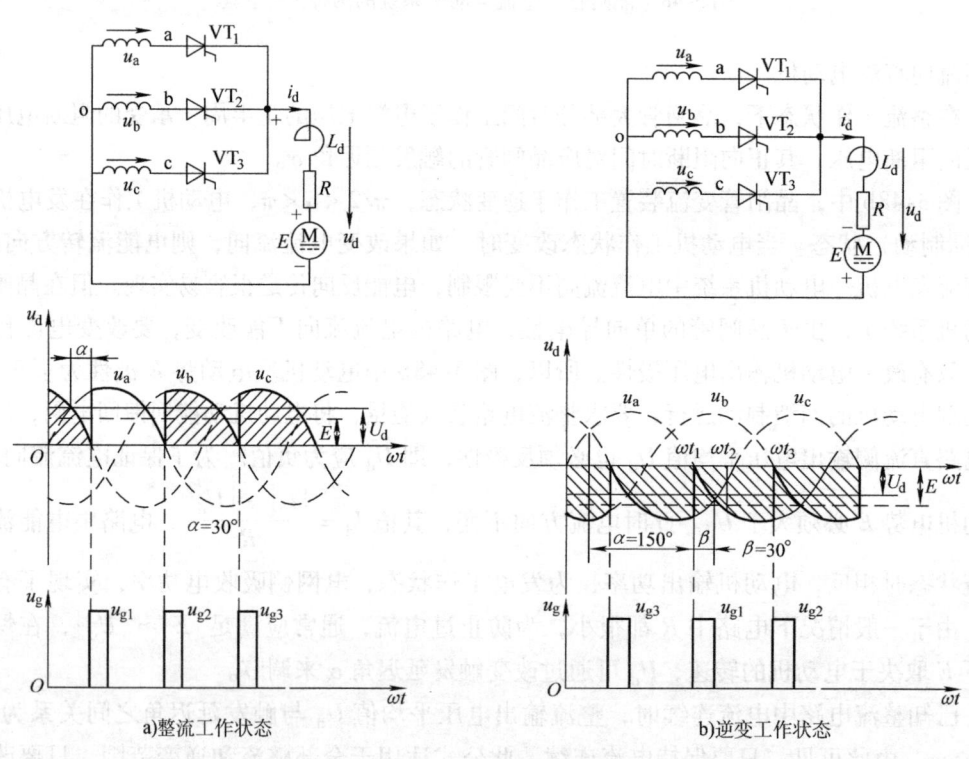

图 3-49 三相半波可控整流电路的整流和逆变工作状态

1) 整流工作状态($0 < \alpha < \pi/2$)。如图 3-49a 所示,晶闸管触发延迟角 $\alpha$ 在 $0 \sim \pi/2$ 范围内,按三相半波可控整流电路脉冲触发原则依次触发 $VT_1$、$VT_2$、$VT_3$,输出电压波形如图中所示。此时,输出电压瞬时值 $u_d$ 虽然有正有负,但在一个周期内其平均值 $U_d$ 总是为

正,且 $U_d$ 略大于 $E$。所以,电流 $i_d$ 从 $U_d$ 正端流出,$E$ 的正端流入,电动机作电动状态运行,吸收电能,交流电源输出电能。

2) 有源逆变工作状态（$\pi/2 < \alpha < \pi$）。如图 3-49b 所示,根据有源逆变实现的条件,电动机反电动势极性反向,为下正上负,同时使晶闸管触发延迟角 $\alpha$ 进入 $\pi/2 \sim \pi$ 的范围,此时变流电路输出直流平均电压 $U_d < 0$,且 $|U_d| < |E|$。如图中 $\alpha = 150°$ 的情况,对 a 相晶闸管 $VT_1$ 来说,在 $\omega t_1$ 时刻触发,虽然此时电源电压 $u_a = 0$,但由于直流电源 $E$ 的存在,使 $VT_1$ 仍承受正向电压导通,变流电路输出电压 $u_d = u_a < 0$,此阶段电抗器 $L_d$ 储存能量。$\omega t_2$ 时刻之后,$|u_a| > |E|$,电抗器释放能量,和直流电动势 $E$ 一起使 $VT_1$ 继续导通,直到下一相晶闸管 $VT_2$ 触发导通为止,$VT_1$ 的导通角为 $120°$。$\omega t_3$ 时刻,给 $VT_2$ 加触发脉冲,因为 $u_b > u_a$,$VT_2$ 承受正向电压能够触发导通,$VT_1$ 承受反压关断,$u_d = u_b$,输出电压从 a 相换至 b 相。之后,$VT_3$ 触发导通,变流器输出电压又从 b 相换至 c 相,如此循环工作。

从输出电压 $u_d$ 波形可以看出,在触发延迟角 $\alpha > \pi/2$ 范围内,输出电压 $u_d$ 瞬时值一周期内也是有正有负,但其平均值 $U_d$ 总是小于零,且 $U_d$ 的值略小于 $E$。所以主电路中电流 $i_d$ 方向不变,但它是从 $E$ 的正端流出,$U_d$ 的正端流入,电能从直流负载侧送至交流电源侧。图 3-50 分别给出了触发延迟角为 $\pi/3$、$\pi/2$ 和 $5\pi/6$ 时整流电路输出电压 $u_d$ 的波形以及晶闸管 $VT_1$ 两端的电压波形。从 $u_{VT1}$ 波形可以看出,在三相半波有源逆变工作状态下,晶闸管承受的电压波形与整流状态下一样,仍由三段组成。其中,一段为晶闸管的导通段,另两段为晶闸管阻断状态,每段各占 $1/3$ 周期,分别为 $u_{VT1} \approx 0$,$u_{VT1} = u_{ab}$,$u_{VT1} = u_{ac}$。整流状态下,晶闸管阻断时主要承受反向电压,而逆变状态下,晶闸管阻断时主要承受正向电压。晶闸管承受的最大正、反向电压均为线电压峰值 $\sqrt{6}U_2$。

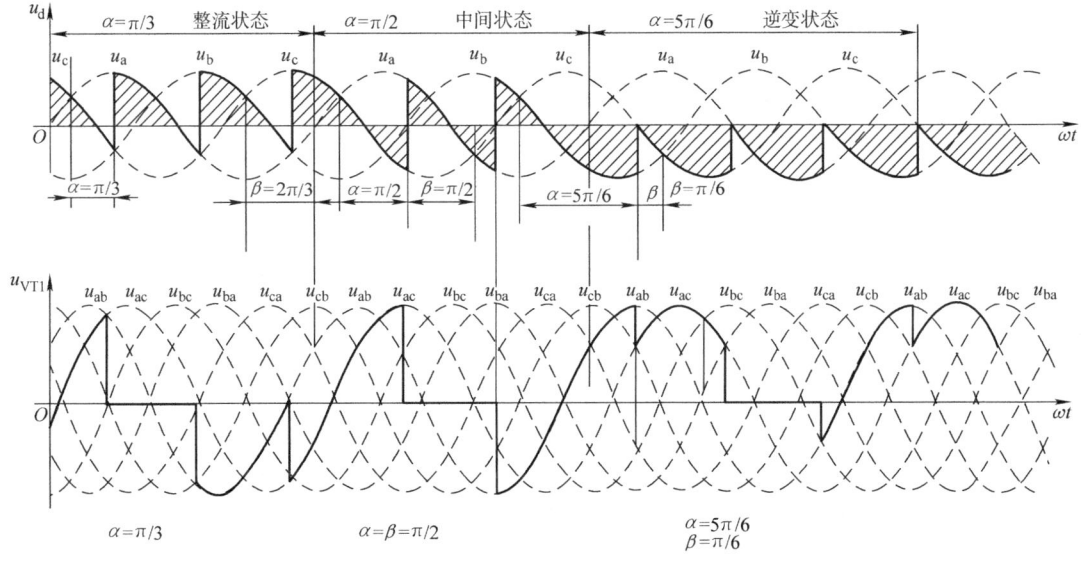

图 3-50 三相半波可控整流电路整流和逆变工作状态时的输出电压及 $u_{VT1}$ 波形

(2) 有源逆变状态下整流电路输出电压的计算

1) 逆变角 $\beta$ 的定义。为了分析和计算方便起见,通常将 $\alpha > \pi/2$ 时的触发延迟角用 $\beta$ 来表示,$\beta$ 称为逆变角。触发延迟角 $\alpha$ 是以电源正半周自然换相点作为计量起始点,由此向右方计量,而逆变角 $\beta$ 是以电源负半周自然换相点作为计量起始点,由此向左方计量,二者的关系是 $\alpha+\beta=\pi$,或 $\beta=\pi-\alpha$。

整流电路工作于有源逆变状态时,触发延迟角 $\alpha$ 在 $(\pi/2,\pi)$ 期间,则其逆变角 $\beta$ 在 $(0,\pi/2)$ 期间。

2) 有源逆变状态下整流电路输出电压的计算。从上面的分析已经知道,有源逆变工作状态只是整流电路的一种工作状态而已,与整流状态的区别也仅仅是触发延迟角 $\alpha$ 不同,逆变时 $\alpha>\pi/2$,所以整流状态下输出电压计算公式同样适用于逆变状态,则逆变电路输出电压为

$$U_d = U_{do}\cos\alpha = U_{do}\cos(\pi-\beta) = -U_{do}\cos\beta = -1.17U_2\cos\beta \tag{3-117}$$

从式 (3-117) 可知,逆变工作状态下,$\beta=\pi/2$ 时,$U_d=0$;$\beta$ 从 $\pi/2$ 减小时,$U_d$ 变为负值,并且随着 $\beta$ 的减小,$U_d$ 的绝对值逐渐增大,到 $\beta=0$ 时,$U_d$ 绝对值最大。

在上面的分析过程中忽略了变压器漏抗 $X_B$ 对电路的影响,若考虑变压器漏抗的存在,晶闸管换相时有换相重叠角 $\gamma$,和整流工作状态一样,输出电压 $u_d$ 为参与换相的两相电压的平均值,其波形如图 3-51a 所示,图 3-51b 是整流和逆变状态下 $U_d/U_{do}$ 与触发延迟角 $\alpha$ 的关系曲线。从图 3-51a 中可以看出,换流过程的存在使直流输出电压平均值更负一些,此时逆变器输出电压为

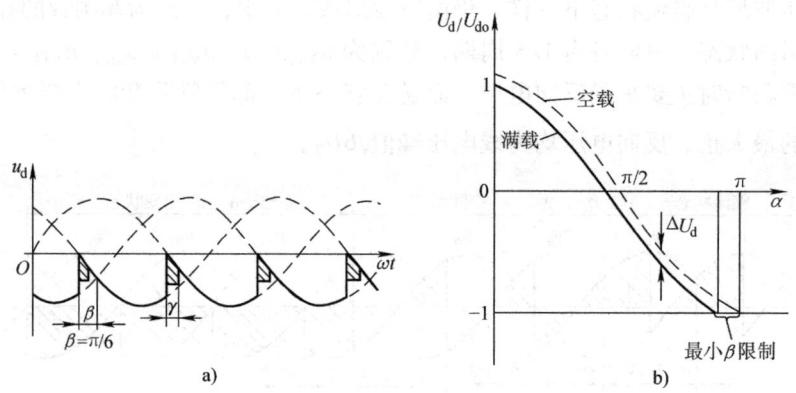

图 3-51 换相重叠角对工作于逆变状态下的整流电路输出电压的影响

$$U_d = -U_{do}\cos\beta - \Delta U_d = -U_{do}\cos\beta - \frac{3X_B}{2\pi}I_d \tag{3-118}$$

用换相重叠角表示,输出电压为

$$U_d = \frac{-3\sqrt{6}}{4\pi}U_2[\cos\beta + \cos(\beta-\gamma)] \tag{3-119}$$

**2. 三相桥式有源逆变电路**

三相桥式全控整流电路工作在有源逆变状态时,就成为三相桥式有源逆变电路。三相桥式有源逆变电路的变流电路必须由三相桥式全控整流电路组成。

(1) 工作原理及波形分析

带大电感负载时的三相桥式全控整流电路如图 3-52a 所示,根据前面的分析可知,触发延迟角 $\alpha>\pi/2$,即逆变角 $\beta<\pi/2$ 时,可使整流电路输出电压 $U_d$ 为负,工作于有源逆变状

态。晶闸管触发导通顺序与整流状态时一样，按 $VT_1$、$VT_2$、$VT_3$、$VT_4$、$VT_5$、$VT_6$ 的顺序导通，每个晶闸管一周期导通 120°，隔 60°换相一次。图 3-52b 中分别给出了不同逆变角时的输出电压波形及晶闸管两端电压波形，读者可自行分析。

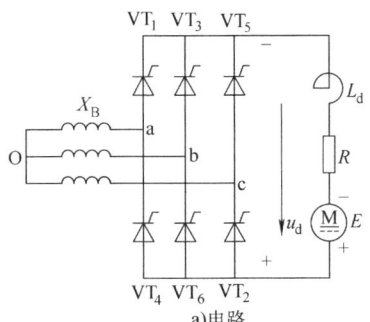

a) 电路

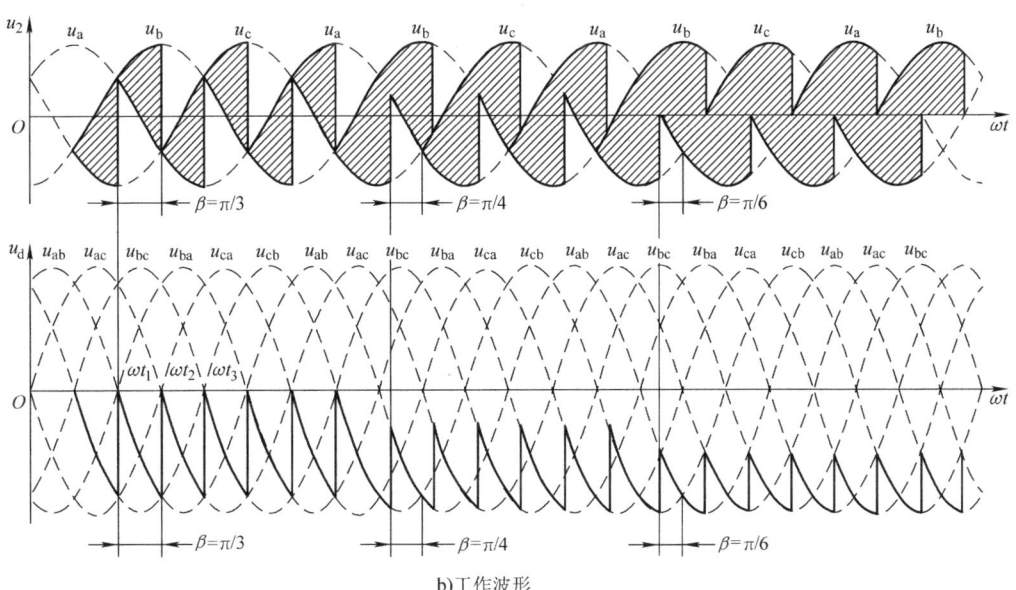

b) 工作波形

图 3-52 三相桥式全控整流电路及其工作于有源逆变状态时的工作波形

（2）三相桥式全控整流电路工作于有源逆变工作状态时的参数计算

1）输出电压 $U_d$。不考虑变压器漏抗时，逆变器输出电压为

$$U_d = U_{do}\cos\alpha = 2.34U_2\cos(\pi - \beta) = -2.34U_2\cos\beta \qquad (3\text{-}120)$$

考虑变压器漏抗，则逆变器输出电压为

$$U_d = -2.34U_2\cos\beta - \frac{3X_B I_d}{\pi} \qquad (3\text{-}121)$$

2）负载电流平均值为

$$I_d = \frac{U_d - E}{R} \qquad (3\text{-}122)$$

注意，式中 $U_d$ 和 $E$ 的极性与整流状态时相反，为负值。

3）流过晶闸管的电流有效值 $I_{VT}$ 和平均值 $I_{dVT}$。每个晶闸管一个周期仍导电 $2\pi/3$，所

以流过晶闸管电流有效值为

$$I_{VT} = \sqrt{\frac{1}{3}}I_d = 0.577I_d \tag{3-123}$$

流过晶闸管的电流平均值为

$$I_{dVT} = \frac{I_d}{3} \tag{3-124}$$

4）变压器二次电流有效值 $I_2$。一周期内，每一个晶闸管导通 $2\pi/3$，则流经变压器绕组中电流所对应的电角度应为 $4\pi/3$，二次电流有效值为

$$I_2 = \sqrt{\frac{2}{3}}I_d \tag{3-125}$$

### 3.6.4 逆变失败的原因分析及最小逆变角的限制

整流电路工作于整流状态时，如果因丢失脉冲或移相角超出范围等原因造成不正常换相，其后果最多是没有电压输出，使电路无电流流通。而当整流电路工作在逆变状态下，一旦发生换相失败，外接的直流电源就会通过晶闸管电路形成短路，或是使整流电源与直流电动势顺向串联，由于逆变电路内阻很小，将产生很大的短路电流，烧坏整流装置，这种情况称之为逆变失败，或叫逆变颠覆。

**1. 逆变失败产生的原因分析**

（1）触发电路发生故障

触发电路工作不可靠，不能适时、准确地给晶闸管分配脉冲，如脉冲丢失、脉冲延迟等，致使晶闸管不能正常工作，造成逆变失败。

如图 3-53a 所示，当 a 相晶闸管 $VT_1$ 导通至 $\omega t_1$ 时刻，正常情况时应触发 $VT_2$ 管，电流由 a 相换流至 b 相。如果在 $\omega t_1$ 时刻 $VT_2$ 的触发脉冲 $u_{g_2}$ 丢失，则 $VT_1$ 管因一直承受正向电压而不会关断，将一直导通到电源电压正半周，使整流电路输出电压由负变正，整流电源与直流电动势顺向串联，造成短路。

同样，触发脉冲延迟也会导致换相失败。如图 3-53b 所示，b 相晶闸管 $VT_2$ 触发脉冲由 $\omega t_1$ 时刻延迟到 $\omega t_2$ 时刻才出现，此时虽然 $VT_2$ 有触发脉冲，但 a 相电压 $u_a$ 已大于 b 相电压 $u_b$，$VT_2$ 触发脉冲到来时其承受反向电压不可能导通，而 $VT_1$ 因无反压而无法关断，从而也使整流电路输出电压为正，造成电源短路。

（2）晶闸管发生故障

由于各种原因造成晶闸管故障，从而使晶闸管应该阻断时不能阻断，应该导通时不能导通，均会造成逆变失败。如图 3-53c 所示。

（3）交流电源发生异常

在逆变工作状态时，如果交流电源突然停电、断相或电源电压降低，由于直流电动势 $E$ 的存在，晶闸管仍可导通，此时由于变流器失去了同直流电动势极性相反的直流输出电压，因此直流电动势将通过晶闸管使电路短路。

（4）换相裕量不足

有源逆变电路设计时，如果对晶闸管换相时的换相重叠角考虑不够，就会造成换相裕量时间小于晶闸管关断时间，从而导致换相失败。

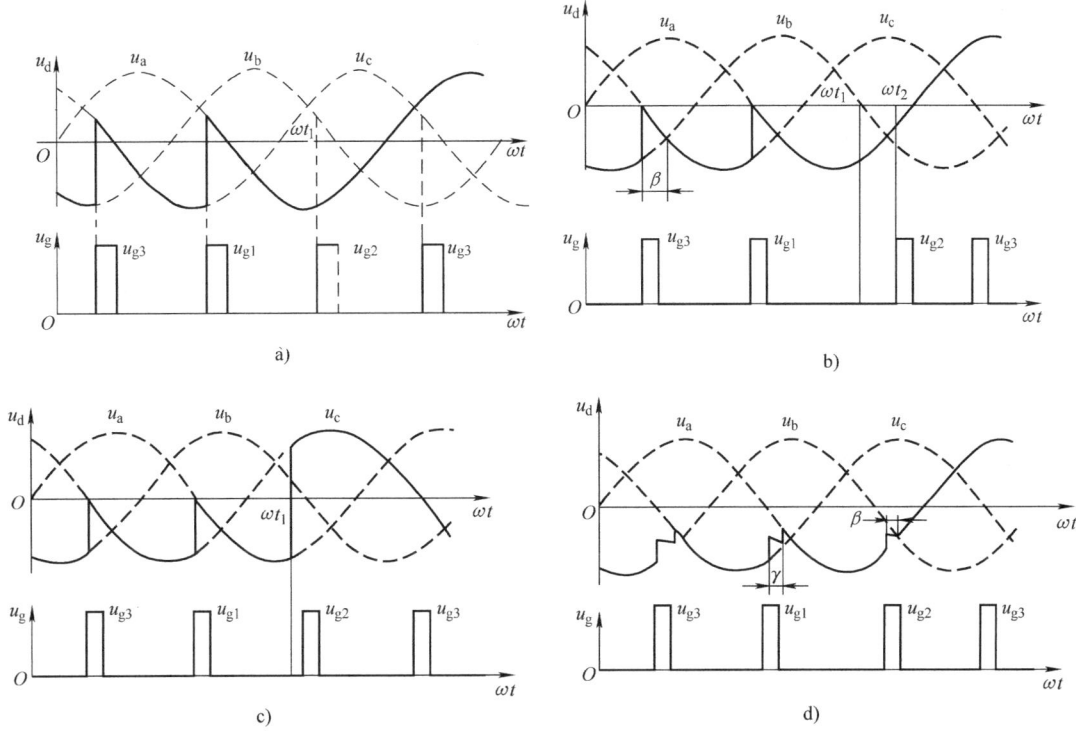

图 3-53 三相半波可控整流电路有源逆变失败波形分析

如图 3-53d 所示，以晶闸管 $VT_3$ 和 $VT_1$ 的换相过程为例分析，如果逆变电路工作在 $\beta > \gamma$ 的情况，经过换相过程后，a 相电压仍高于 c 相电压，也即换相结束后 $VT_3$ 将承受反向电压 $u_{ca}$ 而关断。如果换相的裕量角不足，$\beta < \gamma$，从波形中可以看出换相还未结束时，c 相电压将高于 a 相电压，即 $u_{ca} > 0$，则 $u_{ac} < 0$，所以应该导通的晶闸管 $VT_1$ 因承受反向电压重新关断，而应该关断的晶闸管 $VT_3$ 却因承受正向电压继续导通，且 c 相电压随时间的推移越来越高，导致逆变颠覆。

**2. 确定最小逆变角 $\beta_{\min}$ 的依据**

从上面的分析可以知道，整流电路工作于有源逆变状态时，其逆变角不能太小，否则可能导致逆变失败。整流电路工作于有源逆变状态下，允许采用的最小逆变角为

$$\beta_{\min} = \delta + \gamma + \theta' \tag{3-126}$$

式中  $\delta$——晶闸管的关断时间 $t_q$ 所对应的电角度，$\delta = \omega t_q$，称为恢复阻断角；

$\gamma$——换相重叠角；

$\theta'$——换相安全裕量角。

晶闸管的关断时间大约为 $200 \sim 300 \mu s$，所对应的电角度 $\delta$ 约为 $4° \sim 5°$。换相重叠角 $\gamma$ 随直流平均电流和换相电抗的增加而增大，一般为 $15° \sim 20°$。换相重叠角可通过查阅手册知道，也可从式 (3-94) 中计算得到，即

$$\cos\alpha - \cos(\alpha + \gamma) = \frac{I_d X_B}{\sqrt{2} U_2 \sin\dfrac{\pi}{m}}$$

根据逆变工作时 $\alpha = \pi - \beta$ 的定义，并设 $\beta = \gamma$，则有

$$\cos\gamma = 1 - \frac{I_d X_B}{\sqrt{2} U_2 \sin\frac{\pi}{m}} \tag{3-127}$$

由于换相重叠角 $\gamma$ 与 $I_d$ 和 $X_B$ 有关，所以一旦电路参数确定，$\gamma$ 就有定值。逆变时要求 $\beta_{\min} > \gamma$，故存在下列关系：

$$\cos\beta_{\min} < 1 - \frac{I_d X_B}{\sqrt{2} U_2 \sin\frac{\pi}{m}} \tag{3-128}$$

式（3-126）中的安全裕量角 $\theta'$ 也是非常重要的。整流电路工作在逆变状态时，由于种种原因，会影响逆变角，如果不考虑一定裕量，势必破坏 $\beta > \beta_{\min}$ 的关系，导致逆变失败。例如，在三相桥式逆变电路中，脉冲触发电路输出的六个脉冲，它们的相位不可能完全相同，有的可能较中心线偏前，有的可能偏后，这种脉冲的不对称程度一般可达 5°，偏后的那些脉冲就可能使 $\beta < \beta_{\min}$，所以应考虑一裕量角 $\theta'$，一般取 10°。这样，最小逆变角 $\beta_{\min}$ 一般取 30°~35°。在设计逆变电路时，必须保证 $\beta \geq \beta_{\min}$，因此在触发电路中附加一套保护电路，以保证控制脉冲不进入 $\beta_{\min}$ 区域。

### 3.6.5 有源逆变的应用

**1. 直流可逆电力拖动系统**

有不少生产机械要求电动机能够频繁地起动、制动、反向和调速，如可逆轧机、矿井提升机、电梯、龙门刨床等。这些系统拖动的特点是电动机能可逆运行，且换向过程中电动机工作于发电制动状态下，以进行快速制动，所以都具有工作于四象限的机械特性。

对于他励直流电动机，控制其可逆运行的方法有两种：一种是改变励磁电压的极性；另一种是改变电动机电枢电压的极性。由于励磁系统的电磁时间常数大，快速性差，加之控制复杂，所以常用于大容量、快速性要求不高的可逆调速系统中。在要求快速响应的可逆系统中，常采用改变电枢电压极性的方法来实现可逆运行。

图 3-54 是两套变流装置反并联连接的可逆电路，其中，图 a 是三相半波环流系统，图中电感 $L_{c1}$ 和 $L_{c2}$ 用于限制回路环流，图 b 是三相桥式全控无环流系统。电动机磁场方向不变，这种结构习惯上叫反并联可逆电路。根据对环流的不同处理方法，反并联可逆电路又可分为几种不同的控制方案，如配合控制有环流（$\alpha = \beta$ 工作制）、可控环流、逻辑控制无环流和错位控制无环流等。但不管采用哪种控制方式，电动机正向运行时都是由一组变流电路供电，反向运行时由另一组变流电路供电，且都可使电动机在四象限内运行。

由变流电路供电的电动机在四个象限里两组变流电路的工作方式和电动机对应的运行状态如图 3-55 所示，图中 $U_{dF}$、$U_{dR}$ 分别为正组桥和反组桥的输出电压。

图 3-55 中，第一象限：正组桥触发延迟角 $\alpha_F < \pi/2$，正组桥输出电压 $U_{dF} > E_M$，变流电路工作于整流状态，电动机正转电动运行；

第二象限：反组桥触发延迟角 $\alpha_R > \pi/2$，$U_{dR} < E_M$，变流电路工作于有源逆变状态，电动机正转发电制动运行；

第三象限：反组桥触发延迟角 $\alpha_R < \pi/2$，$U_{dR} > E_M$，变流电路工作于整流状态，电动机反转电动运行；

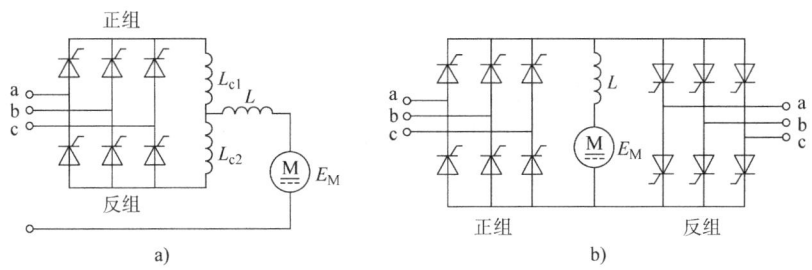

图 3-54 两组整流电路反并联的可逆调速系统

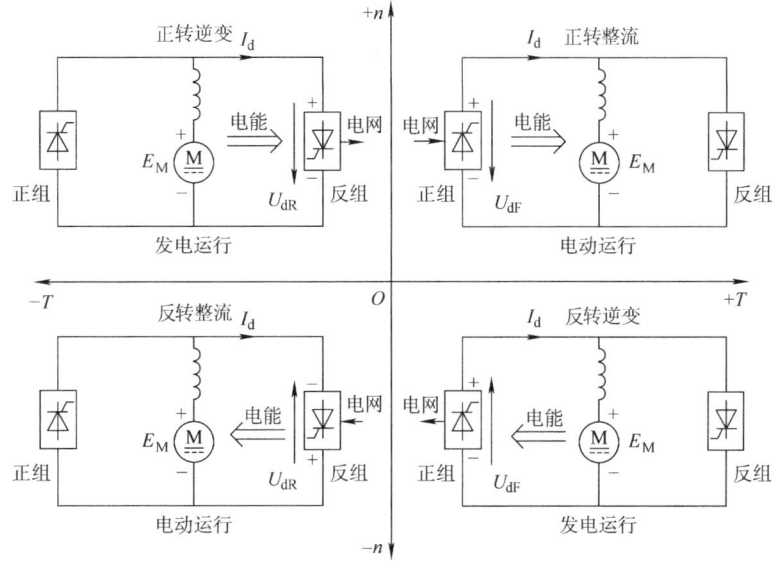

图 3-55 两组变流电路的工作方式和电动机对应的运行状态

第四象限：正组桥触发延迟角 $\alpha_F > \pi/2$，$U_{dF} < E_M$，变流电路工作于有源逆变状态，电动机反转发电制动运行。

下面分析电动机由正转到反转的工作过程。如图 3-55 所示，电动机工作在第一象限正转，此时电动机从正组桥取得电能。电动机要反转，应先使其迅速制动，就必须改变电枢电流的方向，但对正组桥而言，电流不能反向，需要切换至反组桥工作，并要求反组桥工作在逆变状态下，保证 $U_{dR}$ 与 $E$ 同极性连接，使电动机制动电流 $I_d = \dfrac{E - U_{dR}}{R_\Sigma}$ 限制在容许范围内。此时电动机进入第二象限作正转发电运行，电磁转矩成为制动转矩，电动机轴上的机械能经反组桥逆变为交流电能回馈电网，改变反组桥的逆变角 $\beta$，就可以改变电动机制动转矩。为了保持电动机在制动过程中有足够的转矩，一般应随着电动机转速的下降不断地调节 $\beta$ 值，使之由小变大至 $\beta = \pi/2$（$n = 0$），如再继续增大 $\beta$，即 $\alpha < \pi/2$，反组桥由逆变工作状态进入整流工作状态，电动机开始反转进入第三象限电动运行。这是电动机由正转到反转的全过程，若从反转到正转，其过程则由第三象限经第四象限最终运行在第一象限上。

关于各种有环流和无环流系统的具体工作过程，将在本课程的后续课程"运动控制系统"中进行深入的分析和讨论，这里不作分析。

**2. 交流串级调速系统**

串级调速是利用有源逆变的原理对绕线转子异步电动机进行调速的一种方法，这种调速方法具有结构简单、效率高、节能等优点，其调速范围宽，加之价格较低，因此在风机和泵类负载方面应用较多。

绕线转子异步电动机晶闸管串级调速系统主电路如图3-56所示，它是在转子回路中串联晶闸管变流电路，借以引入附加可调电动势，从而控制电动机的转速。图3-56中，电动机转子回路接三相桥式不可控整流电路，由于转子电压与电网电压不一定匹配，设置了变压器及逆变器，其变压器二次绕组经晶闸管组成的三相桥式逆变电路与整流电路连接。整流桥将绕线转子异步电动机转子在不同转速下感应出的电动势 $E_{2s} = sE_{20}$ 整流成直流电动势 $U_d$，则其值为

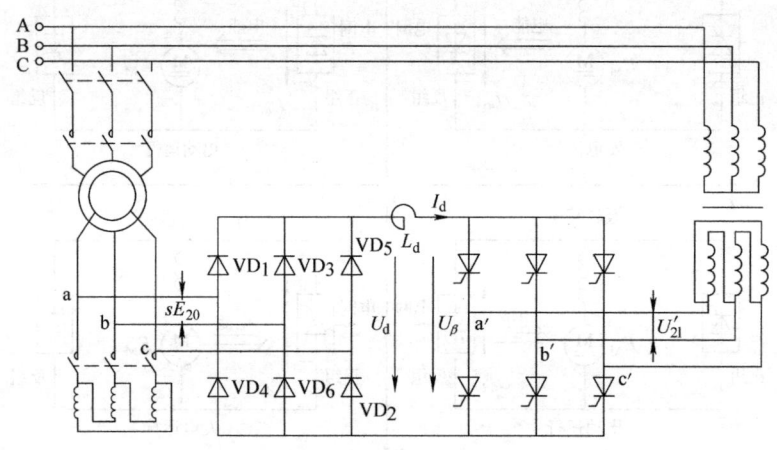

图3-56 绕线转子异步电动机晶闸管串级调速系统主电路

$$U_d = 1.35sE_{20} - \Delta U_d \tag{3-129}$$

式中  $s$——异步电动机转差率；

$E_{20}$——转子不动，即转差率 $s = 1$ 时，转子绕组每相感应电动势；

$\Delta U_d$——整流器内压降，包括电阻压降、整流管压降、转子绕组电抗等效压降等。

这一直流电动势经过逆变电路变成交流电，送回电网。逆变电路直流侧的逆变电压平均值以 $U_\beta$ 表示，有

$$U_\beta = 1.35U'_{2l}\cos\beta + \Delta U'_d \tag{3-130}$$

式中  $U'_{2l}$——逆变变压器二次绕组线电压有效值；

$\Delta U'_d$——逆变器内总压降，包括内阻压降、晶闸管压降、逆变变压器电抗等效压降等。

逆变电压可看作是加在异步电动机转子回路的反电动势，只要改变逆变角，即可改变转子回路的反电动势，实现对电动机转速的控制。

在有源逆变状态下，直流回路电压平衡方程式为 $U_d = U_\beta + R_L I_d$，式中 $R_L$ 为平波电抗器电阻，则有

$$1.35sE_{20} - \Delta U_d = 1.35U'_{2l}\cos\beta + \Delta U'_d + R_L I_d \tag{3-131}$$

电动机转差率为

$$s = \frac{U'_{2l}}{E_{20}}\cos\beta + \frac{\Delta U_d + \Delta U'_d + R_L I_d}{1.35 E_{20}}$$

电动机转速为

$$n = (1-s)n_1 = n_1\left(1 - \frac{U'_{2l}}{E_{20}}\cos\beta - \frac{\Delta U_d + \Delta U'_d + R_L I_d}{1.35 E_{20}}\right) \tag{3-132}$$

由此可见，改变逆变角 $\beta$，就可以调节电动机转速。当 $\beta$ 下降时，$\cos\beta$ 增加，$n$ 下降；反之，当 $\beta$ 增加时，$\cos\beta$ 下降，$n$ 上升。当 $\beta_{max} = 90°$ 时，$\cos\beta = 0$，$U_\beta = 0$，电动机在接近于额定转速的最高转速下运行。

应该指出，由于绕线转子异步电动机的漏抗比一般整流变压器的漏抗大得多，因此在转子回路的整流电路中，其漏抗引起的换相重叠角效应的影响比较严重。虽然是自然换相，但当整流电流 $I_d$ 大到一定值时，重叠角可达 60°极限值，致使整流电压降低，电动机机械特性变软，最大临界转矩也下降，使用时应予以注意。

**3. 高压直流输电**

高压直流输电在跨越江河、海峡和大容量远距离的电缆输电、联系两个不同频率的交流电网、同频率两个相邻交流电网的非周期并联等方面发挥着重要作用。随着电力电子技术的发展，高压直流输电将获得迅速的发展，目前世界范围内的高压直流输电以每年约 1500MW 的速度增长。

图 3-57 所示为高压直流输电系统的原理。两组晶闸管变流器的交流侧分别与两个交流系统 $u_1$、$u_2$ 连接，中间的直流环节并没有接负载，只起传递功率的作用，通过分别控制两侧变流器的直流输出电压的大小和极性就可以控制功率的流向。高压直流输电系统中整流和逆变所用的变流器均采用三相桥式全控电路，主要是因为与其他电路联结形式相比，三相桥式全控电路中每个桥臂工作峰值电压较低，即使如此，每个桥臂仍需由许多晶闸管串联而成。由于需要器件容量很大，高压直流输电系统中一般采用光控晶闸管作变流器件。关于高压直流输电具体内容将在第 7 章详细讨论。

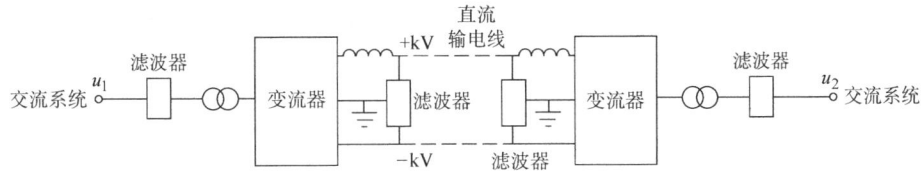

图 3-57 高压直流输电系统的原理

## 3.7 整流电路交流电源侧谐波电流分析

对于理想的 $m$ 脉波整流电路，假定其负载电流连续，波形为一条水平线，则变压器二次电流波形近似为理想矩形波。对矩形波进行傅里叶分析，可得到其基波及谐波分布情况。

这里以三相桥式全控整流电路为例。三相桥式全控整流电路带阻感负载时其变压器二次侧 a 相电流波形为脉冲宽度为 120°的矩形波，如图 3-30 所示，对该矩形波进行傅里叶分解，有

$$i_a = \frac{2\sqrt{3}}{\pi}I_d\left[\sin\omega t - \frac{1}{5}\sin 5\omega t - \frac{1}{7}\sin 7\omega t + \frac{1}{11}\sin 11\omega t + \frac{1}{13}\sin 13\omega t - \cdots\right]$$

$$= \frac{2\sqrt{3}}{\pi}I_d\sin\omega t + \frac{2\sqrt{3}}{\pi}I_d\sum_{m=6k\pm1}(-1)^k\sin\omega t \qquad k=1,2,3\cdots \tag{3-133}$$

根据式（3-133）可得电流基波和各次谐波有效值分别为

$$\begin{cases} I_1 = \dfrac{\sqrt{6}}{\pi}I_d \\ I_n = \dfrac{\sqrt{6}}{n\pi}I_d \end{cases}, \qquad n=6k\pm1, k=1,2,3\cdots \tag{3-134}$$

可知，三相桥式全控整流电路交流侧谐波电流有如下特点：
1）交流侧只有 $6k\pm1$ 次（$k$ 为正整数）谐波。
2）各次谐波有效值与谐波次数成反比，即谐波次数越高，其谐波电流有效值越小。
3）各次谐波电流有效值与基波电流有效值的比值为谐波次数的倒数。

## *3.8　晶闸管直流电动机系统

由晶闸管可控整流电路供电的他励直流电动机调速系统，简称为晶闸管直流电动机系统，它是电力拖动系统中一种主要的拖动形式，也是可控整流装置的主要用途之一。对晶闸管直流电动机系统的研究应从两方面进行：一方面研究带电动机负载时，整流电路的工作情况；另一方面研究整流电路供电时，电动机的工作情况。第一方面的工作已在前面作了讨论，这里只分析整流电路供电时电动机的工作情况。

电动机的机械特性是电力拖动系统中主要关注的性能指标。从电路工作状态看，晶闸管直流电动机系统既可工作于整流状态，也可工作于有源逆变状态；从电路中工作电流来看，晶闸管直流电动机系统既可能工作于电流连续情况，也可能工作于电流断续情况。全面分析该系统电动机的机械特性，则应该分别考虑整流和逆变状态下电流连续和断续的工作情况。

### 3.8.1　整流状态下电动机的机械特性

直流电动机负载除本身有电阻、电感外，还有一个反电动势 $E$，如果不考虑电动机的电枢电感，则只有当晶闸管导通相的变压器二次电压瞬时值大于反电动势时回路中才有电流输出。这种情况已在前面介绍单相全控桥式整流电路带反电动势负载时作过介绍，此时负载电流是断续的，对整流电路和电动机负载的工作都非常不利。实际应用中，为了避免出现这种情况，使输出负载电流平稳且脉动小，通常在电枢回路中串联一平波电抗器，保证整流电流在较大范围内连续。平波电抗器在电路中有两个作用，一是保证电流连续，二是保证电流波形平直。

以三相半波整流电路供电系统为例进行讨论，电路图如图 3-48a 所示，图 3-58 给出了在整流状态下电流连续时电路中的电压、电流

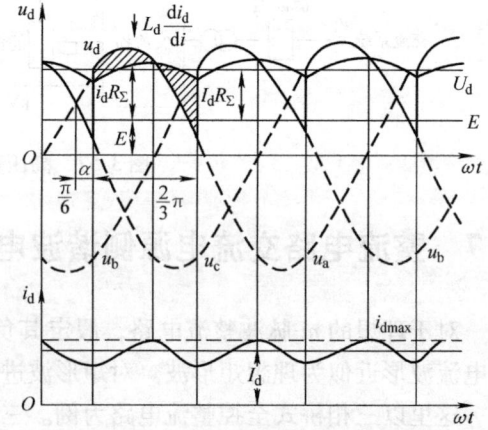

图 3-58　三相半波可控整流电路供电的晶闸管直流电动机系统电流连续时的电压和电流波形

波形。触发晶闸管整流电路工作，待直流电动机起动达到稳态后，虽然整流电路输出电压波形脉动较大，但由于电动机有较大的机械惯量，故其转速和反电动势的波动都很小，基本上可以看作是平稳的常值。此时，系统电压方程为

$$U_d = E + R_\Sigma I_d + \Delta U \tag{3-135}$$

式中　$R_\Sigma$——回路总的等效电阻，由以下几部分组成：变压器的等效电阻 $R_B$（包括变压器二次绕组本身的电阻以及一次绕组折算到二次侧的等效电阻）、电枢电阻 $R_M$、换相重叠角引起的电压降对应等效电阻 $3X_B/2\pi$；

　　　$\Delta U$——晶闸管导通压降。

**1. 电流连续时电动机的机械特性**

根据电机学知识，已知直流电动机的反电动势为

$$E = c_e n \tag{3-136}$$

式中　$c_e$——电动机在额定磁通下的电动势转速比，$c_e = k_e \Phi$，其中，$k_e$ 由电动机结构参数决定，为一常数，$\Phi$ 是电动机每对磁极下的额定磁通量（Wb）。

根据式（3-136），可得电流连续时晶闸管直流电动机系统的机械特性方程为

$$n = \frac{E}{c_e} = \frac{U_d - R_\Sigma I_d - \Delta U}{c_e} = \frac{1}{c_e}(1.17 U_2 \cos\alpha - R_\Sigma I_d - \Delta U) \tag{3-137}$$

图 3-59 是根据式（3-137）做出的不同 $\alpha$ 时 $n$ 与 $I_d$ 的关系曲线。由图可以看出，其机械特性曲线与由直流发电机供电时的机械特性曲线相似，是一组平行且向下倾斜的直线。调节触发延迟角 $\alpha$，即可调节电动机的转速。

同理，可列出三相桥式全控整流电路带电动机负载时电动机的机械特性方程为

$$n = \frac{1}{c_e}(2.34 U_2 \cos\alpha - R_\Sigma I_d - \Delta U) \tag{3-138}$$

**2. 电流断续时电动机的机械特性**

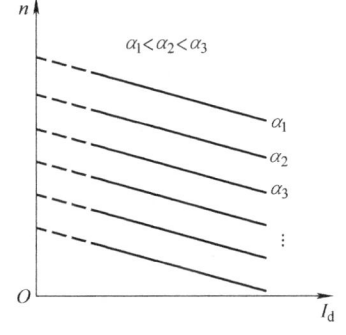

图 3-59　三相半波整流电路电流连续时以电流表示的电动机机械特性曲线

从图 3-58 可以看出，如果电感 $L_d$ 较大，则负载电流 $i_d$ 的增长和衰减都较慢，其波形平稳，就容易连续；或者是在负载较重时，由于所需的平均电流 $I_d$ 较大，电流波形也容易连续。但在平波电抗器电感值一定的条件下，如果负载电流 $I_d$ 很小，则平波电抗器中储能减小，致使电流不再连续，此时电动机的机械特性呈非线性。

当电流断续时，前一相的电流 $i_d$ 维持不到下一相的晶闸管导通，出现了断流角。由于电动机机械惯性大，在断流角期间转速来不及改变，可以认为电动机反电动势 $E$ 保持不变，因而输出整流电压平均值 $U_d$ 将较电流连续时升高。由此可见，电流断续时 $u_d$ 波形与电动机反电动势 $E$ 有关，即与电动机转速有关，而不像电流连续时那样只由晶闸管触发延迟角 $\alpha$ 决定。

图 3-60 为电动机反电动势特性曲线，电流连续情况下，如 $\alpha = 60°$，当 $I_d = 0$ 时，若忽略晶闸管导通压降，可得其理想空载情况下的反电动势 $E_0' = 1.17 U_2 \cos 60° = 0.585 U_2$，如图 3-60 中反电动势特性曲线虚线部分与纵轴的交点。实际上，在负载电流 $i_d$ 减小到某一值 $I_{dmin}$ 后，电流将变为断续，所以 $E_0'$ 是不存在的，实际的理想空载点 $E_0$ 将远大于它。因为 $\alpha = 60°$ 时，晶闸管触发导通时的相电压瞬时值为 $\sqrt{2} U_2$，它大于 $E_0'$，因此电路中必然会产生

电流,说明 $E_0'$ 并不是空载点。只有当反电动势 $E$ 等于触发导通后相电压的最大值 $\sqrt{2}U_2$ 时,电流才等于零,所以 $\sqrt{2}U_2$ 才是理想空载点。同样可分析得出,$\alpha \leq 60°$ 时电动机的理想空载反电动势都是 $\sqrt{2}U_2$,$\alpha > 60°$ 后,空载反电动势为 $\sqrt{2}U_2\cos(\alpha - \pi/3)$,如图 3-61 所示。

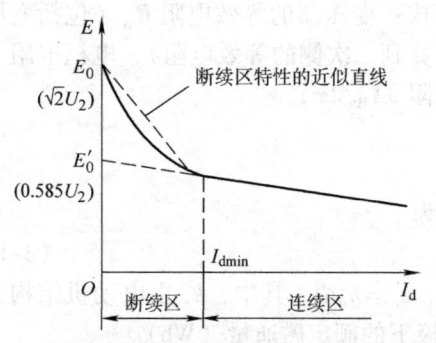

图 3-60　电流断续时电动机反电动势特性曲线　　图 3-61　考虑电流断续时不同 $\alpha$ 情况下电动机反
电动势的特性曲线

注:$\alpha_1 < \alpha_2 < \alpha_3 < 60°$,$\alpha_5 > \alpha_4 > 60°$

因此,电流断续时,晶闸管直流电动机系统机械特性有以下特点:
1) 电动机理想空载转速抬高。
2) 电流断续使电动机机械特性变软,即负载电流变化很小也可能引起很大的转速变化。
3) 随着触发延迟角 $\alpha$ 增加,进入断续区的电流值加大。这是由于 $\alpha$ 越大,变压器加在晶闸管阳极上的负电压时间越长,要维持晶闸管继续导通,电流连续,必须要求平波电抗器储存较大的磁能,而电抗器 $L_d$ 为一定值的情况下,要有较大的电流 $I_d$ 才行。

一般只要主电路电感足够大,可以只考虑电流连续段,完全按线性情况处理。当电动机低速轻载时,断续作用显著,可改用另一段较陡的特性来近似处理,如图 3-60 中虚线所示,其等效电阻比实际的电阻 $R$ 大一个数量级。

如果给定最小负载电流 $I_{dmin}$,最小电流一般取额定电流的 5%～10%,若系统在工作过程中始终大于满足电流连续的最小电流,则可以保证电流不会出现断续。根据分析推导,可得到保证在全部工作范围内电流始终连续所需的最小电感值为

$$L = 1.46 \frac{U_2}{I_{dmin}} \quad (三相半波整流电路) \quad (3\text{-}139)$$

或

$$L = 0.693 \frac{U_2}{I_{dmin}} \quad (三相桥式全控整流电路) \quad (3\text{-}140)$$

因为三相桥式全控整流电路输出电压脉动频率较三相半波整流电路高一倍,因而所需的平波电抗器的电感量减小约一半,这也是三相桥式整流电路的一大优点。

还应注意到:平波电抗器的设置会增加电枢回路的时间常数,恶化系统的瞬态响应,同时也增加了系统的成本、重量、体积、功耗和噪声,因此对平波电抗器电抗值的选择应从多方面考虑,尽量做到合理。

## 3.8.2 逆变状态下电动机的机械特性

晶闸管直流电动机系统在逆变状态下的机械特性与整流状态时类似，可按电流连续和断续两种情况讨论。

**1. 电流连续时电动机的机械特性**

根据整流状态时机械特性方程式（3-138），将式中 $\alpha$ 换成 $\pi-\beta$ 则为逆变状态下的机械特性方程

$$n = -\frac{1}{c_e}(U_{do}\cos\beta + R_\Sigma I_d + \Delta U) \tag{3-141}$$

式（3-141）中的负号表示逆变时电动机的转向与整流时相反。对应不同的逆变角，可获得一组彼此平行的机械特性曲线，如图 3-62 中第四象限曲线即为逆变状态下电动机的机械特性曲线。图中，第四象限虚线右边部分表示逆变状态下电动机电流连续时的机械特性，改变 $\beta$ 角可改变电动机的运行转速。

**2. 电流断续时电动机的机械特性**

图 3-62 中第四象限虚线左边部分表示了逆变状态下电动机电流断续时的机械特性，其推导过程较复杂，这里不作讨论。从图中可以看出，逆变状态下电流断续时的机械特性与整流状态时十分相似，其特点是：理想空载转速上翘很多，机械特性变软，且为非线性。这充分说明逆变状态的机械特性是整流状态的延续，触发延迟角 $\alpha$ 由小变大，电动机的机械特性则逐渐由第一象限往下移，进而达到第四象限。同样，第二象限表示的也是逆变状态的机械特性，与它对应的整流状态的机械特性表示在第三象限，只是它们与第一、四象限的特性分别属于不同的变流器组。

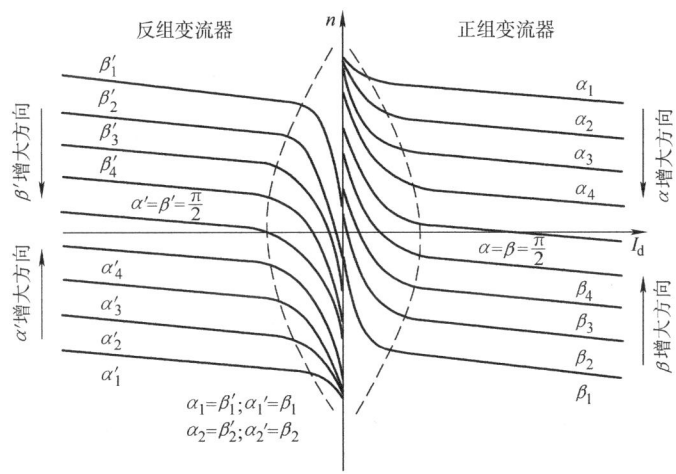

图 3-62　晶闸管直流电动机系统第四象限工作特性曲线

## *3.9　整流装置的谐波抑制技术

### 3.9.1　谐波污染

如今电力半导体整流装置已在各行各业得到了广泛的应用，小到家用的小型整流电

源,大至几万安甚至几十万安的大型电解电源。这些整流电源基本上都是依靠改变触发延迟角 α 来实现调压或稳压的目的,即相控调压。不仅如此,各种变频装置、逆变装置及开关电源的前级都是不可控整流环节,这些装置在电网中的大量使用,也给电网增加了许多整流负载。

从前面的分析已经知道,传统的相控整流电路的网侧电流波形绝大多数是非正弦,如图 3-63 所示,比如有矩形、阶梯形或正弦波形的部分。如果考虑变压器漏抗对整流电路的影响,即使是阻性负载的不可控整流电路,其网侧电流也有畸变,所以相控整流装置在电网中是一个谐波发生器,它向电网注入谐波电流。同时,从前面分析知道,相控整流装置功率因数也较低,如单相桥式整流电路功率因数最大为 0.9,三相桥式整流电路功率因数最大为 0.955,并且随着晶闸管触发角的增大而减小。因此,基于传统相控技术的电力电子装置存在着网侧功率因数低以及运行时向电网注入谐波电流两大问题,目前这两个问题是国内外专家学者们研究的热门课题。

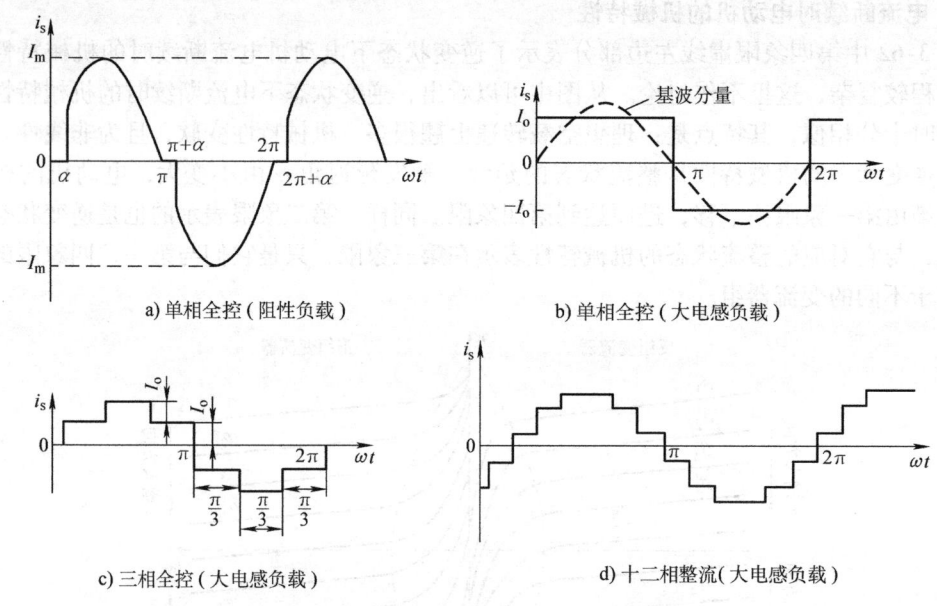

图 3-63 各种整流电路的网侧电流波形

谐波问题已受到人们的高度关注,因为公用电网中存在的谐波电压和谐波电流对输电设备、用电设备和电网本身都会造成很大的危害,所以世界许多国家都发布了限制电网谐波的国家标准,或者由权威机构制定了限制谐波的规定。制定这些标准和规定的基本原则是限制谐波源注入电网的谐波电流,把电网谐波电压控制在允许范围内,使接在电网中的电气设备免受干扰正常工作。世界各国制定的谐波标准大都比较接近,我国由技术监督局于 1993 年发布了国家标准(GB/T14549—1993)《电能质量 公用电网谐波》,从 1994 年 3 月 1 日起开始实施。该标准规定的公共电网谐波电压(相电压)限值如表 3-5 所示,注入公共连接点的谐波电流允许值如表 3-6 所示。

### 表 3-5 公共电网谐波电压（相电压）

| 电网标称电压/kV | 电压总谐波畸变率（%） | 各次谐波电压含有率（%） 奇次 | 各次谐波电压含有率（%） 偶次 |
| --- | --- | --- | --- |
| 0.38 | 5.0 | 4.0 | 2.0 |
| 6 (10) | 4.0 | 3.2 | 1.6 |
| 35 (66) | 3.0 | 2.4 | 1.2 |
| 110 | 2.0 | 1.6 | 0.8 |

### 表 3-6 注入公共连接点的谐波电流允许值

| 标准电压/kV | 基准短路容量/MV·A | 2 | 3 | 4 | 5 | 6 | 7 | 8 | 9 | 10 | 11 | 12 | 13 | 14 | 15 | 16 |
| --- | --- | --- | --- | --- | --- | --- | --- | --- | --- | --- | --- | --- | --- | --- | --- | --- |
| 0.38 | 10 | 78 | 62 | 39 | 62 | 26 | 44 | 19 | 21 | 16 | 28 | 13 | 24 | 11 | 12 | 9.7 |
| 6 | 100 | 43 | 34 | 21 | 34 | 14 | 24 | 11 | 11 | 8.5 | 16 | 7.1 | 13 | 6.1 | 8.8 | 5.3 |
| 10 | 100 | 26 | 20 | 13 | 20 | 8.5 | 15 | 6.4 | 6.8 | 5.1 | 9.3 | 4.3 | 7.9 | 3.7 | 4.1 | 3.2 |
| 35 | 250 | 15 | 12 | 7.7 | 12 | 5.1 | 8.8 | 3.8 | 4.1 | 3.1 | 5.6 | 2.6 | 4.7 | 2.2 | 2.5 | 1.9 |
| 66 | 500 | 16 | 13 | 8.1 | 13 | 5.4 | 9.3 | 4.1 | 4.3 | 3.3 | 5.9 | 2.7 | 5.0 | 2.3 | 2.6 | 2.0 |
| 110 | 750 | 12 | 9.6 | 6.0 | 9.6 | 4.0 | 6.8 | 3.0 | 3.2 | 2.4 | 4.3 | 2.0 | 3.7 | 1.7 | 1.9 | 1.5 |

负荷的功率因数低，会消耗系统大量无功功率，对电网运行带来各种不利影响，所以电力公司对用电用户有相应的功率因数考核指标，一般要求用电用户的功率因数不低于0.95。

采取措施抑制以至消除电网的电压或电流谐波、提高负荷功率因数是电力电子技术领域中重要的研究课题。到目前为止，各国研究人员已对此做了大量的研究工作，如采用无源及有源滤波装置、进行静止或动态无功补偿等。本节就此问题做简单介绍，在第7章中将做进一步讨论。

### 3.9.2 网侧谐波电流的抑制技术

传统的抑制交流电网网侧谐波电流的方法有：

1) 在整流装置的输入侧加滤波器，如图3-64所示，在电网中安装各次谐波的 LC 滤波装置，可以滤除规定次数的谐波。

2) 增加整流电路的整流相数，使电网侧电流更加接近正弦波。如图3-63d所示，为12脉波整流电路交流电网侧的电流波形，其较图3-63a、b、c几种波形更接近正弦波，谐波电流大大减小。

3) 尽量设法使整流装置运行在 α 比较小的状态下，可以减小谐波。

4) 利用多重化技术进行波形叠加，以消除某些低次谐波。

5) 利用有源滤波技术，这是目前提高电能质量的一种较新颖技术，详细内容将在第7章介绍。

提高系统的功率因数常采用无功补偿装置，常用的无功补偿装置有：无功补偿电容器，静态无功补偿装置，动态无功补偿装置等。图3-65为一种静态无功补偿装置的原理图，它由无功补偿电容器及晶闸管控制的电抗器构成。

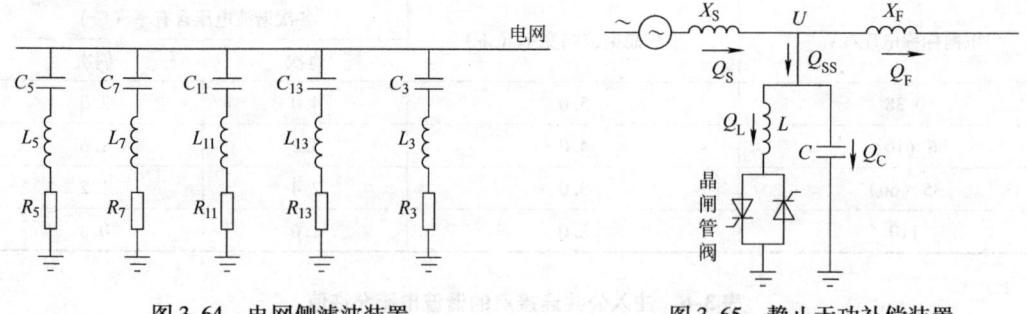

图 3-64　电网侧滤波装置　　　　　图 3-65　静止无功补偿装置

## *3.10　PWM 整流技术

从前面的分析可以知道，传统的由二极管、晶闸管构成的不可控整流电路和相控整流电路都存在功率因数低、谐波电流大的问题，对电网造成严重污染。上一节介绍了网侧谐波电流抑制及提高系统功率因数的一些措施，但都不能从根本上解决问题。解决这些问题的根本措施是让变流装置网侧电流为正弦波，网侧功率因数为单位功率因数。为了实现这个目标，脉宽调制（Pulse Width Modulation，PWM）技术被引入整流装置的控制中，也就是 PWM 整流器。

PWM 整流器有多种分类方法，最常用的分类方法是将其分为电压型和电流型两大类，电压型整流器是在直流侧采用电容为储能元件，而电流型整流器则是在直流侧采用电感为储能元件。图 3-66 和图 3-67 分别为单相全桥及三相全桥电压型 PWM 整流器的电路原理图。从图中可以看出，电路的主开关器件为全控型器件 IGBT，同时为了缓冲 PWM 控制过程中的无功电能，每个主开关都并联有续流二极管。

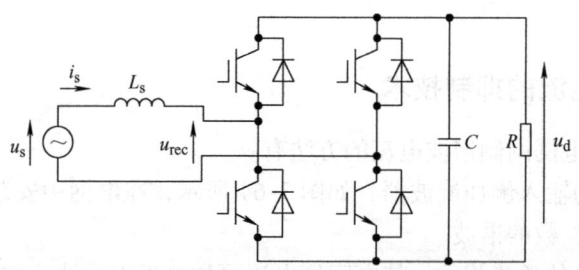

图 3-66　单相全桥电压型 PWM 整流器电路原理图

这里以图 3-66 单相全桥 PWM 整流器为例进行分析。通过对电路中全控型器件的控制，可以使电路交流侧电流为正弦波且与电压同相位，从而保证整流器运行在单位功率因数。图 3-66 中，$u_s$ 为交流电源电压，$i_s$ 为交流侧电流，$u_{rec}$ 为变换器网侧电压，$u_d$ 为直流侧电压，$L_s$ 为交流侧电感。从交流输入侧考虑，忽略电路电阻，则该电路可用图 3-68 所示等效电路表示。

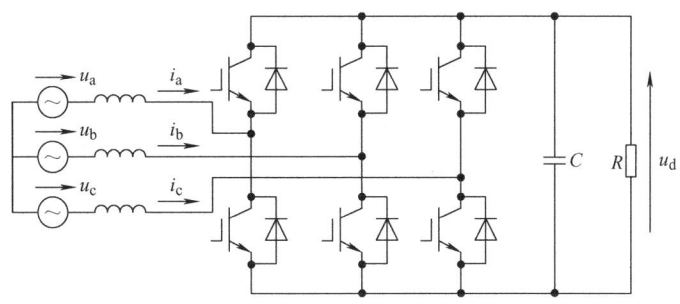

图 3-67 三相全桥电压型 PWM 整流器电路原理图

根据图 3-68 可知，交流侧电流 $\dot{I}_\text{s}$ 为

$$\dot{I}_\text{s} = \frac{\dot{U}_\text{s} - \dot{U}_\text{rec}}{\text{j}\omega L_\text{s}} \tag{3-142}$$

画出图 3-68 所示电路相量图如图 3-69 所示，图中 δ 为电源电压 $\dot{U}_\text{s}$ 与整流器交流侧电压 $\dot{U}_\text{rec}$ 之间的相位差，θ 为电源电压 $\dot{U}_\text{s}$ 与网侧交流电流 $\dot{I}_\text{s}$ 之间的相位差。则整流装置从电网吸收的有功功率和无功功率可表示为

$$P + \text{j}Q = \overline{\dot{U}_\text{s}} \dot{I}_\text{s} = \overline{\dot{U}_\text{s}} \frac{\dot{U}_\text{s} - \dot{U}_\text{rec}}{\text{j}\omega L_\text{s}} = \frac{U_\text{s} U_\text{rec}}{\omega L_\text{s}} \sin\delta + \text{j} \frac{U_\text{s}(U_\text{rec}\cos\delta - U_\text{s})}{\omega L_\text{s}} \tag{3-143}$$

式中　$U_\text{s}$、$U_\text{rec}$、$I_\text{s}$——$\dot{U}_\text{s}$、$\dot{U}_\text{rec}$、$\dot{I}_\text{s}$ 的大小；

　　　$\overline{\dot{U}_\text{s}}$——$\dot{U}_\text{s}$ 的共轭复数。

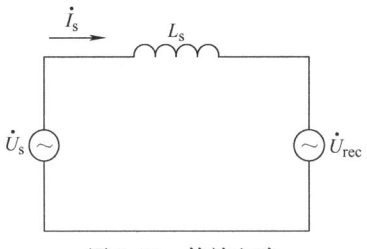

图 3-68　等效电路

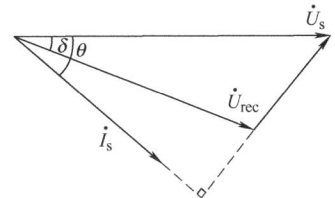

图 3-69　等效电路相量图

实际中，由于 $\dot{U}_\text{s}$、$\dot{U}_\text{rec}$ 的相位差 δ 很小，可以近似认为 $\sin\delta \approx \delta$，则有

$$P + \text{j}Q \approx \frac{U_\text{s} U_\text{rec}}{\omega L_\text{s}} \delta + \text{j} \frac{U_\text{s}(U_\text{rec}\cos\delta - U_\text{s})}{\omega L_\text{s}} \tag{3-144}$$

当整流装置从电网吸收的无功功率为零，则装置功率因数为1，即单位功率因数。根据式(3-144)可知，通过控制整流装置交流侧电压 $\dot{U}_\text{rec}$ 则可以控制装置无功功率大小，当 $U_\text{rec}\cos\delta - U_\text{s} = 0$ 时，功率因数为1。同时，控制 $\dot{U}_\text{s}$、$\dot{U}_\text{rec}$ 的相位差 δ 可以控制有功功率，当 δ 逐渐减小并为负时，整流装置从电网吸收的有功功率为负，表明整流装置工作在逆变状态，向电网输出功率。所以，PWM 整流器不仅可以工作在单位功率因数状态，还可以四象限运行。

随着全控型器件的不断发展和价格的逐渐降低，PWM 整流装置的应用将更加广泛。

## 小 结

本章重点分析讨论了单相和三相整流电路的几种主要形式,它们是:单相半波可控整流电路、单相桥式全控整流电路、单相全波可控整流电路、单相桥式半控整流电路、三相半波可控整流电路、三相桥式全控整流电路和三相桥式半控整流电路。对以上各种电路,首先在不考虑变压器漏抗的情况下分别讨论了其带阻性负载、感性负载和反电动势负载情况下电路的工作原理及过程,整流电路各参数的工作波形及计算,然后讨论了变压器漏抗存在对电路的影响。就整流电路带容性负载的情况,只分析了常用的不可控整流电路情况,同样讨论了电路的工作原理及过程,电路各参数的工作波形及计算。

有源逆变工作状态是整流电路的一种重要的工作状态,对于有源逆变状态,分析方法可沿用整流电路的分析方法,要求掌握有源逆变产生的条件,逆变状态下各参数的波形及计算,逆变失败的概念,逆变失败的原因及最小逆变角限制。

本章还分析了晶闸管直流电动机系统中,晶闸管整流装置在不同工作状态下电动机的机械特性,并简单讨论了整流装置的谐波抑制及 PWM 整流技术。

## 思考题及习题

3-1 单相半波可控整流电路中,如果晶闸管:(1) 不加触发脉冲;(2) 内部短路;(3) 内部断路。试分析晶闸管器件两端电压波形与负载电压波形。

3-2 图 3-70 所示为同步发电机单相半波自励电路,系统运行过程中突然检测到电机电压下降到很低但不为零,试分析可能的故障原因。

3-3 某单相可控整流电路给阻性负载和给蓄电池反电动势负载供电,在流过负载电流平均值相同的条件下,哪一种负载情况下晶闸管额定电流应选大一些?为什么?

3-4 分析图 3-71 所示电路的工作过程,画出负载电压、电流波形、二极管承受的电压及流过的电流波形。

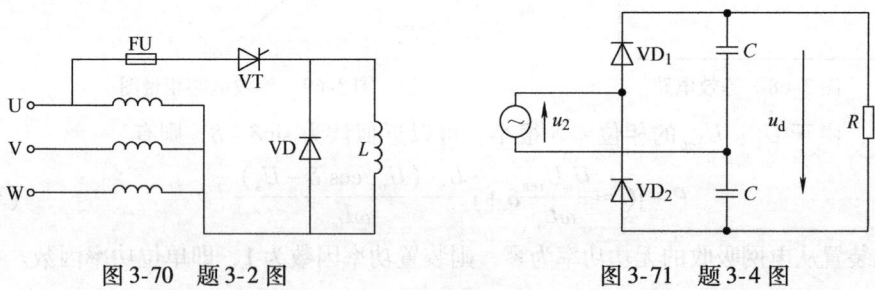

图 3-70 题 3-2 图    图 3-71 题 3-4 图

3-5 某一电热装置(阻性负载),要求输出直流平均电压为 75V,电流为 20A,采用单相半波可控整流电路直接从 220V 交流电网供电。计算晶闸管的触发延迟角 $\alpha$、导通角 $\theta$、负载电流有效值,并选择晶闸管参数(考虑 2 倍裕量)。

3-6 某单相半波可控整流电路带纯电阻负载工作,$U_2 = 220V$,$R = 1.2\Omega$,要求直流平均电压在 0~24V 范围内连续可调,计算晶闸管的导通角、电路功率因数及电源容量,并选

第3章 可控整流及有源逆变电路

择晶闸管。当交流电源用变压器降低电压至65V时,重新计算以上各量,并与220V电源时比较。

3-7 具有续流二极管的单相半波可控整流电路对大电感负载供电,其中电阻 $R=7.5\Omega$,电源电压 $U_2=220V$,试计算当 $\alpha=30°$ 和 $60°$ 时晶闸管和续流二极管电流平均值和有效值。什么情况下流过续流二极管中的电流平均值大于晶闸管中的电流平均值?

3-8 某单相桥式全控整流电路,电源电压 $U_2=100V$,负载电阻 $R=2\Omega$,电感 $L$ 值极大,触发延迟角 $\alpha=30°$ 时,求:(1) 画出 $u_d$、$i_d$ 和 $i_2$ 波形;(2) 计算整流输出电压平均值 $U_d$、输出电流平均值 $I_d$ 及变压器二次电流有效值 $I_2$;(3) 确定晶闸管额定电压、额定电流(考虑2倍裕量)。

3-9 某单相桥式全控整流电路,电源电压 $U_2=100V$,负载电阻 $R=2\Omega$,电感 $L$ 值极大,反电动势 $E=60V$,触发延迟角 $\alpha=30°$ 时,求:(1) 画出 $u_d$、$i_d$ 和 $i_2$ 波形;(2) 计算整流输出电压平均值 $U_d$、输出电流平均值 $I_d$ 及变压器二次电流有效值 $I_2$;(3) 确定晶闸管额定电压、额定电流(考虑2倍裕量)。

3-10 如图3-72所示的单相全波整流电路,电路由一只晶闸管与一只整流二极管组成,已知 $U_2=200V$,$\alpha=30°$,求:(1) 输出直流电压 $U_d$;(2) 画出 $\alpha=30°$ 时 $u_d$ 波形;(3) 画出晶闸管两端电压 $u_{VT}$ 与二极管两端电压 $u_{VD}$ 波形。

3-11 某单相桥式半控整流电路,阻性负载,电源电压 $U_2=220V$,$R=4\Omega$,要求负载平均电流 $I_d$ 在 $0\sim25A$ 之间变化,求:(1) 变压器电压比(不考虑 $\alpha$ 裕量);(2) 计算晶闸管电流、电压定额;(3) 计算变压器容量;(4) 负载电阻 $R$ 的功率;(5) 电路最大功率因数。

3-12 在三相半波可控整流电路中,如果晶闸管触发脉冲出现在自然换相点之前,会出现什么现象?电路能否正常换相?试画出阻性负载和大电感负载时的 $u_d$ 波形。

3-13 三相半波可控整流电路带纯电阻负载情况,由整流变压器供电,电源是三相线电压为380V的交流电网,要求输出电压 $U_d=220V$,输出电流 $I_d=400A$,考虑 $\alpha_{min}=30°$,计算整流变压器二次侧容量 $S_2$,与 $\alpha=0°$ 时二次侧容量比较,并计算晶闸管定额。

3-14 三相半波可控整流电路中,相电压 $U_2=110V$,负载反电动势 $E=30V$,负载电阻 $R=15\Omega$,电感 $L$ 值极大,输出电流可以认为恒定,$\alpha=60°$ 时,求:(1) 输出电流平均值和有效值;(2) a相电流 $i_a$ 的有效值;(3) 画出 $u_{VT1}$、$i_d$、$u_d$、$i_a$ 波形。

3-15 在三相半波可控整流电路中,如果a相的触发脉冲消失,画出在阻性负载和大电感负载情况下整流电压 $u_d$ 的波形。

3-16 三相半波可控整流电路采用共阴极接法和共阳极接法时,a、b两相的自然换相点是同一点吗?如果不是,它们在相位上相差多少度?

3-17 三相桥式全控整流电路,负载电阻 $R=4\Omega$,电感 $L=0.2H$,要求输出电压 $U_d$ 从 $0\sim220V$ 之间变化,求:(1) 不考虑控制裕量,整流变压器二次侧相电压;(2) 计算晶闸管的电压、电流定额(考虑2倍裕量);(3) 变压器二次电流有效值 $I_2$;(4) 变压器二次侧容量 $S_2$。

3-18 三相桥式半控整流电路带续流二极管,电源电压 $U_{2l}=380V$,负载电阻 $R=2\Omega$,触发角 $\alpha=30°$,反电动势 $E=40V$,负载电感足够大,使电流波形平直,求:(1) 画出 $u_d$、$i_d$ 波形;(2) 计算输出电压、电流的平均值 $U_d$ 和 $I_d$;(3) 计算电路功率因数。

3-19 对于三相半波可控整流电路、三相桥式全控整流电路和三相桥式半控整流电路，它们带阻性负载时移相范围分别是多少？带大电感负载时移相范围又分别是多少？

3-20 在三相桥式全控整流电路中，带阻性负载情况下，如果其中一个晶闸管故障断路，整流输出电压波形 $u_d$ 如何？如其中一个晶闸管被击穿短路，电路工作情况又如何？

3-21 在三相桥式可控整流电路中，如果触发脉冲出现在自然换相点以前，可能出现什么情况，电路能否正常换相？画出波形进行分析说明。

3-22 图 3-73 是三相桥式全控整流带续流二极管电路，分析电路工作过程，画出输出电压、负载电流、晶闸管承受的电压及流过的电流、续流二极管流过的电流波形，给出输出电压平均值、有效值及功率因数计算公式。

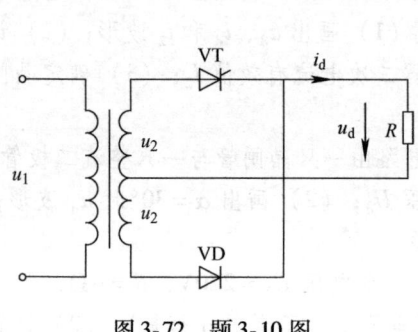

图 3-72 题 3-10 图  图 3-73 题 3-22 图

3-23 变压器漏抗对整流电路工作有什么影响？

3-24 三相半波可控整流电路，反电动势感性负载，$R=1\Omega$，$L=\infty$，$U_2=100V$，变压器漏抗 $L_B=1mH$，$\alpha=30°$，$E=50V$ 时，求电路输出电压 $U_d$、输出电流 $I_d$ 和换相重叠角 $\gamma$。

3-25 三相桥式全控整流电路对反电动势及大电感负载供电，电源电压 $U_2=220V$，反电动势 $E=200V$，$R=1\Omega$，$\alpha=60°$：（1）不计漏感时，求 $U_d$、$I_d$；（2）当 $L_B=1mH$ 时，计算 $U_d$、$I_d$、$\gamma$，并分别画出 $u_d$、$i_{VT}$ 波形。

3-26 在相控整流电路中，图 3-74 给出的交流输入电压和电流之间的相位差 $\theta$ 的物理意义是什么？

3-27 若某电路输出的电流波形为缺角正弦波，如图 3-75 所示，求该波形中 3、5 和 7 次电流谐波有效值及电流总畸变率。

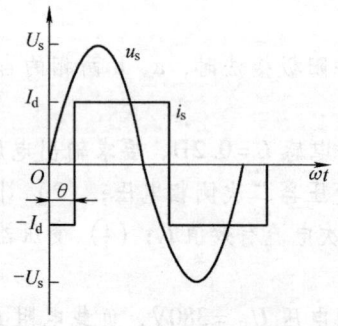 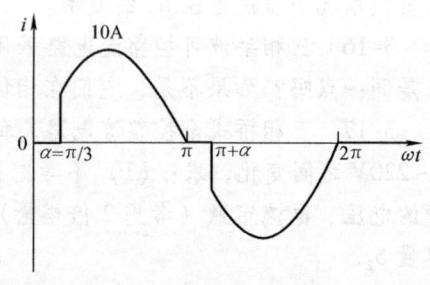

图 3-74 题 3-26 图  图 3-75 题 3-27 图

3-28 整流电路工作于有源逆变的条件是什么？哪些电路可以工作在有源逆变状态？

3-29 什么是逆变失败？简单分析逆变失败的可能原因，并给出防止逆变失败的措施。

3-30 单相桥式全控整流电路带反电动势感性负载，$R=1\Omega$，$L=\infty$，$L_B=0.5\mathrm{mH}$，$U_2=100\mathrm{V}$，当$E=99\mathrm{V}$，$\beta=60°$时求$U_d$、$I_d$和$\gamma$。

3-31 三相桥式全控整流电路，反电动势感性负载，$R=1\Omega$，$L=\infty$，$L_B=1\mathrm{mH}$，$U_2=220\mathrm{V}$，当$E=400\mathrm{V}$，$\beta=60°$时求$U_d$、$I_d$和$\gamma$的值，并计算此时逆变回电网的有功功率。

3-32 试简要说明相控整流电路功率因数较低的原因及PWM整流电路提高功率因数的基本原理。

# 第 4 章 直流斩波电路

直流斩波电路（DC Chopper or DC – DC Converter）是一种把恒定幅值的直流电压变换为幅值可调或另一幅值的直流电压的变换电路。斩波的概念是英文 Chopper 翻译而来，意思是以高频率控制直流电源的通和断。

直流斩波电路是通过周期性地快速接通和断开电路而把恒定直流电压斩成一系列的脉冲电压的，改变这一脉冲列的脉冲宽度或频率就可实现输出电压平均值的调节。直流斩波电路具有效率高、体积小、重量轻及成本低等优点，较多用于直流牵引调速系统，如电力机车、地铁、城市电车等，也可用于直流电动机拖动系统、直流电焊机和电解电镀电源、开关电源等场合，光伏发电系统中也有较多应用。

直流斩波电路主要以全控型器件作为电路主开关器件，开关工作频率越高，斩波电路输出电压纹波越小，滤波越容易，电力公害越小。近年来，电力电子器件及控制技术的迅速发展也极大地促进了直流变换技术的发展，各种新型斩波电路不断出现，为进一步提高直流变换电路的动态性能、降低开关损耗、减小电磁干扰开辟了新途径。

直流斩波电路有多种拓扑结构，通常根据输入输出是否隔离分为非隔离型斩波电路和隔离型斩波电路。根据电路形式的不同，非隔离型电路可分为降压型斩波电路、升压型斩波电路、升降压型斩波电路、Cuk 斩波电路、Sepic 斩波电路和 Zeta 斩波电路等几种形式；隔离型电路又可分为正激型变换电路、反激型变换电路、推挽型变换电路、半桥型变换电路和全桥型变换电路等几种形式。近年来，各种新型斩波电路拓扑也不断涌现。本章在介绍直流斩波电路基本工作原理基础上，讨论非隔离型基本斩波电路和隔离型基本斩波电路的电路结构、特点及工作原理，对于其他各种新型电路不做涉及。

## 4.1 概述

### 4.1.1 直流斩波的基本工作原理

最基本的直流斩波电路及输出电压波形如图 4-1 所示，图 4-1a 中 S 为接在直流电源和负载之间的理想开关，一般为全控型电力电子器件。$U_i$ 为输入直流电压，$u_o$ 为输出电压瞬时值，$U_o$ 为输出电压平均值。当开关 S 闭合时，在开关闭合的整个 $t_{on}$ 时间内，负载电压即为电源电压，均有输出电压 $u_o = u_R = U_i$，$i_o = I_d = U_i/R$；当开关 S 断开时，在开关断开的整个 $t_{off}$ 时间内，负载电压为零，即 $u_o = u_R = 0$，$i_o = 0$。而时间 $t_{on} + t_{off} = T$，称为斩波电路的工作周期。开关导通时间 $t_{on}$ 与开关的工作周期 $T$ 之比称为占空比 $D$（Duty Ratio），则占空比为

$$D = \frac{t_{on}}{T} \tag{4-1}$$

图 4-1b 给出了电路输出电压和输出电流波形，从输出电压波形可以得到斩波电路输出

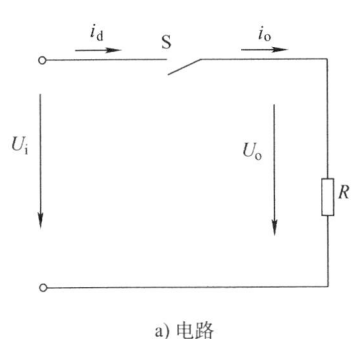
a) 电路

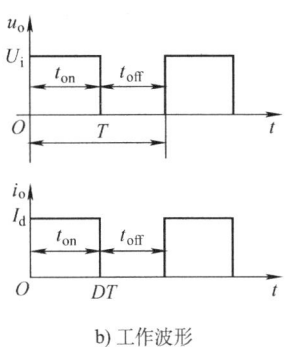
b) 工作波形

图 4-1 基本斩波电路及工作波形

电压平均值为

$$U_o = \frac{1}{T}\int_0^{t_{on}} U_i \mathrm{d}t = \frac{t_{on}}{T}U_i = DU_i \tag{4-2}$$

从式（4-2）可以看出，改变开关 S 导通的时间 $t_{on}$，也即改变开关控制的占空比 $D$，就可以调节电路输出电压平均值 $U_o$ 的大小。

由于这种变换是将恒定的直流电压"斩"变成断续的方波电压输出，所以将实现这种功能的电路称为直流斩波电路。实际电路中，理想开关常采用全控型器件，如图 4-2 所示电路，采用 IGBT 作为开关器件，控制 IGBT 的导通和关断，从而控制直流输出，图 4-2c 是两种不同占空比情况下输出电压的波形，两种情况下直流平均值大小不等，即调节了输出电压大小。

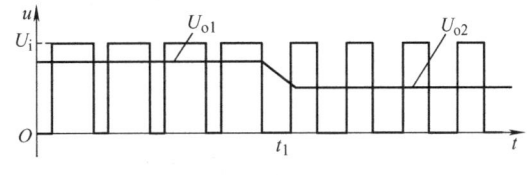

a) 全控型器件控制的基本斩波电路　　b) 输出电压波形

c) 不同占空比输出电压波形

图 4-2 全控型器件构成的基本斩波电路及输入输出电压波形

### 4.1.2 直流斩波电路的基本控制方式

对于直流斩波电路，改变开关导通时间即改变占空比就可以改变直流输出电压的大小，而常用的改变占空比的方式有：

**1. 定频调宽控制**（脉冲宽度调制，Pulse Width Modulation，PWM）

定频调宽控制是保持斩波周期 $T$ 不变，只改变开关导通时间 $t_{on}$，即 $t_{on}$ = 变数，$T$ = 常数，则输出电压脉冲周期恒定、脉冲宽度改变。PWM 控制方式的特点是：斩波电路的基本工作频率固定，所以滤除输出电压中高次谐波的滤波器设计比较容易。

**2. 定宽调频控制**（脉冲频率调制，Pulse Frequency Modulation，PFM）

定宽调频控制是保持导通时间 $t_{on}$ 不变，改变斩波周期 $T$，即 $t_{on}$ = 常数，$T$ = 变数。输出电压脉冲宽度恒定，改变周期 $T$，也就是改变脉冲频率，同样可以达到改变占空比的目的，从而改变斩波电路输出电压平均值。这种控制方式的特点是：斩波电路和控制电路简单，但电路的控制频率是变化的,输出滤波器设计较困难。

**3. 调频调宽控制**

调频调宽控制方式不但改变斩波电路的工作周期,即改变工作频率,也改变开关的导通时间 $t_{on}$,即改变脉冲宽度,所以也称为混合控制(Mixed Control)。这种控制方法的特点是:可以大幅度改变输出电压大小,但也存在着由于频率变化所引起的输出滤波器设计较困难的问题。

以上三种控制方式中,用得最为普遍的是脉冲宽度调制控制方式,即 PWM 控制方式。

## 4.2 非隔离型斩波电路

### 4.2.1 降压型斩波电路的结构及工作原理

降压型斩波电路(Buck Converter/Buck Chopper)如图 4-3 所示,图中,V 为电路控制开关,这里采用的是 IGBT 器件,此开关一般都选用全控型器件;VD 为续流二极管,L 为滤波电感。电路带电动机负载,R 为回路电阻,开关 V 的控制周期为 T。斩波电路是一种典型的非线性开关电路,为了分析方便,下面的分析均忽略了次要因素的影响,只考虑电路稳态工作状况,并假设所有开关元件均为理想器件,即导通时导通压降为零,关断时漏电流为零,开关损耗也为零。

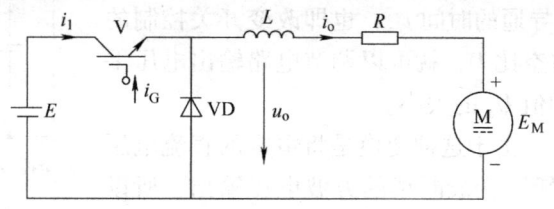

图 4-3 降压型斩波电路

降压型斩波电路的工作过程为:在一个控制周期开始时刻,驱动开关 V 使其导通,则二极管 VD 承受反向电压处于截止状态,V 导通时斩波电路的等效电路如图 4-4a 所示。此时电源 E 向负载输出能量,电感 L 储存能量,由于 L 的存在,使负载电流 $i_o$ 按指数规律缓慢上升。在 V 导通期间,即 $t_{on}$ 时间内,均有负载电压等于电源电压,即 $u_o = E$。到某个时刻,开关 V 关断,则直流电源与负载断开,由于电感储存的能量需要释放,所以二极管 VD 承受正向电压导通,负载电流经 VD 续流,斩波电路的等效电路如图 4-4b 所示。此阶段电路电流按指数规律下降,负载电压等于零,即 $u_o = 0$。

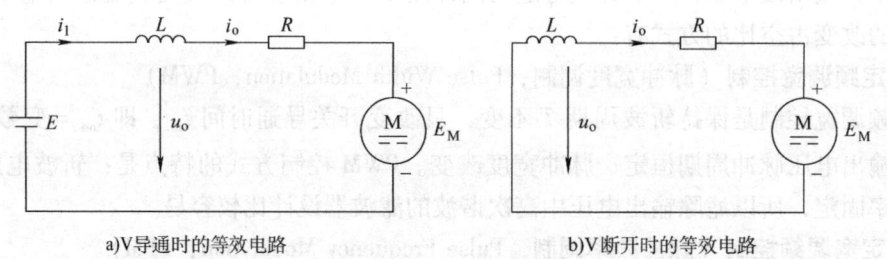

a) V 导通时的等效电路　　　　　　　　b) V 断开时的等效电路

图 4-4 降压型斩波电路 V 导通和断开时的等效电路

如果电感足够大,能够保证在开关 V 断开期间负载电流一直存在,则负载电流连续,否则电流将断续,所以降压型斩波电路有电流连续和断续两种工作模式。

(1) 电流连续工作模式

一般情况下,都要求额定负载时电流连续,电路工作在电流连续工作模式。

从图 4-3 可知,当回路电感 L 足够大时,流过电感的电流可以保持连续。则开关导通期间,电源电压直接加在负载上,负载电压等于电源电压;开关关断期间,电源和负载断开,负载电压为零。电路进入稳态工作后且电流连续情况下,电路工作波形如图 4-5 所示。从图中可

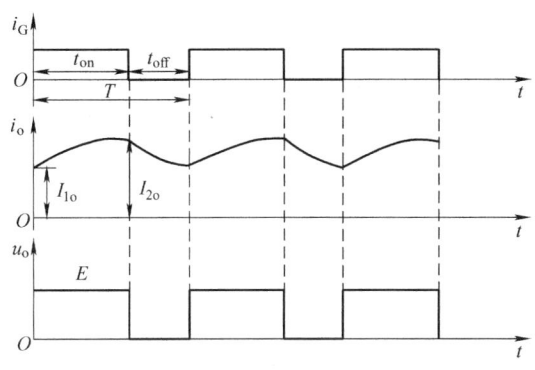

图 4-5 电流连续工作模式下的电路工作波形

以看出,稳态时每个周期开始和结束时负载电流相等,负载电压波形为矩形波。

所以,降压型斩波电路负载电压平均值为

$$U_o = \frac{t_{on}}{T}E = DE \tag{4-3}$$

从式(4-3)可知,负载电压平均值最大等于电源电压 $E$,此时占空比 $D=1$,即整个工作周期开关 V 均导通。减小占空比,即减小开关导通时间,则负载电压随之减小。改变占空比,可得到电压在 $0 \sim E$ 连续可调的直流输出电压,输出电压等于或低于电源电压,所以此电路称为降压型斩波电路。为了减小输出电压的脉动,常常在电路输出端并联电容,与电路中的电感组成 LC 滤波器。

不考虑电路元件的损耗,则降压型斩波电路的输入功率与输出功率相等,即

$$EI_1 = U_o I_o$$

则有

$$\frac{I_o}{I_1} = \frac{E}{U_o} = \frac{1}{D} \tag{4-4}$$

所以,在电流连续工作模式下,降压型斩波电路可看作为一个直流降压变压器,其等效电压比可通过调节占空比在 $0 \sim 1$ 范围内连续可调。

(2) 电流断续工作模式

当负载较轻或占空比很小时,开关导通期间电感储存的能量不足以维持开关断开期间的续流,则电感电流断续,电路工作在电流断续工作模式。

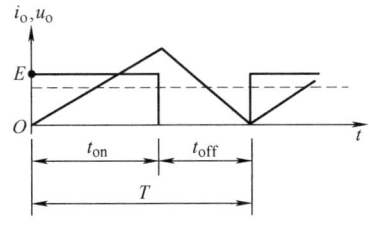

图 4-6 电流连续与断续临界状态

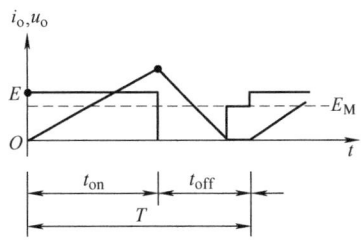

图 4-7 电流断续工作模式

图 4-6 为电流连续与断续临界工作状态时的输出电压、电流波形,从图中电流波形可以看出,在周期结束时电感电流正好减小为零,下一个周期开关导通,电感储存能量,其电流从零开始增加。图 4-7 为电流断续工作模式时的输出电压、电流波形,在开关关断期间有两种工作状态,一种是二极管导通电感续流状态,此时输出电压为零;一种是二极管关断电流为零状态,输出电压为 $E_M$。所以,电流断续工作模式情况下,相同占空比电路输出电压较连续工作模式有所增加。

降压型斩波电路常用于降压型直流开关电源稳压器、不可逆直流调速系统等场合。

**【例 4-1】** 有一降压型斩波电路,输入电压为 $27(1\pm10\%)$V,要求输出电压为 15V,求该电路占空比的变化范围。

**解:** 降压型斩波电路输出电压平均值为 $U_o = DE$,则 $D = \dfrac{U_o}{E}$。由于输入电压最大值 $E_{max} = 29.7$V,输入电压最小值为 $E_{min} = 24.3$V,因此最大和最小占空比分别为

$$D_{max} = \frac{U_o}{E_{min}} = \frac{15}{24.3} = 0.617$$

$$D_{min} = \frac{U_o}{E_{max}} = \frac{15}{29.7} = 0.505$$

所以,该电路占空比的变化范围是 $0.505 \sim 0.617$。

## 4.2.2 升压型斩波电路的结构及工作原理

升压型斩波电路(Boost Converter)如图 4-8 所示,与降压型斩波电路比较,升压型斩波电路中增加了电容 $C$,如果不考虑元器件的极性,升压型斩波电路相当于将降压型斩波电路中的电感、二极管和开关管 V 三个器件逆时针旋转 90°构成。

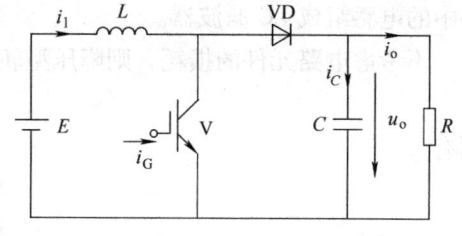

假设电路已处于稳态,则升压型斩波电路工作过程如下:一个控制周期中,开关 V 开通时,二极管承受反向电压截止,斩波电路的等效电路

图 4-8 升压型斩波电路

如图 4-9a 所示,此时,一方面电源向电感 $L$ 提供能量,电感储能,电感电流 $i_1$ 逐渐增大;另一方面,负载电阻 $R$ 消耗的能量由电容提供,负载电压等于电容电压,即 $u_o = u_C$,电容电压随电容的放电逐渐减小。一个周期中,开关 V 关断时,等效电路如图 4-9b 所示,此

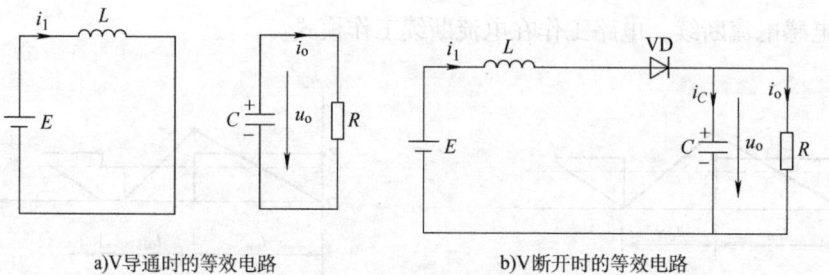

a) V 导通时的等效电路　　　　　　　b) V 断开时的等效电路

图 4-9　升压型斩波电路 V 导通和关断时的等效电路

时，电源和电感同时向负载供电，电感电流 $i_1$ 逐渐减小；而电容 $C$ 充电，充电电压极性为上正下负，此时负载电压仍然等于电容电压。随着电容的充电，电容电压将逐步升高，为电源电压与电感的感应电动势之和，所以电容电压（也即负载电压）将高于电源电压 $E$。只要电容足够大，就可基本维持负载电压恒定，从而使负载电压高于电源电压。所以，升压型斩波电路中是由于电感的作用使负载电压上升，可能高于电源电压；而电容的作用能使负载电压保持，从而使此电路输出电压可以高于输入电压。假定电感足够大，升压型斩波电路工作于电感电流连续工作模式下，则电路的工作波形如图 4-10 所示。

开关 V 导通时，电感储存能量，导通时间 $t_{on}$ 内，电感储存的能量为 $EI_1 t_{on}$，$I_1$ 为电感电流平均值；开关 V 断开时，电感释放能量，关断时间 $t_{off}$ 内，电感释放的能量为 $(U_o - E)I_1 t_{off}$，如果电感值足够大，则可以保证一个周期中电感电流连续且基本恒定。由于稳态时，电感在一个周期内吸收的能量和释放的能量相等，则有

$$EI_1 t_{on} = (U_o - E)I_1 t_{off} \quad (4-5)$$

则有升压型斩波电路输出电压与输入电压的关系为

$$U_o = \frac{t_{on} + t_{off}}{t_{off}} E = \frac{T}{t_{off}} E = \frac{1}{1-D} E \quad (4-6)$$

由式（4-6）可知，因为占空比 $D$ 的取值范围为 0 ~ 1，所以升压型斩波电路输出电压不可能低于输入电压，电路实现了升压的目的。

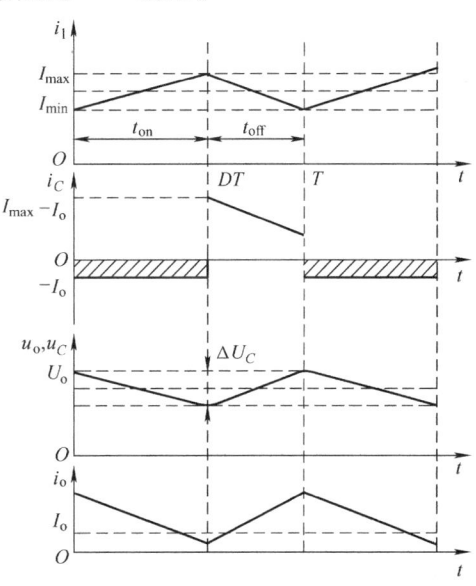

图 4-10 电感电流连续工作模式时的工作波形

值得注意的是，如果 $D \to 1$，即占空比很大时，输出电压 $U_o \to \infty$，是因为这种情况下电感中储存的能量无法释放，所以升压斩波电路要避免使占空比 $D$ 接近于 1，以免造成电路损坏。

如果忽略电路中的损耗，则电源提供的能量全部由负载电阻消耗，所以

$$EI_1 = U_o I_o \quad (4-7)$$

式（4-7）表明，升压型斩波电路也可看作为一个直流升压变压器。

升压斩波电路一般工作在电流连续工作状态，但它也有电流断续工作模式，分析方法与降压斩波电路相同，这里不再讨论。升压型斩波电路常用于将直流电源电压变换为高于电源电压的直流电压的场合，实现能量从低压侧电源向高压侧负载的传递，如电池供电的升压设备、液晶背光电源、功率因数校正电路、光伏发电等。

**【例 4-2】** 如图 4-8 所示的升压型斩波电路中，已知 $E = 50V$，$L$ 和 $C$ 值极大，$R = 20\Omega$，采用脉宽调制控制方式，当开关周期 $T = 40\mu s$，$t_{on} = 25\mu s$ 时，计算电路输出电压平均值 $U_o$ 和输出电流平均值 $I_o$。

**解**：输出电压平均值为

$$U_o = \frac{T}{t_{off}} E = \frac{40}{40-25} \times 50V = 133.3V$$

输出电流平均值为

$$I_o = \frac{U_o}{R} = \frac{133.3}{20}\text{A} = 6.667\text{A}$$

### 4.2.3 升降压型斩波电路的结构及工作原理

前面介绍的降压型斩波电路和升压型斩波电路可分别得到比电源电压低和比电源电压高的输出电压,但是对于同一电路而言,它们不能同时具有升压、降压功能。为了在同一电路中既能实现升压也能实现降压,产生了升降压型斩波电路。升降压型斩波电路(Buck – Boost Chopper)如图4-11所示,电路主要组成元器件仍然是开关、二极管、电感和电容。假设电路电感 $L$ 值很大,可使电感电流 $i_L$ 基本恒定,电容 $C$ 值很大,电容电压 $u_C$ 即负载电压 $u_o$ 也基本恒定。

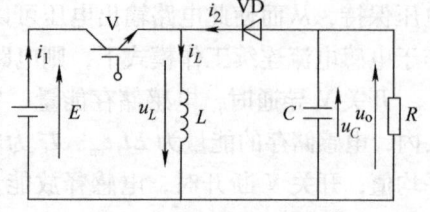

图4-11 升降压型斩波电路

稳态时电路的工作过程为:一个控制周期内,开关V开通时,等效电路如图4-12a所示,由于电容 $C$ 已充电,且极性为下正上负,所以二极管VD承受反向电压截止。电路输入和输出隔离,电源部分的电源向电感提供能量,电感储存能量,电感电压 $u_L = E$;负载部分,电容电压基本维持恒定,由电容向负载提供能量。负载电压与电容电压相等,极性也是下正上负,和电源极性相反。一个周期中,开关V断开时,等效电路如图4-12b所示,电源同电路断开,不向负载提供能量。电感储存的能量释放出来,一方面向负载电阻提供能量,另一方面向电容 $C$ 充电,电感感应电动势极性为下正上负,所以电容电压极性也为下正上负,且电压大小有关系 $u_L = u_C = u_o$。由于升降压型斩波电路输出电压极性与电源极性相反,所以也称为反极性斩波电路。

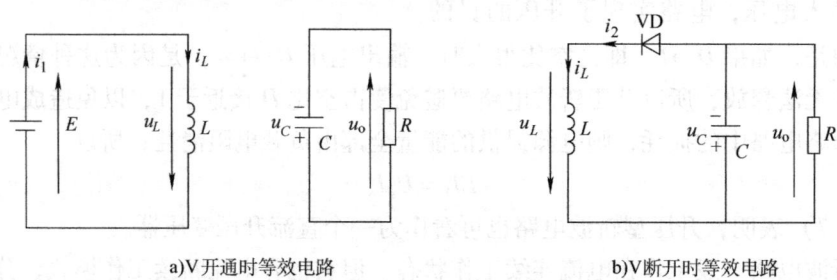

a) V开通时等效电路     b) V断开时等效电路

图4-12 升降压型斩波电路V开通和V断开时的等效电路

由于电路中电感足够大,稳态时电感电流基本恒定,一周期内电感上的电压平均值为零,即电感电压积分为零,即

$$\int_0^T u_L dt = \int_0^{t_{on}} u_L dt + \int_{t_{on}}^T u_L dt = 0$$

则有

$$Et_{on} + (-U_o)t_{off} = 0$$

$$U_o = \frac{t_{on}}{t_{off}}E = \frac{t_{on}}{T - t_{on}}E = \frac{D}{1-D}E \tag{4-8}$$

式(4-8)表明,改变占空比可以改变电路输出电压的大小,且输出电压可以低于也可以高于电源电压。当 $0.5<D<1$ 时,电路为升压型斩波电路;当 $0≤D<0.5$ 时,电路为降压型斩波电路。所以,此电路称为升降压型斩波电路。

图 4-13 给出了升降压型斩波电路电源电流 $i_1$ 和负载电流 $i_2$ 的波形,从图中可以看出,输入电流和输出电流均为矩形波,不连续。设 $i_1$ 和 $i_2$ 的平均值分别为 $I_1$ 和 $I_2$,则有

$$\frac{I_1}{I_2}=\frac{t_{on}}{t_{off}} \qquad (4-9)$$

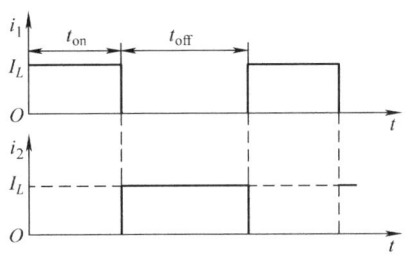

图 4-13 升降压型斩波电路的工作波形

忽略电路中的损耗,则电路输入功率与输出功率相等,同样有

$$EI_1=U_oI_2 \qquad (4-10)$$

即升降压型斩波电路可看作为一个直流升降压变压器。

升降压型斩波电路可以灵活地改变输出电压的高低,同时还能改变输出电压极性,但输入和输出电流均不连续,增加了滤波器设计难度。升降压斩波电路常用于电池供电设备中产生负电源的电路中,也可用于各种开关稳压器中。

### 4.2.4 Cuk 斩波电路的结构及工作原理

上节的升降压型斩波电路虽然简单,但负载与电容并联,实际电容不可能为无限大。在电容充放电过程中,电容电压存在波动,从而引起负载电流波动;而输入端的输入电流也总是断续,所以升降压型斩波电路输入和输出端电流波动大,对电源和负载的电磁干扰也大,为此提出了性能改进的 Cuk 斩波电路。Cuk 斩波电路的特点就在于输入和输出端都串联电感,减小了输入和输出电流的脉动。

图 4-14 所示为 Cuk 斩波电路,从图中可以看出,Cuk 斩波电路是将升压型斩波电路与降压型斩波电路串接而成的。其中,电感 $L_1$ 和 $L_2$ 为储能电感,电容 $C$ 为传递能量的耦合电容。

如果 $L_1$、$L_2$ 和 $C$ 足够大,保证输入电流和输出电流基本平直。稳态情况下,电路工作过程为:开关电路在一个工作周期中,V 开通时,由于电容 $C$ 上的充电电压使二极管 VD 反偏,

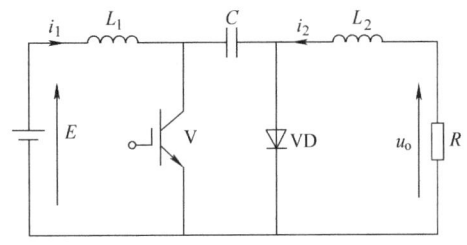

图 4-14 Cuk 斩波电路

二极管处于截止状态,Cuk 斩波电路等效电路如图 4-15a 所示;此时,电源提供的能量全部被电感 $L_1$ 吸收并储存,而负载所消耗的能量由电容 $C$ 提供,$C$ 同时也向电感 $L_2$ 提供能量,$L_2$ 储能,负载电压极性为下正上负,与电源极性相反。一个周期中,当 V 关断时,电感 $L_1$ 中储存的能量释放出来,其感应电动势改变方向,使二极管 VD 承受正向电压导通,Cuk 斩波电路的等效电路如图 4-15b 所示。此时,电源 $E$ 和电感 $L_1$ 同时向电容 $C$ 充电,电容上电压极性为左正右负;负载消耗的能量由电感 $L_2$ 提供。

从上面的分析可知,在电路一个工作周期中,电容 $C$ 在开关关断期间吸收能量,在开关导通期间释放出来,将能量从输入端传向输出端,起到了传递能量的作用。忽略电路损

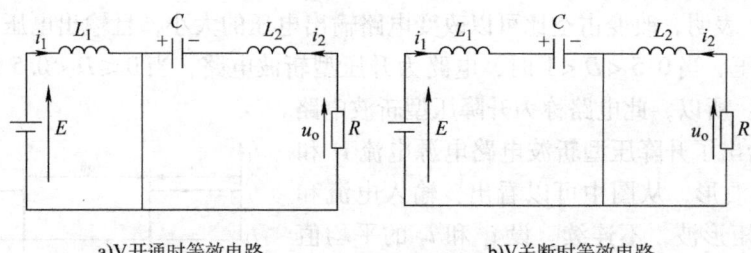

a) V 开通时等效电路  b) V 关断时等效电路

图 4-15  Cuk 斩波电路 V 开通和 V 关断时的等效电路

耗,电容 $C$ 足够大,维持电容上电压基本不变,而电感 $L_1$ 和 $L_2$ 上的电压在一个周期内的积分都等于零。

所以,对 $L_1$ 有

$$\int_0^{t_{on}} u_{L1} dt + \int_{t_{on}}^{T} u_{L1} dt = 0 \tag{4-11}$$

从图 4-15a 可以看出,在开关导通的 $t_{on}$ 期间,有

$$u_{L1} = E \tag{4-12}$$

从图 4-15b 可以看出,在开关关断的 $t_{off}$ 期间,有

$$u_{L1} = E - U_C \tag{4-13}$$

将式 (4-12) 和式 (4-13) 代入式 (4-11),可得

$$Et_{on} + (E - U_C)t_{off} = 0 \tag{4-14}$$

从式 (4-14) 可以得到电容电压 $U_C$ 与电源电压 $E$ 的关系为

$$U_C = \frac{ET}{t_{off}} = \frac{E}{1-D} \tag{4-15}$$

对于电感 $L_2$,同样有

$$\int_0^{t_{on}} u_{L2} dt + \int_{t_{on}}^{T} u_{L2} dt = 0 \tag{4-16}$$

从图 4-12a、b 可以得到,在开关导通和关断期间,分别有

$$u_{L2} = U_C - U_o \tag{4-17}$$

$$u_{L2} = -U_o \tag{4-18}$$

将式 (4-17) 和式 (4-18) 代入式 (4-16),可得

$$(U_C - U_o)t_{on} + (-U_o)t_{off} = 0 \tag{4-19}$$

从式 (4-19) 可以得到电容电压 $U_C$ 与输出电压 $U_o$ 的关系为

$$U_C = \frac{T}{t_{on}}U_o = \frac{1}{D}U_o \tag{4-20}$$

根据式 (4-15) 和式 (4-20),可以得到 Cuk 斩波电路输出电压与输入电压的关系为

$$U_o = \frac{D}{1-D}E \tag{4-21}$$

从式 (4-21) 可以看出,Cuk 斩波电路的电压输入输出关系与升降压斩波电路相同,而输出电压极性也与电源极性反向,也是反极性电路。

不考虑电路损耗时,Cuk 斩波电路也有输出功率等于输入功率,即

$$EI_1 = U_o I_2 \tag{4-22}$$

所以，Cuk 电路也可以看作为一具有升降压功能的直流变压器。Cuk 斩波电路与升降压型斩波电路比较，最明显的优点就是输入电流和输出电流均连续，且脉动小，减小电路的电磁干扰，也有利于对输入和输出进行滤波。但 Cuk 斩波电路较为复杂，因此使用并不广泛。

### *4.2.5　Sepic 斩波电路的结构及工作原理

Sepic 斩波电路如图 4-16 所示，从图中可以看出，Sepic 斩波电路可以看成是由升压型斩波电路和升降压型斩波电路前后级联而成。

稳态情况下，电路工作过程为：当开关 V 导通期间，电源向电感 $L_1$ 提供能量，$L_1$ 储能，电容 $C_1$ 极性为左正右负，向电感 $L_2$ 提供能量，$L_2$ 储能。由于电容 $C_2$ 的存在，使二极管 VD 反偏，二极管截止，此时负载能量由电容 $C_2$ 提供，开关导通期间 Sepic 斩波电路的等效电路如图 4-17a 所示；开关 V 关断期间，电源 $E$、电感 $L_1$ 向电容

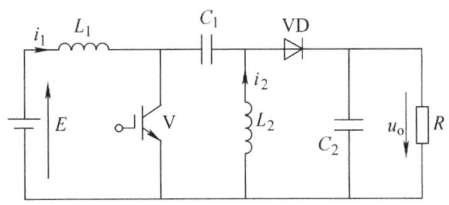

图 4-16　Sepic 斩波电路

$C_1$ 充电，使电容 $C_1$ 极性为左正右负，以保证 $C_1$ 能在开关导通期间向电感 $L_2$ 提供能量；同时电源 $E$、电感 $L_1$ 和电感 $L_2$ 构成两个并联支路向负载供电，并为电容 $C_2$ 充电，所以电容 $C_2$ 的极性为上正下负，输出电压极性与电源电压极性相同，V 关断期间等效电路如图 4-17b 所示。可知，此电路输入回路由于电感的存在，使输入电流连续，有利于输入滤波。

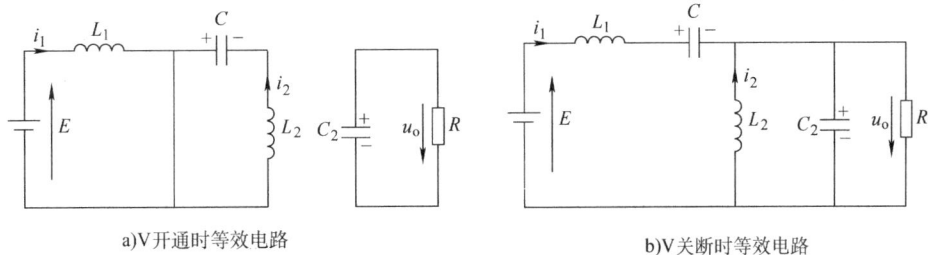

a)V 开通时等效电路　　　　　　　　　　b)V 关断时等效电路

图 4-17　Sepic 斩波电路 V 开通和 V 关断时的等效电路

按照与 Cuk 斩波电路相同的分析方法，可得到 Sepic 斩波电路输入输出电压的关系为

$$U_o = \frac{D}{1-D}E \tag{4-23}$$

Sepic 斩波电路结构也较复杂，限制了其使用范围。由于其输出电压调节方便，此电路可用于要求输出电压较低的单相功率因数校正电路。

### *4.2.6　Zeta 斩波电路的结构及工作原理

Zeta 斩波电路如图 4-18 所示，此电路可看作由升降压型斩波电路与降压型斩波电路前后级联而成。

电路稳态时，工作过程为：一个控制周期中，V 导通期间，二极管 VD 反偏，处于截止状态，电源 $E$ 一方面向电感 $L_1$ 提供能量，$L_1$ 储能，另一方面，电源 $E$、电容 $C_1$ 经电感 $L_2$ 向负载供

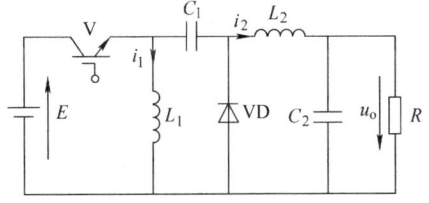

图 4-18　Zeta 斩波电路

电，同时向电容 $C_2$ 充电，等效电路如图 4-19a 所示；V 关断期间，二极管 VD 导通，一方面 $L_1$、$C_1$ 和二极管 VD 构成振荡回路，$L_1$ 向电容 $C_1$ 充电，$L_1$ 中储存的能量转移至 $C_1$，之后，二极管 VD 关断。另一方面 $L_2$ 经负载和二极管续流，VD 关断后，$C_1$ 经 $L_2$ 向负载供电，其等效电路如图 4-19b 所示。可知，此电路输出电压与输入电压极性相同，而输入和输出回路均有电感，可以保证输入和输出电流均连续，有利于输入输出滤波。

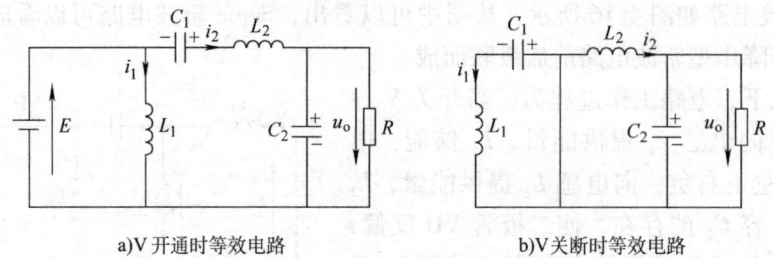

a) V 开通时等效电路　　　　　　b) V 关断时等效电路

图 4-19　Zeta 斩波电路 V 开通和 V 关断时的等效电路

Zeta 斩波电路的输入输出关系也为

$$U_o = \frac{D}{1-D}E \tag{4-24}$$

与 Sepic 斩波电路类似，Zeta 斩波电路也较复杂，限制了其应用。

以上介绍了几种基本的非隔离型斩波电路结构及工作原理，利用这些基本斩波电路可以构成多种复合斩波电路，从而使斩波电路的整体性能得到提高，这里不作介绍，有兴趣的读者可参阅相关参考文献。

## 4.3　隔离型斩波电路

上节介绍的基本斩波电路都有一个共同的特点，就是输入和输出之间是直接连接，电路不隔离，而在很多应用场合要求输出与输入之间实现电路隔离，这时可在前面的典型斩波电路中加入变压器进行隔离，从而得到采用变压器隔离的隔离型斩波电路。隔离型斩波电路结构如图 4-20 所示，从图中可以看出，电路中增加了变压器，即在上节的基本直流斩波电路中增加了交流环节，所以隔离型斩波电路也称为直-交-直变换电路，它也是一种组合变换电路。在图 4-20 所示的结构图前面增加不可控二极管整流环节，就构成交-直-交-直组合变换电路，这是各种开关电源常采用的电路结构。

图 4-20　隔离型斩波电路结构

由于变压器可以放在基本斩波电路中的多个位置，从而得到各种不同形式的隔离型斩波电路，这里主要介绍常见的正激型变换电路、反激型变换电路、推挽电路、半桥型变换电路及全桥型变换电路等几种电路结构。

### 4.3.1　正激型变换电路的结构及工作原理

降压型斩波电路如图 4-3 所示，在开关 V 和二极管 VD 处断开，接入变压器，则得到如

图 4-21 所示的正激型变换电路。从图 4-21 可以看出，变压器一次绕组与开关管串联，所以变压器一次绕组中只有单方向的脉动电流流过，变压器存在直流磁化现象，铁心容易饱和。为了使变压器铁心不饱和，电路需增加防铁心饱和的措施，即使变压器铁心磁场周期性复位。磁心复位的方法很多，图 4-22 所示是一种典型的带有磁心复位的正激型变换电路。

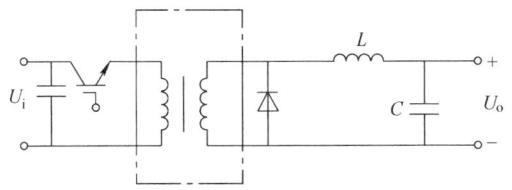

图 4-21　正激型变换电路

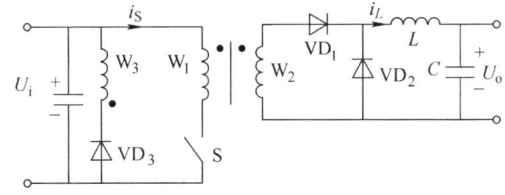

图 4-22　典型的带有磁心复位的正激型变换电路

图 4-22 中，开关采用理想开关，电路中只有一个开关器件 S，所以此电路也称为单开关正激型变换电路。电路的工作过程为：当开关 S 开通时，直流电源加在变压器一次绕组 $W_1$ 上，一次绕组 $W_1$ 的电流从零开始线性增加，绕组两端感应电动势的极性为上正下负，其二次绕组 $W_2$ 上感应电动势的极性也为上正下负，二极管 $VD_1$ 正向导通，$VD_2$ 反向截止，此时电源向负载提供能量，电感 $L$ 储能，电感上的电流逐渐增大。当开关 S 关断时，变压器一次电流为零，则二次电流也为零，二极管 $VD_1$ 截止，$VD_2$ 导通，电感 $L$ 通过 $VD_2$ 续流，电感上的电流逐渐下降，电感储存的能量通过二极管释放给负载。所以，正

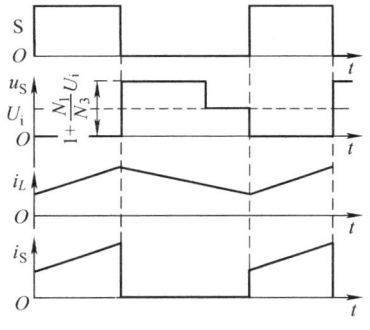

图 4-23　正激型变换电路的工作波形

激型变换电路工作波形如图 4-20 所示，图中给出了开关 S 上承受的电压和流过的电流波形，以及电感 $L$ 上的电流波形。从图中电感电流波形可以看出，此时电路工作在电流连续状态。

在开关 S 关断后直到下一周期重新开通的一段时间内，即 $t_{\text{off}}$ 时间内，必须使变压器励磁电流减小为零，否则下一个开关周期中，励磁电流将在本周期结束时的电流值基础上增加，并在以后的每个开关周期逐渐累加，使励磁电流越来越大，最终将导致变压器铁心越来越饱和，开关器件损坏。所以，在开关 S 关断后，必须设法使变压器励磁电流减小为零，这个过程就称为变压器的磁心复位。图 4-22 所示电路中，变压器的第三绕组 $W_3$ 与二极管 $VD_3$ 组成了磁心复位电路。开关 S 开通时，绕组 $W_3$ 感应电动势的极性为下正上负，二极管 $VD_3$ 截止，磁心复位电路不工作。当开关 S 关断，变压器一次绕组 $W_1$ 电流减小为零，由于变压器铁心中磁通不能突然变化，所以变压器将感应电动势产生感应电流阻止磁通的改变，此时绕组 $W_1$ 和 $W_2$ 电流无通路，则绕组 $W_3$ 上将感应电动势产生电流，而 $W_3$ 的感应电动势极性改变方向，为上正下负，使二极管 $VD_3$ 导通，将变压器中的磁场能量转换为电能传递回电源，由于回路存在电阻导致电流逐渐减小至零，磁芯复位过程波形如图 4-24 所示。开关 S 关断期间，变压器中励磁电流减小到零之前，开关上承受的电压不是电源电压，而是电源电压与绕组 $W_1$ 的感应电动势之和，高于电源电压。绕组 $W_1$ 上的感应电动势大小通过其与绕组 $W_3$ 之间的匝数关系可以得到，因为 $W_3$ 与输入电源连接，其上电压为电源电压 $U_i$，则 $W_1$ 上感应电动势为 $u_1 = \dfrac{N_1}{N_3} u_3 = \dfrac{N_1}{N_3} U_i$。则开关 S 所承受的电压为

$$u_s = \left(1 + \frac{N_1}{N_3}\right)U_i \qquad (4\text{-}25)$$

式中 $N_1$，$N_3$——变压器绕组 $W_1$ 和 $W_3$ 的匝数。

当变压器励磁电流减小为零后，绕组 $W_1$ 上的感应电动势为零，开关 S 上承受的电压减小为电源电压，开关上承受的电压波形如图 4-23 所示。

为了保证励磁电流在开关下一周期开通前下降为零，以确保变压器磁心可靠复位，则开关处于断态的时间必须大于励磁电流减小为零所需要的时间。如果励磁电流下降到零的时间为 $t_{rst}$，不考虑变压器绕组电阻可以认为励磁电流线性增加和减小，开关开通时励磁电流从零增加到最大值，电流上升斜率为 $U_i/L$，上升时间为 $t_{on}$，开关关断时励磁电流从最大值减小到零，电流下降斜率为 $\frac{N_1}{N_3}U_i/L$，下降时间为 $t_{rst}$，则有

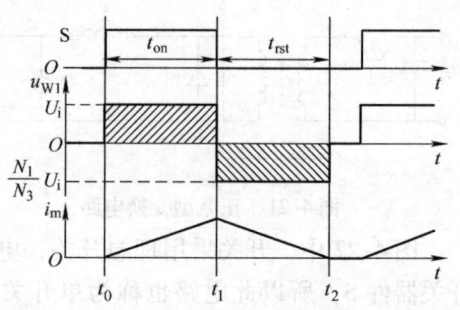

图 4-24 磁芯复位过程波形

$$U_i t_{on} = \frac{N_1}{N_3} U_i t_{rst}$$

从而得到 $t_{rst}$ 与开关的开通时间 $t_{on}$ 之间的关系为

$$t_{rst} = \frac{N_3}{N_1} t_{on} \qquad (4\text{-}26)$$

所以，单端正激电路为了保证磁心正常复位，开关 S 的关断时间应满足关系：$t_{off} \geq t_{rst} = \frac{N_3}{N_1} t_{on}$。

如果输出滤波电感 $L$ 足够大，能保证在开关 S 关断期间电感电流连续，则正激型变换电路输出电压与输入电压的关系为

$$\frac{U_o}{U_i} = \frac{N_2}{N_1} \frac{t_{on}}{T} = \frac{N_2}{N_1} D \qquad (4\text{-}27)$$

从式（4-27）可以看出，正激型变换电路的电压输入输出关系与降压型斩波电路相似，所不同的是增加了变压器的电压比。所以，正激型变换电路可看作具有隔离变压器的降压型斩波电路，因而其具有降压型斩波电路的一些特性。

正激型变换电路还有很多其他电路拓扑，它们的工作原理及分析方法基本相同，这里不再讨论。正激型变换电路具有电路简单可靠的优点，广泛应用于较小功率的开关电源中。但由于其变压器铁心工作点只在其磁化曲线的第一象限，变压器铁心未得到充分利用，因此相同功率条件下，正激型变换电路中变压器体积、重量和损耗都较后面介绍的全桥、半桥及推挽型变换电路大。在对开关电源体积、重量和效率有较高要求时，不适合采用正激型变换电路。

### 4.3.2 反激型变换电路的结构及工作原理

反激型变换电路如图 4-25 所示，与图 4-11 所示的升降压型斩波电路比较，反激型变换

电路中用变压器代替升降压型斩波电路中的储能电感,所以,此电路中,变压器不仅起了输入输出电路隔离的作用,还起储能电感的作用,可以看作是一对相互耦合的电感。变压器在工作中不断经历储能-放电过程,这一点与正激型变换电路及后面要介绍的几种隔离型变换电路中变压器的作用均不相同。

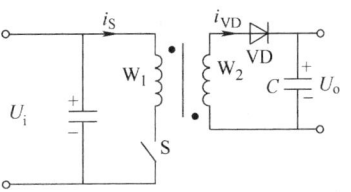

图 4-25 反激型变换电路

反激变换电路稳态情况下电路工作过程为:当开关 S 开通时,直流电源加在变压器一次绕组 $W_1$ 上,线圈流过电流,$W_1$ 上的感应电动势极性为上正下负,所以变压器二次绕组 $W_2$ 上感应电动势极性为下正上负,二极管 VD 反偏截止,负载由电容 $C$ 供电,电源能量未传递至负载,储存在变压器中,变压器起储能电感的作用。当开关 S 关断时,一次绕组 $W_1$ 的电流被切断,线圈中磁场储能急剧减小,二次绕组 $W_2$ 的感应电动势改变极性,为上正下负,二极管 VD 导通,变压器的储能逐步释放,一方面提供负载能量,另一方面向电容 $C$ 充电,一次侧电源能量传递至负载。反激型变换电路的工作波形如图 4-26 所示。这里所谓反激,就是指开关器件导通时,变压器一次绕组只起电感作

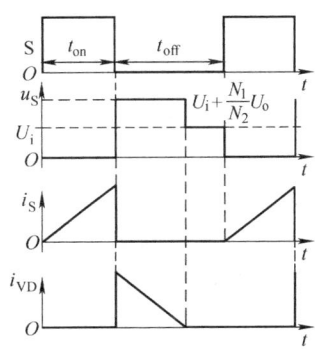

图 4-26 反激型变换电路的工作波形

用储存能量,不是立即将能量传递到负载侧,而是在开关器件关断期间,变压器中储存的能量才通过变压器传递到负载。反激型变换电路同前面的正激型变换电路一样,变压器铁心只工作在磁化曲线的第一象限。

由于变压器感应电动势的存在,在开关器件关断期间,器件承受的电压为电源电压与变压器一次绕组感应电动势之和,将高于电源电压,开关承受的电压波形如图 4-26 所示。开关关断期间,变压器一次绕组感应电动势为 $u_1 = \dfrac{N_1}{N_2} u_2 = \dfrac{N_1}{N_2} U_o$,所以开关承受的电压大小为

$$u_S = U_i + \frac{N_1}{N_2} U_o \tag{4-28}$$

值得注意的是,反激型变换电路一般工作在电流断续模式,因为,当其工作于电流连续模式情况时,变压器铁心的利用率会显著下降。从图 4-26 的波形可以看出,如果电路工作于电流连续模式,也即在每个周期结束时,输出电流未降低到零,则电流和磁通都没有回到周期开始的初始值,周而复始,使铁心中磁通逐渐增加,导致铁心饱和,所以,反激型变换电路应尽量避免工作在电流连续模式。工作在电流断续模式的反激电路不用考虑磁芯复位的问题。

当电路工作在电流连续模式时,有电压输入输出关系为

$$\frac{U_o}{U_i} = \frac{N_2 t_{on}}{N_1 t_{off}} \tag{4-29}$$

当电路工作在电流断续模式时,输出电压将高于式(4-29)中的值,并且输出电压高低与负载大小有关。随着负载的减小,输出电压将升高,在负载为零的极限情况下,输出电压 $U_o$ 将趋于无穷大,所以反激型变换电路不能工作在开路状态下。

反激型变换电路结构简单，元器件数量少，因此成本低，广泛应用于较小功率的开关电源中。在各种家电、计算机设备、工业设备中广泛使用的小功率开关电源中，基本上都是采用的反激型变换电路。与正激型变换电路类似，由于变压器铁心工作点只在磁化曲线的第一象限，所以变压器利用率低，开关器件承受的电流峰值大，反激型变换电路不适用于较大功率的开关电源。

### 4.3.3 推挽型变换电路的结构及工作原理

推挽型变换电路如图 4-27 所示，它由两个开关器件 $S_1$、$S_2$ 和带有中心抽头的变压器组成，两个开关接在变压器一次绕组两端，变压器二次侧两个二极管 $VD_1$ 和 $VD_2$ 一方面作为整流二极管，另一方面也作为感性负载电流能量返回电源的续流二极管。推挽型变换电路可以看成为完全对称的两个单端正激型变换电路组合而成，常用于多端输出电源中。

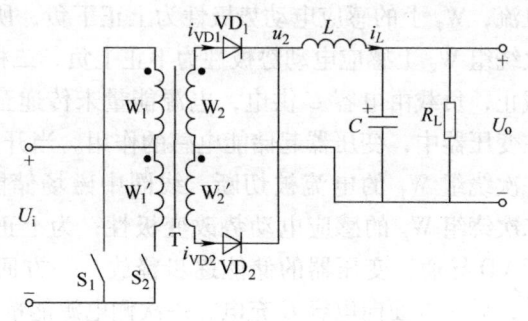

图 4-27 推挽型变换电路

推挽型变换电路中，两个开关 $S_1$ 和 $S_2$ 交替导通。当开关 $S_1$ 导通时，一次绕组 $W_1$ 上的电压为电源电压 $U_i$，开关 $S_2$ 关断，加在开关 $S_2$ 上的电压为变压器一次绕组 $W_1$ 和 $W_1'$ 的全部电压，大约为电源电压的 2 倍，即 $2U_i$。此时，二极管 $VD_2$ 导通，电源向负载提供能量，电感 $L$ 储能。当开关 $S_2$ 导通时，一次绕组 $W_1'$ 上的电压为电源电压，二极管 $VD_1$ 导通，同样，电源向负载提供能量，电感 $L$ 储能。当 $S_1$ 和 $S_2$ 都不导通时，由电感向负载提供能量，电感 $L$ 续流，二极管 $VD_1$ 和 $VD_2$ 同时导通，各分担一半的电流。

如果电感 $L$ 足够大，能够保证在 $S_1$ 和 $S_2$ 都不导通期间负载电流连续，则电路的工作波形如图 4-28 所示，图中给出了开关 $S_1$ 和 $S_2$ 上承受的电压和流过的电流，以及二极管 $VD_1$ 和 $VD_2$ 上流过的电流波形。从 $S_1$ 上承受的电压波形 $U_{S1}$ 可以看出，$S_1$ 导通期间，其上电压为零；$S_1$ 关断而 $S_2$ 导通期间，其上承受 2 倍电源电压；当 $S_1$ 和 $S_2$ 均关断时，其上承受的电压为电源电压。如果电感 $L$ 不够大，则会出现在开关开通前负载电流已经减小到零的断续阶段。

对于推挽型变换电路，如果开关 $S_1$ 和 $S_2$ 同时导通，则相当于变压器一次绕组直接短路，所以在使用过程中，一定要避免两个开关同时导通的情况，即每个开关的占空比必须小于 0.5，并考虑一定的死区时间。

当电感 $L$ 足够大，能保证输出电流连续时，电路输

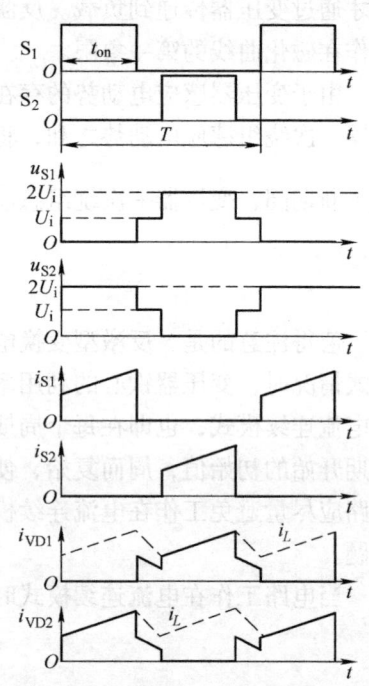

图 4-28 推挽型变换电路电流连续时电路的工作波形

入输出电压关系为

$$\frac{U_o}{U_i} = \frac{N_2}{N_1} \times \frac{2t_{on}}{T} \tag{4-30}$$

如果输出电流不连续，则输出电压 $U_o$ 将高于式（4-30）的计算值，并且输出电压大小与负载大小有关。负载越小时，输出电压越高。负载为零的极限情况下，输出电压为

$$U_o = \frac{N_2}{N_1} U_i \tag{4-31}$$

推挽型变换电路与后面介绍的半桥型和全桥型变换电路比较，最大的优点是在输入回路中只有一个开关的导通压降，而半桥型和全桥型变换电路都是两个，所以在同样条件下，推挽型变换电路通态损耗小，适合于输入电压较低的电源。但推挽型变换电路中器件承受的电压是半桥型和全桥型变换电路中器件承受电压的 2 倍。另外，由于两个开关性能不可能完全相同，使得变压器在一个周期内工作情况不完全对称，存在偏磁问题，这一点在使用时值得注意。

### 4.3.4 半桥型变换电路的结构及工作原理

半桥型变换电路如图 4-29 所示，它是将两个开关器件 $S_1$ 和 $S_2$ 串接在电源 $U_i$ 上，电源侧接两个相同的大电容 $C_1$ 和 $C_2$，每个电容上电压为 $U_i/2$，变压器一次绕组分别接在电容和开关的中点。开关 $S_1$ 和 $S_2$ 交替导通，使变压器一次绕组有幅值为 $U_i/2$ 的交流电压，改变开关导通的占空比，就可改变二次整流电压 $u_d$，也即改变电路输出电压 $U_o$。从电路可以看出，开关 $S_1$ 和 $S_2$ 关断期间，器件承受的最高电压为电源电压 $U_i$，而不是推挽型变换电路中的 $2U_i$。电感 $L$ 足够大时，负载电流连续，电路的工作波形如图 4-30 所示。

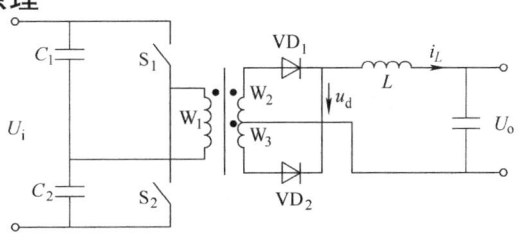

图 4-29 半桥型变换电路

由于电容的隔直作用，半桥型变换电路对由于两个开关导通时间不对称而造成的变压器一次电压的直流分量有自动平衡作用，因此这种电路不容易发生变压器偏磁和磁饱和问题。与推挽型变换电路类似，半桥型变换电路中两个开关的占空比也不能大于 0.5，并应留一定裕量。

当电感 $L$ 中电流连续时，电路输入输出电压关系为

$$\frac{U_o}{U_i} = \frac{N_2}{N_1} \frac{t_{on}}{T} = \frac{N_2}{N_1} D \tag{4-32}$$

如果电感 $L$ 中电流不连续，则电路输出电压较式（4-32）中的计算值高，并且随负载减小而升高，负

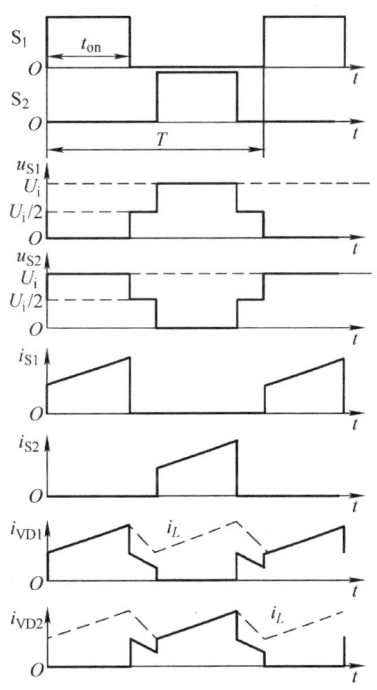

图 4-30 半桥型变换电路电流连续时电路的工作波形

载为零即输出开路的极限情况下,输出电压为

$$U_o = \frac{N_2}{N_1}\frac{U_i}{2} \tag{4-33}$$

半桥型变换电路变压器利用率高,且没有偏磁问题,所以广泛应用于数百瓦至数千瓦的开关电源中,与后面介绍的全桥型变换电路比较,半桥型变换电路所需要的开关器件少(但输出相同电压时器件的电压等级要高),输出同样功率时成本低一些。

### 4.3.5 全桥型变换电路的结构及工作原理

全桥型变换电路如图4-31所示,它是将半桥型变换电路中的两个电容用两个开关器件代替得到的。开关 $S_1$ 和 $S_4$ 为一组, $S_2$ 和 $S_3$ 为另一组,交替控制两组开关的导通和关断,就可以利用变压器将电源能量传递到负载侧。

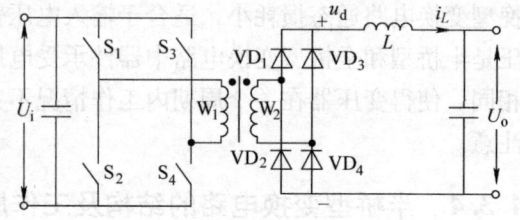

电路的工作过程为:当开关 $S_1$ 和 $S_4$ 导通时,直流电源加在变压器一次绕组,变压器二次侧二极管 $VD_1$ 和 $VD_4$ 导通,电感 $L$ 中的电流逐渐上升,此时开关 $S_2$ 和 $S_3$ 均不导通,其上承受的电压为电源电压 $U_i$;当开关 $S_2$ 和 $S_3$ 导通时,直流电源反极性加在变压器一次绕组,变压器二次绕组感应电动势也反向,二极管 $VD_2$ 和 $VD_3$ 导通,电感 $L$ 中的电流也逐渐增大。当四个开关均断开时,直流电源侧没有能量传递到负载侧,负载由电感提供能量,四个二极管均导通,各承担一半的负载电流,电感释放能量,电感电流逐渐减小。可以看出,全桥型变换电路中,每个开关管关断时承受的电压为电源电压 $U_i$。如果电感 $L$ 足够大,保证在四个开关均不导通时能向负载提供能量,则负载电流连续,电流连续时电路的工作波形如图4-32所示。

值得注意的是,如果两组开关 $S_1$、$S_4$ 和 $S_2$、$S_3$ 的导通时间不对称,则加在变压器一次绕组的交流电压不对称,含有直流分量,将在变压器一次绕组产生很大的直流电流,可能造成铁心饱和,影响电路正常工作。为了避免这个问题,常在变压器一次侧串联一个电容,以隔断直流电流,防止铁心饱和,通常此电容上的电压很小。

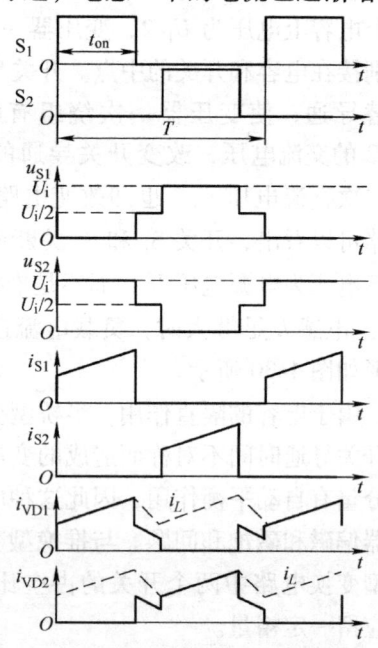

图4-31 全桥型变换电路

图4-32 全桥型变换电路电流连续时电路的工作波形

同样,全桥变换电路中如果同一侧半桥的上下两个开关同时导通,也将引起电源短路,所以每个开关工作的占空比必须小于50%,并考虑足够裕量。

如果电感 $L$ 足够大,保证负载电流连续,全桥变换电路输入输出电压关系为

$$\frac{U_o}{U_i} = \frac{N_2}{N_1}\frac{2t_{on}}{T} \tag{4-34}$$

如果电感 $L$ 不足够大,则负载电流断续,此时输出电压 $U_o$ 将大于式(4-34)的计算值,并随负载减小而升高,在负载为零的极限情况下,有

$$U_o = \frac{N_2}{N_1} U_i \tag{4-35}$$

全桥型变换电路还可以采用移相控制,即开关 $S_1$ 和 $S_4$、$S_2$ 和 $S_3$ 不是交替导通,而是让 $S_4$ 滞后 $S_1$ 一个角度,$S_2$ 与 $S_1$ 及 $S_4$ 与 $S_3$ 互补导通,从而通过改变开关导通角,改变输出脉冲的宽度,调节输出电压大小。

在前面介绍的几种隔离型变换电路中,当采用相同电压和电流容量的开关器件时,全桥型变换电路输出功率最大,该电路常用于中大功率电源中。同时,由于电路可以采用移相的方式实现软开关控制,而且电路结构简单,效率高,得到广泛应用。目前,全桥型变换电路广泛应用于数百瓦至数十千瓦的各种工业用开关电源中。

## 小 结

本章介绍了基本的非隔离型和隔离型的 DC-DC 变换电路。对于非隔离型直流斩波电路,主要电路拓扑有降压型斩波电路、升压型斩波电路、升降压型斩波电路和 Cuk 斩波电路,以及在此基础上发展而来的 Sepic 斩波电路和 Zeta 斩波电路;对于隔离型直流变换电路,基本电路结构有反激型变换电路、正激型变换电路、推挽型变换电路、半桥型变换电路和全桥型变换电路几种。对于以上各基本电路,本章重点讨论了电流连续工作模式下电路的工作情况、工作波形、输入输出电压关系及各电路的常用应用场合。

## 思考题及习题

4-1 简述降压型斩波电路的基本工作原理。

4-2 简述升压型斩波电路的基本工作原理,并说明电路是如何实现输出电压高于输入电压的。

4-3 试分析降压型斩波、升压型斩波、升降压型斩波和 Cuk 斩波电路各自的特点。

4-4 为什么正激型变换电路需要磁心复位电路?复位电路为何通常都放在变压器一次侧?

4-5 反激变换电路是否需要磁心复位电路?为什么?

4-6 试分析正激型变换电路和反激型变换电路中的开关器件和整流二极管在工作时承受的最大电压、流过的最大电流及平均值电流。

4-7 试分析半桥型变换电路和全桥型变换电路中的开关器件和整流二极管在工作时承受的最大电压、流过的最大电流及平均值电流。

4-8 图 4-3 所示降压型斩波电路中,已知 $E=600\text{V}$,$R=0.1\Omega$,电感 $L$ 极大,$E_M=350\text{V}$,采用脉宽调制控制方式,开关周期 $T=1800\mu\text{s}$,若输出电流 $I_o=100\text{A}$,试求:(1) 输出电压平均值 $U_o$ 和所需的 $t_{on}$;(2) 画出 $u_o$、$i_o$ 的波形。

4-9 图 4-8 所示升压型斩波电路中,已知 $E=100\text{V}$,$R=0.5\Omega$,$L=1\text{mH}$,采用脉宽调制控制方式,$T=20\mu\text{s}$,$t_{on}=5\mu\text{s}$,计算电路输出电压平均值和输出电流平均值。

# 第 5 章　交流调压和变频电路

　　交流-交流变换电路是将一种形式的交流电变换为另一种形式的交流电的电路,变换前后改变了交流电的大小、频率或相位,它有直接变换和间接变换两种变换方式。所谓直接变换是指变换电路无中间环节,它直接将一种形式的交流电变换为另一种形式的交流电;而间接变换则有中间直流环节,即为交流-直流-交流变换,也就是先将一种形式的交流电整流为直流,再通过逆变电路变换为另一种形式的交流电,这种变换实质上是整流变换和逆变变换的组合,本章只讨论直接变换电路。

　　由于交流电压有大小、频率和相位的差异,所以直接变换的交流-交流变换电路也包括改变交流电压大小和改变交流电压频率两种情况,前者称为交流调压（AC Voltage Controllers）,后者称为交流直接变频,也叫周波变换（Cycloconverter）。

## 5.1　交流调压电路

### 5.1.1　概述

　　本节讨论的交流调压电路,是由晶闸管等电力电子器件构成的将一种电压的交流电变换为另一种电压且同频率的交流电的变换电路。电力电子技术出现前,交流调压是通过变压器实现的,但普通变压器的电压比调节困难,虽然可以通过调节变压器分接头开关来改变输出电压大小,但电压调节范围很小,而且变压器体积大,消耗铜和铁材料,价格高。采用电力电子技术实现的交流调压电路,不仅可以实现电压的连续可调,而且调节装置体积小、价格低、效率高,所以在灯光调节、电风扇调速、交流电机软起动、工业加热、交流侧调压、电解、电镀、电力系统无功补偿等场合得到广泛应用。

　　根据电源相数的不同,交流调压电路分为单相交流调压电路和三相交流调压电路。图5-1a 所示为采用普通晶闸管作为主控元件的单相交流调压电路,从图中可以看出,电路中只有一对反并联的晶闸管 $VT_1$ 和 $VT_2$,这对晶闸管也可采用一个双向晶闸管代替,电路如图5-1b 所示。交流调压电路有三种控制方式:整周波通断控制、相位控制和斩波控制。

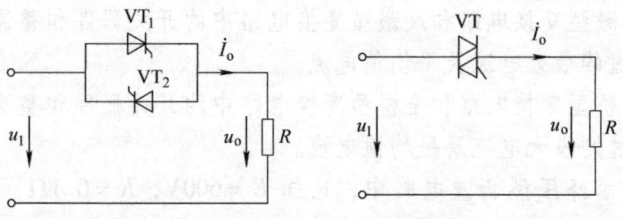

a) 普通晶闸管构成的交流调压电路　　b) 双向晶闸管构成的交流调压电路

图 5-1　单相交流调压电路

　　整周波通断控制方式是将晶闸管作交流开关使用,在电路工作过程中,以交流电的周期为单位来控制晶闸管的导通和断开,晶闸管为整周期全开通或全关断,不控制每周期晶闸管的导通角,即晶闸管将电路接通几个周期,断开几个周期。如果晶闸管的通断控制目的是控制电路的输出功率平均值,则电路称为交流调功电路;如果晶闸管的通断仅仅是为了接通和断开电路,不需要调节输出平均功率,则称为交流电子开关。

相位控制方式时,在电源电压的正、负半周分别控制两个晶闸管 $VT_1$ 和 $VT_2$ 的导通时刻,改变晶闸管的触发相位从而调节电路输出电压有效值,这种电路称为交流调压电路。

斩波控制方式时,电路主控元件一般采用全控型器件,如果采用晶闸管,则需要增加强迫关断电路。这种控制方式下,电源电压的每个周期内开关元件多次通断,负载上的电压波形被斩成多个脉冲,而改变开关的导通比即可实现调压。

以上三种控制方式中,相位控制交流调压是交流调压中的基本控制方式,应用最为广泛,又称为相控方式。

## 5.1.2 单相交流调压电路

单相交流调压电路主要用于小功率电路中,广泛用于民用电气控制。和整流电路一样,交流调压电路的工作情况与负载的性质有很大的关系,这里分别讨论带阻性负载和带阻感负载时电路的工作情况。

**1. 阻性负载**

图 5-1a 所示为普通晶闸管构成的单相交流调压电路带阻性负载的电路原理图,电路工作波形如图 5-2 所示,图中 $u_{g1}$ 和 $u_{g2}$ 分别为晶闸管 $VT_1$ 和 $VT_2$ 的触发脉冲,$u_1$ 和 $u_o$、$i_o$ 分别为电源电压及负载电压、电流,由于为阻性负载,所以电压和电流波形形状相同。

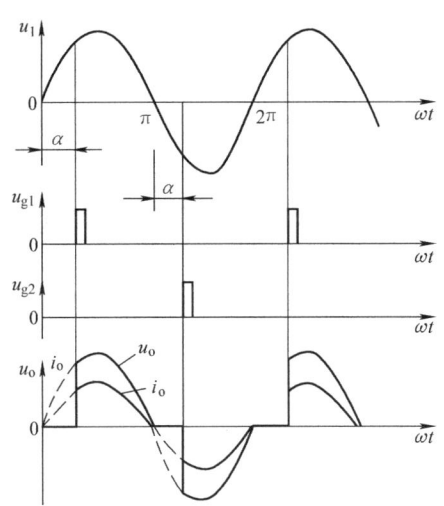

图 5-2 单相交流调压电路带阻性负载时的工作波形

电路的工作过程为:在交流电源 $u_1$ 的正、负半周,分别控制晶闸管 $VT_1$ 和 $VT_2$ 的触发延迟角 $\alpha$ 就可以改变输出电压有效值的大小。对于单相交流调压电路,正负半周 $\alpha$ 的起始时刻,即 $\alpha=0$ 的时刻,均为电源电压过零时刻。电路稳态工作时,应使正、负半周的触发延迟角 $\alpha$ 相等。负载电压波形是电源电压波形的一部分。

设电源电压 $u_1 = \sqrt{2}U_1\sin\omega t$,则有:

1) 负载电压有效值为

$$U_o = \sqrt{\frac{1}{\pi}\int_\alpha^\pi u_1^2 \mathrm{d}(\omega t)} = U_1\sqrt{\frac{2(\pi-\alpha)+\sin2\alpha}{2\pi}} \tag{5-1}$$

当 $\alpha=0°$ 时,晶闸管一直导通,相当于晶闸管被短接,输出电压最大,$U_o = U_1$;随着 $\alpha$ 的增大,输出电压逐渐减小;当 $\alpha=180°$ 时,输出电压最小,$U_o = 0$。所以,单相交流调压电路晶闸管的移相范围是 $0°\sim180°$。

2) 负载电流有效值为

$$I_o = \frac{U_o}{R} = \frac{U_1}{R}\sqrt{\frac{2(\pi-\alpha)+\sin 2\alpha}{2\pi}} \qquad (5\text{-}2)$$

3) 电路功率因数为

$$PF = \frac{P}{S} = \frac{U_o I_o}{U_1 I_o} = \frac{U_o}{U_1} = \sqrt{\frac{\sin 2\alpha + 2(\pi-\alpha)}{2\pi}} \qquad (5\text{-}3)$$

阻性负载 $\alpha = 0°$ 时，电路功率因数最大，$PF=1$；随着 $\alpha$ 的增大，输入电流滞后于输入电压，且电压和电流波形发生畸变，功率因数逐渐降低。由此可以看出，只要触发延迟角 $\alpha \neq 0°$，电路功率因数就不为 1。这是因为，一方面由于移相使基波电流发生相移，另一方面电流波形不是正弦波，发生畸变，含有谐波电流分量。

从图 5-2 所示的输出电压波形可以看出，输出电压虽然是交流，但不是正弦波，电压波形与横轴对称，无偶次谐波，含有 3、5、7、9 等奇次谐波，通过晶闸管实现的交流调压与利用调压变压器进行交流调压输出的电压波形是正弦波的情况不同。所以，这种交流调压电路只适用于对电压波形没有要求的场合，比如温度和灯光的调节，如果做其他调压用，则要注意负载容许的波形畸变。

4) 晶闸管的电流有效值为

$$I_{VT} = \sqrt{\frac{1}{2\pi}\int_\alpha^\pi \left(\frac{\sqrt{2}U_1 \sin\omega t}{R}\right)^2 d(\omega t)}$$

$$= \frac{U_1}{R}\sqrt{\frac{1}{2}\left(1 - \frac{\alpha}{\pi} + \frac{\sin 2\alpha}{2\pi}\right)} \qquad (5\text{-}4)$$

当 $\alpha = 0°$ 时，晶闸管的电流有效值最大，$I_{VTmax} = \frac{1}{\sqrt{2}}\frac{U_1}{R}$，此时应选择的晶闸管通态平均电流为

$$I_{T(AV)} = \frac{I_{VTmax}}{1.57} = 0.45\frac{U_1}{R}$$

**2. 阻感负载**

单相交流调压电路带阻感负载的电路及工作波形如图 5-3 所示，由于电路中存在电感，使负载电流变化滞后于电源电压的变化，也就是在电源电压过零后延迟一段时间负载电流才为零，从而使晶闸管的导通角增大。负载电流较电源电压的延迟时间与电路阻抗角 $\varphi$ 有关，所以单相交流电压电路带阻感负载时晶闸管的导通角 $\theta$ 不仅与触发延迟角 $\alpha$ 有关，还与阻抗角 $\varphi$ 有关。下面进行详细分析。

单相交流调压电路带阻感负载时，触发延迟角 $\alpha = 0°$ 仍然定义在电源电压过零处。设电源电压为 $u_1 = \sqrt{2}U_1 \sin\omega t$，则 $VT_1$ 导通期间，即 $\omega t = \alpha \sim \alpha + \theta$ 期间内，有电路方程

$$L\frac{di_o}{dt} + Ri_o = \sqrt{2}U_1 \sin\omega t \qquad (5\text{-}5)$$

初始条件为 $i_o(\alpha) = 0$。

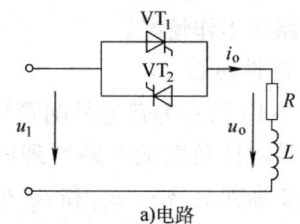

a) 电路

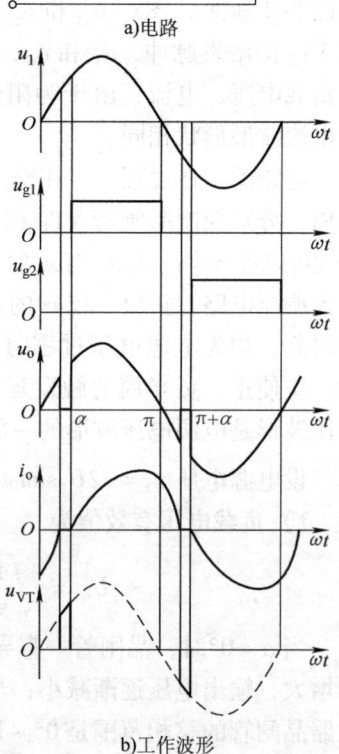

b) 工作波形

图 5-3 单相交流调压电路带阻感负载时的电路及工作波形

## 第5章 交流调压和变频电路

求解方程式（5-5），有

$$i_o(t) = \frac{\sqrt{2}U_1}{Z}\sin(\omega t - \varphi) - \frac{\sqrt{2}U_1}{Z}e^{\frac{\alpha-\omega t}{\tan\varphi}}\sin(\alpha - \varphi) \quad (5-6)$$

式中 $Z$——负载阻抗，$Z = \sqrt{R^2 + (\omega L)^2}$；

$\varphi$——负载阻抗角，$\varphi = \arctan\left(\frac{\omega L}{R}\right)$。

式（5-6）表明，负载电流有两个分量，前者是稳态分量，后者为随时间衰减的暂态分量。

当 $\omega t = \alpha + \theta$ 时，$VT_1$ 关断，负载电流为零，即 $i_o(\alpha + \theta) = 0$，将此条件代入式（5-6）可得到关于 $\theta$ 的超越方程，为

$$\sin(\theta + \alpha - \varphi) = e^{-\frac{\theta}{\tan\varphi}}(\sin\alpha - \varphi) \quad (5-7)$$

式（5-7）表明，晶闸管导通角与触发延迟角 $\alpha$ 及阻抗角 $\varphi$ 的关系，对于确定的 $\alpha$、$\varphi$，就有确定的 $\theta$ 与之对应。图 5-4 是以 $\varphi$ 为参变量时，$\theta$ 和 $\alpha$ 之间的关系曲线。

$VT_2$ 导通时电路的工作情况与 $VT_1$ 导通时相同，所不同的是负载电流方向，这里不再重述。

上述电路在晶闸管触发延迟角为 $\alpha$ 时，负载电压有效值 $U_o$、流过晶闸管的电流有效值 $I_{VT}$ 及负载电流有效值 $I_o$ 分别为

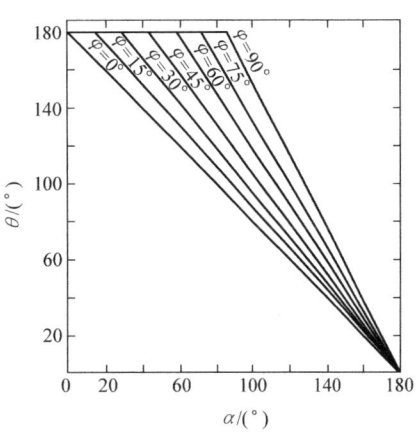

图 5-4 单相交流调压电路带阻感负载以 $\varphi$ 为参变量时，$\theta$ 和 $\alpha$ 之间的关系曲线

$$U_o = \sqrt{\frac{1}{\pi}\int_\alpha^{\alpha+\theta}(\sqrt{2}U_1\sin\omega t)^2 d(\omega t)} = U_1\sqrt{\frac{\theta}{\pi} + \frac{1}{2\pi}[\sin2\alpha - \sin(2\alpha + 2\theta)]} \quad (5-8)$$

$$I_{VT} = \sqrt{\frac{1}{2\pi}\int_\alpha^{\alpha+\theta}\left\{\frac{\sqrt{2}U_1}{Z}[(\sin\omega t - \varphi) - \sin(\alpha - \varphi)e^{\frac{\alpha-\omega t}{\tan\varphi}}]\right\}^2 d(\omega t)} \quad (5-9)$$

$$= \frac{U_1}{\sqrt{2\pi}Z}\sqrt{\theta - \frac{\sin\theta\cos(2\alpha + \varphi + \theta)}{\cos\varphi}}$$

$$I_o = \sqrt{2}I_{VT} \quad (5-10)$$

从式（5-7）和式（5-8）可知：①当 $\alpha = \varphi$ 时，晶闸管导通角 $\theta = \pi$，负载电流连续。晶闸管导通后，电路直接进入稳态，没有暂态过程，交流调压电路处于直通状态，不起调压作用，此时 $u_o = u_1$；②当 $\varphi < \alpha < \pi$ 时，$\theta < \pi$，$u_o < u_1$。直到 $\alpha = \pi$ 时，$\theta = 0$，$u_o = 0$。所以，单相交流调压电路带阻感负载时，电路的移相范围是 $\varphi \leq \alpha < \pi$。

根据前面的分析可知，单相交流电压电路带阻感负载时，电路的移相范围是 $\varphi \leq \alpha < \pi$。但如果 $\alpha < \varphi$，电路并非不能工作，下面讨论 $\alpha < \varphi$ 的情况：

1）$\alpha < \varphi$，触发脉冲为窄脉冲。当 $\alpha < \varphi$ 时，显然晶闸管的导通角 $\theta > \pi$。由于 $VT_1$ 和 $VT_2$ 的触发脉冲相位相差 $\pi$，所以当 $\omega t = \pi + \alpha$ 时刻，$VT_2$ 触发脉冲到来，而此时 $VT_1$ 仍然导通，电路中的电流仍为正向，所以 $VT_2$ 承受反压（$VT_1$ 的管压降）不能开通。由于 $VT_2$ 触发脉冲为窄脉冲，所以当电路电流过零，$VT_1$ 关断时，$VT_2$ 的触发脉冲已经消失，因此

VT$_2$ 仍然不能开通。只有到下一个周期 VT$_1$ 触发脉冲再次到来时，VT$_1$ 重新开通，电路重复上述工作过程。

由此可见，这种情况下电路中只有 VT$_1$ 导通，VT$_2$ 始终无法导通，电路工作过程与单相半波整流电路情况相同。这时电源及负载电流中有很大的直流分量，对交流电机类负载及电源变压器的运行都带来严重影响。

2) $\alpha < \varphi$，触发脉冲为宽脉冲。当 $\alpha < \varphi$，但触发脉冲为宽脉冲时，VT$_1$ 在延迟关断后，由于 VT$_2$ 的触发脉冲仍然存在，VT$_2$ 将可以导通。但由于 VT$_1$ 导通时间增长，使 VT$_1$ 导通角 $\theta > \pi$，负载电感过充电，放电时间延长，VT$_1$ 关断时刻大于 $\pi + \alpha$，VT$_2$ 开通时刻延迟，负载电感储存的能量减小，所以 VT$_2$ 的导通角将小于 $\pi$。

根据前面分析可知，电路首次开通所产生的电流自由分量在衰减到零后，电路只有稳态分量。这种情况下，电路中负载电流连续，所以输出电压 $u_o = u_1$，晶闸管相当于开关，起将电路合闸的作用。在电流自由分量衰减过程中，VT$_1$ 的导通时间逐渐减小，VT$_2$ 的导通时间逐渐增加。待自由分量衰减到零后，VT$_1$ 和 VT$_2$ 的导通角为 $\pi$。所以，电路稳态时的工作过程与 $\alpha = \varphi$ 时完全相同。整个工作过程的工作波形如图 5-5 所示。

从图 5-5 中输出电流 $i_o$ 波形可以看出，晶闸管开始导通的第一个周期中，VT$_1$ 导通角大于 $\pi$，VT$_2$ 的导通角小于 $\pi$，在后面的周期中，VT$_1$ 导通角逐渐减小，VT$_2$ 的导通角逐渐增大，到稳态工作时，VT$_1$ 和 VT$_2$ 的导通角为 $\pi$。

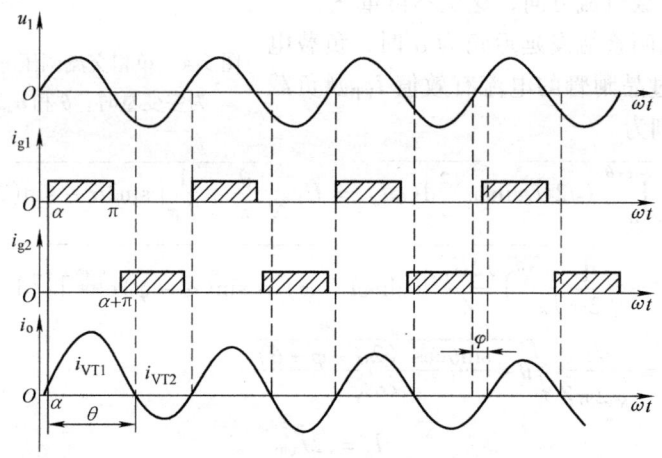

图 5-5 单相交流调压电路 $\alpha < \varphi$ 宽脉冲触发时电路的工作波形

通过分析可知，交流调压电路带阻感负载在 $\alpha < \varphi$ 时，电路处于不正常工作状态。所以要求触发延迟角 $\alpha$ 的变化范围是 $\varphi \sim \pi$，输出电压有效值变化范围为 $U_o \sim 0$。为了避免 $\alpha < \varphi$ 时出现晶闸管不对称导通的情况，触发脉冲宜采用宽脉冲或是窄脉冲列。

下面讨论单相相控交流调压电路的功率关系。

单相相控交流调压电路的功率因数一般都不为 1，所以它不仅从电源吸收有功功率，也吸收无功功率。由于电源电压为正弦波，而流过电源的电流波形非正弦，所以电源输出的有功功率只有基波有功功率，为

$$P = P_1 = U_1 I_1 \cos\varphi_1 \tag{5-11}$$

式中 $I_1$——负载基波电流有效值；
$\cos\varphi_1$——基波功率因数。
基波无功功率为
$$Q_1 = U_1 I_1 \sin\varphi_1 \tag{5-12}$$
基波视在功率为
$$S_1 = U_1 I_1 \tag{5-13}$$

基波视在功率、基波有功功率和基波无功功率满足关系式 $S_1^2 = P_1^2 + Q_1^2 = P^2 + Q_1^2$。由于电路中电流不仅含有基波，还含有谐波，电路总视在功率为
$$S = U_1 I_o \tag{5-14}$$

由于电流波形畸变，$I_1 \neq I_o$，则 $S_1 \neq S$，即电路总视在功率与基波视在功率不相等。而电源输出的全部有功功率即为基波有功功率，所以在电压波形无畸变、电流波形畸变时电路的基波无功功率与电路总无功功率不相等，其差值定义为畸变无功功率，用符号 $D$ 表示，这时有
$$D = \sqrt{S^2 - S_1^2} = U_1 I_h \tag{5-15}$$
式中 $I_h$——总谐波电流有效值。
则总视在功率也可表示为
$$S^2 = S_1^2 + D^2 = P^2 + Q_1^2 + D^2 \tag{5-16}$$
定义全无功功率 $Q$ 为
$$Q = S^2 - P^2 \tag{5-17}$$

所以，非正弦电路中，有功、无功及视在功率的计算与正弦电路不相同，在以后的学习和实际工作中一定要注意。

综上所述，单相交流调压电路的特点有：

1）带阻性负载时，负载电流波形与单相桥式可控整流电路交流侧电流波形一致，通过改变触发延迟角 $\alpha$ 可以调节负载电压有效值，达到交流调压的目的。单相交流调压电路的触发电路可以采用整流电路的触发电路。

2）带阻感负载时，晶闸管需采用宽脉冲触发，否则当 $\alpha < \varphi$ 时会发生一个晶闸管无法导通的现象，电路工作在整流状态，负载电流出现很大的直流分量。

3）带阻性负载时，移相范围为 $0 \sim \pi$；带阻感负载时，移相范围为 $\varphi \sim \pi$。

【例 5-1】 有一单相交流调压电路，输入交流电压 $U_1 = 220\text{V}$，$f_1 = 50\text{Hz}$，带阻感负载，其中 $L = 5.516\text{mH}$，$R = 1\Omega$。试求：(1) 触发延迟角 $\alpha$ 的移相范围；(2) 负载电流最大值 $I_{\max}$；(3) 最大输出功率 $P_{\max}$ 和最大输出功率所对应的功率因数 $PF$。

**解：**(1) 单相交流调压电路带阻感负载时触发延迟角移相范围为：$\varphi \leq \alpha \leq 180°$，此电路中负载阻抗角为
$$\varphi = \arctan\left(\frac{\omega L}{R}\right) = \arctan\left(\frac{2\pi \times 50 \times 5.516 \times 10^{-3}}{1}\right) = 60°$$
故触发延迟角的移相范围是：$60° \leq \alpha \leq 180°$。

(2) 当 $\alpha = \varphi$ 时，电流为连续状态，此时负载电流最大，此电路电流表达式为
$$i = \frac{\sqrt{2}U_1}{\sqrt{R^2 + (\omega L)^2}} \sin(\omega t - \varphi)$$

则负载电流最大值为

$$I_{max} = \frac{U_1}{\sqrt{R^2+(\omega L)^2}} = \frac{220}{\sqrt{1^2+1.732^2}}A = 110A$$

(3) 最大输出功率为

$$P_{max} = U_1 I_{max} \cos\varphi = U_1 I_{max} \cos\alpha = 220 \times 110 \times \cos60°W = 12.1kW$$

输出功率最大时,对应有最大功率因数,此时功率因数为

$$PF = \cos60° = 0.5$$

**3. 交流斩波调压电路**

随着直流斩波电路的广泛应用,斩波控制技术也开始应用于交流调压电路,出现了交流斩波调压电路。交流斩波调压电路基本工作原理与直流斩波电路相同,它是将交流开关同负载串联或者并联,采用斩波控制方式控制开关的导通和关断。图 5-6 所示为交流斩波调压电路,图中,$V_1$、$VD_1$ 和 $V_2$、$VD_2$ 组成一双向可控开关,作交流开关用,与负载

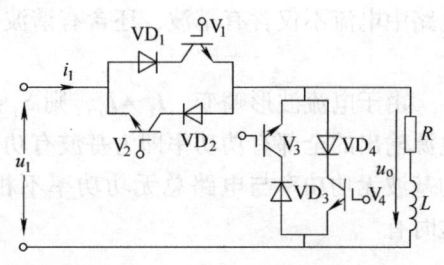

图 5-6 交流斩波调压电路

串联,$V_3$、$VD_3$ 和 $V_4$、$VD_4$ 起续流作用,在主交流开关断开期间为负载电流提供通路。

电路的工作过程为:在电源电压正半周,开关 $V_1$ 进行斩波控制,$V_1$ 导通时电源向负载提供能量,负载电感储能,在 $V_1$ 关断期间 $V_3$ 续流;电源电压负半周,开关 $V_2$ 进行斩波控制,$V_2$ 导通时电源向负载提供能量,负载电感储能在 $V_2$ 关断期间 $V_4$ 续流。设交流开关 $V_1$ 和 $V_2$ 的导通时间为 $t_{on}$,开关周期为 $T$,则开关导通比为 $D = t_{on}/T$,通过调节开关导通比 $D$,可以调节调压电路的输出电压。

图 5-7 给出了交流斩波调压电路带阻性负载时电路的工作波形,可以看出,通过斩波控制方式,输出电压和输出电流基波分量同相位,也即电路的基波功率因数为 1;由于斩波开关高频工作,输出波形中不含低次谐波分量,只含有和斩控开关的开关频率有关的高次谐波,对于这些高次谐波进行滤波就容易得多了。若电路带阻感负载,则

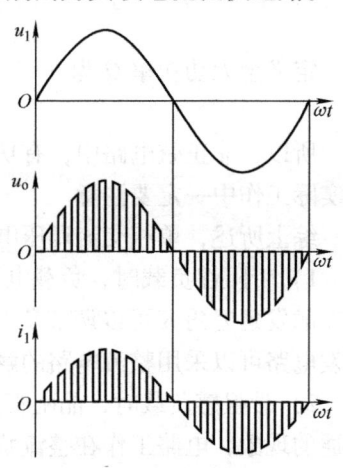

图 5-7 阻性负载时交流斩波调压电路的工作波形

负载电流将滞后负载电压,且负载上有电压时负载电流缓慢上升,负载无电压时负载电流缓慢下降,电流波形为锯齿波。

交流斩波调压电路与相控调压电路比较,克服了输出电压谐波含量高、触发延迟角 $\alpha$ 较大时电路功率因数低及电源侧电流谐波含量高等缺点。在一定的导通比情况下,斩波频率越高,感性负载的波形畸变率越小,波形越接近正弦波,电路功率因数也越高。但斩波频率高时,电路中开关管的开关次数增加,换流损耗增大。在一定的斩波频率下,输出脉冲宽度越窄,输出电压越低,谐波含量越大。

## 5.1.3 三相交流调压电路

根据三相电路的联结方式不同，三相交流调压电路有多种形式，它们各有特点，分别适用于各种不同的场合。

图 5-8 给出了三相电路常用的几种联结方式。图 5-8a、b 为星形联结方式，其中图 a 为不带中性线的三相三线星形联结电路，图 b 为带中性线的三相四线星形联结电路。不管电路是否带中性线，星形联结方式电路均可带星形联结负载，而不带中性线时也可接三角形联结的负载。图 5-8c 是支路控制的三角形联结方式，图 5-8d 是中性点控制的三角形联结方式，这两种联结方式适用于三角形联结的负载。而图 c 和图 d 的电路均可看作由三个单相调压电路组成的三相调压电路，只是每相的输入电源电压不再是单相电路中的相电压，而是线电压，所以前面介绍的单相交流调压电路的分析方法和结论均适用。得到电路相电流后，线电流参数也就知道了。这两种联结方式的优点是，线电流中无 3 次及 3 的倍数次谐波电流流过，它们在三角形内部构成环流。但这两种联结方式都要求负载必须是三个独立的线路，即每相负载的两个引出线都要引出才能应用。由于单相交流调压电路的分析方法和结论可应用于支路控制和中点控制的三角形联结方式电路，因此这里不再对这两种电路重复分析。下面重点分析三相星形联结交流调压电路的工作过程。

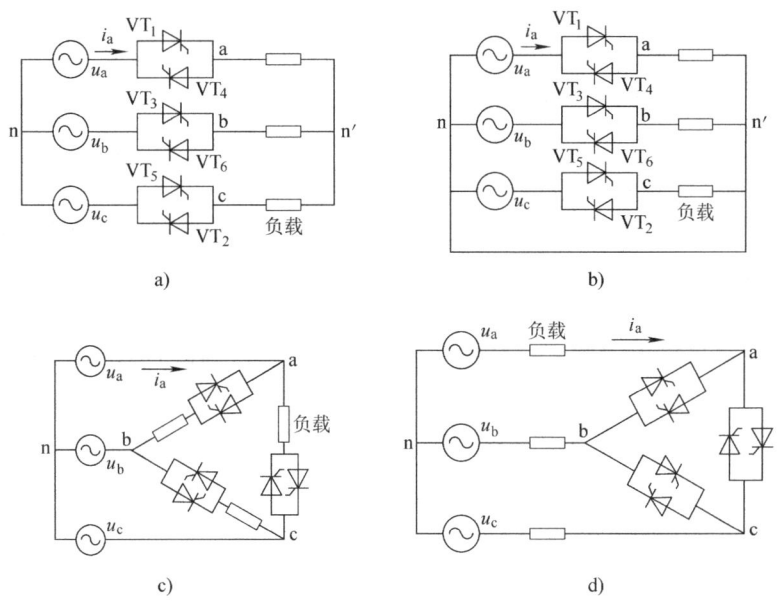

图 5-8 三相交流调压电路基本形式

如图 5-8 所示，星形联结电路分为不带中性线的三相三线和带中性线的三相四线两种情况。

**1. 三相四线星形联结电路**

如图 5-8b 所示，对于带中性线的三相四线电路，相当于电源电压为相电压的三个单相交流调压电路的组合，三相间相位互差 120°，单相交流调压电路的工作原理及分析方法均适用于此电路。值得注意的是，单相交流调压电路中，负载电流含有奇次谐波电流分量，组合为三相电路后，3 次和 3 的倍数次谐波电流分量由于大小和相位相同，不能在各相之间流动，全部流过中性线。所以，各相电流中无3次和3的倍数次谐波电流，而中性线上有很大的3次和3的倍数次谐波电流。当触发延迟角 $\alpha=90°$ 时，中性线上3次谐波电流分量最大，谐波电流可能达到和各相电流有效值接近。这一点在进行电路设计选择中性线导线线径时一定要注意。如电路由三柱式变压器供电，则3次和3的倍数次谐波电流将产生谐波磁通，由于3次谐波磁通在铁心中不能形成通路，变压器中出现较大的漏磁通，引起变压器发热和噪声，影响电路正常工作，所以此电路的应用具有一定的局限性。

**2. 三相三线星形联结电路**

对于不带中性线的三相三线电路，如图5-8a所示，这里为了分析方便，只讨论带阻性负载的情况。

首先讨论三相三线交流电压电路带阻性负载时电路正常工作的基本条件。假设三相电源和负载均对称，为了保证三相交流调压电路的正常工作，其晶闸管触发系统应满足以下要求：

1）由于电路无中性线，三相三线电路如三相桥式全控整流电路一样，若要负载上有电流通过，任何时刻至少要有不同相的两个晶闸管同时导通，才能构成回路。

2）为了保证电路在开始工作时，两个晶闸管能同时导通，并且在感性负载和触发延迟角较大时，也能使不同相的正、反两个晶闸管同时导通，应采用宽脉冲（宽度>60°，因为相继导通的两个晶闸管的导通相位差60°）或者双窄脉冲触发。

3）各晶闸管的触发信号应与三相交流电源的电压相序一致，并与电源保持同步。三相的触发脉冲应依次相差120°，而同一相的两个反并联晶闸管触发脉冲相差180°。所以，晶闸管触发脉冲顺序也与三相桥式全控整流电路相同，按照 $VT_1$、$VT_2$、$VT_3$、$VT_4$、$VT_5$、$VT_6$ 的顺序，相位依次相差60°。

以上是电路对晶闸管触发系统的要求，而相控交流调压电路是通过改变晶闸管的触发延迟角从而改变施加到负载上的电压波形来实现调压的，因此得到负载电压波形是分析研究交流调压电路的基础。对于三相三线星形联结的交流调压电路中的任何一相，只要该相的两个晶闸管之中有一个导通，则该支路导通。考虑三相情况，则电路有如下三种可能的工作状态：

1）三相的晶闸管均不导通，电路开路，此时三相负载电压都为零。

2）三相中每一相都有晶闸管导通，即三管导通工作状态，此时电路直通，则三相负载电压为该相电源相电压。

3）三相中任意两相有晶闸管导通，即两管导通工作状态，电路等效为导通两相的负载串联，共同承受导通两相之间的线电压，所以这时导通相负载上的电压是该两相电源线电压的1/2，非导通相的负载电压为零。

因此，只要判定电路中晶闸管的工作情况，就能得到该时刻的负载电压值；判别一个电源周期内各阶段晶闸管的导通情况，就能得到负载电压波形。

对于三相三线星形联结的电路，带阻性负载时由于每相的相电流和相电压同相位，所以只需讨论输出电压波形即可。利用前面整流电路的分析方法，将电路中所有晶闸管均换成二极管，则在电源相电压过零时二极管导通，也即对于由晶闸管构成的电路晶闸管此时开始承受正向电压，可以触发导通。所以，此电路晶闸管 $\alpha=0°$ 定义在相电压过零点，把相电压过零点定为触发延迟角 $\alpha$ 的起点。这一点与三相桥式全控整流电路不同，三相桥式可控整流

电路 α = 0°在该相相电压过零后 30°位置。

三相三线星形联结电路随着触发延迟角 α 的改变,电路有前面介绍的三种不同的工作状态。触发延迟角 α = 0°时,电路处于三相均导通的三管导通工作状态,随着 α 的增大,电路将由三管导通变化为三管和两管同时导通、两管导通、没有晶闸管导通。而两管导通时,负载上的电压为导通两相的线电压,对于电阻负载情况,负载电流和负载电压同相位,在线电压过零点时负载电流为零,晶闸管将不能继续导通,所以此电路 α 移相范围最大为线电压过零时刻。由于线电压超前相电压 30°,则电路带阻性负载时 α 的移相范围为 0°~150°。

下面讨论几种不同触发延迟角 α 情况下电路的工作情况。

(1) α = 0°时电路工作情况

α = 0°,即晶闸管在电源各相相电压过零时刻加触发脉冲,从图 5-8a 可知,稳态时电路中三相各有一个晶闸管处于导通状态,电路相当于二极管工作状态,工作情况与一般的三相交流电路相同,三相负载电压为电源相电压,三相负载电流与电源相电压同相位,也为正弦波形。

图 5-9 给出了晶闸管触发脉冲分配和晶闸管导通情况。图中 $u_g$ 和 $u_{Ra}$ 分别为晶闸管触发脉冲波形和 a 相负载上的电压波形。结合图 5-8、图 5-9 可知,当 a 相电压过零变正时,$VT_1$ 承受正向电压且有触发脉冲,$VT_1$ 导通,直到 a 相电压过零变负时,$VT_1$ 因承受反向电压关断,所以在整个电源正半周 $VT_1$ 均导通。之后 60°,c 相电压过零变负,则 c 相的 $VT_2$ 管承受正向电压导通,同样,在 c 相电压负半周,$VT_2$ 一直导通。之后,晶闸管按编号依次导通,所以,电路各晶闸管触发脉冲依次相差 60°,每个晶闸管一周期导通 180°。

所以,α = 0°时电路工作特点为:任何时刻,电路任一相均有一个晶闸管导通,一个周期中每管持续导通 180°,每隔 60°有一个管子换流。

(2) α = 30°时电路工作情况

α = 30°,即为各相相电压过零后 30°触发相应的晶闸管,图 5-10 给出了触发脉冲分配、晶闸管导通情况及输出电压波形。下面分析电路在稳态情况下一个周期的工作情况。

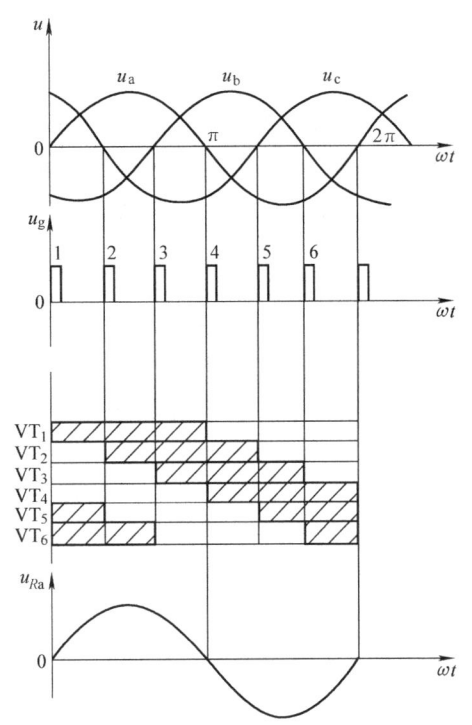

图 5-9 三相三线星形联结电路 α = 0°时的工作波形

1) ωt = 0°~30°,$VT_5$ 和 $VT_6$ 导通,$VT_4$ 由于 a 相电压过零变正使其承受反向电压关断,电路只有两管导通,a 相的两个晶闸管均不导通,则 a 相负载电压 $u_{Ra} = 0$,b、c 相负载电压为 b、c 间线电压的一半,即 $u_{Rb} = u_{Rc} = u_{bc}/2$。

2) ωt = 30°~60°,30°时刻 a 相的 $VT_1$ 管承受正向电压并有触发脉冲,触发导通,b、c

两相已经导通的晶闸管 $VT_5$ 和 $VT_6$ 继续导通,电路为三管同时导通状态,各相负载电压为相电压。则 a 相负载电压即为 a 相相电压,$u_{Ra} = u_a$。

3) $\omega t = 60° \sim 90°$,$60°$时刻 c 相电压过零变负,使 c 相的 $VT_5$ 管承受反向电压关断,$VT_6$ 和 $VT_1$ 导通,电路为两管导通工作状态,a 相负载上的电压为 a、b 间线电压的一半,即 $u_{Ra} = \frac{1}{2} u_{ab}$。

4) $\omega t = 90° \sim 120°$,$90°$时刻 b 相电压为负,$VT_2$ 承受正向电压并有触发脉冲,$VT_2$ 导通,$VT_6$ 和 $VT_1$ 继续保持导通,电路为三管同时工作状态,负载电压为相电压,即 $u_{Ra} = u_a$。

5) $\omega t = 120° \sim 150°$,$120°$时刻 b 相电压过零变正,使 $VT_6$ 承受正向电压关断,$VT_1$ 和 $VT_2$ 导通,电路为两管导通工作状态,a 相负载上的电压为 a、c 间线电压的一半,即 $u_{Ra} = \frac{1}{2} u_{ac}$。

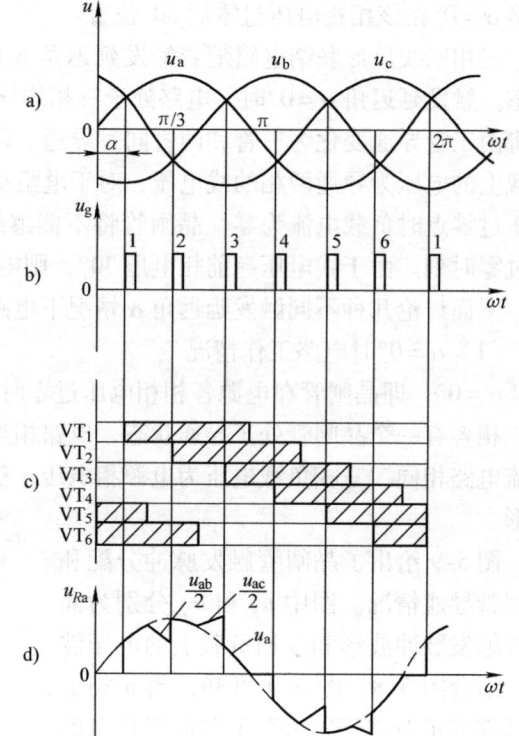

图 5-10 三相三线星形联结电路 $\alpha = 30°$ 时的工作波形

6) $\omega t = 150° \sim 180°$,$150°$时刻 $VT_3$ 承受正向电压并有触发脉冲导通,$VT_1$ 和 $VT_2$ 继续导通,电路为三管同时导通状态,负载电压为相电压,即 $u_{Ra} = u_a$。

用相同的方法可以分析电源电压负半周时电路的工作情况,一周期中负载电压波形如图 5-10d 所示。

所以 $\alpha = 30°$ 时,电路的工作特点为:一个周期中电路有三管同时导通和两管同时导通两种工作状态,每管一个周期中导通角为 $150°$,三管同时导通时负载电压为相电压,两管同时导通时负载电压为相关线电压的一半。

由于电路带电阻负载,输出电流波形与电压波形相同。负载电压波形不连续,所以电流波形也不连续。

(3) $\alpha = 60°$ 时电路工作情况

$\alpha = 60°$ 时可以用前面相同的分析方法,触发脉冲分配情况、晶闸管导通情况及负载电压波形如图 5-11 所示。电路工作过程如下:

1) $\omega t = 0° \sim 60°$,$VT_5$ 和 $VT_6$ 导通,电路为两管导通工作状态,负载电压 $u_{Ra} = 0$。

2) $\omega t = 60° \sim 120°$,$VT_6$ 和 $VT_1$ 导通,电路为两管导通工作状态,负载电压 $u_{Ra} = \frac{1}{2} u_{ab}$。

3) $\omega t = 120° \sim 180°$,$VT_1$ 和 $VT_2$ 导通,电路为两管导通工作状态,负载电压 $u_{Ra} = \frac{1}{2} u_{ac}$。

所以,$\alpha = 60°$ 时,电路的工作特点为:任何时刻电路只有两个管子导通,每管一个周期导通 $120°$,负载电压为相关线电压的一半。值得注意的是,此时负载电压波形不连续,所以负载电流波形也不连续。

(4) $\alpha=90°$时电路工作情况

$\alpha=90°$时电路工作情况与前面的几种情况有所不同。在前面的分析中，晶闸管在承受正向电压并有触发脉冲时开通，相应相电压过零时关断。按照这样的分析，可以得到与$\alpha=60°$时类似的如图5-12c所示的晶闸管导通情况。仔细分析可以看出图5-12c的晶闸管导通情况是不正确的，因为图中有六个区间只有一个晶闸管处于导通状态，它们是：$\omega t=60°\sim 90°$，$\omega t=120°\sim 150°$，$\omega t=180°\sim 210°$，$\omega t=240°\sim 270°$，$\omega t=300°\sim 330°$。很显然，电路中一个管子导通不能构成回路，所以，实际上这些区段内晶闸管是不导通的。晶闸管正确的导通情况如图5-12d所示。

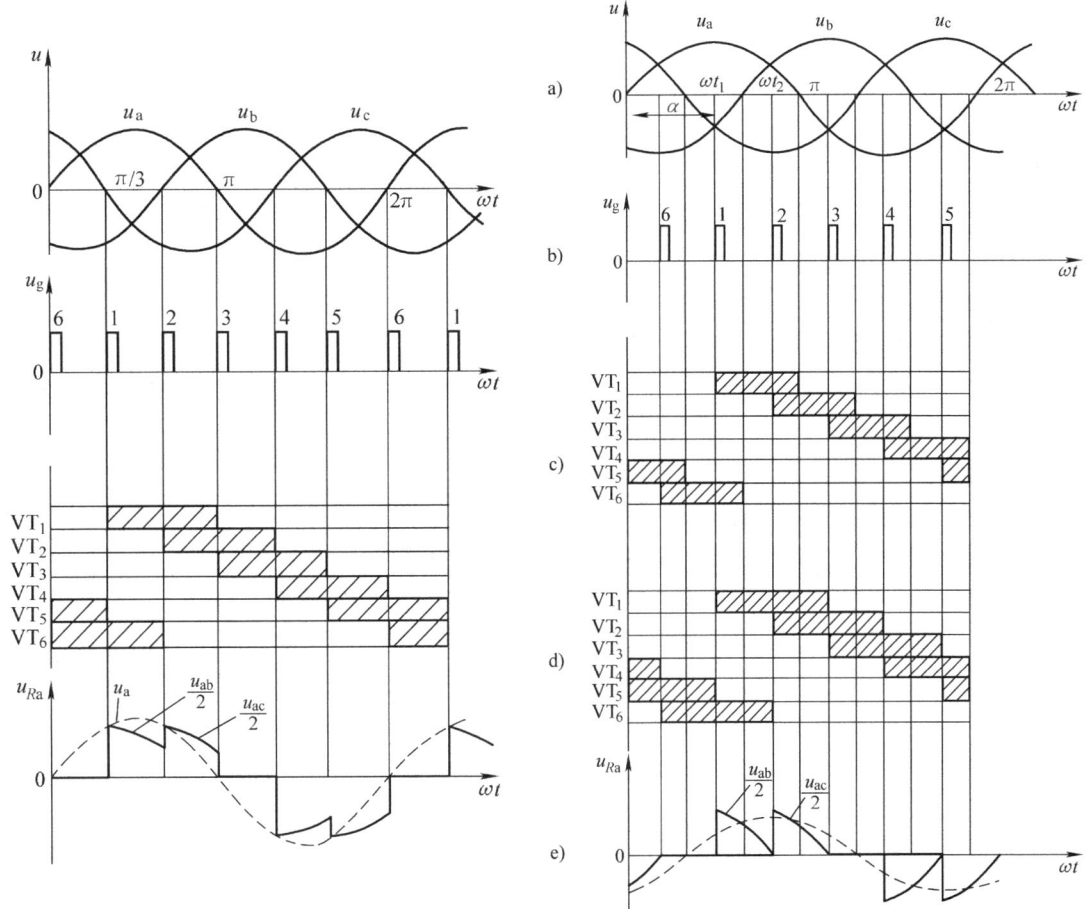

图5-11　三相三线星形联结电路$\alpha=60°$时的工作波形　图5-12　三相三线星形联结电路$\alpha=90°$时的工作波形

根据5-12d所示的晶闸管导通情况，按照前面相同的分析方法，可以得到负载电压波形如图5-12e所示，这里不再详细说明。值得注意的是，$\alpha=90°$情况下晶闸管在换流时负载电流已经减小为零，处于电流连续和断续的临界情况，如果再增大触发延迟角则电路将工作在负载电流断续的情况。由于电流过零时刻晶闸管将关断，下一次触发重新导通，即每个晶闸管第二次导通时一定要有再次触发的触发脉冲，或者说，触发脉冲宽度一定要大于60°才能保证电路可靠工作。

所以，α=90°时，电路的工作特点为：一个周期中存在两晶闸管同时导通和无晶闸管导通两种工作状态，每管一个周期导通120°。

(5) α=120°时电路工作情况

α=120°时电路工作情况与α=90°时类似，波形如图5-13所示。这里同样要求触发脉冲为双窄脉冲或者是宽脉冲。

α=120°时，电路的工作特点为：电路为两晶闸管同时导通和无晶闸管导通两种工作状态，每个晶闸管一个周期导通角为60°，它们在触发后导通30°，关断30°，再次触发导通30°，即晶闸管的导通角为300°-2α，且这个导通角度被分割为不连续的两部分，在半个周波内形成两个分离的区段，各占150°-α。

(6) α≥150°时电路工作情况

从前面的分析可以知道，随着晶闸管触发延迟角的逐渐增加，电路由同时存在三管导通和两管导通两种状态过渡到两管导通和无管导通的状态。而两管导通时晶闸管承受线电压，所以当触发角α≥150°后，由于晶闸管承受的线电压已经开始过零变负，所以，晶闸管不可能再导通，负载电压为零。

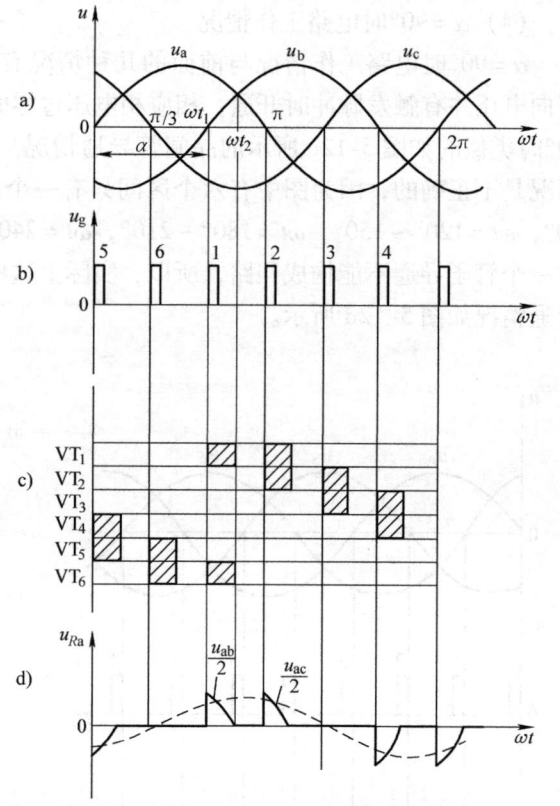

图5-13 三相三线星形联结电路α=120°时的工作波形

从图5-10到图5-13的负载电压波形可以看出，随着触发延迟角α的增大，负载电压减小，当α=150°时负载电压减小为零，所以电路移相范围为0°~150°。随着α的增大，负载电流波形由连续到不连续变化，且波形发生畸变，含有谐波。对负载电压波形进行傅里叶分析可知，其所含谐波次数为$6k±1(k=1，2，3，…)$，和三相桥式全控整流电路交流侧电流所含谐波次数相同。和单相交流调压电路比较，这里没有3次和3的倍数次谐波，因为三相对称，它们在三相三线联结电路中没有通路。

三相三线星形联结电路带阻感负载的情况很复杂，很难用数学表达式进行描述，这里不作分析。提醒注意的是，当电路带阻感负载时，一般来说，电感大时，谐波电流会减小一些。

## 5.2 交流无触点开关

从上一节知识知道，如果单相交流调压电路工作在整周波通断控制方式，则可以用于控制电路的接通和断开，即起开关作用，这样的开关称为交流无触点开关。与传统的有触点开关比较，交流无触点开关由电力电子器件组成，具有很多有触点开关所不具有的优点，如开关频率高，响应快，无噪声，通断电路时不会产生电弧，没有电磁干扰，而开关总是在电流过零时关断,不会因负载或线路电感储存能量引起暂态过电压等。所以,交流无触点开关特别适用于操作频繁、可靠性要求高的自动控制系统。

交流无触点开关可以采用晶闸管作为主开关,也可采用全控型器件作为主开关,下面分别进行简单介绍。

## 5.2.1 晶闸管交流无触点开关

晶闸管交流无触点开关由两个反并联的普通晶闸管组成,如图5-14所示。作为开关工作时,当开关导通,即控制正反两个晶闸管的触发延迟角均为 $\alpha = 0°$,也就是在电源电压的正半周,$VT_1$ 导通,电源电压的负半周,$VT_2$ 导通,则电路中有正反两个方向的电流;当开关关断,则控制两个晶闸管均不导通。

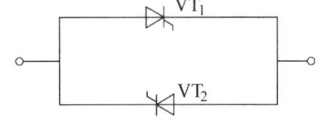

图5-14 晶闸管交流无触点开关

图5-14中的两个反并联晶闸管也可以用一个双向晶闸管代替,但双向晶闸管承受 $du/dt$ 的能力较差,所以一般只用在电阻性负载电路中作交流开关用。

晶闸管投切电容器(Thyristor Switched Capacitor,TSC)是电力系统中常用的静止无功补偿装置之一,也是晶闸管交流无触点开关的一个重要应用场所。电力系统中绝大部分负载为感性负载,它们运行时要消耗系统的无功功率,造成系统低功率因数,对系统运行很不利,所以,系统需要对电网进行无功补偿,最常见的无功补偿方式是采用无功电容进行补偿。传统的电容器无功补偿装置是采用机械有触点开关投入和切除电容器补偿装置,这种采用机械开关的电容器投切装置的缺点是反应速度慢,在负载变化较快时,电容器的投入和切除速度跟不上负载变化。用晶闸管无触点开关代替传统的机械开关进行电容器的投入和切除的补偿方式,可以快速跟踪负载的变化,从而提高系统功率因数,稳定电网电压,改善供电质量,是一种性能优越的无功补偿方式。

图5-15a给出了单相TSC基本原理,由两个反并联的晶闸管组成交流无触点开关,可将电容 $C$ 并入或从电网断开。图中串联一小电感,用来抑制电容器投入电网时产生的冲击电流。实际工程中,为避免电容器组投入时造成较大的电流冲击,常将电容器分为几组,如图5-15b所示,根据电网对无功功率的需求改变投入电容器的容量。实际中常使用三相TSC,三相电路可以三角形联结,也可以星形联结。

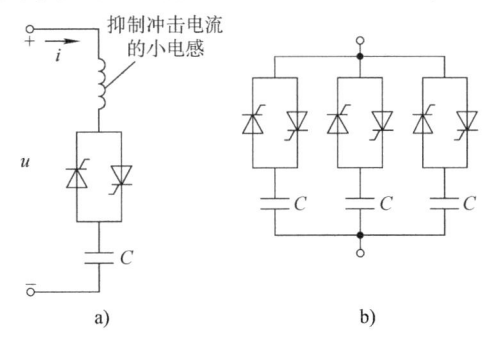

图5-15 TSC基本原理

对于TSC,其晶闸管投切时间的选择是一个很重要的问题。理想的电容器投入时刻是交流电源电压与电容器预充电电压相等的时刻,这样在电容器投入时刻其电压不会产生突变,从而没有冲击电流。一般希望电容器预充电电压为电源峰值电压,这时电源电压的变化率为零,电容投入过程不但没有冲击电流,也没有电流跃变。如图5-16所示,如果上一次晶闸管导通时段最后,电容器端电压 $u_C$ 已由导通的晶闸管 $VT_1$ 充电至电源电压 $u_s$ 的正峰值 $U_m$,则本次导通开始时刻取为 $u_C = U_m$ 的时刻 $t_1$,此时刻触发晶闸管 $VT_2$ 使之导通,电容电流 $i_C$ 开始流通。以后每半个周期轮流触发 $VT_1$ 和 $VT_2$,电路继续导通。需要切除这条支路的电容时，如 $t_2$ 时刻电容电流 $i_C$ 减小为零，$VT_2$ 关断，由于电容电流超前电压90°，此时电容电压为电源峰值电压。如果此时未给 $VT_1$ 加触发脉冲，则 $VT_1$ 不导通，电容电压 $u_C$ 保持为 $VT_2$ 导通结束时刻的电源电压负峰值，为下一次投入电容器做好准备。

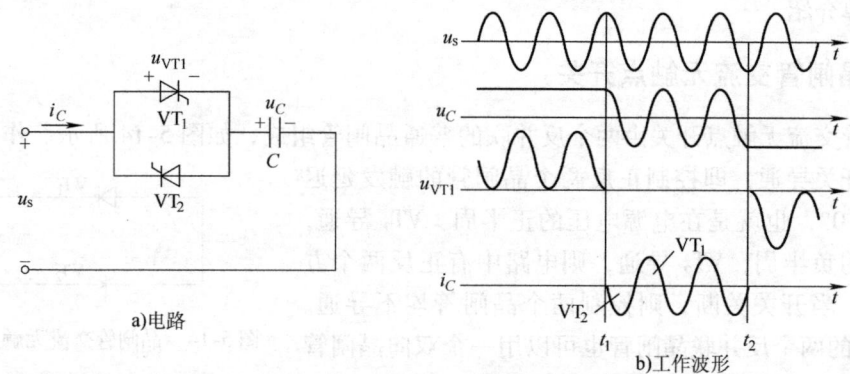

图 5-16 TSC 电容理想投切时刻的原理及工作波形

### 5.2.2 全控型器件交流无触点开关

图 5-17 为全控型交流无触点开关的一种形式，图中的交流开关由两个全控型器件 IGBT 组成。$V_1$ 加控制信号导通时，电流通过 $V_1$ 和 $VD_1$ 流通；$V_2$ 加控制信号导通时，电流通过 $V_2$ 和 $VD_2$ 流通。控制 $V_1$ 和 $V_2$，则可控制电路的接通和断开。

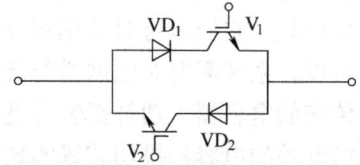

图 5-17 全控型器件交流无触点开关

## 5.3 交流调功电路

交流调功电路与交流调压电路的电路形式完全相同，只是控制方式不同，它与交流电子开关一样采用整周波通断控制方式，即晶闸管将电路接通几个周波，再断开几个周波，以交流电源周波数作为控制单位，对电路进行通断控制。所以，交流调功电路对晶闸管进行通断控制的目的不是接通和断开电路，而是控制电路输出平均功率。在交流调功电路中，晶闸管仍然起开关作用，只是开关的切换频率更高。对一些有大时间常数的惯性环节，如电阻炉的温度控制，因为温度变化相对缓慢，就可以利用交流调功电路来实现。改变交流开关的通断时间比，使电流时断时有，从而调节炉温。采用这种控制方式，开关导通期间，电压和电流均为正弦波形，没有谐波，与相控调压方式相比，可以提高装置的功率因数，减小谐波对系统的影响。

图 5-18 给出了典型的交流调功电路控制波形，当负载为电阻负载时，控制周期为电源周期的 $M$ 倍，晶闸管在前 $N$ 个周期导通，后 $M-N$ 个周期关断。负载电压和负载电流

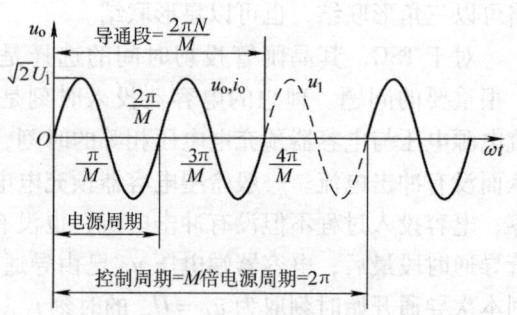

图 5-18 交流调功电路典型控制波形

（即电源电流）的重复周期为 $M$ 倍电源周期。图 5-18 中，$M=3$，$N=2$。

对图 5-18 中的波形进行傅里叶分析可知，如果以电源周期作为基准，则负载电流波形中不含整数倍频率的谐波，但含有非整数倍频率的谐波，且在电源频率附近，非整数倍频率的谐波含量较大。

## 5.4 交 – 交变频电路

所谓交 – 交变频电路是指不通过中间直流环节，将电网频率的交流电直接变换为不同频率的交流电的变换电路，也称为周波变换器。这种变换电路由于没有中间环节，所以变换效率较高，主要应用于交流大功率电机调速系统中。

### 5.4.1 单相交 – 交变频电路

图 5-19 给出了单相交 – 交变频电路原理，从图中可以看出，单相交 – 交变频电路由两套反并联的晶闸管整流电路组成，与第 3 章介绍的直流电动机可逆调速系统用的四象限变流系统完全相同，二者的工作原理也很相似。在直流可逆调速系统中，正组和反组两组整流电路分别工作，在负载上可以得到极性可变的直流电。在交 – 交变频电路中，仍然是两组变流电路按一定频率交替工作，则负载上可以得到频率变化的交流电。只是交 – 交变频电路中，两组整流电路的切换频率是由需要输出的交流电压频率决定的。所以，改变两组整流电路的切换频率，就可以改变交流输出电压的频率；而改变整流电路工作时的触发延迟角 $\alpha$，就可以改变输出交流电压的幅值。

图 5-19 中，正组整流电路工作时，反组被封锁，负载电压极性为上正下负；反组整流电路工作时，正组被封锁，负载电压极性为上负下正。交替切换正、反组整流电路的工作频率，负载上得到如图 5-20 所示的输出电压波形。此时，整流电路的触发延迟角 $\alpha$ 是固定不变的，即在每一个电源周期输出电压波形形状相同，含有大量的谐波电压，对电机运行很不利。

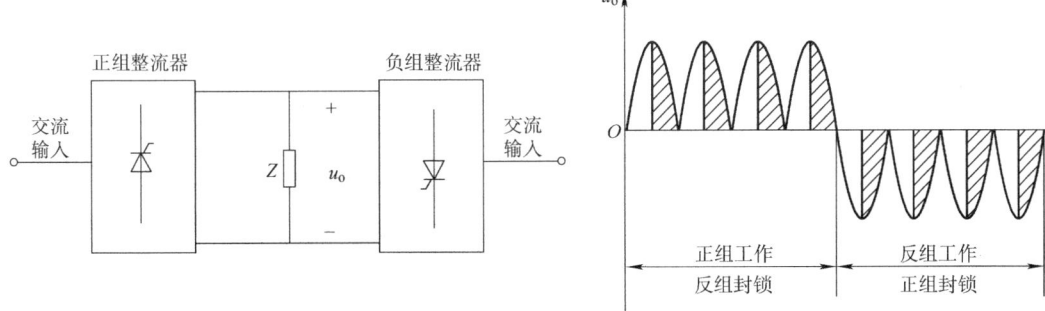

图 5-19 单相交 – 交变频电路原理　　图 5-20 $\alpha$ 固定时单相交 – 交变频电路输出电压波形

如果在正组和反组整流电路工作时，触发延迟角 $\alpha$ 不固定，在正组工作的半个周期中，$\alpha$ 按正弦规律从 90° 逐渐减小为 0°，再从 0° 逐渐增大到 90°，这样正组整流电路输出电压平均值也按正弦规律变化，从零开始增大到最大值，再从最大值减小到零；而反组整流电路工作的半个周期采用相同的控制方法，则负载上的交流输出电压更接近正弦波，谐波含量大大减小。触发延迟角 $\alpha$ 不固定时，负载上的输出电压波形如图 5-21 所示。

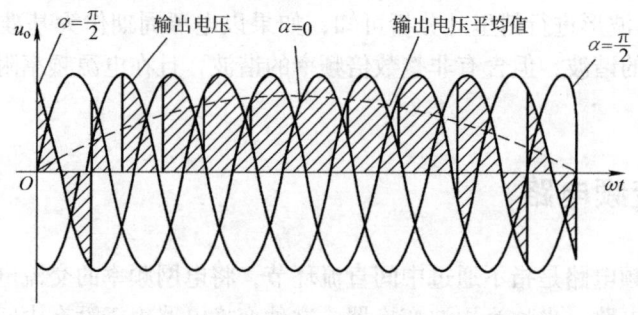

图 5-21 $\alpha$ 可变时单相交 – 交变频电路输出电压波形

从上面的分析可知，输出电压由若干段电源电压拼接而成，在输出电压一个周期内，所包含的电源电压段数越多，输出电压波形越接近正弦波。所以，交 – 交变频电路常采用六脉波或十二脉波的变流电路。而每段电源电压的平均持续时间由变流电路的脉波数决定，为了减小输出电压谐波，希望输出电压在一周期内所包含的电源电压段数多，但这时输出电压频率就低。而当输出电压频率较高时，输出电压在一周期内所包含的电源电压段数减少，波形畸变严重。所以，交 – 交变频电路中，电压波形畸变以及由此产生的电流波形畸变和电动机转矩脉动是限制电路输出频率提高的主要因素。对于六脉波的三相桥式电路，一般来说，交流输出电压频率上限不高于电源电压频率的 $1/3 \sim 1/2$，即电源频率为 50Hz 时，交 – 交变频电路的输出上限频率大约为 20Hz。

这里要注意的是，如果两组整流电路同时工作，将发生电源短路，从而烧坏晶闸管。所以，两组整流电路切换时，不能简单地封锁原来工作的整流电路，同时将原来封锁的整流电路立即导通。因为已经导通的晶闸管在触发脉冲消失时不能立即关断，只有当晶闸管承受反向电压后才能关断。如果两组整流电路同时切换，触发脉冲的封锁和开放同时进行，则原来导通的整流电路不能立即关断，而原来封锁的整流电路立即导通，出现两组电路同时导通的短路情况，损坏电路。所以，在封锁原来导通的整流电路后，需要留一定的死区时间，再开放原来封锁的整流电路，保证两组整流电路不同时工作。这可以通过在两组整流电路中接入限制换流的电抗器，或者是合理安排触发脉冲等方法来实现。

### 5.4.2 三相交 – 交变频电路

交 – 交变频电路主要用于大功率交流调速系统中，因此实际使用的主要是三相交 – 交变频电路。三相交 – 交变频电路由三组相同的单相交 – 交变频电路组成，其输出电压相位相差 120°，根据电路接线形式不同，可分为公共交流母线进线方式和输出星形联结方式两种，分别用于中、大容量系统中。

**1. 公共交流母线进线方式的三相交 – 交变频电路**

图 5-22 所示为公共交流母线进线方式的三相交 – 交变频电路原理，它由三个彼此独立的单相交 – 交变频电路组成，三个电路电源进线通过进线电抗器接在公共的交流母线上。由于电源进线端共用，所以三个单相变频电路的输出端必须隔离。所以，变频电路所带的电动机的三个绕组必须拆开，同时引出六根引线。

**2. 输出星形联结方式三相交 – 交变频电路**

图 5-23 给出了输出星形联结方式三相交 – 交变频电路的原理，从图中可以看出，这种

联结方式下变频电路的输出端接成星形,电动机的三相绕组也接成星形,电动机三相绕组的中性点和变频电路中性点不接在一起。所以,电动机绕组只需引出三根线即可,但因为三个单相变频电路连接在一起,其电源进线必须隔离,要求三个单相变频器必须分别由三个变压器供电。

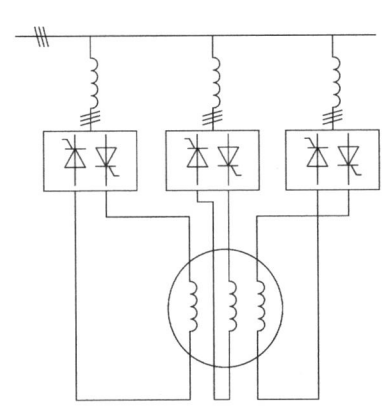

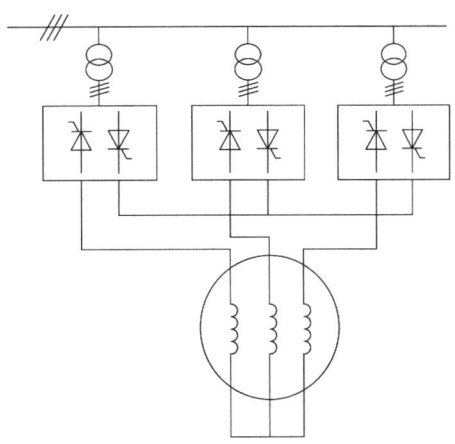

图 5-22　公共交流母线进线方式的三相交 – 交变频电路原理

图 5-23　输出星形联结方式的三相交 – 交变频电路的原理

由于变频电路输出中性点和负载中性点未连接在一起,所以在构成三相变频电路的六组桥式电路中,至少要有不同相的两组桥中的四个晶闸管同时导通才能构成回路,形成电流。同一组桥内的两个晶闸管依靠双脉冲触发来保证同时触发导通。两组桥之间依靠足够的脉冲宽度来保证同时有触发脉冲。

从上面分析可以看出,交 – 交变频电路与交 – 直 – 交变频电路比较,有以下特点:

1) 交 – 交变频电路中只经过一次变流,电路变换效率高。

2) 由于采用两组晶闸管整流装置构成,可以方便地实现电路的四象限工作。

3) 低频输出时输出波形接近正弦波。

4) 电路接线复杂,使用晶闸管个数多,如三相桥式电路组成的三相交 – 交变频电路至少需要 36 个晶闸管。

5) 输出频率受电网频率和变流电路脉波数限制,输出频率低,一般不超过电网频率的 1/3。

6) 由于采用相控方式,输入功率因数低。

7) 输入电流中谐波含量高。

由于三相交 – 交变频电路的以上特点,它主要应用于功率为 500kW 或 1000kW 以上、转速为 600r/min 以下的大功率低转速交流电动机的调速系统中。目前应用较多的是矿石粉碎机、水泥球磨机、卷扬机、鼓风机及轧钢机主传动装置等。

# 小　　结

本章介绍了交流 – 交流变换电路,内容包括交流调压、交流电子开关、交流调功和交 – 交变频电路。

单相交流调压电路介绍了相控和斩控两种控制方式。单相相控调压电路采用一对普通晶闸管反并联连接或是采用一只双向晶闸管做控制器件，通过改变晶闸管的触发延迟角 $\alpha$ 就可方便地实现对交流输出电压的调节。单相斩波调压电路一般采用全控型器件做交流开关，控制开关的导通时间，从而调节电路输出电压大小。

三相交流调压电路有各种不同的连接方式，如三相三线星形联结、三相四线星形联结、支路控制三角形联结及中性点控制三角形联结等，其中除了三相三线星形联结方式外，其他几种情况都可以采用单相交流调压电路的分析方法进行分析和计算，三相三线星形联结方式中电路有三种不同的工作方式。

交流电子开关和交流调功电路与相控调压电路形式相同，只是控制方式不同，它们采用整周波控制方式，如果对周波数控制的目的是为了控制输出平均功率，则是交流调功电路，如果没有明确的控制周期，只是根据需要控制电路的通、断，则为交流电子开关。

交-交变频电路是直接变换电路，它的基本工作原理基于直流可逆变换。单相交-交变频电路结构与直流可逆调速系统电路结构相同，不同的是两组整流电路切换频率由需要输出的交流电压频率确定。三相交-交变频电路可以由三个单相交-交变频电路构成，主要有公共交流母线进线方式和输出星形联结方式两种联结方式。

## 思考题及习题

5-1 晶闸管构成的单相交流电压电路带阻性负载和阻感负载时移相范围分别是多少？为什么？

5-2 相控交流调压电路和斩波控制交流调压电路各有什么优缺点？

5-3 试分析三相三线交流调压电路带阻性负载时，触发延迟角 $\alpha = 30°$、$45°$、$120°$、$135°$ 四种情况下晶闸管导通区间分布及输出电压波形。

5-4 交流调压电路、交流电子开关和交流调功电路有什么区别？它们分别用于什么场合？

5-5 交-交变频电路中如何改变输出交流电压的大小和频率？其输出频率是否可以任意调节？为什么？

5-6 三相交-交变频电路主要有哪几种联结方式？它们分别有什么区别？

5-7 交-交变频电路与可控整流电路有哪些相同和不同之处？

5-8 一调光台灯由单相交流调压电路供电，认为该台灯为阻性负载，在 $\alpha = 0°$ 时输出功率最大，求输出功率为最大输出功率的80%、50%时晶闸管的触发延迟角 $\alpha$。

5-9 一相控交流调压电路，电源电压 $U_1 = 220V$，频率 $f_1 = 50Hz$，带阻感负载，$R = 0.5\Omega$，$X_L = 0.5\Omega$，求：(1) 电路移相范围；(2) 负载电流最大有效值；(3) 最大功率和最大功率时所对应的功率因数。

5-10 一台220V、10kW 的电炉，采用相控交流调压电路供电，现使其工作在5kW，求此时电路的触发延迟角 $\alpha$、电路电流及电源侧功率因数。

# 第6章 无源逆变电路

逆变电路（Inverter），是直流-交流变换电路，即 DC-AC 变换电路。它与整流电路工作过程相反，实现直流电能到交流电能的转换。如果逆变电路的交流侧接到交流电源，把直流电逆变成交流电后送到电网，叫有源逆变。这种逆变电路输出的电压和频率就是电网电压和频率。如果逆变电路的交流侧不与电网连接，而是直接接到负载，即把直流电逆变成某一频率的交流电供给负载，叫无源逆变。无源逆变电路输出的交流电大小及频率与电网交流电的大小和频率无关，可以得到任意频率和电压的交流电。有源逆变在第3章已讲述过，本章只讨论无源逆变电路。

## 6.1 概述

### 6.1.1 无源逆变电路的分类

逆变电路的分类方式很多，根据逆变的交流电的相数不同，逆变电路可分为单相逆变电路和三相逆变电路两大类。单相逆变电路适用于小、中功率的场合；三相逆变电路适用于中、大功率场合。逆变电路常用的分类方式还有：

1）按输入电源类型分类，输入直流侧为恒压源的电路称为电压源逆变电路（Voltage Source Inverter，VSI）或电压型逆变电路，输入直流侧为恒流源的电路称为电流源逆变电路（Current Source Inverter，CSI），或电流型逆变电路。

2）按电路结构特点分类，可分为半桥式、全桥式、推挽式和单管式逆变电路。

3）按器件的换流特点分类，可分为强迫换流式和自然换流式逆变电路。

4）按负载特点分类，可分为谐振式和非谐振式逆变电路。

5）按输出波形特点分类，可分为正弦式和非正弦式逆变电路。

逆变电路在电力电子电路中占有十分突出的位置，应用非常广泛，它的应用主要有两种形式：一种是用于直接将直流电能转换为交流电能，称为直接变换，如蓄电池、干电池、太阳能电池等直流电源逆变向交流负载供电；另一种应用是作为组合变换电路中的一个环节，称为间接变换，指在多级转换系统中承担将直流转换为交流的变换任务，如感应加热电源、变频变压电压源（Variable Voltage Variable Frequency，VVVF）、恒频恒压电压源（Constant Voltage Constant Frequency，CVCF）、不间断电源（Uninterruptible Power Supply，UPS）等工业交流电源，它们均采用 AC-DC-AC 结构，其核心部分都是逆变电路。

### 6.1.2 换流方式

为了有效地对电能进行变换和控制，电力电子电路实质上是一种按既定时序工作的大功率开关电路，器件开关状态的转换带来工作电流的转移。由于器件和电路元件都具有惯性，器件开关状态的转换和电流的转移都不可能瞬时完成，工作电流从一个支路向另一个支路转移的过程称为换流（Commutation）。当电流不是从一个支路向另一个支路转移，而是在支路内部终止流通而变为零，则称为熄灭。

早期的电力电子电路中，变换功能仅限于整流和交流调压，开关器件为晶闸管，其共同特点是具有交流工作电源和采用相控方式。因此，上述支路间电流转移时也伴随着加到开关元件上交流电源相序的更迭（如线电压 $u_{ab}$ 至 $u_{ac}$ 等），所以这一类电路的换流也可称为换相。随着技术的发展，电能变换形式的增多，对于直流斩波电路和逆变电路，其工作电源均为直流，通常采用频率控制和斩控方式，这类电路中支路间电流转移的时刻已完全与交流公共电网的相序无关，故泛称换流更妥。换流问题虽然在前面的各种电路中均有涉及，但在逆变电路中相对集中，且占有很重要的地位。本节对主要的换流方式进行介绍。

可靠换流是所有变流电路顺利工作的必要条件，换流过程的长短和优劣对变流电路的经济技术性能会产生较大的影响。换流过程涉及器件的开关过程，这一过程又随着器件的控制性能而异。对于由电力电子器件控制的电路，要使支路开通仅需要在相应的电力电子器件控制极上施加适当的驱动信号，但要使支路关断，情况就复杂多了。研究换流方式主要是研究器件的关断方式。根据器件的性能，电力电子器件的关断方式可分为下面两大类。

**1. 控制极关断方式**

这种方式利用加在器件控制极信号电平的变化，使已处于导通状态的器件电流下降并恢复其正向和反向阻断能力。在第 2 章中已经介绍，如 IGBT、电力 MOSFET、GTO 等全控型器件可以由控制极控制其关断。像这样利用全控型器件的自关断能力进行换流的方式称为器件换流（Device Commutation）方式。

**2. 阳极关断方式**

阳极关断方式又称为阳极换流方式，这种关断方式是利用反向阳极电压使器件的通态电流下降并恢复其电压阻断能力。对于晶闸管这类半控型器件，由于控制极信号在器件导通后即失去控制作用，故只能采用阳极关断的换流方式。晶闸管阳极关断的反向阳极电压又称换流电压。根据换流电压的来源不同，晶闸管换流方式又可分为三种：

（1）电网换流

如果晶闸管电路接在交流电网中，即接于交流电路，则当电网电压反向时，晶闸管承受反向电压自动关断。这种由电网提供换流电压的方式称为电网换流（Line Commutation），即利用电网交流电压自动过零变负的特点，使晶闸管承受反向阳极电压而关断。电网换流方式简单可靠，无需附加换流电路，称为自然换流。前面讲过的可控整流电路、交流调压电路以及采用相控方式工作的交－交变频电路均采用这种方式，但它并不适合本章讨论的没有交流电源的无源逆变电路。

（2）负载换流

由负载提供换流电压的换流方式称为负载换流（Load Commutation）。负载换流方式是利用负载回路中电感、电容形成的振荡特性，使器件中流过的电流自动过零。只要负载电流超前于电压的时间大于晶闸管的关断时间，即能保证导通的晶闸管可靠关断，并触发导通另一个晶闸管，完成电流转移。

负载换流和电网换流一样，不依赖附加换流电路，因此也属自然换流。由于它们需要借助于外部环境来实现换流，又称为外部换流。负载换流适用于负载及频率变化不大的逆变电路，如冶炼用的中频电源。

(3) 强迫换流

电网换流和负载换流都需要借助外部条件,并且不能在任意时刻使变流器换流。对于外部条件不能满足要求,或者希望随意控制换流时刻,则需要设置附加的换流电路,给欲关断的晶闸管施加反向电压或反向电流来进行换流。这种换流方式称为强迫换流(Forced Commutation)。强迫换流通常利用附加电容上储存的能量来实现,也称为电容换流。强迫换流方式和前面的器件换流方式都是依靠器件或变流器自身而实现换流的,这样的换流方式称为自换流。

图 6-1、图 6-2 是常见的两种强迫换流电路。图 6-1 中,晶闸管 VT 由并联的电容提供换流电压,称为直接耦合式强迫换流。晶闸管 VT 导通时,开关 S 关断,通过附加的电容充电电路预先给电容 C 按图示极性充好电。电路需要换流时,合上开关 S,电容使晶闸管承受反向电压而关断。图 6-2 为电感耦合式强迫换流电路,它是通过换流电路内电容和电感串联谐振提供换流电压或换流电流。需要换流时,合上开关 S,电路中晶闸管、电感和电容构成回路,电感和电容谐振,当谐振电路使晶闸管流过的正向电流为零,则与之反并联的二极管导通,晶闸管承受反向电压(二极管压降)关断。

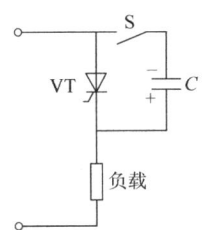
图 6-1 直接耦合式强迫换流

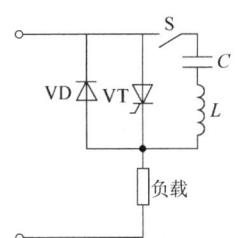
图 6-2 电感耦合式强迫换流

### 6.1.3 逆变电路的基本工作原理

这里首先介绍逆变电路的基本工作原理。以单相桥式逆变电路为例,其电路原理图如图 6-3 所示。电路中 $S_1 \sim S_4$ 是理想开关,当 $S_1$、$S_4$ 闭合,$S_2$、$S_3$ 断开时,A 点电压为电源正极电压,B 点为电源负极电压,负载电压 $u_o = U_d$;当 $S_2$、$S_3$ 闭合,$S_1$、$S_4$ 断开时,A 点电压为电源负极电压,B 点为电源正极电压,负载电压 $u_o = -U_d$;轮流接通和断开 $S_1$、$S_4$ 和 $S_2$、$S_3$,就得到负载电压幅值为 $U_d$ 和 $-U_d$ 的方波,负载电压波形如图 6-4 所示。这样通过开关的开通、关断就把输入的直流电源逆变成了负载上的交流电。而改变电路中两组开关的切换频率,也就改变输出交流电的频率。

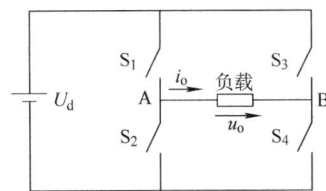
图 6-3 逆变电路基本工作原理

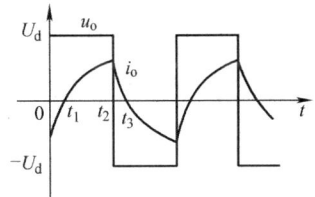
图 6-4 逆变电路带感性负载时负载电压电流波形

对图 6-3 所示的逆变电路,带阻性负载时,负载电流 $i_o$ 和负载电压 $u_o$ 的波形相同,相位也相同。带感性负载时,$i_o$ 相位滞后于 $u_o$,波形也不同,如图 6-4 所示。图中,在 0 时刻，$S_2$、$S_3$ 关断，$S_1$、$S_4$ 导通，负载电压 $u_o$ 立刻由负变正。而由于负载电感的存在，使得负载电流 $i_o$ 不能立刻反向，负载电感能量向电源反馈，$i_o$ 逐渐减小，在 $t_1$ 时刻降为零，随后再反向增大，继续上升，直到在 $t_2$ 时刻 $S_1$、$S_4$ 关断，$S_2$、$S_3$ 导通。$t_2 \sim t_3$ 阶段的情况和 $0 \sim t_1$ 阶段类似。从输出功率的角度来看，在 $0 \sim t_1$ 区间内，电压 $u_o$ 和电流 $i_o$ 的方向不同，输出瞬时功率为负，即负载向电源反馈能量；在 $t_1 \sim t_2$ 区间，电压 $u_o$ 和电流 $i_o$ 的方向相同，输出瞬时功率为正，即电源向负载输出能量。

当逆变电路负载为感性或容性时，其输出电压将超前或滞后电流，输出功率的瞬时值将会有正有负。正的输出功率表明逆变电路输出功率，即能量从直流电源向负载传输；负的输出功率表明逆变电路吸收功率，即负载向直流电源反馈能量。因此，逆变电路必须能够在四象限工作才能适应各种不同的负载情况。

从前面的分析可以知道，为了使逆变电路能够在四象限工作，理想开关上的电流需要双向流动，由于开关器件的单向导电性，所以需要在开关器件上反并联二极管，以保证反向电流流通。

## 6.2 电压型逆变电路

前面已经知道，根据直流电源性质不同逆变电路可分为两种类型，即电压型逆变电路和电流型逆变电路，本节讨论电压型逆变电路。为了和后面 PWM 逆变电路相区别，本节讨论的所有逆变电路均指的是方波逆变电路，即输出电压是方波而不是 PWM 波。电压型逆变电路在实际中应用很多，如 UPS、有源滤波器、不可逆传动或稳速系统以及对快速性要求不高的驱动场合。

电压型逆变电路的特点是：

1) 直流侧为电压源或并联大电容，直流侧电压基本无脉动。实际中，并联大电容的情况较多，大电容不仅抑制了直流电压纹波，降低直流电源内阻，使直流侧近似为恒压源，而且当交流侧为感性负载需要无功功率时，可以起到缓冲和提供无功功率的作用。

2) 输出电压波形为矩形波，输出电流波形因负载阻抗不同而不同。

3) 感性负载时需提供无功。为了给交流侧向直流侧反馈的无功提供通道，逆变桥各桥臂需并联反馈二极管，反馈二极管同时可起续流作用。

### 6.2.1 单相半桥电压型逆变电路

单相半桥电压型逆变电路结构如图 6-5 所示，图中的 $VT_1$ 和 $VT_2$ 为任意类型的电力电子器件，常用的是 IGBT 器件。在直流侧有两个相互串联、容量足够大且参数完全相同的电容 $C_{d1}$ 和 $C_{d2}$，使得两个电容的联结点为直流电压的中点。开关管 VT 和反并联二极管 VD 构成一个桥臂，两桥臂的中点为输出端，负载连接在直流电压中点 O 与开关两桥臂的中点 A 之间。因电容 C 容量足够大，可以认为 O 点电位基本不变，A 点的电位则取决于器件的工作情况。

开关器件 $VT_1$ 和 $VT_2$ 的驱动信号在一周期内各半周正

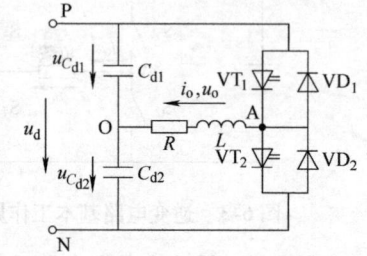

图 6-5 单相半桥电压型逆变电路

偏、半周反偏,驱动信号互补,如图 6-6 所示的 $u_{g1}$ 和 $u_{g2}$。$VT_1$ 导通时,A 点电压极性为正,负载电压为 $+U_d/2$;$VT_2$ 导通时,A 点电压极性为负,负载电压为 $-U_d/2$,所以电路输出电压 $u_o$ 的波形与负载参数无关,为矩形波,幅值为 $U_m = U_d/2$。但输出电流 $i_o$ 波形随负载不同而不同,感性负载时,电流将滞后电压,电流基波分量 $i_{o1}$ 滞后基波电压 $u_{o1}$ 的角度为 $\varphi_1 = \arctan\omega L/R$。电路带感性负载时,当 $VT_1$ 施加关断信号、$VT_2$ 施加开通信号,则 $VT_1$ 将关断,而 $VT_2$ 不能立即开通。因为感性负载的电流不能立即改变方向,此时电路中二极管 $VD_2$ 续流,维持负载电流方向不变,此时电流流通的路径为 $VD_2 - C_{d2} - R - L$,直到电感中储存的能量全部释放,负载电流减小到零,$VT_2$ 才能开通,负载电流反向。二极管续流阶段,负载电压反向为 $-U_d/2$,负载电压和负载电流极性相反。同样,$VT_2$ 关断、$VT_1$ 开通时,也有一个二极管 $VD_1$ 续流的阶段。图中,$u_{o1}$ 为负载电压基波分量,$i_{o1}$ 为负载电流基波分量,$p_o$ 为负载上消耗的瞬时功率,$p_{AC}$ 为电源侧消耗的功率。

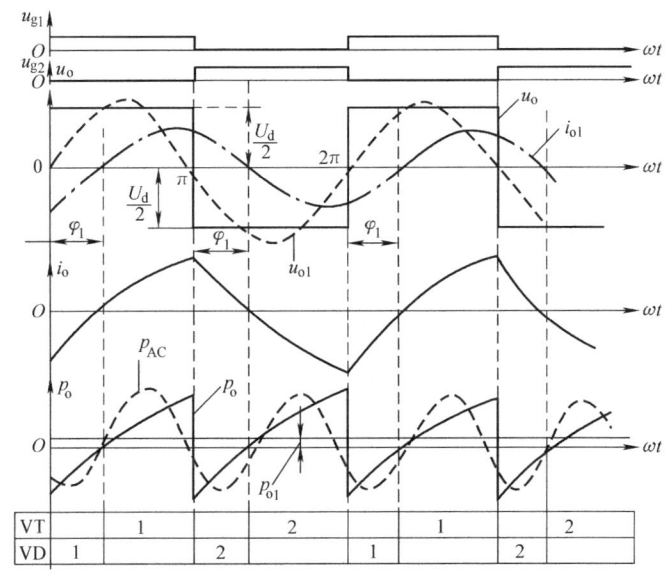

图 6-6 单相半桥电压型逆变电路的工作波形

从上面的分析可以看出,$VT_1$ 或 $VT_2$ 导通时,$i_o$ 和 $u_o$ 同方向,直流侧向负载提供能量,瞬时功率 $p_o$ 为正。$VD_1$ 或 $VD_2$ 导通时,$i_o$ 和 $u_o$ 反向,电感中的储能向直流侧电容器反馈,瞬时功率 $p_o$ 为负。直流侧电容器起着缓冲无功能量的作用,$VD_1$、$VD_2$ 是负载向直流侧反馈能量的通道,称为反馈二极管;又因为 $VD_1$、$VD_2$ 使负载电流 $i_o$ 连续,故也称为续流二极管。

半桥逆变电路的优点是结构简单,使用器件少,但输出电压低,交流电压幅值为 $U_d/2$,另外还需控制直流侧串联的两个电容器的电压,使两者电压均衡。因此,半桥逆变电路一般用于小容量场合。

### 6.2.2 单相全桥电压型逆变电路

单相全桥电压型逆变电路相对半桥逆变电路而言,结构复杂一些,但输出电压提高一倍,因而适用于稍大容量场合。

单相全桥电压型逆变电路如图 6-7 所示,它可看作为两个半桥逆变电路的组合。直流侧并联大电容。每个开关管及其反并联二极管构成一个桥臂,两对桥臂的中点为输出端。电路工作时,以1和4为一对,2和3为另一对,成对桥臂同时导通,两对交替导通,一个周期各导通180°,开关驱动信号如图6-8所示。从图6-8中可以看出,输出电压$u_o$波形和图6-6所示的半桥逆变电路的输出电压$u_o$波形相同,但幅值高出一倍,为$U_d$。同样,在直流电压和负

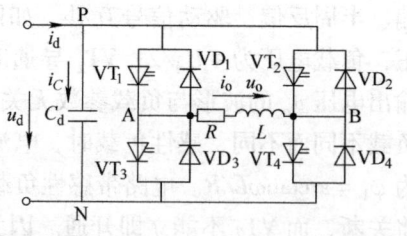

图6-7 单相全桥电压型逆变电路

载相同的情况下,$i_o$波形也和图6-6半桥逆变电路的输出电流波形相同,仅幅值增加一倍。其余的波形分析和半桥逆变电路完全类同。

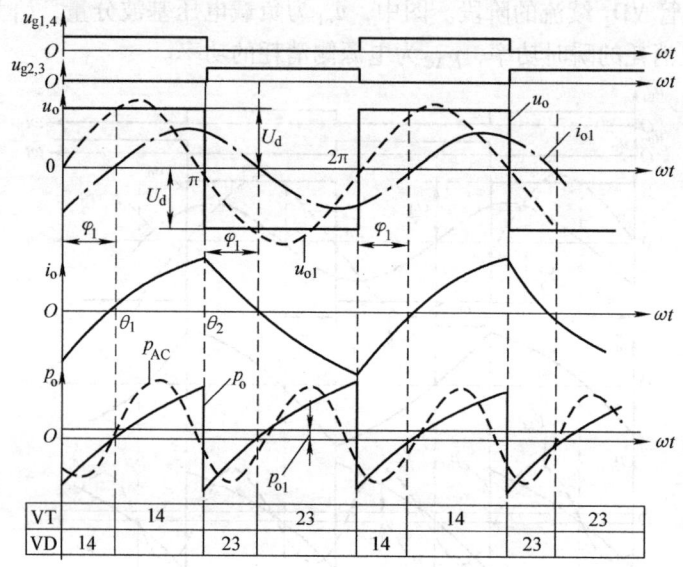

图6-8 单相全桥电压型逆变电路的工作波形

电压型逆变电路输出电压$u_o$波形为矩形波,除包含基波分量$u_{o1}$外,还包含奇次谐波,其幅值随谐波次数增加而减小。设逆变电路控制信号频率为$f$,角频率为$\omega=2\pi f$,输出电压$u_o$的脉冲宽度为$\pi$,幅值为$U_d$。将$u_o$用傅里叶级数展开,可得到

$$u_o = \sum_n \frac{4U_d}{n\pi}\sin n\omega t \quad n=1,3,5,\cdots$$

$$= \frac{4U_d}{\pi}\left(\sin\omega t + \frac{1}{3}\sin 3\omega t + \frac{1}{5}\sin 5\omega t + \cdots + \frac{1}{n}\sin n\omega t\right) \tag{6-1}$$

则输出电压基波幅值为

$$U_{o1m} = \frac{4U_d}{\pi} = 1.27U_d \tag{6-2}$$

电压基波有效值为

$$U_{o1} = \frac{2\sqrt{2}U_d}{\pi} = 0.9U_d \tag{6-3}$$

由式(6-3)可知,方波逆变电路输出电压基波有效值$U_{o1}$仅取决于直流电压$U_d$,当直流电压$U_d$为定值时,$U_{o1}$即为定值。但在实际应用中,如交流电机的速度调整、恒压电源在外部干扰下的电压调整等,都需要逆变电路的输出电压在不同范围内连续调节。为了在方波

逆变电路下实现输出电压可调，传统的方法有：

1) 采用直流电压 $U_d$ 为可调的直流电源，如采用不可控整流电路加 DC – DC 变换电路等方式。这种方式的缺点是变换级数多，系统效率低。

2) 采用移相的方式来调节逆变电路的输出电压。这种方式主电路仍为单相全桥逆变电路，但开关器件的驱动信号有所不同，驱动信号波形如图 6-9 所示。

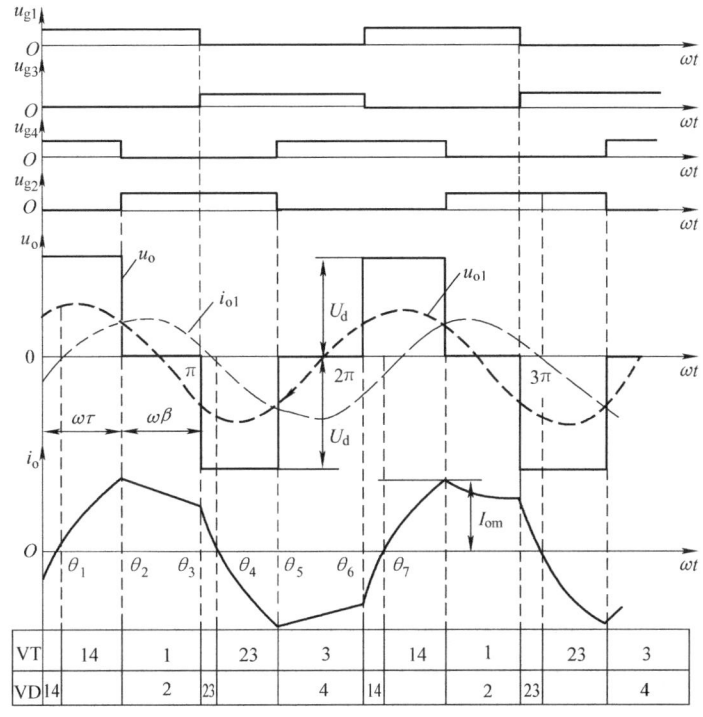

图 6-9　单相全桥电压型逆变电路移相调压方式的工作波形

注意图 6-9 中 4 个开关器件驱动信号波形，各驱动信号仍然为 180°正偏，180°反偏；$VT_1$ 和 $VT_3$ 的驱动信号互补，$VT_4$ 和 $VT_2$ 的驱动信号互补。但 $VT_1$ 和 $VT_4$、$VT_2$ 和 $VT_3$ 的驱动信号不再相同。$VT_2$ 滞后 $VT_1$、$VT_4$ 滞后 $VT_3$ 的角度均为 $\omega\tau$。

移相全桥逆变电路的工作过程为：$\theta_1$ 时刻，$VT_1$ 和 $VT_4$ 导通，输出电压 $u_o = U_d$。$\theta_2$ 时刻，$VT_2$ 和 $VT_4$ 驱动信号反向，$VT_4$ 关断，由于电感的存在负载电流不能突然反向，$VT_2$ 不能立即开通，此时二极管 $VD_2$ 导通续流，电流流通路径为 $VT_1$—$R$—$L$—$VD_2$—$VT_1$，电感向负载提供能量，负载和电源之间无能量交换，负载电流逐渐减小。$VT_1$ 和 $VD_2$ 同时导通，负载电压为零。到 $\theta_3$ 时刻，$VT_1$ 和 $VT_3$ 驱动信号反向，$VT_1$ 关断，由于负载电流未减小到零，$VT_3$ 不能立即导通，$VD_3$ 续流。此时电流流通路径为电源—$VD_4$—$R$—$L$—$VD_2$—电源，电感继续释放能量，一方面提供给负载，另一方面回馈给电源，输出电压为 $u_o = -U_d$。直到负载电流过零并开始反向时，二极管 $VD_2$ 和 $VD_3$ 关断，$VT_2$ 和 $VT_3$ 开始导通，输出电压仍为 $u_o = -U_d$。电流负半周工作情况类似，这里不再讨论。

从上面的分析可知，在 $VT_1(VD_1)$ 和 $VT_4(VD_4)$ 同时导通的 $\omega\tau$ 时间内有 $u_o = U_d$，$VT_2(VD_2)$ 和 $VT_3(VD_3)$ 同时导通的 $\omega\tau$ 时间内有 $u_o = -U_d$，但其余时间 $u_o = 0$。这样，$u_o$ 成

为正负宽度 $\omega\tau$ 的脉冲，改变 $\omega\tau$ 的大小即可调节输出电压有效值。

当负载为纯阻性时，移相调压方式同样适用，只是二极管 $VD_1 \sim VD_4$ 不再导通，不起续流作用。在 $u_o$ 为零期间，四个桥臂均不导通。

移相调压电路实现电压调节时，控制电路较复杂，主要用于小容量逆变装置中。要使输出电压调节更方便，谐波含量更低，多采用第 6.4 节介绍的 SPWM 控制方式。

### 6.2.3 三相电压型逆变电路

由于整机单相容量的限制、负载平衡的要求和用户负载的特点，大容量逆变电路多采用三相结构。应用最广的是三相全桥逆变电路。

三相全桥电压型逆变电路的主电路如图 6-10 所示，它可看成由三个半桥电压型逆变电路组成。图中直流侧实际上只有一个大电容，但为了分析方便，画作串联的两个等效电容器 $C_{d1}$ 和 $C_{d2}$，两个电容器的中点设为假想的电源中点 $O'$。

为了便于分析，假定负载为纯阻性且三相对称，星形联结，设负载中点 $O$ 为参考电位。下面分析该电路的工作过程。

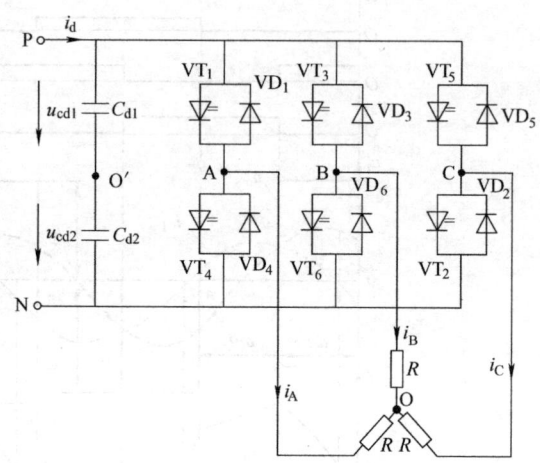

图 6-10 三相全桥电压型逆变电路的主电路

三相全桥电压型逆变电路中每个桥臂开关器件的驱动信号如图 6-11 所示，开关器件驱动信号依次相差 60°，$VT_1$、$VT_3$、$VT_5$ 驱动信号相差 120°，每个桥臂导通角度为 180°，把这种工作方式称为 180°导电方式。同一相上下两个桥臂驱动信号在相位上互补，也就是说，换流是在上下桥臂之间进行，这样的换流方式称为纵向换流。相应地，这种工作方式称为 180°导电方式。和这种换流方式相区别的是 120°导电方式的横向换流，例如前面第 3 章所介绍的相控三相桥式整流电路工作方式，换流就是在共阴或共阳极组的相邻器件之间进行，每个器件一周期导通 120°。

实际中，当采用 180°导电方式工作时，为防止同一相上下两个桥臂开关器件同时导通而引起直流侧电源短路，通常采取"先断后通"的方法。即在器件关断后留一定裕量，也称为死区时间，然后再给出应导通的器件的开通信号。这里为了简化分析不作讨论。

按照这种控制方式，从图 6-11 所示的驱动信号时序图可以看出，在任一瞬间有三个开关器件的驱动信号处于高电平，其余三个处于低电平。与之对应，任何时刻主电路中有三个桥臂的可控器件处于通态，而其余三个桥臂处于断态。每隔 60°，将有一个器件的驱动信号状态发生变化，即将有一个器件的导通状态改变，则整个工作周期中导通器件将六次更迭，器件导通的组合顺序分别为 $VT_1VT_2VT_3$、$VT_2VT_3VT_4$、$VT_3VT_4VT_5$、$VT_4VT_5VT_6$、$VT_5VT_6VT_1$、$VT_6VT_1VT_2$。因此，将图 6-11 中相电压 $u_{AO}$ 的一个周期分为六个阶段，可得到每个阶段的等效电路和对应输出电压，见表 6-1。

# 第6章 无源逆变电路

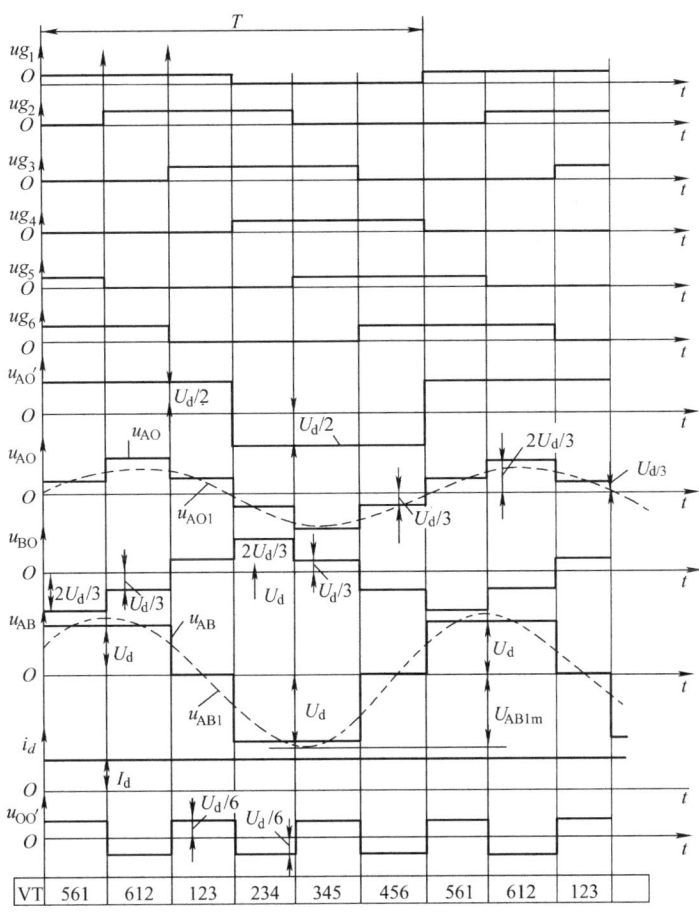

图 6-11 三相全桥电压型逆变电路的工作波形

表 6-1 三相全桥电压型逆变电路一周期中各阶段的等效电路和对应输出电压

| 阶段 | | 0°~60° | 60°~120° | 120°~180° | 180°~240° | 240°~300° | 300°~360° |
|---|---|---|---|---|---|---|---|
| 导通管号 | | 5、6、1 | 6、1、2 | 1、2、3 | 2、3、4 | 3、4、5 | 4、5、6 |
| 等效电路 | | | | | | | |
| 相电压 | $u_{AO}$ | $+\frac{1}{3}U_d$ | $+\frac{2}{3}U_d$ | $+\frac{1}{3}U_d$ | $-\frac{1}{3}U_d$ | $-\frac{2}{3}U_d$ | $-\frac{1}{3}U_d$ |
| | $u_{BO}$ | $-\frac{2}{3}U_d$ | $-\frac{1}{3}U_d$ | $+\frac{1}{3}U_d$ | $+\frac{2}{3}U_d$ | $+\frac{1}{3}U_d$ | $-\frac{1}{3}U_d$ |
| | $u_{CO}$ | $+\frac{1}{3}U_d$ | $-\frac{1}{3}U_d$ | $-\frac{2}{3}U_d$ | $-\frac{1}{3}U_d$ | $+\frac{1}{3}U_d$ | $+\frac{2}{3}U_d$ |
| 线电压 | $u_{AB}$ | $+U_d$ | $+U_d$ | $0$ | $-U_d$ | $-U_d$ | $0$ |
| | $u_{BC}$ | $-U_d$ | $0$ | $+U_d$ | $+U_d$ | $0$ | $-U_d$ |
| | $u_{CA}$ | $0$ | $-U_d$ | $-U_d$ | $0$ | $+U_d$ | $+U_d$ |

从表 6-1 和图 6-11 可知，负载相电压 $u_{AO}$、$u_{BO}$、$u_{CO}$ 为六阶梯波，负载线电压 $u_{AB}$、$u_{BC}$、$u_{CA}$ 为四阶梯波，A、B、C 各相电压间互差 120°。将 $u_{AB}$ 用傅里叶级数展开，可得

$$u_{AB} = \frac{2\sqrt{3}U_d}{\pi}\left(\sin\omega t - \frac{1}{5}\sin5\omega t - \frac{1}{7}\sin7\omega t + \frac{1}{11}\sin11\omega t + \frac{1}{13}\sin13\omega t - \cdots\right)$$

$$= \frac{2\sqrt{3}U_d}{\pi}\left[\sin\omega t + \sum_{n}^{\infty}\frac{1}{n}(-1)^k\sin n\omega t\right] \tag{6-4}$$

式中　$n = 6k \pm 1$，$k$ 为自然数。

根据有效值计算公式可以得到输出线电压有效值为

$$U_{AB} = \sqrt{\frac{1}{2\pi}\int_0^{2\pi}u_{AB}^2\mathrm{d}(\omega t)} = 0.816U_d \tag{6-5}$$

根据式（6-4）可以得到输出线电压基波幅值为

$$U_{AB1m} = \frac{2\sqrt{3}U_d}{\pi} = 1.1U_d \tag{6-6}$$

输出线电压基波有效值为

$$U_{AB1} = \frac{U_{AB1m}}{\sqrt{2}} = \frac{\sqrt{6}}{\pi}U_d = 0.78U_d \tag{6-7}$$

将 $u_{AO}$ 用傅里叶级数展开，可得

$$u_{AO} = \frac{2U_d}{\pi}\left(\sin\omega t + \frac{1}{5}\sin5\omega t + \frac{1}{7}\sin7\omega t + \frac{1}{11}\sin11\omega t + \frac{1}{13}\sin13\omega t + \cdots\right)$$

$$= \frac{2U_d}{\pi}\left(\sin\omega t + \sum_{n}^{\infty}\frac{1}{n}\sin n\omega t\right) \quad n = 6k \pm 1, k \text{ 为自然数} \tag{6-8}$$

从有效值计算公式可以得到负载相电压有效值为

$$U_{AO} = \sqrt{\frac{1}{2\pi}\int_0^{2\pi}u_{AO}^2\mathrm{d}(\omega t)} = 0.471U_d \tag{6-9}$$

根据式（6-8）可以得到负载相电压基波幅值为

$$U_{AO1m} = \frac{2U_d}{\pi} = 0.637U_d \tag{6-10}$$

负载相电压基波有效值为

$$U_{AO1} = \frac{U_{AO1m}}{\sqrt{2}} = 0.45U_d \tag{6-11}$$

对于阻性负载的三相全桥电压型逆变电路，输出电流波形和电压波形相同。如果是感性负载，电路各桥臂除可控器件工作外，反并联二极管也参加导通，并且工作状态随负载基波阻抗角的不同而不同。逆变电路输出电流的波形可认为是阶梯波电压分段施加于感性负载的结果。

## 6.3　电流型逆变电路

前面已经知道，直流电源为电流源的逆变电路称为电流型逆变电路。一般在直流侧串联

大电感,电流脉动很小,可近似看成直流电流源。电流型逆变电路常用于加减速频繁或需要经常反向的电机拖动系统。

电流型逆变电路主要特点是:

1) 直流侧串大电感,相当于电流源,直流侧电流基本无脉动。
2) 交流输出电流波形为矩形波,输出电压波形和相位因负载不同而不同。
3) 直流侧电感起缓冲无功能量的作用,开关器件无须反并联二极管。

电流型逆变电路中,采用半控型器件的电路仍应用较多,换流方式有负载换流、强迫换流。下面讨论单相和三相电流型逆变电路的基本工作原理。

## 6.3.1 单相电流型逆变电路

如前所述,在采用晶闸管的单相电流型逆变电路中,晶闸管的换流方式是电路的重要部分,谐振式电路利用电容器的电流相位超前电压相位的特点来实现负载换流。由于这种电路不用附加专门的换流电路,因此应用较为广泛。

图 6-12 所示电路即为并联谐振式单相全桥电流型逆变电路。图中每个桥臂晶闸管各串联一个很小的电抗器 $L_T$,用来限制晶闸管开通时的 $di/dt$。负载一般为电磁感应线圈,以串联的 $R$ 和 $L$ 作为其等效电路。为使负载电流略超前于负载电压,需要并联换流电容 $C$,$C$ 和 $L$、$R$ 构成并联谐振电路,故这种电路称为并联谐振式逆变电路。这种电路多用于金属中频加热电源。电路中,桥臂 1、4 和 2、3 以 1000 ~ 2500Hz 的频率使开关器件轮流导通,则负载感应线圈上就得到中频交流电。

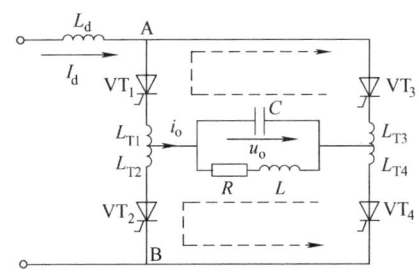

图 6-12 单相全桥电流型逆变电路

图 6-12 所示的电流型逆变电路中,通过控制四个桥臂的开关导通顺序,使电路中电流的流通路径变化,从而在负载上得到交变的电流,所以电流型逆变电路输出电流波形接近矩形波。矩形波输出电流中含有基波电流和各奇次谐波电流,且谐波电流幅值远小于基波电流。设计负载电路谐振频率接近基波频率,故负载对基波电流呈高阻抗,对谐波电流呈低阻抗,谐波电流在负载上产生的压降很小,因此负载电压波形 $u_o$ 接近正弦波形。

下面对图 6-12 所示电路的具体工作过程进行讨论。一个周期中,电路工作可分为四个阶段,分别为两个稳定导通阶段和两个换流阶段,各参数波形如图 6-13 所示。

$t_1 \sim t_2$ 阶段:$VT_1$ 和 $VT_4$ 稳定导通阶段,电流流通路径为电源—$L_d$—负载—$VT_4$—电源,此阶段负载电流 $i_o = I_d$,电源向负载提供能量,$t_2$ 时刻前在电容 $C$ 上建立左正右负的电压。

$t_2 \sim t_4$ 阶段:$t_2$ 时刻触发 $VT_2$ 和 $VT_3$ 开通,电路进入换流阶段。$t_4 - t_2 = t_\gamma$,称为换流时间。换流阶段,$VT_2$ 和 $VT_3$ 已经开通,由于电感 $L_T$ 的存在使 $VT_1$、$VT_4$ 不能立刻关断,此阶段四个晶闸管全部导通。流过 $VT_1$、$VT_4$ 的电流逐渐减小,流过 $VT_2$、$VT_3$ 的电流逐渐增大。电流流通路径如图 6-12 中虚线所示,负载电容经两个并联的放电回路同时放电。由于大电感 $L_d$ 的恒流作用及换流时间 $t_\gamma$ 很短,故不会出现电源短路的现象。从电压的角度考虑,这个过程中负载电压 $u_o$ 加到 $VT_1$、$VT_4$ 上使其承受反压而关断,电流逐渐从 $VT_1$、$VT_4$ 换流到 $VT_2$、$VT_3$。$t = t_4$ 时刻,$VT_1$、$VT_4$ 电流减至零而关断,换流阶段结束。$i_o$ 在 $t_3$ 时刻,即 $i_{VT1} = i_{VT2}$ 时刻过零,$t_3$ 时刻大体位于 $t_2$ 和 $t_4$ 的中点。

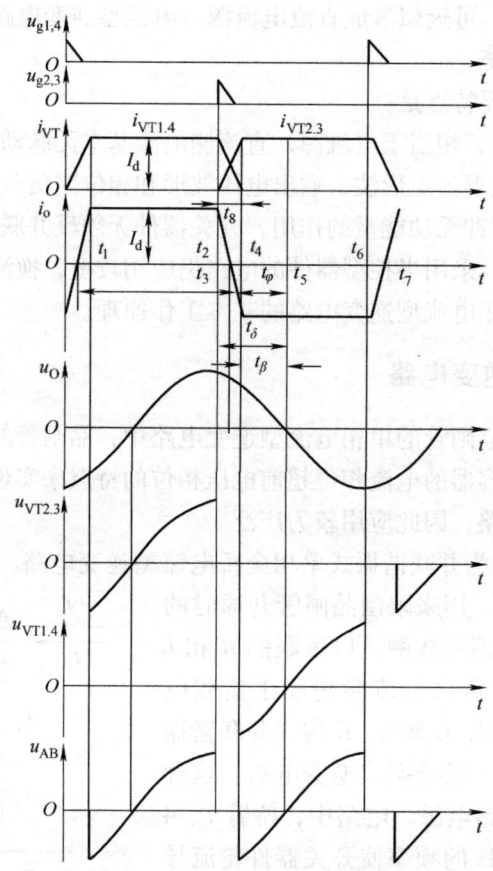

图 6-13 单相全桥并联谐振电流型逆变电路的工作波形

$t_4 \sim t_5$ 阶段：虽然电路在 $t_4$ 时刻 $VT_1$、$VT_4$ 的电流已经为零，由于器件需要一定的关断时间才能重新承受正向电压，所以此时仍然需要对它们施加反压，以保证 $VT_1$、$VT_4$ 的可靠关断。器件承受反向电压的时间 $t_\delta = t_5 - t_4$，应大于晶闸管的关断时间 $t_q$。一旦负载电压过零变负，$VT_1$、$VT_4$ 就开始承受正向电压，所以为保证可靠换流，应在 $u_o$ 过零前留有足够裕量，即在 $t_\beta = t_5 - t_2$ 时刻触发 $VT_2$、$VT_3$，$t_\beta$ 称为触发引前时间。

忽略换流过程，负载电流 $i_o$ 波形可近似为矩形波，通过傅里叶分析可得

$$i_o = \frac{4I_d}{\pi}\left(\sin\omega t + \frac{1}{3}\sin3\omega t + \frac{1}{5}\sin5\omega t + \cdots\right)$$

则负载电流基波有效值为

$$I_{o1} = \frac{4I_d}{\sqrt{2}\pi} = 0.9I_d \tag{6-12}$$

负载电压有效值 $U_o$ 和直流电压 $U_d$ 的关系（忽略 $L_d$ 的损耗，忽略晶闸管压降）可由输入输出功率相等得到：逆变电路输入功率 $P_i = U_d I_d$，输出功率 $P_o = U_o I_{o1}\cos\varphi$。因为 $P_o = P_i$，由式 (6-12)，可得到

$$U_o = \frac{\pi U_d}{2\sqrt{2}\cos\varphi} = 1.11\frac{U_d}{\cos\varphi} \tag{6-13}$$

以上讨论的是由晶闸管组成的单相电流型逆变电路，从上面的分析知道，此电路晶闸管换流承受的反向关断电压由负载电压提供，所以要求负载必须呈容性，即负载电流波形超前电压波形，超前的角度一定要满足晶闸管关断所对应的时间要求。

### 6.3.2 三相电流型逆变电路

三相电流型逆变电路与三相电压型逆变电路不同，它一般采用120°导电方式工作，即每个桥臂的开关器件一周期内导电120°，器件的导通顺序为 VT$_1$ ~ VT$_6$，依次相隔60°，与三相桥式可控整流电路类似。这样任意瞬间上下桥臂组有且只有一个臂导通，换流时各臂依次换流，这种换流方式称为横向换流。三相全桥电流型逆变电路输出电流波形和负载性质无关，为正负脉冲宽度各120°的矩形波。输出线电压波形和负载性质有关，如果负载为感性负载，则输出电压波形大体为正弦波。

图 6-14 所示为采用全控型开关器件组成的三相全桥电流型逆变电路，现在大多采用 IGBT 器件。IGBT 具有开关特性好和开关速度快等特性，但它的反向电压承受能力很差。为避免它们在电路中承受过高的反向电压，图中每个开关器件的发射极都串联有二极管，即 VD$_1$ ~ VD$_6$。在 IGBT 发射极串联二极管相当于串联了一个大的分压电阻，从而减小了开关器件所承受的反向电压。

图 6-14 电路中负载为星形联结，且三相负载对称，则电路输出电流波形如图 6-15 所示。由图可知，一个工作周期电路有六个工作状态，每个工作状态所对应的电角度为60°。任一时刻只有两相负载上有电流流过，总有一相负载电流为零，所以每相负载电流波形是断续、正负对称的方波。对输出电流进行傅里叶分析，则得到基波有效值和直流电流的关系为

$$I_{o1} = \frac{\sqrt{6}I_d}{\pi} = 0.78 I_d \tag{6-14}$$

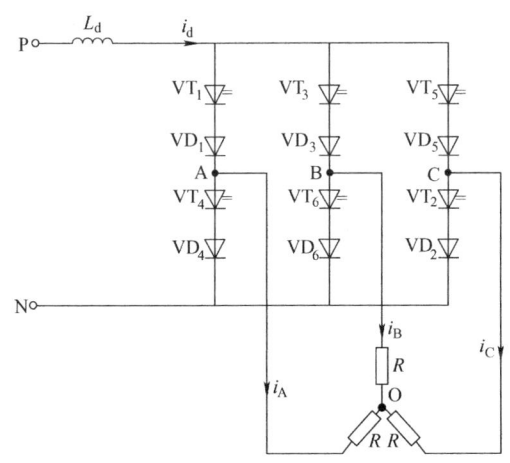

图 6-14 三相全桥电流型逆变电路

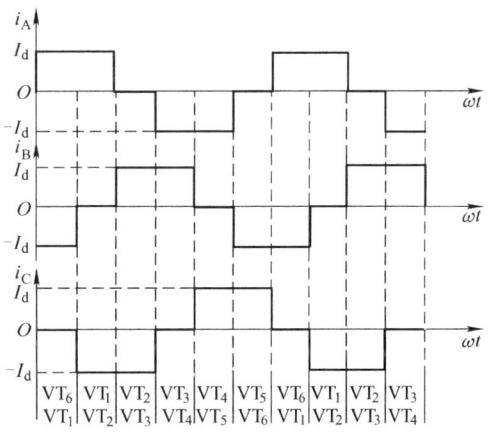

图 6-15 采用全控器件的电流型三相全桥逆变电路的电流波形

随着全控型器件的迅速发展，由晶闸管构成的逆变电路的应用越来越少，但图 6-16 所示的串联二极管式晶闸管逆变电路目前仍应用较多。该电路也是一个三相全桥电流型逆变电

路，采用120°导电方式工作，其输出电流波形和图6-15大体相同。但各桥臂晶闸管之间换流采用强迫换流方式，由连接于各桥臂之间的电容来实现，电容$C_1 \sim C_6$称为换流电容。这种电路主要用于中大功率交流电动机调速系统。

三相全桥电流型逆变器还可以驱动同步电动机，利用滞后于电流相位的反电动势可以实现负载换流。用逆变器驱动同步电动机时，其工作特性、调速方式和直流电动机相似，但无换向器，因此称为无换向器电动机。

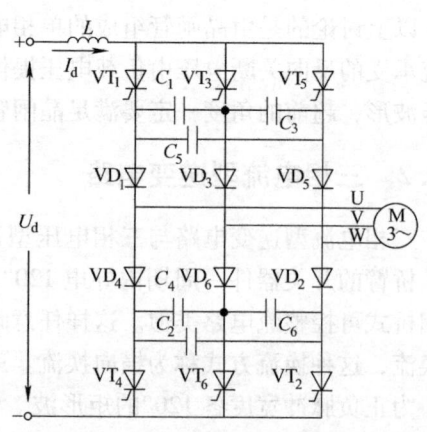

图6-16 串联二极管式晶闸管逆变电路

## 6.4 PWM逆变电路

在实际应用中，大部分电力电子负载都要求逆变电路的输出电压、电流、功率以及频率能够得到有效和灵活的控制。而前面介绍的电压型和电流型方波逆变电路存在较多的缺点：①输出波形中含有较多的谐波，对负载不利；②输入电流谐波含量大，功率因数低，影响给其供电的电网电能质量；③电压调节困难，响应较慢。所以，实际的逆变电路基本都采用PWM控制方式。PWM控制方式也正是由于在逆变电路中的成功应用，才在电力电子的各种变换电路中得到了广泛应用。

所谓PWM（Pulse Width Modulation）控制，即脉冲宽度调制技术，是通过对一系列脉冲的宽度进行调制，来等效地获得所需要波形（含形状和幅值）的一种控制技术。在第4章直流斩波电路中就已经接触到了PWM控制技术。斩波电路把直流电压"斩"成一系列宽度可调的脉冲，通过改变占空比可以改变脉冲宽度，从而获得所需要的输出电压。斩波电路中输入电压和所需要的输出电压都是直流电压，所以脉冲是等幅不等宽的，这是PWM控制中最简单的一种情况。下面首先介绍PWM控制技术的基本工作原理。

### 6.4.1 PWM控制的基本原理

PWM控制的理论基础是面积等效原理，即冲量相等而形状不同的窄脉冲加在具有惯性的环节上时，其效果基本相同。这里所说的"冲量"指窄脉冲的面积，"效果基本相同"是指环节的输出响应波形基本相同。

如图6-17所示，图中给出了四个形状不同的窄脉冲，但它们的面积（即冲量）都等于1，当将它们分别加到图6-18a所示的具有惯性的R-L电路中，所得到的响应如图6-18b所示。从图6-18b可以看出，分别以四个窄脉冲作为输入加在R-L电路中得到的电流波形非常接近。

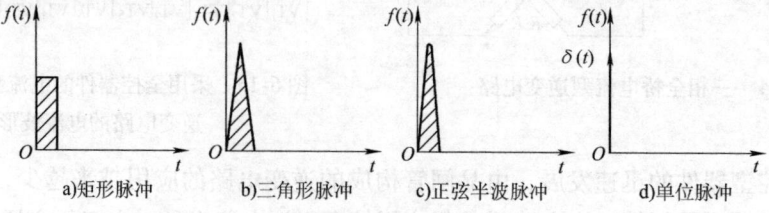

图6-17 四种形状不同而冲量相同的窄脉冲

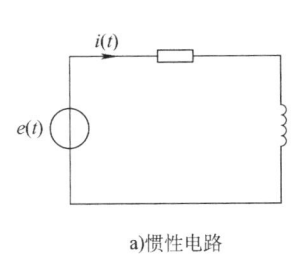
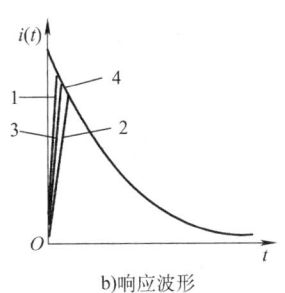

a)惯性电路  b)响应波形

图 6-18 惯性电路及窄脉冲产生的电流响应
1—矩形脉冲响应  2—三角形脉冲响应  3—正弦半波脉冲响应  4—单位脉冲响应

在第 4 章介绍的直流斩波电路中，是利用等幅不等宽的 PWM 波来等效直流波形。实际上，PWM 波形还可以等效任何其他所需要的波形，如正弦波形。在逆变电路中用得最多的 SPWM（Sinusoidal PWM）控制即是用 PWM 波形来等效正弦波形的。本节讨论的 PWM 控制实际上是 SPWM 控制。下面以一个正弦半波为例，说明 SPWM 波形是如何产生的。

图 6-19a 为一正弦半波波形，将其分为 $N$ 等分，即可看成 $N$ 个彼此相连的脉冲序列所组成的波形。这些脉冲宽度相等，都为 $\pi/N$，但脉冲顶部不是水平，而是曲线，脉冲幅值按正弦规律变化。如果把上述脉冲序列用相同数量的等幅而不等宽的矩形脉冲代替，使矩形脉冲的中点和相应正弦波部分的中点重合，且使矩形脉冲和相应正弦波部分面积（冲量）相等，就得到图 6-19b 所示的脉冲序列。可以看出，图中各脉冲的幅值相等，而宽度按正弦规律变化。根据前面所说的面积等效原理，图 6-19b 所示的脉冲序列加在惯性电路中时，其效果与图 6-19a 所示的正弦半波作用在电路中的效果相当。同样方法也可以得到负半周与正弦波等效的 PWM 波。像这样脉冲的宽度按正弦规律变化和正弦波等效的 PWM 波，则称为 SPWM 波。

## 6.4.2 SPWM 逆变电路的控制方法

逆变电路中产生 SPWM 波的方法主要有三种，即计算法、调制法和跟踪法。

**1. 计算法**

图 6-19 用 PWM 波代替正弦半波

理论上讲，根据正弦波频率、幅值和半周期脉冲数，可以准确计算出 PWM 波各脉冲宽度和间隔，据此控制逆变电路开关器件的通断，就可得到所需的 PWM 波形，这就是计算法。由于这种方法需要进行大量的数值计算，计算过程十分繁琐，当输出正弦波的频率、幅值或相位任一发生变化时，结果都将变化，需要重新计算。所以，实际中计算法使用较少。其中较有实用价值的是特定谐波消去法和规则采样法。这里以特定谐波消去法为例简要介绍 PWM 波的计算过程。

图 6-20 所示为特定谐波消去法产生的 PWM 波形，其中虚线是期望得到的等效正弦波形，实线是由器件通断产生的 PWM 波形。设输出电压半周期内，器件通、断各三次（不包

括 0 和 π 时刻），则半周期内有六个开关时刻需要计算。

为减少谐波并简化控制，使波形 1/4 周期对称，即波形正负两半周期镜像对称，且正半周期内前后 1/4 周期以 π/2 为轴线对称。这样图 6-20 中半个周期内的 6 个开关时刻，除 0 和 π 时刻以外，需要计

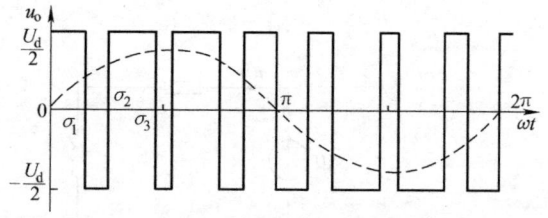

图 6-20　特定谐波消去法产生的 PWM 波形

算的只有 $\sigma_1$、$\sigma_2$ 和 $\sigma_3$ 共三个时刻，负半周的控制与正半周相同。这种 1/4 周期对称的波形用傅里叶级数可表示为

$$u(\omega t) = \sum_{n=1,3,5,\cdots}^{\infty} a_n \sin n\omega t \tag{6-15}$$

式中

$$\begin{aligned} a_n &= \frac{4}{\pi} \int_0^{\frac{\pi}{2}} u(\omega t) \sin n\omega t \, \mathrm{d}(\omega t) \\ &= \frac{4}{\pi} \Big[ \int_0^{\sigma_1} \frac{U_\mathrm{d}}{2} \sin n\omega t \, \mathrm{d}(\omega t) + \int_{\sigma_1}^{\sigma_2} \Big( -\frac{U_\mathrm{d}}{2} \sin n\omega t \Big) \mathrm{d}(\omega t) \\ &\quad + \int_{\sigma_2}^{\sigma_3} \frac{U_\mathrm{d}}{2} \sin n\omega t \, \mathrm{d}(\omega t) + \int_{\sigma_3}^{\frac{\pi}{2}} \Big( -\frac{U_\mathrm{d}}{2} \sin n\omega t \Big) \mathrm{d}(\omega t) \Big] \\ &= \frac{2U_\mathrm{d}}{n\pi} (1 - 2\cos n\sigma_1 + 2\cos n\sigma_2 - 2\cos n\sigma_3) \end{aligned} \tag{6-16}$$

式 (6-16) 中，$n=1, 3, 5, \cdots$。当 $n \neq 1$ 时，这里 $a_n$ 指的是正弦波分解出来的各次谐波的幅值；当 $n=1$ 时，$a_1$ 即基波幅值。通常 $a_1$ 是给定的，为已知。式 (6-16) 中包括 $\sigma_1$、$\sigma_2$ 和 $\sigma_3$ 三个未知数，因此需要建立三个方程，组成方程组联立求解 $\sigma_1$、$\sigma_2$ 和 $\sigma_3$。计算时如果令某次谐波幅值为零，则电路输出波形中将没有该次谐波，从而减小了输出波形中的谐波含量。如果负载是三相对称电路，则相电压所含的 3 次谐波相互抵消，可以不考虑 3 次谐波。所以计算时可考虑消去 5 次和 7 次谐波，即令 $a_5=0$ 和 $a_7=0$，得如下联立方程组：

$$\begin{cases} a_1 = \dfrac{2U_\mathrm{d}}{\pi}(1 - 2\cos\sigma_1 + 2\cos\sigma_2 - 2\cos\sigma_3) \\ a_5 = \dfrac{2U_\mathrm{d}}{5\pi}(1 - 2\cos 5\sigma_1 + 2\cos 5\sigma_2 - 2\cos 5\sigma_3) = 0 \\ a_7 = \dfrac{2U_\mathrm{d}}{7\pi}(1 - 2\cos 7\sigma_1 + 2\cos 7\sigma_2 - 2\cos 7\sigma_3) = 0 \end{cases} \tag{6-17}$$

求解上述方程组可得到相应的控制时刻 $\sigma_1$、$\sigma_2$ 和 $\sigma_3$。

这里介绍的是半周期内器件导通和关断各三次的情况。推广来看，如果器件在半周期内导通和关断各 $k$ 次，则共有 $k$ 个开关时刻可以控制。按照上述方法，除去一个控制基波以外，可以消去 $k-1$ 个频率的特定谐波。当然，$k$ 越大，需要建立的方程越多，计算也越复杂。

在实际中用微机控制产生 SPWM 波时，通常并不是完全在线计算，而是采用查表法和实时计算相结合。即预先计算出在不同情况下各开关器件的通断时刻并保存，运行时再进行

较为简单的在线计算，查表读出需要的数据。这样既可保证快速性又不会占用大量内存。

**2. 调制法**

所谓调制法是把希望输出的波形作为调制信号，把接收调制的信号作为载波信号，通过对信号波的调制得到所期望的 PWM 波。通常采用等腰三角波作为载波，因为等腰三角波任一点的水平宽度和高度成线性关系且左右对称。当它与任一平缓变化的调制信号波相交时，就得到脉冲宽度正比于信号波幅值的脉冲，即 PWM 波。当调制信号波为正弦波时，得到的就是 SPWM 波。根据 PWM 逆变电路的基本原理和控制方法，可以用模拟电路构成三角波载波和正弦调制波发生电路，用比较器来确定它们的交点，在交点时刻对功率开关器件的通断进行控制，从而方便地得到 SPWM 波形，而不用像计算法一样进行大量的数学运算。而且，调制法中，当输出正弦波的频率、幅值和相位发生变化时，调制时刻也随之改变，控制非常方便。

PWM 调制法中，载波频率 $f_c$ 与调制信号频率 $f_r$ 之比，称为载波比，用符号 $N$ 表示，则载波比 $N=f_c/f_r$。根据载波和信号波是否同步及载波比的变化情况，PWM 调制方式分为异步调制和同步调制。异步调制指载波信号和调制信号不同步的调制方式。通常载波频率 $f_c$ 保持固定不变，当调制信号频率 $f_r$ 变化时，载波比 $N$ 是变化的。异步调制的缺点是当调制信号频率 $f_r$ 增高时，载波比 $N$ 减小，一周期内的脉冲数将减少，导致输出 PWM 波和正弦波的差异变大，谐波增大。同步调制指载波比 $N$ 等于常数，并在变频时使载波频率和信号波频率的变化保持同步的调制方式。同步调制的缺点是当调制信号频率 $f_r$ 很低时，载波频率 $f_c$ 也很低，由调制带来的谐波不易滤除；当 $f_r$ 很高时，$f_c$ 会过高，使开关器件难以承受。同步调制比异步调制复杂，但用微机控制时容易实现。实际逆变电路控制时，可结合二者的优点，在低频输出时采用异步调制方式，高频输出时切换到同步调制方式。

**3. 跟踪法**

所谓跟踪法是把逆变电路希望输出的波形作为指令信号，把实际波形作为反馈信号，通过对二者的瞬时值比较来决定逆变电路中各开关器件的通断时刻，从而使电路的实际输出跟踪指令信号的变化。所以，跟踪法是一种闭环实时控制方法，具有响应速度快、精度高等优点。跟踪控制法中常用的有滞环比较法和三角波比较法。

调制法和跟踪法的具体实现将在后面部分结合 6.4.3 和 6.4.4 小节的具体电路再进一步介绍。需要说明的是，PWM 逆变电路和前面讲过的方波逆变电路的主电路并没有太大差异，区别在于控制方式，也就是控制电路。

## 6.4.3 单相 SPWM 逆变电路

**1. 单相半桥 SPWM 逆变电路**

对于图 6-5 所示的单相半桥电压型逆变电路，可以采用计算法、调制法、跟踪法实现 PWM 控制。这里介绍一种简单的跟踪控制法——滞环比较法。滞环比较法在电流跟踪控制中用得最为广泛。滞环比较法的控制电路如图 6-21 所示，其主电路为单相半桥电压型逆变电路，图中 TA 为电流传感器。电路希望输出的信号为正弦信号，并将该信号作为指令信号 $i^*$。电流传感器检测负载电流 $i_o$，检测到的电流信号 $i'$ 和正弦指令信号 $i^*$ 相比较，以偏差 $i^*-i'$ 作为滞环比较器的输入，滞环比较器的输出控制开关器件的通断。当 $VT_1$（或 $VD_1$）导通时，$u_o = U_{Cd1} = U_d/2$，负载电流 $i_o$ 增大；$VT_2$（或 $VD_2$）导通时，$u_o = U_{Cd2} = -U_d/2$，

负载电流 $i_o$ 减小。这样通过对环宽为 $2\Delta I$ 的滞环比较器的控制,负载电流 $i$ 就被限制在 $i^* + \Delta I$ 和 $i^* - \Delta I$ 的范围内波动,呈锯齿状地跟踪指令电流 $i^*$,输出电流的跟踪波形如图 6-22 所示。

从滞环控制的原理可以看出,滞环控制系统中两个控制参数对跟踪性能的影响较大。一个参数是滞环的环宽 $\Delta I$,环宽增大,则开关频率减小,跟踪误差增加;环宽减小,则跟踪误差减小,但开关频率增大,开关损耗增加。另一个参数是电抗器 $L$ 的大小,$L$ 大时,$i$ 的变化率小,跟踪速度慢,开关频率低,跟踪误差大;$L$ 小时,$i$ 的变化率大,跟踪速度快,跟踪误差小,但开关频率高。

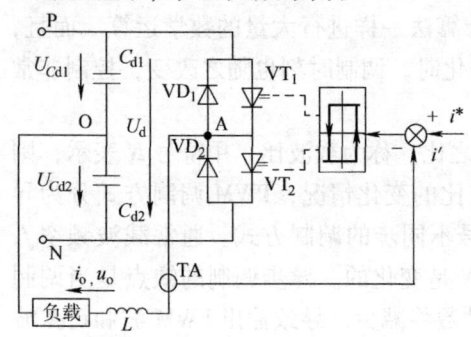

图 6-21 滞环比较方式电流跟踪控制电路

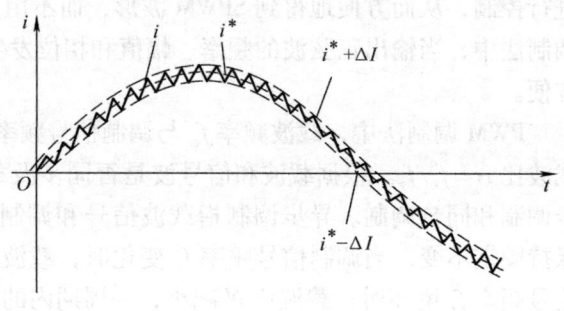

图 6-22 滞环比较方式输出电流跟踪指令的电流波形

采用滞环比较法可以跟踪任意形式的指令波形,硬件电路简单,可实时控制,电流响应快,但和计算法及调制法相比,由于开关器件的开关的频率不固定,输出滤波电路设计较困难。

### 2. 单相全桥 SPWM 逆变电路

在图 6-7 所示的单相全桥电压型逆变电路中,控制器件选用全控型器件 IGBT,这里讨论采用调制法控制的电路工作情况。采用调制法控制的单相全桥电压型逆变电路如图 6-23 所示。图中,调制信号波 $u_g = U_{gm}\sin\omega t$,$U_{gm}$ 为信号波的幅值,载波信号采用三角波 $u_c$,三角载波的频率为 $f_c$,幅值为 $U_{cm}$。根据三角载波 $u_c$ 的不同形式,调制法又分为单极性(Unipolar)PWM 调制和双极性(Bipolar)PWM 调制两种。

三角波载波在调制波半个周期内只在一个方向变化,所得到的 SPWM 波形也只在一个方向变化,这种控制方式称

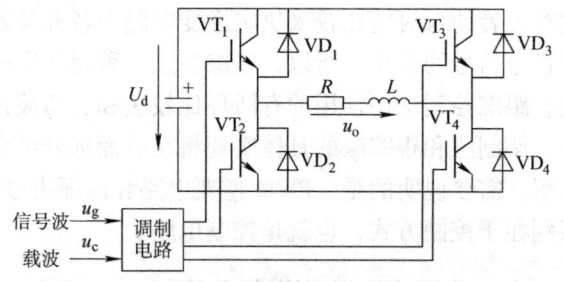

图 6-23 采用调制法的单相桥式 SPWM 逆变电路

为单极性 SPWM 控制方式。采用单极性 SPWM 控制方式工作的逆变电路工作波形如图 6-24 所示。值得注意的是,单极性调制中,逆变器同一桥臂的上部开关器件和下部开关器件在调制波(输出电压基波)的半周期内仅有一个开关处于反复开通和关断状态,另一个开关在半周期内一直处于导通状态。

图 6-24 中给出了单极性 SPWM 单相逆变电路各开关器件的控制信号波形、器件导通状态及负载电压、电流波形。图 6-24a 中调制信号 $u_g$ 为正弦波,载波 $u_c$ 在 $u_g$ 的正半周为正极性的三角波,在 $u_g$ 的负半周为负极性的三角波。在 $u_g$ 的正半周,$VT_1$ 保持一直导通状态,

VT$_2$ 保持断开状态，如图 6-24d 所示。当调制信号大于载波信号，即 $u_g > u_c$ 时，使 VT$_4$ 导通，VT$_3$ 关断，则 $u_o = U_d$。当 $u_g < u_c$ 时，使 VT$_4$ 关断，VT$_3$ 导通，负载电流通过 VD$_1$ 和 VD$_3$ 续流，则 $u_o = 0$。在 $u_g$ 的负半周，VT$_1$ 一直保持断开状态，VT$_2$ 一直保持导通状态。当 $u_g < u_c$ 时使 VT$_3$ 导通，VT$_4$ 关断，$u_o = -U_d$。当 $u_g > u_c$ 时使 VT$_3$ 关断，VT$_4$ 导通，$u_o = 0$。按照这样的规律控制主开关器件，则可得到电压 $u_o$ 的 SPWM 波形，如图 6-24b 所示。负载电流 $i_o$ 波形如图 6-24c 所示。

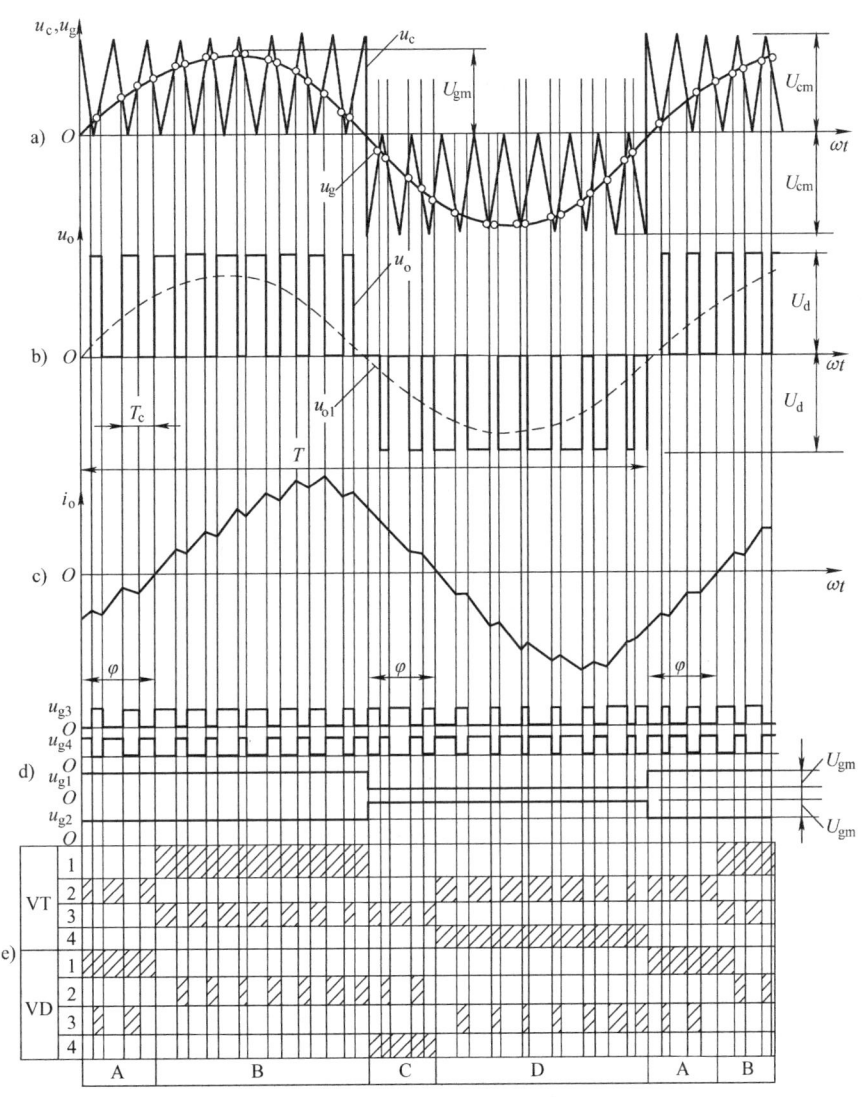

图 6-24 单极性 SPWM 单相逆变电路的工作波形

图 6-25 为双极性 SPWM 调制方式下单相逆变电路的工作波形。双极性调制方式与单极性调制方式的不同在于，载波（三角波）信号在调制波半个周期内是在正负两个方向变化，这样所得到的 PWM 波形也在正负两个方向变化。在双极性 PWM 调制方式中，同一桥臂的上下两个开关器件在调制信号的半周期内均工作在反复导通和关断状态，相对桥臂的两个开关同时导通和关断，同一桥臂的上下两个开关器件驱动信号互补。

图 6-25 为双极性 SPWM 单相逆变电路控制信号、开关导通状态及输出电压电流波形。图 6-25a 中，根据 $u_c$ 和 $u_g$ 的交点可得到图 6-25b 所示的相位互补的两组脉冲信号 $C$ 和 $\bar{C}$。通常将脉冲信号 $C$ 和 $\bar{C}$ 作为逆变电路开关器件 $VT_1$、$VT_3$ 和 $VT_2$、$VT_4$ 的控制脉冲。由于负载为阻感负载，其电流变化滞后电压的变化，所以在电压正半周，电流有一段区间为正，一段区间为负。当调制信号大于载波信号，即 $u_g > u_c$ 时，如 $i_o > 0$，则 $VT_1$ 和 $VT_4$ 导通；如 $i_o < 0$，则 $VD_1$ 和 $VD_4$ 导通；两种情况下都有 $u_o = U_d$。当调制信号小于载波信号，即 $u_g < u_c$ 时，则有 $u_o = -U_d$。由此得到图 6-25c 所示的 SPWM 输出电压 $u_o$ 的波形。阻感负载且负载电压 $u_o$ 为正时，流过负载的电流 $i_o$ 增大，负载电压 $u_o$ 为负时，电流 $i_o$ 减小，因此输出电流 $i_o$ 是如图 6-25d 所示的锯齿状近似正弦的波形，并且电流 $i_o$ 滞后于 $u_o$ 基波电压的角度为 $\varphi$。

前面分析的是单相全桥逆变电路的 SPWM 控制，可以看出，单相全桥逆变电路既可以采用单极性调制方式，也可以采用双极性调制方式。两种调制方式中，由于对开关器件通断控制规律不同，使得它们的输出波形也有较大的差别。对于单相半桥逆变电路，由于只有两个可以控制的开关器件，所以只能采用双极性调制方式，即单极性调制方式只能用于全桥逆变电路，不适合于半桥逆变电路。

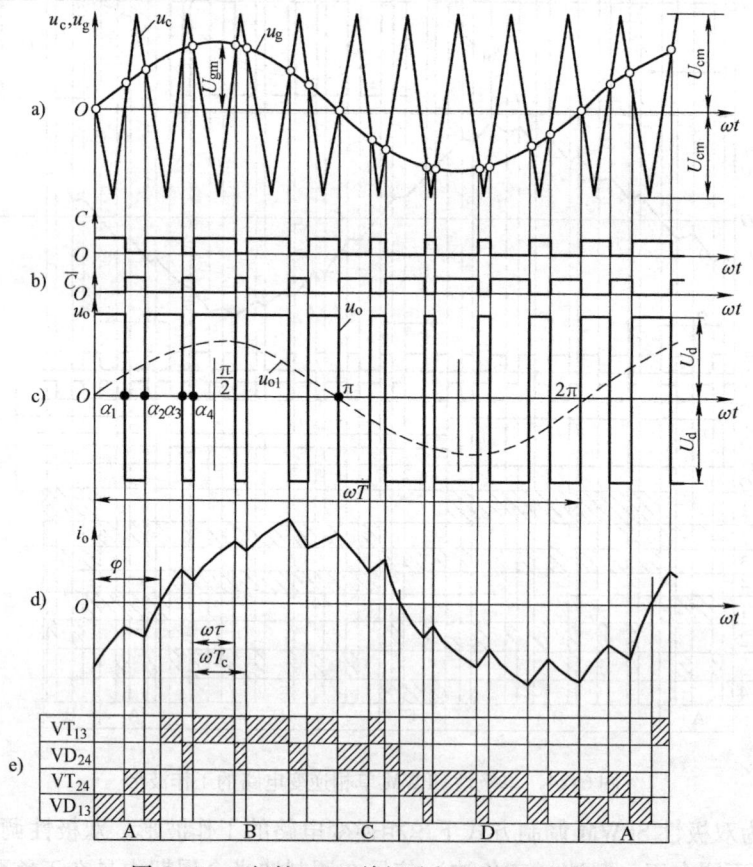

图 6-25 双极性 PWM 单相逆变电路的工作波形

## 6.4.4 三相 SPWM 逆变电路

三相 SPWM 逆变电路的主电路与三相方波逆变电路相同，这里开关器件选用 IGBT，采用调制法进行控制，图 6-26 为采用调制法控制的三相桥式电压型 PWM 逆变电路原理图。这种电路通常采用双极性控制方式，三相电路公用一个三角波载波 $u_c$，三个调制信号相位依次相差 120°。

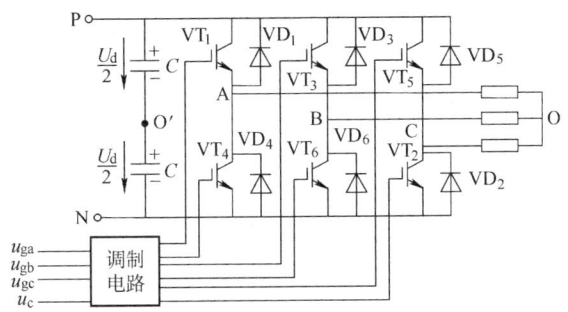

图 6-26　采用调制法的三相桥式 PWM 逆变电路

调制法控制的三相桥式 PWM 逆变电路各电压波形如图 6-27 所示。图 6-27a 是三个调制

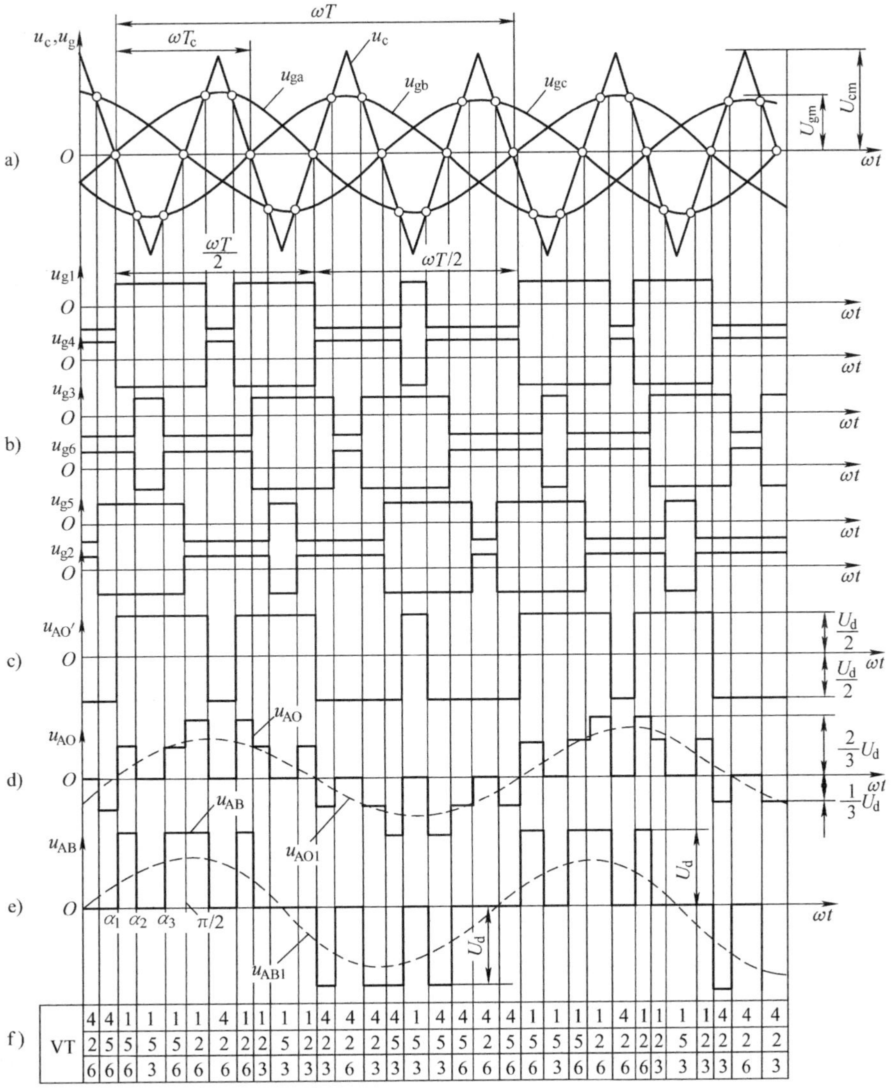

图 6-27　采用调制法的三相桥式 PWM 逆变电路的工作波形

信号波和一个公用载波的调制情况,通过载波和 A、B、C 三相调制信号波比较,得到逆变电路各开关器件的控制脉冲,如图 6-27b 所示。从图 6-27b 可知,由于任何时刻电路中有三个控制脉冲处于高位,相应主电路中有三个开关器件处于导通状态,其他三个器件处于断开状态,在阻性负载情况下,各导电臂只有可控器件参与导通,器件导通时序如图 6-27f 所示。由于各相上下桥臂控制脉冲在相位上互补,因而上下桥臂开关也以互补方式轮流导通,故各相对电源中性点 O′ 的相电压为双极性 SPWM 波形。以 A 相为例,当 $u_{ga} > u_c$ 时,上桥臂 $VT_1$ 导通,下桥臂 $VT_4$ 关断,则 A 相相对于直流电源假想中点 O′ 的输出电压 $u_{AO'} = U_d/2$。当 $u_{ga} < u_c$ 时,$VT_4$ 导通,$VT_1$ 关断,则 $u_{AO'} = -U_d/2$。由此得到 $u_{AO'}$ 的波形如图 6-27c 所示。由图 6-27c 可看出,该波形和 $u_{g1}$ 完全相仿,只是电压幅值不同而已,其余两相以此类推。而负载相电压 $u_{AO}$ 为

$$u_{AO} = u_{AO'} - \frac{u_{AO'} + u_{BO'} + u_{CO'}}{3} \tag{6-18}$$

负载相电压 $u_{AO}$ 波形如图 6-27d 所示。由图 6-27d 可以看出,负载相电压的 PWM 波由 ($\pm 2/3$) $U_d$、($\pm 1/3$) $U_d$ 和 0 共五种电平组成。而对于输出线电压,当桥臂 $VT_1$ 和 $VT_6$ 导通时,有 $u_{AB} = U_d$;当桥臂 $VT_3$ 和 $VT_4$ 导通时,有 $u_{AB} = -U_d$;当桥臂 $VT_1$ 和 $VT_3$ 或桥臂 $VT_4$ 和 $VT_6$ 导通时,$u_{AB} = 0$,因此 $u_{AB}$ 由 $\pm U_d$ 和 0 三种电平构成,如图 6-27e 所示。图 6-27f 为各阶段开关器件导通情况。

上面介绍的是采用调制法控制的三相桥式逆变电路工作情况,对于三相逆变电路,除了直接用信号波进行调制实现 PWM 控制以外,还可以采用利用偏差信号调制从而实现闭环跟踪的方法,即三角波比较方式,其电路如图 6-28 所示。这种方式不是把指令信号和三角波信号直接进行比较,而是把指令电流 $i_a^*$、$i_b^*$ 和 $i_c^*$ 和实际输出电流 $i_a$、$i_b$ 和 $i_c$ 进行比较,求出指令电流与输出电流的偏差值,将此偏差值通过放大器 A 放大后,再去和三角载波信号进行比较,产生 PWM 波形。这里放大器 A 通常具有比例积分特性或比例特性,其系数直接影响电流跟踪特性。

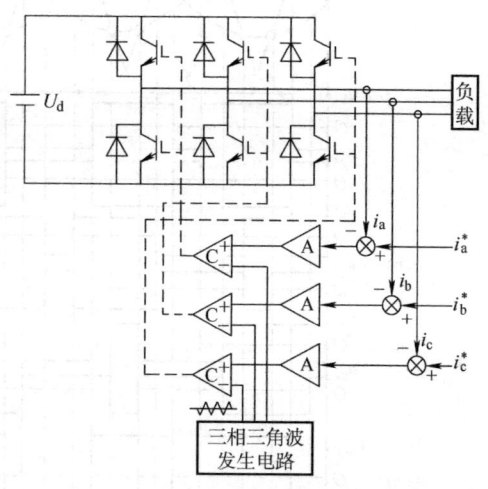

图 6-28 三角波比较方式电流跟踪型逆变电路

三角波比较控制方式的特点是开关频率固定,等于载波频率,高频滤波器设计方便,因此和滞环控制方式相比,这种控制方式输出电流所含的谐波少。

# 小 结

本章首先介绍了几种常用的换流方式,包括全控型器件的控制极关断方式及晶闸管阳极关断方式的电网换流、负载换流和强迫换流三种方式。接着介绍了电压型和电流型两类逆变电路主电路的特点,分析了其工作原理。最后介绍了目前应用最多的 PWM 逆变电路,重点讲述了 PWM 逆变电路的控制方法,分析了单相和三相 PWM 逆变电路的工作原理。与 PWM

控制结合的逆变技术在国防、生产和生活中应用非常广泛，在电力电子电路中占有非常突出的地位。

## 思考题及习题

6-1 无源逆变电路和有源逆变电路有何不同？

6-2 换流方式有哪几种？各有什么特点？

6-3 什么是电压型逆变电路？什么是电流型逆变电路？二者各有何特点？

6-4 电压型逆变电路中反馈二极管的作用是什么？为什么电流型逆变电路中没有反馈二极管？

6-5 并联谐振式逆变电路利用负载电压进行换流，为保证换流应满足什么条件？

6-6 试说明 PWM 控制的基本原理。

6-7 特定谐波消去法的基本原理是什么？设半个信号波周期内有 10 个开关时刻（不含 0 和 $\pi$ 时刻）可以控制，可以消去的谐波有几种？

6-8 采用滞环比较法的电流跟踪控制有何特点？

6-9 单极性和双极性 PWM 调制有什么区别？在三相桥式 PWM 型逆变电路中，输出相电压（输出端相对于直流电源中点的电压）和线电压 SPWM 波形各有几种电平？

# 第7章 电力电子新技术及应用

近些年来，随着全控型器件的发展，电力电子技术得到飞速发展，应用也日益广泛。本章重点介绍电力电子新技术及其相关应用。

## *7.1 软开关技术

在绪论中已经讨论过，现代电力电子装置的发展趋势是小型化、轻量化，同时对装置的效率和电磁兼容性也提出了更高的要求。通常，电力电子装置中滤波电感、电容和变压器的体积和重量占很大比例，提高开关频率可以有效降低这部分元件的体积和重量。另外，高频化电路还具有更快的响应能力和更低的噪声，所以电力电子装置的另一发展趋势就是高频化。但是，由于器件的开关损耗与开关频率成正比，频率越高，器件和电路的损耗越大，电路效率也越低；除此之外，开关频率越高，电路产生的电磁干扰（Electromagnetic Interference，EMI）也越强，对环境的污染也越严重，这些都是不希望出现的。所以，电路在提高开关频率的同时要改善器件在电路中的开关环境，降低开关损耗和减小电磁干扰，目前解决这个问题最主要的技术就是采取软开关技术。

### 7.1.1 软开关的概念

电力电子电路中，开关器件开关环境的优劣会直接影响器件开关损耗的大小。例如在感性负载下，器件将在承受全部电源电压的情况下开通，又在额定电流情况下关断，这种在大电流高电压条件下的开关操作必然产生很大的损耗，这种开关环境称为硬开关（Hard Switching）。硬开关工作方式存在以下缺点：

1）开关损耗大，限制了开关器件的工作频率。硬开关在开关转换过程中的电压、电流波形及功率损耗如图7-1所示。图7-1a、b分别是硬开关开通及关断过程电压、电流及功率损耗波形。从图中可以看出，器件开通和关断过程中电压、电流均不为零，出现了重叠，因此有明显的开关损耗。

2）开关过程中产生较大的电磁干扰。图7-1中硬开关在开通和关断过程中电压、电流变化的速度，即 $du/dt$、$di/dt$ 都较大，开通过程中开关电流有明显的过冲，关断过程中开关电压有明显的过冲，从而产生较大的电磁干扰。

3）在开关过程中，要求开关器件有较大的安全工作区，对开关器件要求较高。

从图7-1可以看出，如果能够让开关过程中器件流过的电流和承受的电压波形错开，

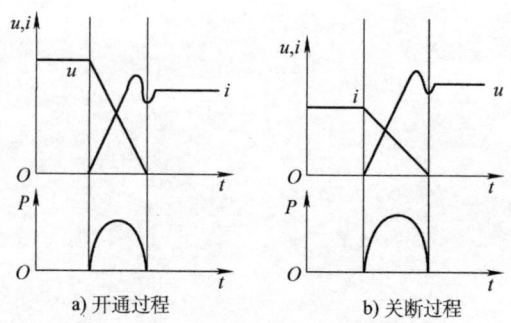

图7-1 硬开关过程中的电压、电流波形及功率损耗

即电流较大时让电压较低,或者是电压较高时电流较小,这样就能将器件损耗降低,极限情况是电流较大时电压为零,电压较高时电流为零,如图 7-2 所示。图 7-2 中,开关器件开通前其承受的电压已经为零,开关器件关断时其电流已经下降为零,从而让开关器件在零电压条件下导通,在零电流条件下关断,这样的开关称为软开关(Soft Switching)。软开关工作方式下,开关器件的开关损耗理论上为零。与此同时,加在开关器件上的 $du/dt$ 和 $di/dt$ 大为下降,提高了电力电子装置的可靠性。因此,与硬开关相比,软开关可以工作于较高的工作频率。

根据电路中主要的开关器件是零电压开通还是零电流关断,可以将软开关分为两类。使开关开通前其两端电压为零,则开关开通时就不会产生损耗和噪声,这种开通方式称为零电压开通,简称零电压开关(Zero - Voltage - Switching,ZVS)。使开关关断前其电流减小为零,则开关关断时也不会产生损耗和噪声,这种关断方式称为零电流关断,简称零电流开关(Zero - Current - Switching,ZCS)。

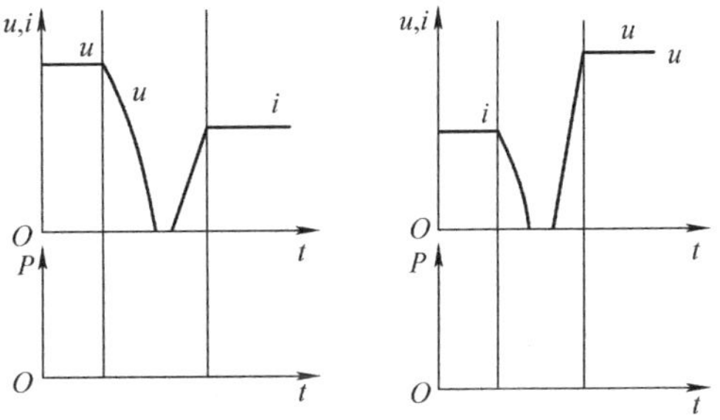

开关器件要实现零电压开通或零电流关断,必须依靠电路谐振(Resonance)来实现。这里以降压型斩波电路的零电压开关准谐振(Quasi - resonance)电路为例来说明,零电压开关准谐振降压斩波电路如图 7-3a 所示。将其与第 4 章图 4-3 所示的普通降压型斩波电路比较,零电压开关准谐振电路在开关器件部分增加了产生谐振的小电感 $L_r$、小电容 $C_r$ 及反并联二极管 $VD_S$。在对电路的工作过程进行分析时,需要注意的是开关 S 关断后 $L_r$ 与 $C_r$ 间将发生谐振,谐振电压和电流的波形近似为正弦半波。谐振过程的产生减缓了开关过程中电压、电流的变化,而且使 S 两端的电压在其开通前就降为零,从而实现了开关器件的零电压开通。下面结合图 7-3b 所示工作波形详细分析该电路的工作过程。这里假设开关 S、二极管 VD 均为理想器件,滤波电感 L 足够大,维持负载电流为直流 $I_L$。

$t_0 \sim t_1$ 阶段:$t_0$ 时刻之前,开关 S 导通,二极管 VD 承受反向电压关断,电流流通路径为电源—S—$L_r$—L—负载—电源,此时谐振电容电压 $u_{Cr} = 0$,谐振电感电流等于负载电流,即 $i_{Lr} = I_L$;$t_0$ 时

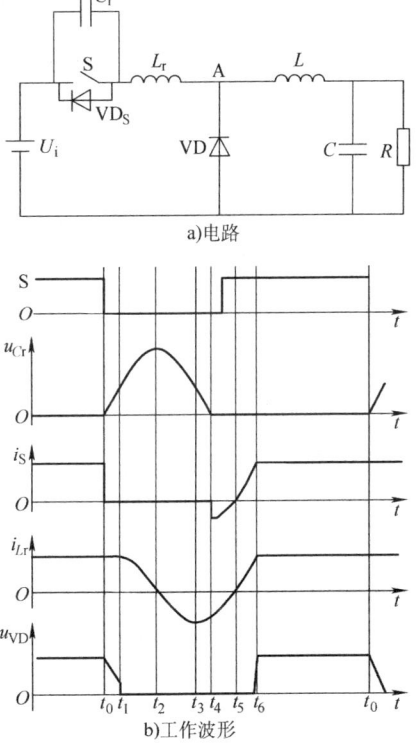

图 7-2 软开关过程中的电压、电流波形及功率损耗

图 7-3 降压型斩波电路的零电压开关准谐振电路及工作波形

刻 S 关断，由于并联电容 $C_r$ 的存在，使开关 S 上的电压不能突变，只能从零开始缓慢上升，从而使 S 的关断损耗减小。S 关断后，VD 尚未导通，电感 $L_r$ 和 L 向 $C_r$ 充电，极性为左正右负，$u_{Cr}$ 逐渐上升，同时 VD 承受的反向电压 $u_{VD}$ 逐渐下降，直到 $t_1$ 时刻，电容上电压 $u_{Cr} = U_i$，使得续流二极管 VD 上承受的反向电压减小为零，即 $u_{VD} = 0$，之后 VD 导通。

$t_1 \sim t_2$ 阶段：$t_1$ 时刻二极管 VD 导通，滤波电感 L 通过 VD 续流，VD 上的电流逐渐增大，$C_r$、$L_r$、$U_i$ 形成谐振回路，电感 $L_r$ 电流逐渐减小，电容 $C_r$ 继续充电，电容电压升高。$t_2$ 时刻，$i_{Lr}$ 下降到零，$u_{Cr}$ 达到谐振峰值，此时二极管 VD 上电流与滤波电感电流相等，即为 $I_L$。

$t_2 \sim t_3$ 阶段：$t_2$ 时刻后，$C_r$ 向 $L_r$ 放电，其电压逐渐减小，$L_r$ 的电流反向，直到 $t_3$ 时刻，谐振电容电压 $u_{Cr} = U_i$，谐振电感 $L_r$ 的电流 $i_{Lr}$ 达到反向谐振峰值。

$t_3 \sim t_4$ 阶段：$t_3$ 时刻以后，$L_r$ 向 $C_r$ 反向充电，$u_{Cr}$ 继续下降，直到 $t_4$ 时刻 $u_{Cr} = 0$。

$t_4 \sim t_5$ 阶段：$VD_S$ 导通，$u_{Cr}$ 被钳位于零，$i_{Lr}$ 线性衰减，直到 $t_5$ 时刻，$i_{Lr} = 0$。由于这一时段 S 两端电压为零，所以必须在这一时段使开关 S 开通，才不会产生开通损耗。此阶段开关 S 为零电压开通状态。

$t_5 \sim t_6$ 阶段：S 为通态，$i_{Lr}$ 线性上升，直到 $t_6$ 时刻，$i_{Lr} = I_L$，VD 承受反向电压关断。

$t_6 \sim t_0$ 阶段：S 为稳定导通，VD 为稳定关断，此后，重复前面的过程。

从以上分析可知，谐振过程是软开关电路工作过程中最重要的部分。正是依赖于 $L_r$ 与 $C_r$ 组成的谐振电路，使谐振电容电压 $u_{Cr}$ 减小到零，才保证了与之并联的开关管零电压开通。

### 7.1.2 软开关电路的分类和典型电路

软开关技术问世以来，经历了不断的发展和完善，前后出现了许多软开关电路，到目前为止，新型的软开关拓扑仍不断出现。根据其发展的历程，可将软开关电路分成谐振型变换电路、零开关 PWM 变换电路、零转换 PWM 变换电路等。

**1. 谐振型变换电路**

利用谐振现象，使开关器件上电压或电流按正弦规律变化，以创造零电压开通或零电流关断的条件，以这种技术为主导的变换电路称为谐振型变换电路。谐振型变换电路至少包含有一个谐振回路，而谐振回路又至少包含一个谐振电感和一个谐振电容，谐振电路的阶数决定于所包含的独立的储能元件数目。谐振型变换电路又分为全谐振型变换电路、准谐振型变换电路和多谐振型变换电路三种类型。

（1）全谐振型变换电路

全谐振型变换电路一般称之为谐振变换电路(Resonant Converter)。该变换电路实际上是负载谐振型变换电路，按照谐振元件的谐振方式，分为串联谐振变换电路(Series Resonant Converters，SRC) 和并联谐振变换电路(Parallel Resonant Converters，PRC) 两类。在全谐振型变换电路中，谐振元件工作在谐振状态，参与谐振的全过程。该变换电路与负载关系很大，对负载的变化很敏感，一般采用频率调制方法。

（2）准谐振型变换电路

准谐振型变换电路(Quasi - Resonant Converters，QRC) 是最早出现的软开关电路，其特点是谐振元件参与能量变换的某一个阶段，不是参与全过程，电路中电压或电流的波形为正弦半波，所以常称为准谐振。如前面举例的降压型零电压开关准谐振电路。

利用准谐振现象，使开关器件上的电压或电流按正弦规律变化，从而创造了零电压或零电流的条件，以这种技术为主导的变换电路称为准谐振型变换电路。准谐振型变换电路分为零电流开关准谐振型变换电路(Zero-Current-Switching Quasi-Resonant Converters，ZCS-QRC)、零电压开关准谐振型变换电路(Zero-Voltage-Switching Quasi-Resonant Converters，ZVS-QRC)和谐振直流环(Resonant DC Link)等。由于每一种软开关电路都可以用于降压型变换电路、升压型变换电路等不同变换电路中，因此可以用基本开关单元来表示。

零电压开关准谐振变换电路的基本单元如图7-4所示，谐振电容与开关器件并联，依靠谐振环节使谐振电容电压过零，实现开关器件的零电压开通或关断；零电流开关准谐振变换电路的基本单元如图7-5所示，谐振电感与开关器件串联，依靠谐振环节使谐振电感电流过零，实现开关器件的零电流开通或关断。

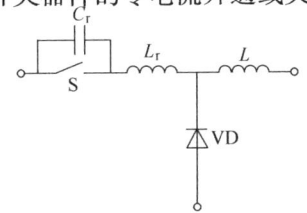

图7-4 零电压开关准谐振型变换电路基本单元

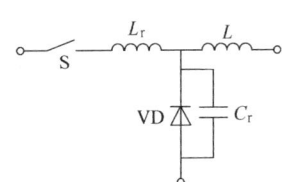

图7-5 零电流开关准谐振型变换电路基本单元

谐振直流环电路主要应用于交-直-交变换电路的中间直流环节(DC-Link)，通过在直流环节中引入谐振，使电路中的整流或逆变环节工作在软开关的条件下。具有谐振直流环的电路结构如图7-6所示，图中的点划线框为谐振环节，由谐振电感$L_r$、谐振电容$C_r$和开关S、二极管$VD_S$构成。图7-6中的负载可近似认为是恒流源，则电路可简化为图7-7所示的等效电路。图7-8给出了谐振电容的电压波形及谐振电感的电流波形。

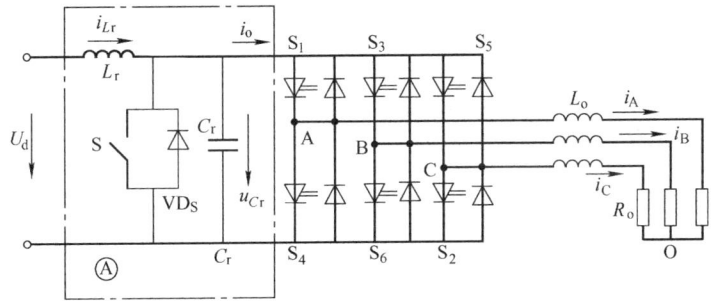

图7-6 谐振直流环电路

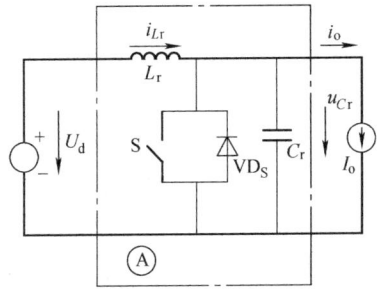

图7-7 谐振直流环电路的等效电路

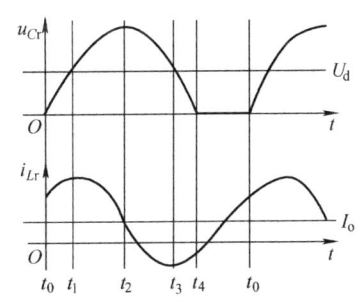

图7-8 谐振直流环节的工作波形

图7-7所示等效电路中谐振直流环的工作过程如下：

$t_0 \sim t_1$ 阶段：$t_0$ 时刻之前，开关S处于通态，谐振电感 $L_r$ 上的电流大于负载电流，即 $i_{Lr} > I_o$。$t_0$ 时刻S关断，电路中发生谐振。谐振电感 $L_r$ 对谐振电容 $C_r$ 充电，谐振电容上电压升高，直到 $t_1$ 时刻，谐振电容电压与电源电压相等，$u_{Cr} = U_d$。

$t_1 \sim t_2$ 阶段：$t_1$ 时刻，谐振电流 $i_{Lr}$ 达到峰值。$t_1$ 时刻以后，$L_r$ 继续向 $C_r$ 充电，谐振电容电压继续升高，但谐振电感电流逐渐减小，直到 $t_2$ 时刻，$i_{Lr} = I_o$，此时谐振电压 $u_{Cr}$ 达到峰值。

$t_2 \sim t_3$ 阶段：谐振电容电压达到峰值后，谐振电容向 $L_r$ 和负载放电，谐振电感电流 $i_{Lr}$ 继续减小，电流减小到零后反向，谐振电容上电压 $u_{Cr}$ 降低，直到 $t_3$ 时刻，$u_{Cr} = U_d$，谐振电感电流达到反向峰值。

$t_3 \sim t_4$ 阶段：$t_3$ 时刻，电感电流 $i_{Lr}$ 达到反向谐振峰值，之后 $i_{Lr}$ 开始衰减，电容电压 $u_{Cr}$ 继续下降，直到 $t_4$ 时刻，$u_{Cr} = 0$，S的反并联二极管 $VD_S$ 导通，$u_{Cr}$ 被钳位于零。

$t_4 \sim t_0$ 阶段：此阶段谐振电容电压为零，开关S开通，谐振电感电流 $i_{Lr}$ 线性上升，直到 $t_0$ 时刻，S再次关断。

由以上分析可知谐振直流环的优点是：电路结构简单清晰，谐振电路产生的零点对整流电路和逆变电路的开关都有效，不需为每个开关器件设置一套谐振电路，整流电路和逆变电路中开关器件的通断均可实现零电压开关和零电流开关的条件。谐振直流环的缺点是开关器件存在较大的电压和电流应力。

(3) 多谐振变换电路

多谐振变换电路 (Multi – Resonant Converters, MRC) 的特点是谐振回路及谐振参数可以超过两个，为三个或更多，则称为多谐振变换电路。多谐振基本单元与主开关的关系如图7-9所示，其谐振环节由两个谐振电容和一个谐振电感构成。

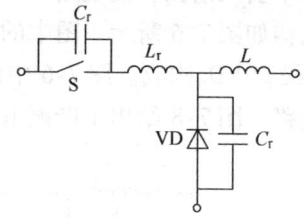

图7-9 零电压开关多谐振电路基本单元

谐振型变换电路的特点是：

1) 谐振电压峰值很高，对器件的耐压要求提高。

2) 谐振电流有效值很大，电路中存在大量无功功率的交换，电路导通损耗加大。

3) 谐振周期随输入电压、负载变化而改变，因此电路只能采用脉冲频率调制 (Pulse Frequency Modulation, PFM) 方式来控制，给滤波电路的设计带来困难。

**2. 零开关PWM变换电路**

零开关PWM变换电路 (Zero – Switching – PWM Converters) 可分为零电压开关PWM变换电路 (Zero – Voltage – Switching PWM Converters, ZVS PWM) 和零电流开关PWM变换电路 (Zero – Current – Switching PWM Converters, ZCS PWM) 两种。两种零开关变换电路基本单元如图7-10和图7-11所示。该类变换电路是在准谐振型变换电路和多谐振型变换电路的基础上，引入了辅助开关来控制谐振的开始时刻，使谐振仅发生在开关过程的前后。与准谐振型和多谐振型变换电路不同的是，谐振元件的谐振工作时间与开关周期相比很短，一般为开关周期的 $1/10 \sim 1/5$，电压和电流波形基本上是方波，但是波形的上升沿和下降沿较缓，所以开关承受的电压明显降低。零开关PWM电路可以采用开关频率固定的PWM控制方式，使滤波电路设计更容易，控制更简单。

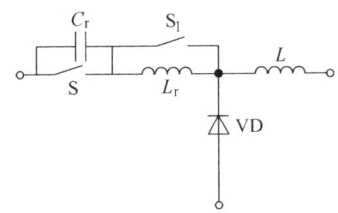

图 7-10  零电压开关 PWM
变换电路基本单元

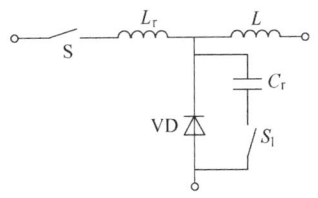

图 7-11  零电流开关 PWM
变换电路基本单元

目前应用广泛的典型零开关 PWM 变换电路是移相全桥型 ZVS PWM DC-DC 电路，其电路原理如图 7-12 所示。电路由高频变压器、逆变环节、整流及滤波环节几部分组成，同硬开关全桥逆变电路相比，电路增加了一个谐振电感 $L_r$，此电感的存在可使逆变电路的四个开关器件均实现零电压开通。图 7-13 是电路工作波形图，图中 $S_1 \sim S_4$ 为四个开关器件的驱动信号波形，$u_{AB}$、$u_{Lr}$、$u_{T1}$、$u_R$ 分别为逆变器输出电压、谐振电感电压、变压器一次电压及负载电压波形，$i_{Lr}$、$i_L$、$i_{VD1}$、$i_{VD2}$ 分别为谐振电感、滤波电感及整流二极管电流波形。下面分析该电路的工作过程。

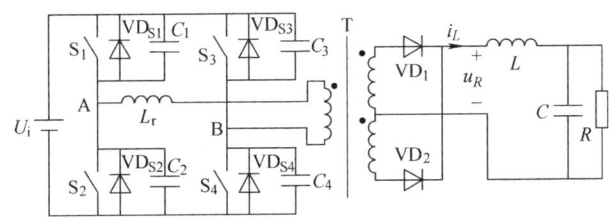

图 7-12  移相全桥型 ZVS PWM DC-DC 电路

在第 6 章介绍的移相全桥电路中，移相指的是互为对角的两对开关 $S_1$、$S_4$ 和 $S_2$、$S_3$ 中，$S_1$ 的波形比 $S_4$ 超前 $0 \sim T_S/2$ 时间，而 $S_2$ 的波形比 $S_3$ 超前 $0 \sim T_S/2$ 时间。假设电路中所有器件都是理想器件，按照图 7-13 给出的开关驱动信号，可以实现电路的移相控制，其工作过程如下：

$t_0 \sim t_1$ 阶段：开关 $S_1$ 与 $S_4$ 导通，谐振电感 $L_r$ 储存能量，直到 $t_1$ 时刻 $S_1$ 关断。

$t_1 \sim t_2$ 阶段：$t_1$ 时刻开关 $S_1$ 关断后，$S_4$ 仍导通，$VD_{S2}$ 不能立即导通续流。此时，电容 $C_1$、$C_2$ 与电感 $L_r$、$L$ 构成两个并联的谐振回路，谐振电感释放能量，使 A 点电压 $u_A$ 下降，直到 $u_A = 0$。此时二极管 $VD_{S2}$ 导通，谐振电感电流 $i_{Lr}$ 通过 $VD_{S2}$ 续流。

$t_2 \sim t_3$ 阶段：$t_2$ 时刻开关 $S_2$ 开通，由于此时反并联二极管 $VD_{S2}$ 正处于导通状态，因此 $S_2$ 为零电压开通。$S_2$ 虽然已经开通但无电流流过，$S_4$ 与 $VD_{S2}$ 同时导通。

$t_3 \sim t_4$ 阶段：$t_4$ 时刻开关 $S_4$ 关断后，变压器二次侧的二极管 $VD_1$ 和 $VD_2$ 同时导通，变压器一次和二次电压均为零，相当于短路，因此 $C_3$、$C_4$ 与 $L_r$ 构成谐振回路。谐振电感 $L_r$ 的电流减小，B 点电压升高，直到 $S_3$ 的反并联二极管 $VD_{S3}$ 导通。这种状态维持到 $t_4$ 时刻 $S_3$ 开通。因此 $S_3$ 为零电压开通。

$t_4 \sim t_5$ 阶段：$S_3$ 开通后，电感 $L_r$ 的电流 $i_{Lr}$ 继续减小，下降到零后反向增大。$t_5$ 时刻，电感电流 $i_{Lr} = i_L/k_T$，变压器二次侧二极管 $VD_1$ 的电流下降到零而关断，电流 $i_L$ 全部转移到

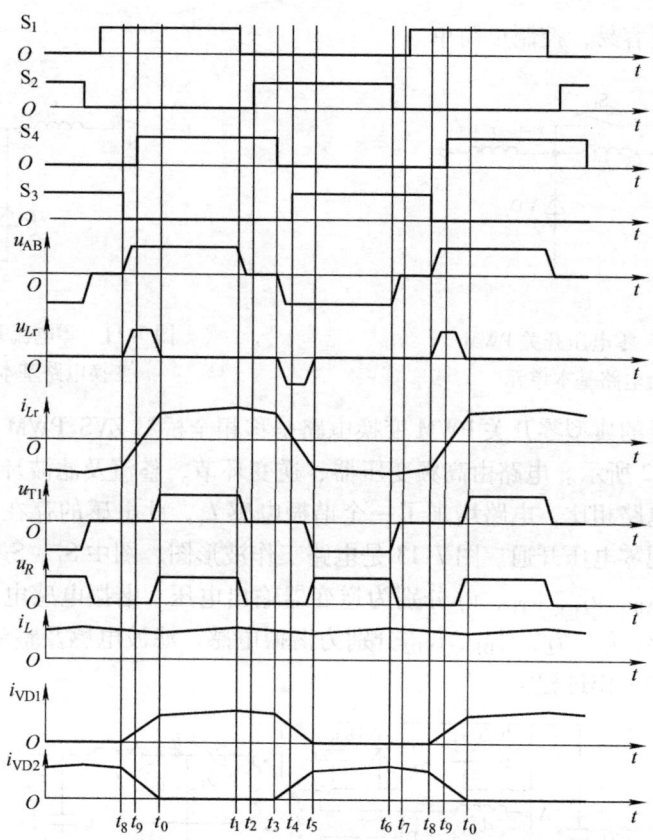

图 7-13 移相全桥型 ZVS PWM DC – DC 电路的工作波形

$VD_2$ 中。

$t_0 \sim t_5$ 阶段是开关器件工作的半个周期，另外半个周期可用同样方法分析，这里不再讨论。

### 3. 零转换 PWM 变换电路

零转换 PWM 变换电路（Zero – Transition – PWM Converters）与零开关 PWM 变换电路并无本质上的差别，也是软开关与 PWM 控制技术的结合。它也是采用辅助开关控制谐振的开始时刻，但谐振电路与主开关并联。它可分为零电压转换 PWM 变换电路（Zero – Voltage – Transition PWM Converters，ZVT PWM Converters）和零电流转换 PWM 变换电路（Zero – Current – Transition PWM Converters，ZVT PWM Converters），如图 7-14 和图 7-15 所示。

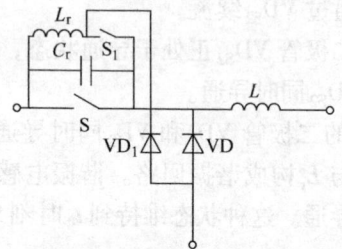

图 7-14 零电压转换 PWM
变换电路基本单元

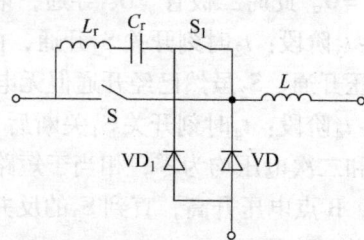

图 7-15 零电流转换 PWM
变换电路基本单元

零转换 PWM 变换电路是软开关技术的又一个飞跃，这类变换电路的共同特点如下：

1）采用 PWM 控制，开关频率恒定。

2）辅助开关只在主开关改变状态瞬间（关断/开通）工作，其余时间处于不工作状态，从而有效地减少了电路损耗。

3）辅助电路与功率主电路并联，有效地降低了辅助电路自身的损耗。

4）辅助电路工作时，不会增加主开关管的电压和电流应力，主开关的电压、电流应力很小，这是 ZVT PWM/ZCT PWM 与 ZVS PWM/ZCS PWM 的根本区别。

图 7-16 所示为升压型零电压转换 PWM 电路，将谐振电感 $L_r$ 与主开关 S 并联，控制辅助开关 $S_1$ 的开通、关断，则 $L_r$ 与 $C_r$ 产生 LC 振荡，使主开关实现零电流关断和零电压开通。现结合图 7-17 所示工作波形分析电路的具体工作过程。

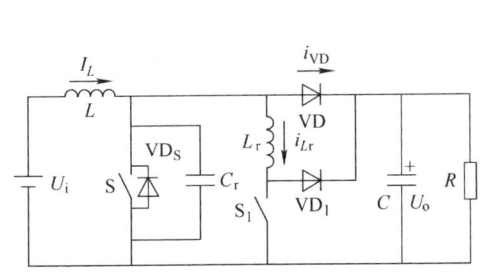

图 7-16 升压型零电压转换 PWM 电路

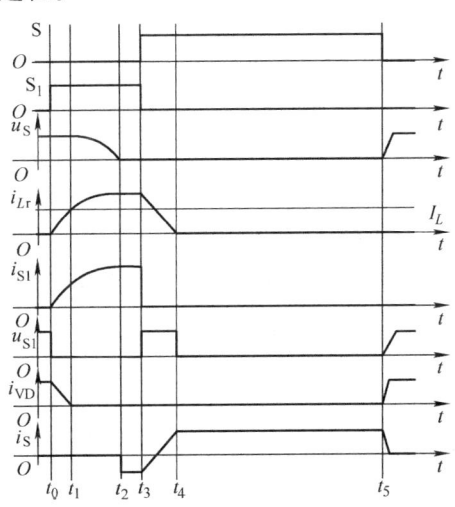

图 7-17 升压型零电压转换 PWM 电路的工作波形

$t_0 \sim t_1$ 阶段：电路稳态情况下，$t_0$ 时刻之前，主开关 S 和辅助开关 $S_1$ 均关断，二极管 VD 导通。$t_0$ 时刻，辅助开关 $S_1$ 导通，VD 仍处于通态，使谐振电感 $L_r$ 电压等于负载电压 $U_o$，其上电流 $i_{Lr}$ 线性增长，VD 中的电流以同样的速率下降。$t_1$ 时刻，$i_{Lr} = I_L$，VD 中电流下降到零，VD 关断。

$t_1 \sim t_2$ 阶段：$L_r$ 与 $C_r$ 构成谐振回路，$L_r$ 的电流增加而 $C_r$ 的电压下降，$t_2$ 时刻 $u_{Cr} = 0$，$VD_S$ 导通，$u_{Cr}$ 被钳位于零，而电流 $i_{Lr}$ 保持不变。

$t_2 \sim t_3$ 阶段：谐振电容 $C_r$ 上电压 $u_{Cr}$ 被钳位于零，而谐振电感上电流 $i_{Lr}$ 保持不变，这种状态一直保持到 $t_3$ 时刻。$t_3$ 时刻，主开关 S 开通，辅助开关 $S_1$ 关断。

$t_3 \sim t_4$ 阶段：$t_3$ 时刻 S 开通时，由于谐振电容上电压被钳位至零，所以 S 为零电压开通。S 开通的同时 $S_1$ 关断，$L_r$ 中的能量通过 $VD_1$ 向负载侧输送，其电流线性下降，主开关 S 中的电流线性上升。$t_4$ 时刻 $i_{Lr} = 0$，$VD_1$ 关断，主开关 S 中的电流 $i_S = I_L$，电路进入正常导通状态。

$t_4 \sim t_5$ 阶段：$t_5$ 时刻 S 关断。$C_r$ 限制了主开关 S 的电压上升率，即降低了 S 的关断损耗。之后，电路进入下一周期，重复上述阶段。

前面介绍了各种软开关电路，虽然软开关相对硬开关有极大的优越性，但也存在以下不足之处：

1）工作时的占空比调节范围有所减小。

2）需要辅助换相电路，增加了装置的成本和控制难度。

3）软开关的转换过程一般是利用分布电感及电容产生谐振来进行的，而分布参数随着工艺的不一致容易变化，使工作的稳定性受影响，因此，目前软开关还只是集中应用在较小功率电源中。

4）负载变化时，需调整开关器件的工作时序，及时发出控制命令，在高频工作情况下，如何实现对负载变化的检测，在短时间内完成时序及其他控制策略的计算是一个需要解决的问题。采用数字信号处理（DSP）控制是软开关技术的发展趋势。

## *7.2 矩阵式变换电路

随着电力电子技术的迅速发展，调速性能优异、节能效果显著的交－交变频装置在传动系统中已经得到了广泛的应用。但传统交－交变频装置存在输入功率因数低、直流回路需要大容量且耐高压的储能电容、再生能量不能回馈电网等缺点。为了克服这些缺点，矩阵式交－交变频电路应运而生，近年来受到人们的广泛关注。

### 7.2.1 矩阵式变换电路的特点

矩阵式变换电路含有9个双向开关，通过对这些开关的控制，可实现对交流电源电压和频率的变换，以向负载提供幅值和频率可调的电压和电流。与传统的交－直－交变频电路和交－交变频电路相比，矩阵式变频电路有如下几方面的显著特点：

1）输出电压幅值和频率可独立控制，输出频率可以高于、低于输入频率，理论上可以达到任意值。

2）在某些控制规律下，输入功率因数可灵活调节，最高可达0.99，功率因数角可超前、滞后或接近单位功率因数角。

3）采用四象限开关，可以实现能量双向流动。

4）没有中间储能环节，结构紧凑，效率高。

5）输入电流波形好，无低次谐波。

6）具有较强的可控性。

由于具有上述诸多优点，矩阵式变换电路成为电力电子技术目前研究的热点之一，其主要应用场合如下：

1）转速较低的传动系统。由于矩阵式变换电路省去了中间储能环节，相当于直接进行交－交变换，电压传输比受到一定的限制，其输出频率较高时会出现输出电压不足的问题，因此主要应用于转速较低的传动系统。

2）电源。矩阵式变换电路可以进行AC－DC、DC－DC、DC－AC变换，与目前的电源产品相比，它有一定优越性，如功率因数高，无中间储能环节，结构紧凑，寿命长等。

3）功率因数校正。由于矩阵式变换电路的输入功率因数可以任意调节，其调制策略和实现技术在某些场合可以用于功率因数校正电路。

## 7.2.2 矩阵式变换电路的工作原理

三相输入、三相输出的交 – 交矩阵式变换电路拓扑结构如图 7-18a 所示，图中三相输入电压为 $u_a$、$u_b$ 和 $u_c$，三相输出电压为 $u_u$、$u_v$ 和 $u_w$，9 个双向开关器件组成 $3 \times 3$ 矩阵，因此该电路被称为矩阵式变频电路（Matrix Converter，MC）或矩阵变换电路。图中，每个开关都是矩阵中的一个元素，每个开关元素采用双向可控开关。图 7-18b 给出了应用较多的一种开关单元结构，它由两个 IGBT 和两个二极管组成。

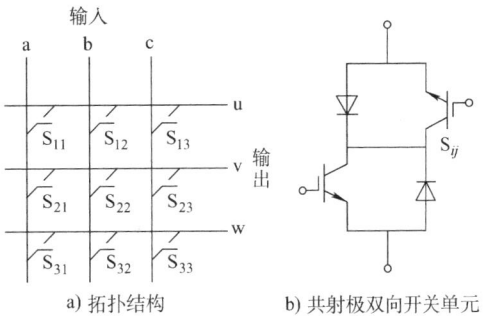

图 7-18 交 – 交矩阵式变换电路拓扑结构和开关单元

下面分析矩阵式变换电路的工作原理。首先假设只用一个开关单元对单相交流电压 $u_s$ 进行斩波控制，即进行 PWM 控制，则电路输出电压 $u_o$ 为

$$u_o = \frac{t_{on}}{T_c} u_s = \sigma u_s \tag{7-1}$$

式中 $T_c$——开关周期；
$t_{on}$——一个开关周期内开关导通时间；
$\sigma$——占空比。

如果输入为三相交流电源 $u_a$、$u_b$、$u_c$，采用三个开关 $S_{11}$、$S_{12}$ 和 $S_{13}$ 对其进行斩波控制，得到 u 相输出电压 $u_u$。因此 $u_u$ 和各相输入电压的关系为

$$u_u = \sigma_{11} u_a + \sigma_{12} u_b + \sigma_{13} u_c \tag{7-2}$$

式中 $\sigma_{11}$、$\sigma_{12}$ 和 $\sigma_{13}$——开关 $S_{11}$、$S_{12}$、$S_{13}$ 的占空比。

值得注意的是，任何时刻 $S_{11}$、$S_{12}$、$S_{13}$ 只能有一个接通，否则将造成输入电源短路。矩阵变换电路所接负载一般是阻感负载，负载电流具有电流源性质，为使负载不会发生开路，任意时刻也必须有一个开关接通。因此式（7-2）中的 $\sigma_{11}$、$\sigma_{12}$ 和 $\sigma_{13}$ 必须满足条件：

$$\sigma_{11} + \sigma_{12} + \sigma_{13} = 1 \tag{7-3}$$

对于三相电路的三相输出电压，可以有如下的矩阵形式：

$$\boldsymbol{u}_o = \begin{pmatrix} u_u \\ u_v \\ u_w \end{pmatrix} = \begin{pmatrix} \sigma_{11} & \sigma_{12} & \sigma_{13} \\ \sigma_{21} & \sigma_{22} & \sigma_{23} \\ \sigma_{31} & \sigma_{32} & \sigma_{33} \end{pmatrix} \begin{pmatrix} u_a \\ u_b \\ u_c \end{pmatrix} = \boldsymbol{\sigma} \boldsymbol{u}_i \tag{7-4}$$

式(7-4) 中，$\boldsymbol{\sigma}$ 称为调制矩阵，只要式（7-4）中调制矩阵的各元素确定，矩阵变换器的输入电流 $i_a$、$i_b$、$i_c$ 和输出电流 $i_u$、$i_v$、$i_w$ 的关系也就确定了，为

$$\boldsymbol{i}_i = \begin{pmatrix} i_a \\ i_b \\ i_c \end{pmatrix} = \begin{pmatrix} \sigma_{11} & \sigma_{21} & \sigma_{31} \\ \sigma_{12} & \sigma_{22} & \sigma_{32} \\ \sigma_{13} & \sigma_{23} & \sigma_{33} \end{pmatrix} \begin{pmatrix} i_u \\ i_v \\ i_w \end{pmatrix} = \boldsymbol{\sigma}^T \boldsymbol{i}_o \tag{7-5}$$

一般来说，输入电压 $\boldsymbol{u}_i$ 和需要输出的电流 $\boldsymbol{i}_o$ 已知，输出电压 $\boldsymbol{u}_o$ 和输入电流 $\boldsymbol{i}_i$ 未知，而

输入、输出电压及输入、输出电流可分别表示为：

$$\boldsymbol{u}_\mathrm{i} = \begin{pmatrix} u_\mathrm{a} \\ u_\mathrm{b} \\ u_\mathrm{c} \end{pmatrix} = \begin{pmatrix} U_\mathrm{im}\cos\omega_\mathrm{i}t \\ U_\mathrm{im}\cos\left(\omega_\mathrm{i}t - \dfrac{2\pi}{3}\right) \\ U_\mathrm{im}\cos\left(\omega_\mathrm{i}t - \dfrac{4\pi}{3}\right) \end{pmatrix} \tag{7-6}$$

$$\boldsymbol{u}_\mathrm{o} = \begin{pmatrix} u_\mathrm{u} \\ u_\mathrm{v} \\ u_\mathrm{w} \end{pmatrix} = \begin{pmatrix} U_\mathrm{om}\cos\omega_\mathrm{o}t \\ U_\mathrm{om}\cos\left(\omega_\mathrm{o}t - \dfrac{2\pi}{3}\right) \\ U_\mathrm{om}\cos\left(\omega_\mathrm{o}t - \dfrac{4\pi}{3}\right) \end{pmatrix} \tag{7-7}$$

$$\boldsymbol{i}_\mathrm{o} = \begin{pmatrix} i_\mathrm{u} \\ i_\mathrm{v} \\ i_\mathrm{w} \end{pmatrix} = \begin{pmatrix} I_\mathrm{om}\cos(\omega_\mathrm{o}t - \phi_\mathrm{o}) \\ I_\mathrm{om}\cos\left(\omega_\mathrm{o}t - \dfrac{2\pi}{3} - \phi_\mathrm{o}\right) \\ I_\mathrm{om}\cos\left(\omega_\mathrm{o}t - \dfrac{4\pi}{3} - \phi_\mathrm{o}\right) \end{pmatrix} \tag{7-8}$$

$$\boldsymbol{i}_\mathrm{i} = \begin{pmatrix} i_\mathrm{a} \\ i_\mathrm{b} \\ i_\mathrm{c} \end{pmatrix} = \begin{pmatrix} I_\mathrm{im}\cos(\omega_\mathrm{i}t - \phi_\mathrm{i}) \\ I_\mathrm{im}\cos\left(\omega_\mathrm{i}t - \dfrac{2\pi}{3} - \phi_\mathrm{i}\right) \\ I_\mathrm{im}\cos\left(\omega_\mathrm{i}t - \dfrac{4\pi}{3} - \phi_\mathrm{i}\right) \end{pmatrix} \tag{7-9}$$

式中　$U_\mathrm{im}$、$U_\mathrm{om}$、$I_\mathrm{im}$、$I_\mathrm{om}$——输入电压和输出电压及电流的幅值；

$\omega_\mathrm{i}$、$\omega_\mathrm{o}$——输入和输出电压的角频率；

$\phi_\mathrm{o}$——对应于输出频率的负载阻抗角；

$\phi_\mathrm{i}$——输入电流滞后于电压的相位角，当期望的输入功率因数为 1 时，$\phi_\mathrm{i}=0$。

将式（7-6）~式（7-9）代入式（7-4）和式（7-5）中，可得

$$\begin{pmatrix} U_\mathrm{om}\cos\omega_\mathrm{o}t \\ U_\mathrm{om}\cos\left(\omega_\mathrm{o}t - \dfrac{2\pi}{3}\right) \\ U_\mathrm{om}\cos\left(\omega_\mathrm{o}t - \dfrac{4\pi}{3}\right) \end{pmatrix} = \boldsymbol{\sigma} \begin{pmatrix} U_\mathrm{im}\cos\omega_\mathrm{i}t \\ U_\mathrm{im}\cos\left(\omega_\mathrm{i}t - \dfrac{2\pi}{3}\right) \\ U_\mathrm{im}\cos\left(\omega_\mathrm{i}t - \dfrac{4\pi}{3}\right) \end{pmatrix} \tag{7-10}$$

$$\begin{pmatrix} I_\mathrm{im}\cos(\omega_\mathrm{i}t) \\ I_\mathrm{im}\cos\left(\omega_\mathrm{i}t - \dfrac{2\pi}{3}\right) \\ I_\mathrm{im}\cos\left(\omega_\mathrm{i}t - \dfrac{4\pi}{3}\right) \end{pmatrix} = \boldsymbol{\sigma}^\mathrm{T} \begin{pmatrix} I_\mathrm{om}\cos(\omega_\mathrm{o}t - \phi_\mathrm{o}) \\ I_\mathrm{om}\cos\left(\omega_\mathrm{o}t - \dfrac{2\pi}{3} - \phi_\mathrm{o}\right) \\ I_\mathrm{om}\cos\left(\omega_\mathrm{o}t - \dfrac{4\pi}{3} - \phi_\mathrm{o}\right) \end{pmatrix} \tag{7-11}$$

式（7-10）和式（7-11）为矩阵式变换电路的基本输入输出关系式。求解出式中的 $\boldsymbol{\sigma}$，就可以得到输出电压和输入电流，但是直接求解 $\boldsymbol{\sigma}$ 并不容易。求解 $\boldsymbol{\sigma}$ 的方法这里不作详细介绍，有兴趣的读者可参考相关文献。

矩阵式交-交变换电路作为一种具有优良控制性能和发展前途的新型变换电路，它的研

究工作在国内外引起了广泛的重视，已经取得了较大的成果。虽然矩阵式变换电路还存在很多的问题有待进一步解决，但是其在变频调速中的应用研究既可产生节能的重大经济效益，又避免了因谐波污染带来的电力系统环保问题，是一种"绿色"的变换装置。随着对其研究的不断深入，电力电子器件和应用技术以及微机控制技术的发展，控制理论的日益完善，成本的不断降低，矩阵式变换电路必将以其独特的优点在未来产品化方面形成优势，日益接近实用化。

## *7.3 有源滤波技术

电力系统是电力电子技术应用的一个重要领域，电力电子技术在电力系统中的应用涉及很多方面，如提高电网的输电能力，改善电网电能质量，提高电网运行稳定性和可靠性，提高电网的控制灵活性，降低传输损耗等。本节和后续小节将着重讨论电力电子技术在电力系统中的几种典型应用，这里首先讨论电力系统谐波抑制技术。第3章已经简单介绍了一些常用的谐波抑制方法，本节介绍目前使用较多的有源滤波技术。

### 7.3.1 概述

随着电力电子装置等非线性负荷在工业及日常生活中的广泛应用，它们向公用电网注入谐波，造成电流和电压波形畸变，引起公共连接点电压畸变率超标，并吸收大量无功功率使电网功率因数降低，严重影响电网的电能质量。近年来，由谐波引起的电网故障率日益增加，谐波问题已受到电力部门的高度重视。谐波对电力系统的危害主要有：

1）谐波电流使公用电网中的元件产生谐波损耗，降低了发电、输电及用电设备的效率。大量的3次谐波电流流过中性线时，会使中性线过热甚至发生火灾。

2）谐波影响各种电气设备的正常工作。谐波对电机的影响除引起附加损耗外，还会产生机械振动、噪声和过电压；谐波会造成变压器局部过热；谐波使电容器、电缆绝缘老化、寿命缩短，以致损坏。

3）由于电网系统阻抗的存在，谐波会引起公用电网与负载之间的并联谐振和串联谐振，从而使谐波放大，造成电网中用于无功补偿的电容器等设备烧毁。

4）谐波会导致继电保护和自动装置的误动作，并使电气测量仪表计量不准确。

5）谐波会对邻近的通信系统产生干扰，轻者产生噪声，降低通信质量；重者导致信息丢失，使通信系统无法正常工作。

为解决电力电子装置和其他谐波源的谐波污染问题，电力系统中对谐波的抑制主要从两个方面着手：一种为主动型谐波抑制，它是对电力电子装置本身进行改造，使其不产生谐波，且功率因数控制为1，这种方式适用于主要谐波源是电力电子装置的情况，这也是本章7.4节介绍的功率因数校正技术的思路；另一种为被动型谐波抑制，这种方式是通过装设谐波补偿装置来补偿谐波，适用于各种谐波源情况。

传统用于谐波补偿的装置为LC调谐滤波器，也称为无源滤波器（Passive Filter，PF）。无源滤波器由电感和电容组成，与谐波源并联，通过选择合适的滤波器参数，使得滤波器对于某次需要滤除的谐波来说阻抗接近零，该次谐波电流通过滤波器滤除；无源滤波器同时还具有无功补偿的功能。无源滤波器结构简单，投资少，可靠性高，运行费用低，但它只能对一些固定次数的谐波进行滤波,并可能与电网发生并联谐振,导致谐波放大,使 LC 滤波器过载甚至烧毁。为了克服无源滤波器的这些缺点,产生了有源电力滤波器(Active Power Filter,APF)。

有源电力滤波器是一种用于对谐波进行动态抑制的电力电子装置,同时具有无功补偿功能,它能够对大小和频率都变化的谐波以及变化的无功进行补偿,具有电力电子变流器的高可控性和快速响应性的优点。有源电力滤波器采用瞬时滤波技术,对包含谐波和无功分量的非正弦波进行"矫正",这与基于稳态频谱的"滤波"概念有很大的不同,它类似于自适应滤波技术中的"干扰抵消器",是近年来发展很快的一种谐波治理设备。

有源电力滤波器具有如下特点:

1) 实现了对谐波的动态抑制,可对频率和大小都变化的谐波进行补偿,对补偿对象的变化有极快的响应。

2) 可同时对无功功率进行补偿,且补偿无功功率的大小可连续调节。

3) 补偿无功功率时不需要储能元件,补偿谐波时所需要储能元件容量也不大。

4) 即使补偿对象电流过大,有源电力滤波器也不会发生过载,并能正常发挥补偿作用,只是补偿效果受到一定影响。

5) 受电网阻抗的影响不大,不容易和电网阻抗发生谐振。

6) 能跟踪电网频率的变化,补偿性能不受电网频率变化的影响。

7) 既可对一个谐波和无功源单独补偿,也可对多个谐波和无功源集中补偿。

### 7.3.2 有源电力滤波器的工作原理

有源电力滤波器原理框图如图 7-19 所示,它主要由两大部分组成:谐波电流检测电路和补偿电流发生电路。补偿电流发生电路由电流跟踪控制电路、驱动电路和主电路三部分构成。

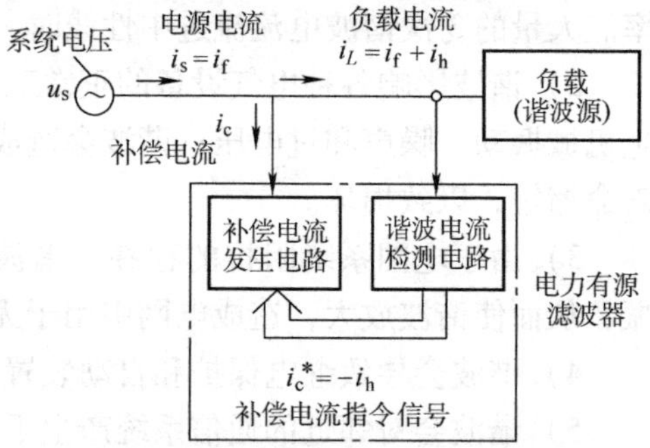

从图 7-19 可以看出,有源电力滤波器的谐波检测电路检测负载电流 $i_L$ 并分解出负载电流中的谐波分量 $i_h$,将其反极性后作为补偿电流的指令信号 $i_c^*$。补偿电流发生电路根据补偿电流指令信号产生补偿电流 $i_c$,$i_c$ 和负载中的谐波分量 $i_h$ 大小相等但方向相反,互相抵消,使得电源电流中只有基波电流,从而达到抑制电源电流中谐波分量的目的。用公式表示,负载电流为:

图 7-19 有源电力滤波器的原理框图

$$i_L = i_f + i_h \tag{7-12}$$

式中 $i_L$——负载电流;
$i_f$——负载电流的基波分量;
$i_h$——负载电流的谐波分量。

补偿电流指令信号 $i_c^*$ 为

$$i_c^* = -i_h \tag{7-13}$$

则补偿后的电源电流 $i_s$ 为

$$i_s = i_f \tag{7-14}$$

图 7-20 给出了负载电流 $i_L$、有源电力滤波器输出的补偿电流 $i_c$ 及电源电流 $i_s$ 的波形。从图中可以看出，经 APF 补偿后的电源电流为正弦波。

如果要求有源电力滤波器在补偿谐波的同时，还能补偿负载的无功功率，则只需在补偿电流指令信号中增加与负载电流的基波无功分量反极性的成分即可。这样，补偿电流与负载电流中的谐波和无功成分相抵消，电源电流等于负载电流的基波有功分量。同样，有源电力滤波器还可以对不对称三相电路的负序电流等进行补偿。

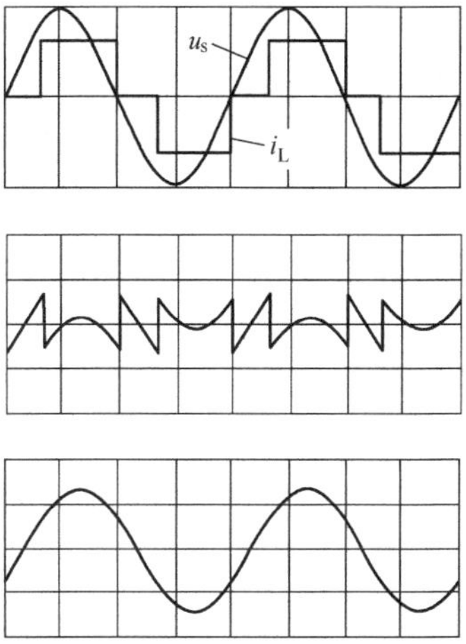

图 7-20 有源电力滤波器电流波形

### 7.3.3 有源电力滤波器的分类

有源电力滤波器的主电路一般由 PWM 逆变器构成。根据逆变器直流侧储能元件的不同，可分为电压型有源电力滤波器（储能元件为电容）和电流型有源电力滤波器（储能元件为电感）。电压型有源电力滤波器的主电路结构如图 7-21 所示，其主电路为电压型逆变电路，在工作时需对直流侧电容电压进行控制，使直流侧电压维持不变，因而逆变器交流侧输出为 PWM 电压波。而电流型有源电力滤波器主电路为电流型逆变电路，在工作时需对直流侧电感电流进行控制，使直流侧电流维持不变，因而逆变器交流侧输出为 PWM 电流波。电压型有源电力滤波器的优点是损耗较少，效率高，是目前有源电力滤波器采用的主电路结构。

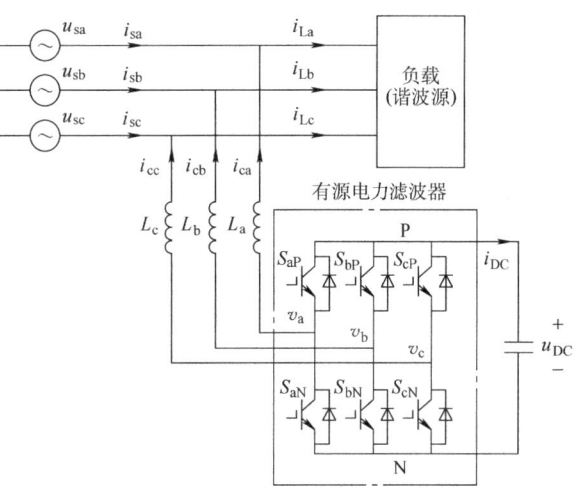

图 7-21 电压型有源电力滤波器的主电路

根据有源电力滤波器接入电网的方式不同，可将其分为两大类，即并联型和串联型。有源电力滤波器的主电路与负载并联接入电网，称为并联型有源电力滤波器，如图 7-21 所示。串联在电源和谐波源之间的有源电力滤波器称为串联型有源电力滤波器。并联型有源电力滤波器主要用于补偿可以看作电流源的谐波源，典型的电流源型谐波源如直流侧为阻感负载的整流电路。并联型有源电力滤波器向电网注入补偿电流，抵消谐波源产生的谐波，使电源电流成为正弦波，这时并联型有源电力滤波器表现为电流源的特性；串联型有源电力滤波器主要用于补偿可看作电压源的谐波源，如电容滤波型整流电路。针对这种谐波源，串联型有源电力滤波器输出补偿电压，抵消由负载产生的谐波电压，使供电电压波形成为正弦波。

### 7.3.4 有源电力滤波器的控制

有源电力滤波器的控制主要指补偿电流指令信号的计算和补偿电流的产生。补偿电流指

令信号 $i_c^*$ 的运算方法有几种，基于无功功率理论的瞬间矢量法是目前三相有源电力滤波器中应用最广的一种指令电流运算方法。它是由日本学者 H. Akagi 于 1984 年提出，这种方法仅适用于对称三相电路，后经不断改进，现已发展为 p-q 法、$i_p-i_q$ 法以及 d-q 法等。这些方法均是利用瞬时无功功率理论，根据检测出的三相电压与负载电流得到瞬时有功功率和瞬时无功功率，从而计算出所需补偿的谐波电流，此电流作为补偿电流指令信号。该方法能快速跟踪补偿电流，进行实时补偿，但计算复杂，且检测精度不高。

此外，对于电压型有源电力滤波器，其补偿电流的产生方法目前常用的有三角波比较法、滞环比较法和无差拍控制法等几种。三角波比较法、滞环比较法在前面第 6.4 节中已经介绍，这里不再重复。无差拍控制法实际上是一种预前控制，其基本思想是根据在第 K 个采样时刻所检测的负载电流和计算得到的补偿电流，计算出第 K+1 时刻的补偿指令电流信号及各种可能开关状态下补偿电流的预测值，然后计算某种特定的目标函数（一般为指令值和预测值的累计误差），选择目标函数最小的开关状态作为 K+1 时刻的开关依据。其优点是动态响应很快，易于计算机执行，缺点是计算量大，且对系统参数依赖性较大，鲁棒性差。

随着 DSP 技术和智能控制理论的发展，有关有源电力滤波器的一些新的控制策略不断涌现，随着控制策略的改进，有源电力滤波器的性能不断提高，价格也不断下降。有源电力滤波器作为消除电力公害、改善供电质量的有力工具，在美国、日本等发达工业国家已广泛用于国民经济的各个生产部门。与国外相比，我国的有源滤波技术应用虽然有所落后，但近年发展也相当迅速，尤其是在风能和太阳能发电站、轨道交通供电等领域已有大量使用的例子。

## *7.4 功率因数校正技术

高效、无污染地利用电能是目前世界各国普遍关注的问题。据统计，在实际应用中，有 70% 以上的电能至少要经过一次电力电子装置进行变换才能加以利用，而在电力电子变换装置中，整流装置约占 90%，且大多数整流装置都采用了不可控或相控整流电路。这些整流装置作为谐波电源，干扰电网电压，产生向四周辐射和沿导线传播的电磁干扰，导致电源的利用效率下降。近几年来，为了符合国际电工委员会 IEC61000—3—2 的谐波准则，功率因数校正（Power Factor Correction，PFC）电路正越来越引起人们的注意。

### 7.4.1 功率因数校正的概念

为了说明功率因数校正的概念，先来回顾功率因数的定义。前面已经讲过，功率因数指有功功率与视在功率的比值。即

$$PF = \frac{P}{S} = \frac{UI_1 \cos \varphi_1}{UI} = \frac{I_1}{I} \cos \varphi_1 = \nu \cos \varphi_1$$

式中　$\nu$——基波因数，$\nu = I_1/I$；

$\cos \varphi_1$——位移因数或基波功率因数。

可见功率因数由 $\nu$ 和 $\cos \varphi_1$ 决定。基波功率因数 $\cos \varphi_1$ 低，则表明用电电器设备的无功功率大，设备利用率低，从而使得电网中传输导线及供电变压器绕组的损耗增加。基波因数

ν低，则表示输入电流的谐波含量大，将对电网造成污染，对三相四线制供电的系统还会造成中性线电位偏移，严重时使用电电器设备损坏。

所以，为了减小传输线路及设备的损耗，提高设备利用率，降低电力电子装置对系统的影响，必须想法提高电力电子装置的功率因数。从上面的分析可知，要提高装置的功率因数可以有两个途径：一是使输入电压、输入电流同相位；二是使输入电流为正弦波形。这样的话，基波因数和位移因数均为1，系统功率因数即为1。如果使交流输入电流波形完全跟踪交流输入电压波形，电流波形呈纯正弦波，且和输入电压同相位，则此时的电路功率因数为1，这种使功率因数提高的技术就是功率因数校正技术。

## 7.4.2 功率因数校正电路的分类

功率因数校正电路可分为有源和无源两大类。无源功率因数校正电路通常由大容量的电感、电容组成，其对功率因数的校正虽然不如有源功率因数校正电路，但仍然可以使功率因数提高到0.7~0.8，因而在中小功率电源中被广泛采用。有源功率因数校正电路自20世纪90年代以来得到了迅速推广，它是在传统的不可控整流电路中加入有源器件，使交流侧电流正弦化，并且与交流电压同相位，功率因数接近1。有源功率因数校正电路工作于高频开关状态，体积小、重量轻，比无源功率因数校正电路效率高。本节主要讨论有源功率因数校正电路。

有源功率因数校正电路通常有两种结构。一种是两级结构，如图7-22所示。图中，第一级是功率因数校正级，即PFC级，通常采用Boost电路，它的功能是实现网侧电流正弦

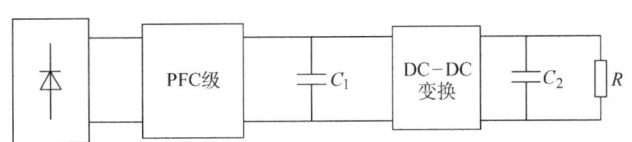

图7-22 两级功率因数校正电路原理

化，此外还可对输出电压进行粗调；第二级是直流变换电路（直接式或间接式），其任务是对输出电压进行细调。这种两级功率因数校正电路的优点是高精度，控制灵敏，结构相对简单，技术成熟，缺点是整机效率较低，性价比不高，所以，主要适用于精密仪器电源等场合。另一种是单级结构，如图7-23所示。因为对计算

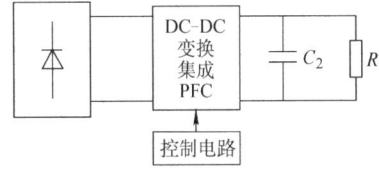

图7-23 单级功率因数校正电路原理

机电源和电子镇流器等家电而言，效率和性价比都是至关重要的，为此将两级结构功率因数校正电路合并为一级，成为单级单管电路（Single – Stage）。单级功率因数校正电路具有以下优点：①开关器件数减少，主电路体积及成本可以降低；②控制电路通常只有一个输出电压构成的闭环控制，简化了控制电路；③有些单级功率因数校正电路拓扑中部分输入能量可以直接传递到输出侧，不经过两级变换，所以效率可能高于两级功率因数校正电路。由于上述优点，单级功率因数校正电路在小功率电源中的优势较为明显，因此应用较广，产生了多种电路拓扑。

### 7.4.3 单级功率因数校正电路的基本原理

这里以单相单级功率因数校正电路为例,介绍有源功率因数校正技术的基本工作原理。

首先回顾一下第 3 章讲过的单相不可控整流电路,其电路和工作波形如图 7-24 所示。由二极管组成的不可控整流电路中,为了使输出电压平直,常在输出端并联一个较大的滤波电容。由于滤波电容和二极管的非线性,使输入电流 $i_N$ 为一个尖峰脉冲,其中含有大量的高次谐波,对电网造成严重的污染。对于不可控整流电路而言,得到一个平滑的直流输出和消除对电网的高次谐波污染成为一对不可调和的矛盾。解决的方法是,在整流器与输出电容之间插入一个电路,这个新插入的电路用于保证输入电流为正弦波,而其输出可以得到一个恒定的直流电压。这个新插入的电路可以是升压式、升降压式、反激式等,由此形成不同的拓扑结构。其中升压式(Boost)电路应用最为广泛,电路如图 7-25 所示,图 7-25 中点画线框内为在整流电路的输入和输出之间插入的升压式功率因数校正电路。

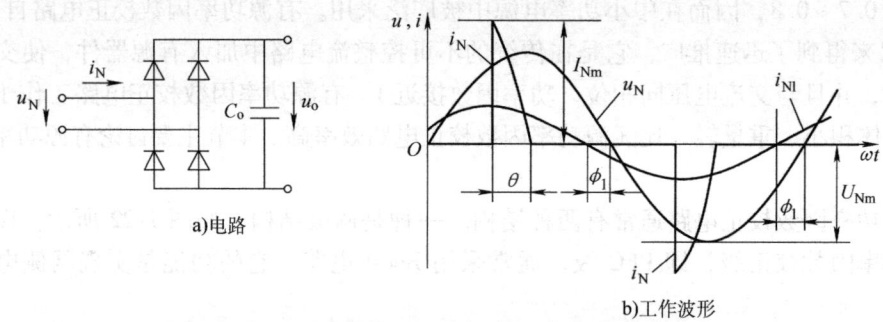

图 7-24 具有电容输出滤波的单相不控整流电路

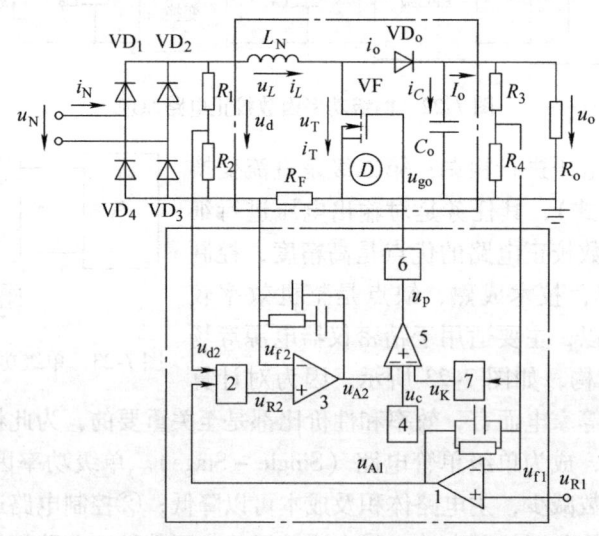

图 7-25 升压式(Boost)有源功率因数校正电路
1—电压调节器 2—乘法器 3—电流调节器
4—载波发生器 5—SPWM 信号比较器 6—驱动器 7—输出电压快速调节器

图 7-25 中,电压给定信号 $u_{R1}$ 和实际的直流电压 $u_{f1}$ 比较后得到电压的偏差信号,再和整流后的正弦电压 $u_{d2}$ 相乘得到输入电流的指令信号 $u_{R2}$,该指令信号和实际电流信号比较后,对开关进行 SPWM 控制,便可使输入直流电流跟踪指令值,这样交流侧电流波形近似为与交流电压同相的正弦波。电路中各参数的波形如图 7-26 所示,在升压斩波电路中,只要输入电压不高于输出电压,输入电流 $i_N$ 就完全受开关 VF 的通断所控制;VF 导通时,$i_N$ 增大,VF 关断时,$i_N$ 下降。因此,当开关 VF 的控制 PWM 信号的占空比按正弦绝对值规律变化,且与输入电压同相时,就可以控制波形为正弦绝对值,从而使输入电流的波形为正弦波,且与输入电压同相,输入功率因数为 1,达到功率因数校正的目的。

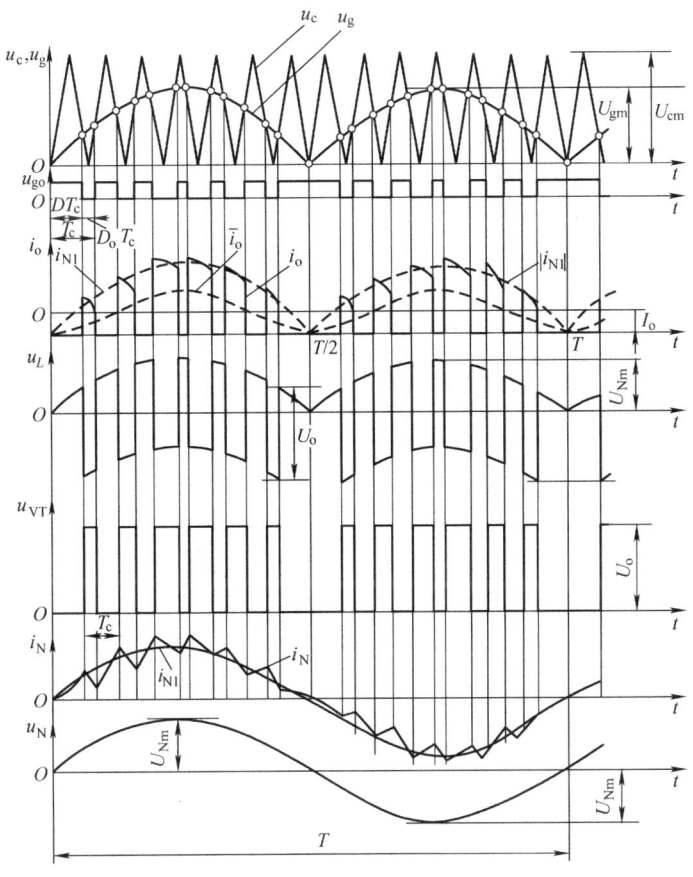

图 7-26 升压式(Boost)有源功率因数校正电路各参数的波形

## 7.4.4 有源功率因数校正的电流控制方式

根据输入电流的控制原理,有源功率因数校正的电流控制方式主要有下面几类。

**1. 平均电流控制方式**

在图 7-25 所示升压式(Boost)有源功率因数校正电路中,输入电流是连续的,工作频率固定,这种控制输入电流平均值的方式称为平均电流控制方式,图 7-27a 所示为平均电流控制方式的电流波形。TI 公司的连续电流模式 PFC 芯片 UC3854 就是采用平均电流控制方式。

## 2. 滞后电流控制方式

滞后电流控制方式的电流波形如图 7-27b 所示，其特点是工作频率可变，电流达到滞后带内发生功率开关的开通与关断操作，使输入电流上升或下降，电流平均值取决于电感输入电流。

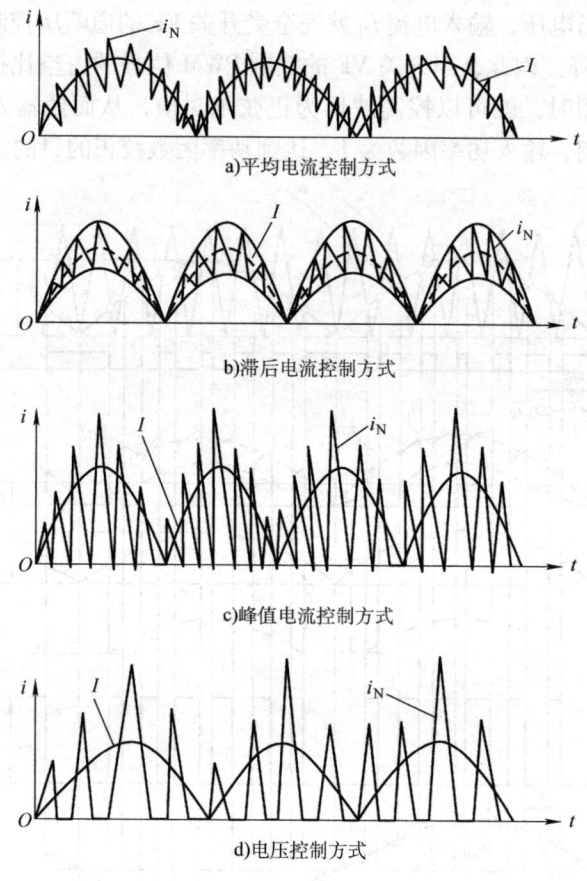

图 7-27  几种控制方式的输入电流波形

## 3. 峰值电流控制方式

峰值电流控制方式的电流波形如图 7-27c 所示，其特点是工作频率变化，电流不连续（DCM）。这种控制方式具有电路简单、易于实现的优点。但存在以下缺点：功率因数和输入电压 $U_i$、输出电压 $U_o$ 的比值有关；开关管的峰值电流大，开关管损耗增加。所以在大功率有源功率因数校正电路中，常采用电流连续型（CCM）的控制方式。

## 4. 电压控制方式

电压控制方式下电流波形如图 7-27d 所示，这种控制方式的特点是工作频率固定，电流不连续，采用固定占空比的方法，电流自动跟随电压。这种控制方法一般用在输出功率比较小的场合。

随着技术的进步，新的控制方法不断出现，比如非线性载波技术和单周期控制技术。这些控制技术的主要优点是使电路的复杂程度大大降低，可靠性增强。

与电流控制技术相对应，常用的功率因数校正芯片也分为两大类：一类是非连续电流模式 PFC 芯片，如 IFX（英飞凌）的 TDA4862、TDA4863，ST 的 L6561、L6562，Fairchield（快捷半导体）的 FAN7527，TI 的 UC3852、UCC38050 等；另一类是连续电流模式 PFC 芯片，如 IFX 的 TDA16888（PFC + PWM），ST 的 L4981，TI 的 UC3854、UCC3817、UCC3818 等。

采用有源功率因数校正技术可以使整流电路总谐波含量降低到 5% 以下，而功率因数可以高达 0.995，彻底解决整流电路的谐波污染和功率因数低的问题，从而满足现行最严格的谐波标准，因此功率因数校正技术应用越来越广泛。

## *7.5 高压直流输电技术

众所周知，电的发展首先是从直流开始的，最早的输电技术也是直流输电技术，当时的直流输电不需要经过换流，是直接将直流电从直流电源送至直流负荷。由于高压大容量直流发电机的生产制造困难，到了 19 世纪 80、90 年代，三相交流发电机、异步电动机及变压器相继问世。随着三相交流系统的诞生，直流系统很快就被交流系统所取代，到目前为止，在发电、输电和用电的各个领域都是交流系统一统天下。但是随着交流电网规模的扩大、输电距离的增加，出现了一系列交流输电难以逾越的问题，如电网的异步互联、远距离电缆输电等。而自 20 世纪 50 年代以来，电力电子技术的迅速发展带来了可靠的高压大功率交直流转换技术，使得高压直流输电技术（High Voltage DC Transmission，HVDC）重新受到人们的关注。由于高压直流输电在远距离大容量输电、电力系统非同步联网和海底电缆送电等方面具有的独特优势，使其作为交流输电技术的有力补充，在世界范围内得到了广泛的应用。

目前，高压直流输电技术主要有两大类，一类是基于晶闸管的电流源型高压直流输电技术，这是传统意义上的高压直流输电技术；另一类是基于 IGBT 等全控型器件的电压源型高压直流输电技术，也称为柔性直流输电技术。下面分别对这两种技术进行介绍。

### 7.5.1 传统高压直流输电技术

高压直流输电是将三相交流电通过换流站整流变成直流电，然后通过直流输电线路送往另一地的换流站，再逆变成三相交流电的输电方式。世界上第一个直流输电工程是 1954 年瑞典本土至哥特兰岛的海底直流电缆输电工程，其采用的是高压大容量的可控汞弧整流器作为换流阀。由于汞弧阀的制造技术复杂，价格昂贵，可靠性低，随着高压大功率晶闸管的问世，很快即被晶闸管所代替。现有的传统电流型高压直流输电均为基于晶闸管换流阀的直流输电，即采用第 3 章中介绍的三相桥式可控整流电路，工作于整流状态或逆变状态。基于晶闸管的高压直流输电技术又称为相控换流器（Phase Commutated Converter，PCC）技术，国外也称为 LCC（Line Commutated Converter）技术。

**1. 传统高压直流输电系统的构成**

图 7-28 是一个常规的两端双极高压直流输电系统构成原理图，从图中可以看出，传统高压直流输电系统主要由换流器、交直流电抗器、交流断路器、直流输电线路等组成。下面分别对各部分进行介绍。

（1）换流器

换流器完成交 - 直和直 - 交的转换，它是直流输电系统最关键的设备，由阀桥和带有抽

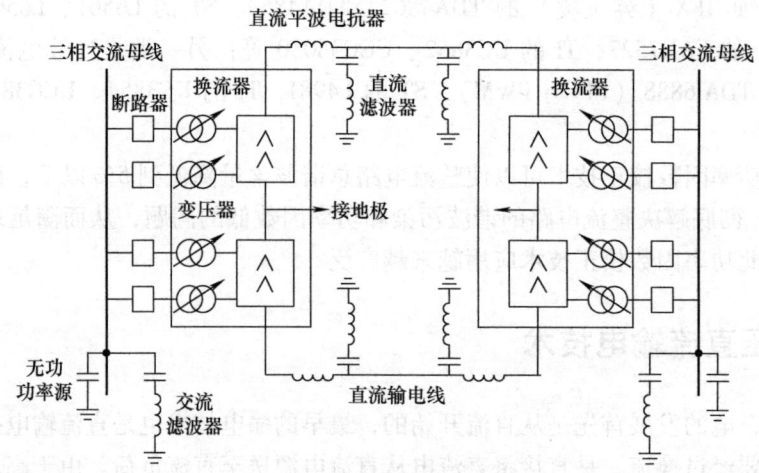

图 7-28 高压直流输电系统结构图

头切换器的换流变压器构成。换流变压器为换流器提供适当大小和相位的换相电压,在直流系统发生短路故障时,其阻抗还起限制短路电流、避免换流器损坏的作用。图7-29为某换流站阀厅的实物照片。

(2) 直流平波电抗器

高压直流输电系统中的直流平波电抗器具有甚至高达1H的电感,在每个换流站与每极串联。平波电抗器的用途主要有:①平抑直流线路中的谐波电流;②减少逆变器的换相失败;③防止轻载时的电流不连续;④在直流线路短路时限制换流器的峰值电流。

图 7-29 某换流站阀厅照片

(3) 交直流滤波器

在交流和直流两侧会产生谐波电压和谐波电流,交直流滤波器的用途就是滤除换流器产生的谐波电流,另外交流滤波器还兼具提供换流所需部分无功的任务。

(4) 无功功率电源

换流器内部要吸收无功功率,稳态条件下,所消耗的无功功率是传输功率的50%左右,所以需要在交流母线上接无功功率电源。

(5) 直流输电线路

直流输电线可以是架空线,也可以是电缆。除了导体数和间距的要求有差异外,直流输电线路与交流输电线路十分相似。

(6) 接地电极

大多数高压直流输电系统的设计采用大地作为系统的中性导线。与大地相连的接地电极导体需要较大的表面积,以使电流密度和表面电压梯度在允许的范围内。

(7) 交流断路器

为了切除发生故障时的换流变压器,在交流母线与变压器之间设置交流断路器。该断路器不是用来切除高压直流输电系统直流侧故障的,因为直流侧的故障可以用闭锁换流阀触发脉冲的方法更快地切除。

**2. 传统高压直流输电系统的接线方式**

由于目前高压直流断路器还处于研制阶段，致使直流输电系统还不能像交流系统一样构成各种复杂的网络。目前，直流输电系统常见的接线方式有：

（1）单极线路接线方式

单极线路接线方式是用一根架空导线或电缆线，以大地或海水作为返回线路组成的直流输电系统，如图 7-30 所示。

这种接线方式的优点是：两端换流站一般以正极接地，负电压线路的电晕引起的无线电干扰较小。但是，这种接线方式运行时电流经大地或海水，要注意接地极材料、埋设方法，地下埋设物的电腐蚀及对底线通信线路、航海罗盘的影响等。

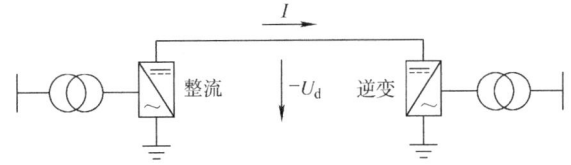

图 7-30　高压直流输电的单极线路接线方式

（2）双极线路接线方式

双极线路接线方式有两根不同极性（即正、负极）的导线以大地或中性线导线构成回路。双极是指其输电线路两端的每端都由两个额定电压相等的换流器串联而成，具有两根传输导线，分别为正极和负极，每端两个换流器的串联连接点接地，两极独立运行。当一极停止运行时，另一极以大地作为回路还可以带一半的负荷继续运行，这样就提高了运行的可靠性，也有利于分期建设和运行维护。

双极线路接线方式又可以分为四类：双极两线中性点两端接地方式、双极两线中性点单端接地方式、双极中性线方式、"背靠背"（Back-to-Back）接线方式。

双极两线中性点两端接地方式如图 7-31a 所示，两极对地电压分别为 $+U_d$ 和 $-U_d$。系统正常运行时，地中有很小的不平衡电流。当一条线路故障时，可短时利用健全极线路以单极接线方式运行。

双极两线中性点单端接地方式如图 7-31b 所示，只在整流站或换流站中性点单端接地。正常运行时与双极两线中性点两端接地方式相同，但当一极线路故障不能继续运行时，避免了以大地或海水作为回路引起的问题。

双极中性线接线方式如图 7-31c 所示，它是将双极两端的中性点用导线联结，这样的接线方式避免了一极线路发生故障时，健全极利用大地或海水作为回路引起的问题。

上面介绍的三种接线方式都有直流输电线路，而"背靠背"（Back-to-Back）接线方式没有直流输电线路，它是将整流站和逆变站建在一起形成"背靠背"换流站。这种方式适用于不同额定频率或者相同额定频率非同步运行的交流系统之间的互联。因为没有直流输电线路，所以直流系统可选用较低的额定电压，从而降低了整个直流系统的绝缘费用。如黑龙江黑河换流站即为"背靠背"接线方式，用于俄罗斯电网与东北电网两个不同交流电网的连接。

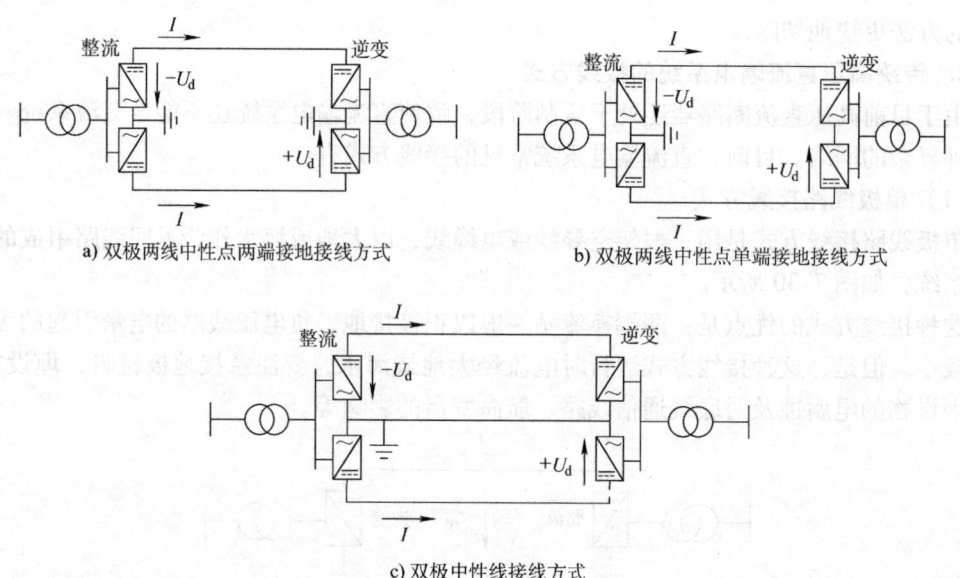

图 7-31 高压直流输电的双极线路接线方式

### 3. 传统高压直流输电技术的特点

与高压交流输电相比,传统高压直流输电具有以下优点:

1) 线路造价低、损耗小。双极高压直流输电系统只需正极和负极两条输电线路,在输送相同功率的情况下,高压直流输电的线路造价及损耗均约为交流输电的 2/3,也无须装设并联电抗器。采用电缆输电线路时,高压直流输电的优势更为明显。交流电缆的输送距离受电容电流的严重制约,进行远距离交流电缆送电是非常困难的。而直流电缆由于不存在电容电流,其输送距离不受限制,易于实现远距离电缆送电。

2) 不存在稳定性问题。直流输电没有相位和功角,当然也就不存在稳定问题,只要电压降、网损等技术指标符合要求,就可以达到传输的目的,无须考虑稳定问题,这是直流输电的重要特点,也是其主要优势。

3) 可实现非同步联网。由于整流和逆变的隔离作用,用高压直流输电连接的系统之间无须同步运行,被联系统不仅可以是额定频率相同的系统,也可以是额定频率不同的系统(如额定频率分别为 50Hz 和 60Hz),彼此可以保持各自的频率和电压而独立运行,不受联网影响,同时也不会发生由于故障传递而导致的大面积停电事故。

4) 快速可控。高压直流输电输送的有功功率的大小和方向以及换流器消耗的无功功率均可由控制系统实现快速控制,从而改善交流系统的运行性能。另外,两个系统以交流互联时,将增加两侧系统的短路容量,有时会造成部分原有断路器不能满足开断电流要求而需要更换设备。直流互联时,对两个交流电网有很好隔离作用,不论在哪里发生故障,都不必增加交流系统的断流容量。

高压直流输电技术除了具有上述优点外,也具有显著的缺点:

1) 换流站造价高。高压直流输电换流站由于设备种类繁多,其造价比交流变电所要高很多,而且运行维护也比较复杂、对运行人员的要求较高。

2) 换流器消耗的无功功率大。目前在高压直流输电中广泛使用的晶闸管换流器在换流过程中要消耗大量的无功功率,用占所输送有功功率的百分数来表示,整流器为 40% ~

50%，逆变器为 50%~60%。交流滤波器可以提供一部分换流所需的无功功率，不足部分需另装无功补偿装置来满足系统对无功功率的需求。

3）产生大量谐波。换流器在交流侧和直流侧都产生一系列的高次谐波电流，会引起电容器和发电机过热、换流器控制不稳定和对通信系统产生干扰等问题。因此，在换流站内必须装设交、直流滤波器和平波电抗器进行滤波，从而增加了换流站的造价。

**4. 传统高压直流输电技术的应用场合**

目前，高压直流输电技术作为交流输电技术的补充，其应用场合主要有以下几个方面：

1）大容量远距离输电。高压直流输电的线路造价低而换流站造价高，因而有"等价距离"的概念。当输电距离增加到一定值时，直流输电线路较交流输电线路节省的费用正好等于直流换流站投入增加的费用，即此时直流系统与交流系统投入相等，这个距离即为"等价距离"。所以，输电距离大于"等价距离"时，采用高压直流输电较为经济；输电距离小于"等价距离"时，采用交流输电较为经济。架空线的"等价距离"约为 600~800km，电缆的"等价距离"约为 20~40km。

2）两个交流系统的非同步连接。采用高压直流输电技术对两个非同步系统联网，既可以获得联网效益，又可以避免交流联网带来的大电网问题，如稳定问题、故障连锁反应而引起的大面积停电问题和短路容量增加问题等。对于额定频率不同的电网，采用交流联网在技术上无法实行，只能采用高压直流输电联网方式。

3）超过 30km 的水下电缆送电。由于电缆具有大容量的容性充电无功功率，需要在线路中间设置并联电抗器补偿，因此，交流输电是不切实际的。远距离大容量的海底电缆送电一般采用高压直流输电。

高压直流输电技术在我国是从 20 世纪 80 年代末开始应用的，起步虽然较晚，但发展非常迅速。随着三峡工程的兴建和中央"西电东送"发展战略的实施，我国已陆续开发了一批超高压、大容量、远距离直流输电工程和交直流并联输电工程。截至 2007 年年底，我国投运的高压直流输电工程 10 项，其中 ±500kV 工程 6 项，直流"背靠背"工程 1 项。而 2010~2012 年，仅三年的时间，我国高压直流输电系统投运的工程数量就已经超过 7 个。到目前为止，我国已有 ±500kV 工程 10 项，±660kV 工程 1 项，直流"背靠背"工程 7 项，±800kV 工程 5 项，直流输电容量大约为 70GW。我国已经成为世界上第一个成功掌握 1100kV 直流输电技术的国家，使得我国的电力输送容量和输送距离都将大幅度提升。未来 20 年中，国家电网公司规划建设的直流输电工程将有 40 项以上，其中特高压直流输电工程将超过 15 项。

## 7.5.2 柔性直流输电技术

传统的高压直流输电技术，由于其晶闸管阀是没有自关断能力的半控型器件，而且工作频率较低，使得基于晶闸管阀的换流器性能受到很大约束。比如，传统高压直流输电技术需要安装大量的无功补偿及滤波设备，不能向无源网络供电，只有应用于远距离、大容量输电才能发挥其经济上的优势等。随着电力电子器件技术和控制技术的发展，诞生了新的进行交流和直流转换与传输的技术，即柔性直流输电技术。它采用大功率全控型的 IGBT 器件取代传统的半控型晶闸管，换流器采用电压源型换流器（Voltage Sourced Converter，VSC）技术取代传统的相控换流器技术，也称为基于电压源换流器的高压直流输电技术，简称 VSC-

HVDC，有的国家称其为轻型直流输电技术。世界上第一个柔性直流输电工业性试验工程——赫尔斯杨工程于 1997 年 3 月在瑞典中部投入运行，该系统输送功率为 3MW，直流电压 10kV，输送距离 10km，它的诞生标志着柔性高压直流输电技术完成了可行性研究阶段，并向着商业化方向发展。

**1. 柔性直流输电系统构成**

柔性直流输电系统的基本原理如图 7-32 所示。从图中可见，柔性直流输电系统与传统直流输电系统比较，差别在于换流阀部分。由于 IGBT 阀具有可控开通和关断的能力，使得由其构成的直流输电系统与传统的基于晶闸管阀的直流输电系统在许多方面都有所不同，克服了传统直流输电系统的一些固有缺陷。

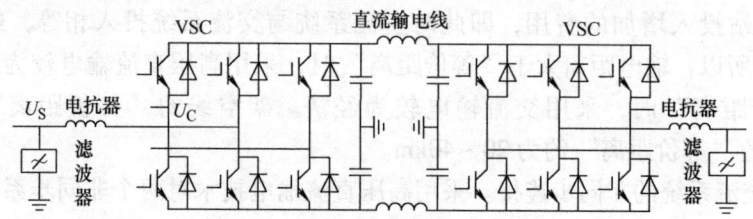

图 7-32 柔性直流输电系统的基本原理

基于 VSC 变换电路构成的换流站基本工作原理如图 7-33 所示，交流侧输出电压 $U_{sw}$ 是通过开关管的开通和关断在两个直流侧电压 $+U_d$、$-U_d$ 之间切换，来产生交变的矩形波电压。VSC 换流器采用 PWM 控制方式来控制该交变的矩形波电压 $U_{sw}$ 的基波幅值和相位，该矩形波电压通过滤波电感和电容滤除高次谐波后获得正弦的输出电压 $U_{ac}$，这样就完成了从直流电压到交流电压的变换过程，波形如图 7-34 所示。采用 PWM 控制，原理上可以输出任意相位角度和幅值的基波，而且响应快。以此为基础，VSC 换流器能够与电网交流系统或独立负载间进行独立的有功功率和无功功率传输。

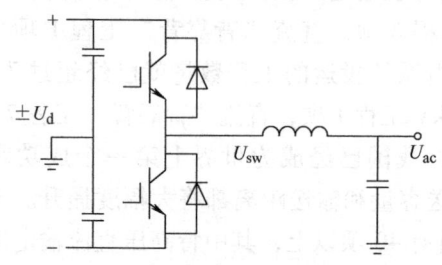

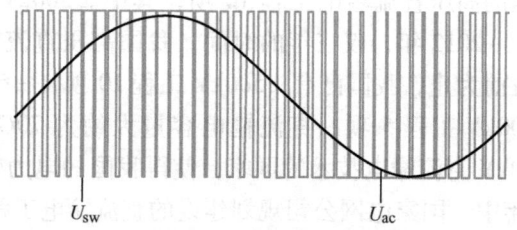

图 7-33 VSC 换流站一相示意图　　　　图 7-34 VSC 换流站输出波形

**2. 柔性直流输电技术的优点**

基于 VSC 的柔性直流输电技术与基于相控原理的传统直流输电技术相比，具有以下优点：

1）经济输送功率可从几兆瓦到几百兆瓦，直流电压可达 150kV 或更高，填补了直流输电在中低容量、中近距离电力传输应用上的空白。

2）传输线路多采用地下电缆，对环境影响小。

3）VSC 换流器交流侧可在短时间内形成任意相角和幅值的交流电压，为独立控制有功功率和无功功率提供了可能。可兼做无功补偿装置，实现动态补偿交流母线无功功率，稳定交流母线电压，但需要挤占 VSC 的有功传输容量。

4）动态性能好，可改善电网的暂态、次暂态稳定性。

5）换流桥工作频率高，几乎不产生低次谐波，对电网的谐波污染小。

6）VSC 通常采用 SPWM 控制技术，经低通滤波后可得到所需交流电压，无需变压器，整流过程功率因数接近为 1，不需要额外的无功补偿装置，滤波装置容量减小，大大减小了换流站的体积。一个容量 1~100MW、直流侧 10~100kV 的换流站占地面积不超过 $250m^2$。

7）潮流反转时直流电流反向，直流电压极性不变，与传统的高压直流输电恰好相反。可以控制直流侧的电压和电流，从而让多个 VSC 连接于同一条直流母线的同时能够控制功率分布。这有利于构成既能方便地控制潮流又有较高可靠性的多端直流系统。

8）VSC 可工作在无源逆变方式，不需要外加换向电压，克服了传统高压直流输电受端必须是有源网络以及可能出现换相失败的缺陷，可用来为远距离的孤立负荷送电。

9）两个换流站之间不需要快速通信联系，每个站可以独立控制，从而减少通信投资及其运行维护费用。

总之，柔性高压直流输电技术继承了传统直流输电技术的优点，同时又获得了很多传统直流输电技术所不具备的独特优势，所以将在中低电压、中小容量的输电项目上得到更大的应用。

**3. 柔性直流输电技术的应用领域**

柔性直流输电技术在电压低于 150kV、容量不超过 200MW 时具有经济上的优越性，它在以下应用领域将可能发挥极大的作用：

(1) 向偏远地区供电

偏远地区一般远离电网，负荷轻而且日负荷波动大，经济成本高及线路输送能力低是限制架设交流输电线路的主要因素。采用柔性直流输电技术，可提高线路单位输送功率，减少线路维护工作量，提高供电可靠性。测算表明，在相同投资规模下，修建一座燃煤火电厂与修建一条柔性直流输电线路相比，柔性直流输电线路的等效距离可降至 50~60km。

(2) 海上供电

远离大陆电网的海上负荷，如海岛或海上石油钻井平台等，通常靠柴油或天然气发电，不但发电成本高、供电可靠性难以保证，而且破坏环境。采用柔性直流输电技术可解决这些问题，同时还可将多余电力反送系统。

(3) 城市配电网增容改造

城市特别是大中城市的空中输电走廊已没有发展空间，原有的架空配电网络已不能满足电力增容的要求，合理的方法是采用电缆输电（架空电缆或地下电缆）。直流电缆不仅比交流电缆占用空间小，而且能输送更多的功率，因此采用柔性直流输电技术向城市中心区供电有可能成为未来城市增容的主要方法。

(4) 清洁能源发电

受环境条件限制，清洁能源发电一般装机容量小、供电质量不高且远离主电网，如中小型水电厂、风力发电站（含海上风力发电站）、潮汐电站、太阳能电站等，由于其运营成本较高以及交流线路输送能力偏低等原因，采用交流互联方案在经济和技术上均难以满足要求。利用柔性直流输电技术与主电网实现互联是充分利用可再生能源的最佳方式，有利于保护环境。

(5) 不同额定频率或相同额定频率的交流系统间的非同步运行

非同步运行交流系统间的互联是直流输电系统的传统应用领域。特有的模块化结构及电缆线路使柔性直流输电技术对场地及环境的要求大为降低，换流站的投资大大下降，因此可根据供电技术要求选择最理想的接入系统位置。

(6) 直流环网供电

环网供电具有更高的可靠性。多个 VSC 换流器容易构成并联多端供电的直流环网，从而提高供电的可靠性和灵活性。

(7) 提高配电网电能质量

非线性负荷和冲击性负荷对配电网产生如谐波污染、电压间断、电压凹陷/突起以及波形闪变等质量问题，使一些敏感设备如工业过程控制装置、现代化办公设备、电子安全系统等失灵，造成很大的经济损失。柔性直流输电技术具有快速控制有功/无功的能力，并能够保持电压基本不变，使电压、电流满足电能质量标准要求，是改善配网电能质量的有效方法之一。

## *7.6 柔性交流输电技术

柔性交流输电技术（Flexible Alternating Current Transmission Systems，FACTS）又称为基于电力电子技术的灵活交流输电系统。柔性交流输电技术是将电力技术、微处理技术和控制技术等高新技术集中应用于高压输电系统，以提高输电系统可靠性、可控性、运行性能和电能质量并获取大量节电效益的一种新型综合技术。柔性交流输电技术已被国内外一些权威的输电工作者预测确定为"未来输电系统新时代的三项支持技术（柔性输电技术、先进的控制中心技术和综合自动化技术）之一"。

### 7.6.1 柔性交流输电技术的特点

柔性交流输电技术来源于美国著名的电力专家 N. G. Hingorani 于 1986 年首次提出的想法，"应用大功率、高性能的电力电子器件制成可控的有功或无功电源以及电网的一次设备等，以实现对输电系统的电压、阻抗、相位角、功率、潮流等的灵活控制，将原基本不可控的电网变得可以全面控制"。因此这里所说的"柔性"主要是区别于原来交流电网中的常规"刚性"而言。这不仅由于前者主要依靠电子型技术，后者常常是机电型技术；而且更重要的差别在于其控制作用的快速性、精确性、连续性、鲁棒性（柔韧性）、有效性等性能。柔性交流输电技术从根本上改变了交流电网过去基本上只依靠缓慢、间断以及不精确设备进行机械控制的局面，为交流输电网提供了快速、连续和精确的控制手段以及输送优化潮流功率的能力，同时又保证了系统的稳定性。

柔性交流输电系统的主要优点可归纳如下：

1) 柔性交流输电技术完全能与原输电方式协调。
2) 采用电力电子开关，无机械磨损，控制信号功率小，控制灵活性高。
3) 能快速、平滑调节，可灵活、方便、迅速地改变系统潮流分布。
4) 线路的输送能力可增大到接近导线的热极限，提高了输电线路的利用率。例如，一条 500kV 线路的安全输电极限为 1000～2000kW，线路的热极限为 3000kW，采用柔性交流输电技术后，可使输送能力提高 50%~100%。

5）备用发电机组容量可以从典型的 18% 减小到 15%，甚至更小，因而提高了联络线的输电能力，减小发电机备用容量。

6）电网和设备故障的影响可以得到有效的控制，防止线路串级跳闸，减轻系统事故的影响。

7）采用了电力电子开关，能快速而连续地对一次设备进行控制，提高系统阻尼，易消除电力系统振荡，提高系统的稳定性。

8）经济性好。

## 7.6.2 柔性交流输电装置的分类及其技术原理

柔性交流输电装置是基于电力电子变流技术并直接应用于输电系统的一些快速控制设备的集合群。目前已成功应用或正在开发研究的柔性交流输电装置有十几种。柔性交流输电装置按其接入系统方式可分为并联型、串联型和综合型。并联型柔性交流输电设备包括静止无功补偿器（Static Var Compensator，SVC）和静止同步补偿器（Static Synchronous Compensator，STATCOM）/静止无功发生器（Static Var Generator，SVG），主要用于电压控制和无功潮流控制；串联型柔性交流输电设备包括可控串联补偿器（Thyristor Controlled Series Capacitor，TCSC）和静止同步串联补偿器（Static Synchronous Series Compensator，SSSC），主要用于输电线路的有功潮流控制、系统的暂态稳定和抑制系统功率振荡；综合型柔性交流输电设备主要包括统一潮流控制器（Unified Power Flow Controller，UPFC）和可控移相器（Thyristor Controlled Phase angle Regulator，TCPR），统一潮流控制器主要适用于电压控制、有功和无功潮流控制、暂态稳定和抑制系统功率振荡，可控移相器主要用于系统的有功潮流控制和抑制系统功率振荡。这里介绍几种典型的柔性输电设备。

**1. 静止无功补偿器（SVC）**

早期的静止无功补偿器是饱和电抗器，但是其铁心需磁化到饱和状态，所以损耗和噪声都很大，且存在非线性问题，也无法进行分相调节，所以很快就被晶闸管控制的静止无功补偿装置代替，而现在所指的静止无功补偿装置都是使用晶闸管的静止无功补偿装置。

静止无功补偿器在电网中的作用主要是：

1）调节系统电压，保持电压稳定。

2）控制无功潮流，增加输送能力。

3）为 AC - DC 换流器提供无功功率。

4）提高系统的静态和暂态稳定性。

5）加强对低频振荡的阻尼等。

静止无功补偿器在用户侧的功能主要有：

1）提高功率因数，减少无功潮流，降低电能损耗。

2）抑制电压波动和闪变。

3）减少非线性负荷引起的电压影响和谐波干扰。

4）三相负荷平衡化等。

晶闸管控制的静止无功补偿装置是采用晶闸管控制电抗器或是电容器，具有补偿容量大、可对无功功率输出进行连续调节且有一定的暂态调节能力等优点。静止无功补偿器种类较多，常见的类型有晶闸管控制电抗器、晶闸管投切电容器及混合型等，其原理如图 7-35 所示。图 7-35a 为晶闸管控制电抗器（Thyristor Controlled Reactor，TCR），图 7-35b 为晶闸管投切电容器（Thyristor Switched Capacitor，TSC），其工作原理在第 5.2.1 小节中已经做过介绍，图 7-35c 为晶闸管投切电抗器（Thyristor Switched Reactor，TSR），图 7-35d 为 TCR 与 TSC 的混合型静止无功补偿装置，图 7-35e 为晶闸管控制变压器型无功补偿装置（Thyristor Controlled Transformer，TCT）。除了图 7-35 所示的类型外，还有一些由两种或两种以上结构构成的混合型补偿系统，如 TCR + TSC、TCR + FC（FC 是固定电容器）、TCR + TSC + FC 等。

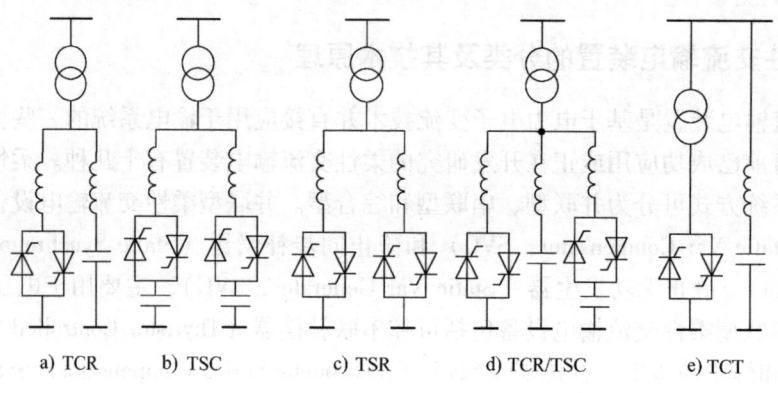

图 7-35　晶闸管控制 SVC 的结构形式

当静止无功补偿装置需要在一定条件下实现无功功率的连续动态补偿时，通过调节 TCR 或 TSC 中晶闸管的触发角，使整个装置输出连续变化的无功功率，静态和动态地使电网电压保持在一定范围内，从而提高系统的稳定性。但由于这种设备在电网电压波动超出一定范围时表现出恒阻抗特性，因而在电网电压波动大时不能充分发挥其作用。静止无功补偿装置技术目前是解决我国电网无功控制和大型工业用户电能质量控制的重要技术支持手段。但由于其采用晶闸管控制，会对电网产生谐波，同时自身损耗较大、动态响应速度较慢，所以在一些负荷波动较大、要求动态实时补偿的场合，静止无功补偿装置无法满足要求。

**2. 静止无功发生器**（SVG）

静止无功发生器又称为静止同步补偿器（STATCOM）是基于全控型器件的无功补偿装置，主要采用 IGBT 器件，其响应速度较 SVC 快，效率更高，能实现动态无功补偿，抑制电压波动和闪变，在系统暂态过程提供动态无功支持，加速故障情况下电网系统恢复速度。

图 7-36 为静止无功发生器进行无功补偿的基本原理图。从图中可以看出，将电压源型逆变器经电抗器并联在电网上，电压源型逆变器包括逆变电路和直流电容，逆变电路由 IGBT 组成。SVG 正常工作时，控制 IGBT 的开通和关断，将逆变电路直流侧电压转换成交流侧与电网同频率的输出电压，而输出交流电压的幅值和相位均可控制，所以 SVG 相当于一个调相电源。SVG 检测电网所需无功，然后快速发出与电网大小相等、相位相反的无功，实现无功就地平衡，从而保持电网以高功率因数运行。

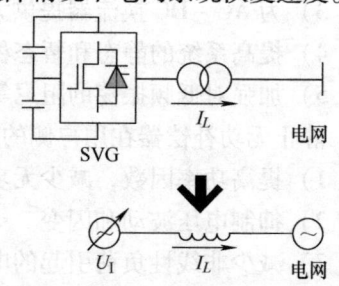

图 7-36　静止无功发生器无功补偿原理

图 7-37 是 SVG 单相等效电路及相量图。仅考虑基波频率时，SVG 可等效为幅值和相位均可控的一个与电网同频率的交流电压源，通过交流电抗器连接到电网。控制 SVG 输出电压 $U_s$，使 $U_s$ 与电网电压 $U_i$ 同相，通过调节 $U_s$ 的大小，即可改变 SVG 电流的大小和方向。当 $U_s$ 大于 $U_i$ 时，回路电流超前电网电压 90°，SVG 吸收容性无功功率；当 $U_s$ 小于 $U_i$ 时，回路电流滞后电网电压 90°，SVG 吸收感性无功功率。所以，SVG 既可以发出感性无功，也可以发出容性无功。

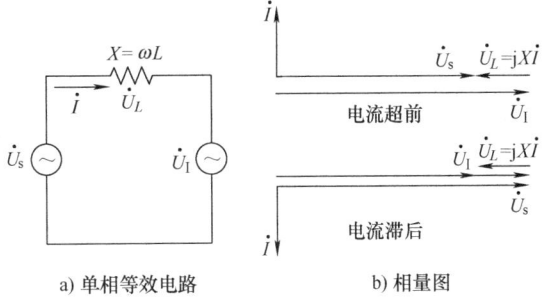

图 7-37 SVG 单相等效电路及相量图

近年来，SVG 的应用日益广泛，可应用于电力、钢铁、煤矿、铁道、石油、机械、冶炼、化工、造船、港口、轻工、建材、矿山等的低压 380V、660V、1000V 及中压 10kV、35kV 等供配电系统中，要求动态无功补偿且需要抑制或治理谐波的场合，尤其适用于冶金、铁路牵引、起重机、新能源发电等谐波较严重、无功负荷较大且波动频繁的场合。

**3. 可控串联补偿器（TCSC）**

可控串联补偿技术是在常规串补技术基础上发展起来的一种灵活交流输电技术。TCSC 主要由一个串联电容组和晶闸管控制的分路电抗器（TCR）并联构成，结构如图 7-38 所示。工作时，通过控制晶闸管触发角来改变分路电抗器流过的电流，从而连续、快速、大范围地调整线路阻抗。因而可以将可控串联补偿器等效为一个容量连续可调的电容器，从而使其所接入的输电线路等效阻抗能连续变化。在输电线路两端电压和相角给定的情况下，线路的输送功率可以实现快速连续控制，以适应系统负载变化和消除动态干扰。

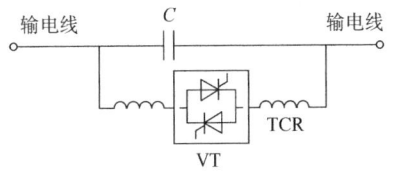

图 7-38 TCSC 基本结构

可控串联补偿器能够达到实现潮流控制、平息地区性功率振荡、提高系统暂态稳定、抑制次同步振荡（SSR）、提高电力系统动态性能等目的。以可控串补技术为代表的灵活交流输电技术，代表世界先进输电技术的发展方向，它利用先进电力电子技术提高电网输电能力、提升电网安全稳定水平，适用于超、特高压各等级电网，有力推动了我国交流输电技术的创新进程和产业升级。

**4. 统一潮流控制器（UPFC）**

典型的综合型柔性交流输电设备是统一潮流控制器（UPFC），其结构如图 7-39 所示。UPFC 主要由两个电压型逆变器构成，分别通过耦合变压器并联和串联接入输电线路中，两个逆变器直流侧通过直流电容器连接。逆变器 2 产生一个幅值和相角可调的补偿电压叠加到系统电压上，控制有功和无功潮流，以实现线路无功补偿、串联补偿和移相控制。逆变器 1 本身与系统可以进行无功交换，控制与之相连的母线电压，同时也可吸收母线上有功功率并对直流电容充电，对逆变器 2 提供有功支持。UPFC 可以看作是

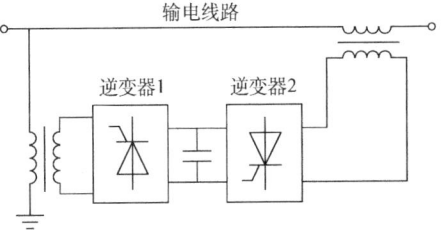

图 7-39 UPFC 简化原理

将并联补偿的 STATCOM 和串联补偿的 SSSC 组合而成，具有统一的控制系统的新型潮流控制器，它结合了多种柔性交流输电技术的灵活手段，是柔性交流输电技术中功能最强大的装置。

柔性交流输电技术也在不断改进，一些新的柔性交流输电装置被开发出来，例如可转换静止补偿器（Convertible Static Compensator，CSC）。CSC 被认为是目前功能最强的第三代灵活交流输电装置。它由多个同步电压源逆变器构成，可以同时控制两条以上线路潮流、电压、阻抗和相角，并能实现线路之间功率转换。CSC 具有：①静止同步补偿器的并联无功补偿功能；②静止同步串联补偿器的功能；③统一潮流控制器功能；④控制两条以上线路潮流的线间潮流控制（IPFC）功能。

我国能源的资源与需求呈逆向分布，客观上需要实现能源的大范围转移，这就需要大幅度提高线路的输送能力；同时需要解决由此而带来的潮流调控、系统振荡、电压不稳定等问题。而柔性交流输电技术以其快速的控制调节能力及其与现有系统良好的兼容能力，为其在我国的研究和应用提供了广阔的空间。

## *7.7 新能源发电技术

随着世界范围的煤、石油等常规化石能源的紧缺，以及由于化石能源对环境造成的污染日益严重，对风能、太阳能等可再生能源的开发利用越来越受到重视，各国都相继出台了各种鼓励发展可再生能源的政策。我国国家能源局制定的能源发展"十二五"规划中，对风能、太阳能、天然气等可再生能源的利用都有相应的近期及远期规划。近年来，风能、太阳能发电在我国得到了迅速发展，已经有多个大型风电场、光伏电站并网发电，在风力资源丰富的东北地区，截至 2013 年风电装机容量已占总容量 20.4%，风电并网容量已占 9.3%。同时，国家还出台了关于分布式电源并网的许多优惠政策，大力发展分布式能源。所以，风能、太阳能等可再生能源的利用将越来越多，与之相关的发电技术也将得到迅速发展。本节简单介绍风力发电及太阳能光伏发电系统。

### 7.7.1 风力发电系统

风力发电系统是通过风力发电机组先将风能转换为机械能，再将机械能转换为电能的发电系统。风力发电机组包括风力机和风力发电机。根据收集风能的结构形式及在空间的布置不同，风力机可分为水平轴式风力机和垂直轴式风力机两种，而以水平轴式风力机为主。风力发电机主要采用三相交流发电机，常用的有笼型异步发电机、永磁同步发电机及双馈异步发电机。风力发电机组和控制器构成了风力发电系统，风力发电系统有独立运行和并网运行两种运行方式。

独立运行的风力发电系统一般容量较小，约为 1~10kW，不与交流电网连接，直接向负荷供电，适用于远离电网、有一定用电量的家庭农场、公路、铁路养路站、藏区供电、海岛供电等场合。典型的独立运行风力发电系统框图如图 7-40 所示，系统由风力机、风力发电机、整流器、逆变器、蓄电池及负荷组成。

并网运行的风力发电系统直接与交流电网连接，绝大部分风力发电系统都采用并网运行方式。并网运行的风力发电系统主要有恒速恒频和变速恒频两种运行方式。恒速恒频运行方

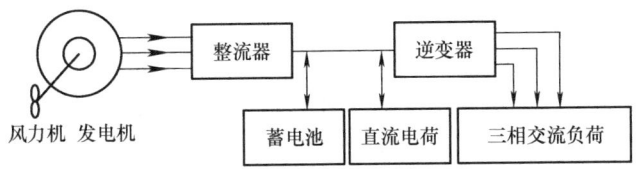

图 7-40 独立运行的风力发电系统

式下,风力发电机组的转速不随风速的波动而变化,始终维持恒转速运转,从而输出恒定额定频率的交流电。这种方式简单可靠,但是对风能的利用不充分;变速恒频运行方式下,风力发电机组的转速随风速的波动作变速运行,但仍输出恒定频率的交流电,这种方式可提高风能的利用率,但必须增加实现恒频输出的电力电子设备,同时还应解决由于变速运行而在风力发电机组支撑结构上出现共振现象等问题。目前,变速恒频发电机组主要采用绕线转子双馈异步发电机。图7-41a 为恒速恒频并网运行风力发电系统框图,它由风力机、齿轮箱、普通笼型异步发电机、变压器及用于无功补偿的补偿电容器组构成。图7-41b 为变速恒频并网运行风力发电系统框图,发电机的定子绕组通过变压器与电网连接,而转子绕组通过两个变换器后再经变压器与电网相连。与恒速恒频系统比较,其发电机一般采用双馈异步发电机,并需要两个逆变器,通过对转子电流频率、相位和相序的控制来实现变速恒频控制。转子通入三相低频励磁电流产生低速旋转磁场,该磁场的旋转速度与转子转速叠加,等于定子的同步转速,从而在定子绕组中感应同步转速的工频电压。当转子转速随风速变化而变化时,调节转子励磁电流的频率即可调节转子旋转磁场的速度,保持定子绕组感应电动势频率恒定,以保持输出电能频率恒定。图7-42 给出了并网运行双馈发电系统原理图,逆变器采用三相电压型逆变电路,开关器件为IGBT,两个逆变器直流侧接大电容。

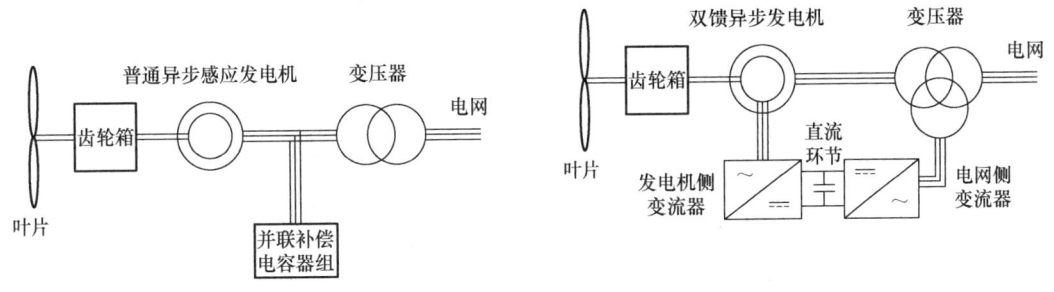

a) 恒速恒频并网运行风力发电系统    b) 变速恒频并网运行风力发电系统

图 7-41 并网运行风力发电系统结构

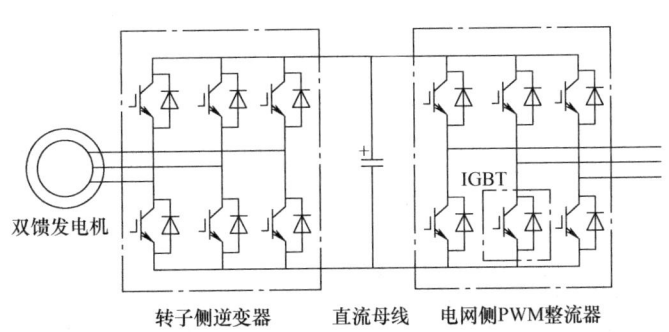

图 7-42 并网双馈发电系统原理

## 7.7.2 光伏发电技术

太阳能发电分为光热发电和光伏发电,目前对太阳能的利用主要是采用光伏发电方式,光热发电在我国还处于起步阶段。光伏发电是根据半导体的光生伏特效应原理,利用太阳能电池板将太阳光直接转化为电能,经过变换装置的变换和处理,直接提供给用户或与交流电网连接。所以,根据与电网的连接情况不同,光伏发电系统分为离网光伏发电系统(也称独立光伏系统)和并网光伏发电系统。

离网光伏发电系统即不与电网相连的发电系统。其核心部分为光伏电池组件、蓄电池、逆变器。光伏电池组件实现太阳能向电能的转化,其性能的好坏决定整个光伏发电系统的效率;蓄电池用于储能;光伏逆变器实现直流电向交流电转换,以便给交流电用户供电。图7-43 是离网型光伏发电系统的系统图。在太阳光照射下光伏电池组件发生光生伏特效应,输出不稳定直流电,经过 DC/DC 转换得到恒定的直流电,可直接给直流用电设备供电,也可经过 DC/AC 变换,给交流用电设备供电。在太阳光照充足时,电能存入蓄电池;在夜间或光照不足时,蓄电池给用电设备提供能量。离网光伏发电系统不受资源分布区域的限制、能在用电处就近发电,能源质量高、供电系统工作可靠,因此用户容易接受这样的供电方式。目前离网型光伏发电系统被广泛应用于海岛、偏僻山区、无电区、通信基站和路灯等场所。

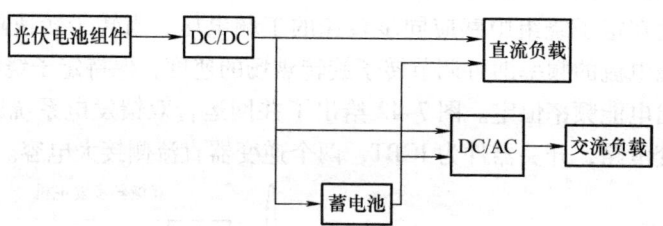

图 7-43 离网型光伏发电系统

并网型光伏发电系统是指向电网输出与之同频、同相的正弦交流电的光伏发电系统。并网光伏系统又分为非隔离型光伏发电系统和隔离型光伏发电系统。

非隔离型光伏发电系统是直流电逆变成交流电之后没有经过隔离变压器进行电气隔离,直接并入电网的系统,非隔离型光伏发电系统的发电效率较高。图 7-44 是非隔离型光伏发电系统的系统图。

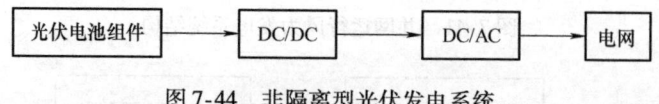

图 7-44 非隔离型光伏发电系统

由于大地和光伏电池组件之间存在寄生电容,逆变器开关状态的改变必然会在这个寄生电容上产生电位差,从而在网侧和直流侧产生漏电电流。如果没有使用隔离变压器,该漏电电流会产生严重的电磁干扰,引起电网电流的畸变,增加系统损耗,严重时将危害设备安全及用户的人身安全。

隔离型光伏发电系统是直流电经逆变器变成交流电之后通过隔离变压器进行电气隔离,最后并入电网的光伏发电系统。隔离型光伏发电系统利用隔离变压器铁心的高频损耗大的特点，抑制高频杂波传入控制回路。隔离变压器实现光伏逆变器和电网的电气隔离。图 7-45 所示是隔离型光伏发电系统的系统图。目前市场上隔离型光伏逆变器的转换效率略低于非隔离型光伏逆变器。安全性能要求较高的国家一般都采用隔离型光伏发电系统，禁止无隔离变压器的产品并入电网。

图 7-45 隔离型光伏发电系统

## 小 结

本章主要讨论了电力电子应用技术，对几种典型的应用技术进行了介绍。介绍了软开关技术的基本概念和各种软开关电路的分类，并对几种典型的软开关电路进行了分析；介绍了矩阵式变换电路的结构、特点和工作原理；介绍了有源滤波技术的概念、工作原理、分类和控制方法；介绍了功率因数校正的概念、分类和电流控制方式，并以 Boost 功率因数校正电路为例讲解了有源功率因数校正的工作原理；介绍了传统高压直流输电及柔性直流输电系统的工作原理、线路结构、元件功能，分析了其特点和应用场合；介绍了柔性交流输电技术的特点及几种典型的柔性交流输电装置分类和工作原理；最后，介绍了风力发电系统和光伏发电系统的系统构成及基本工作原理。

## 思考题及习题

7-1 高频化的意义是什么？为什么提高开关频率可以减小滤波器和变压器的体积和重量？

7-2 软开关电路可以分为哪几类？其典型拓扑分别是什么样的？各有什么特点？

7-3 在图 7-12 所示的移相全桥零电压开关 PWM 电路中，如果没有谐振电感 $L_r$，电路的工作状况将发生哪些改变，哪些开关仍是软开关，哪些开关将成为硬开关？

7-4 在图 7-16 所示的零电压转换 PWM 电路中，辅助开关 $S_1$ 和二极管 $VD_1$ 是软开关还是硬开关，为什么？

7-5 矩阵式变换电路的工作原理是什么？

7-6 有源滤波技术是如何抑制电网谐波的？

7-7 什么是功率因数校正？有源功率因数校正相对无源功率因数校正有什么优点？

7-8 图 7-25 所示的 Boost 功率因数校正电路是如何工作的？

7-9 传统高压直流输电技术双极线路结构包括哪些元件，各有什么功能？

7-10 传统高压直流输电系统相对于传统交流输电系统有什么优缺点？应用到哪些场合？

7-11 柔性直流输电系统所采用的主开关器件与传统高压直流输电系统的相同吗？柔性直流输电技术主要有哪些应用场合？

7-12 什么是柔性交流输电技术？它包括哪些典型设备？

# 参 考 文 献

[1] 郭世明，黄念慈. 电力电子技术［M］. 成都：西南交通大学出版社，2002.
[2] 河村篤男. パワーエレクトロニクス学入門 基礎から実用例まて［M］. 日本：コロナ社，2009.
[3] John G. Kassakian，著. パワーエレクトロニクス（Principles of Power Electronics）［M］. 赤木泰文，译. 日本：日刊工業新聞社，平成9年.
[4] 宮人庄太. パワーエレクトロニクス［M］. 日本：丸善株式会社，昭和50年.
[5] ライネルイスーガア. パワーエレクトロニクス基礎と応用［M］. 野中作太郎，大口国臣，译. 日本：森北出版株式会社，1980.
[6] 王兆安，黄俊. 电力电子技术［M］. 4版. 北京：机械工业出版社，1998.
[7] 王兆安，刘进军. 电力电子技术［M］. 5版. 北京：机械工业出版社，2009.
[8] Bimal K Bose. Modern Power Electronics and AC Drives［M］. 北京：机械工业出版社，2006.
[9] Muhammad H Rashid. Power Electronics—Circuit, Device and Application［M］. 北京：人民邮电出版社，2007.
[10] 叶斌. 电力电子应用技术［M］. 北京：清华大学出版社，2006.
[11] 黄静. 电力系统［M］. 2版. 北京：中国电力出版社，2006.
[12] 冷增祥，徐以荣. 电力电子技术基础［M］. 南京：东南大学出版社，1999.
[13] 冯垛生，刘希真. 电力电子技术［M］. 北京：机械工业出版社，2008.
[14] 陈坚. 电力电子学——电力电子变换和控制技术［M］. 北京：高等教育出版社，2002.
[15] 樊立萍，王忠庆，等. 电力电子技术［M］. 北京：中国林业出版社，2006.
[16] 汤广福. 基于电压源换流器的高压直流输电技术［M］. 北京：中国电力出版社，2010.
[17] 路秋生. 功率因数校正技术与应用［M］. 北京：机械工业出版社，2006.
[18] 惠晶. 新能源发电与控制技术［M］. 2版. 北京：机械工业出版社，2014.
[19] 朱永强，张旭. 风电场电气系统［M］. 北京：机械工业出版社，2011.
[20] 王伟. 基于定频电流滞环控制技术的轻型高压直流输电系统研究［D］. 成都：四川大学硕士学位论文，2009.
[21] 凌颖. 轻型直流输电技术（VSC-HVDC）在中小容量水电站并网的应用研究［D］. 成都：四川大学硕士学位论文，2011.
[22] 全国电工术语标准化技术委员会. GB/T 12325—2008 电能质量 供电电压偏差［S］. 北京：中国标准出版社，2008.
[23] 全国电工术语标准化技术委员会. GB/T 14549—1993 电能质量 公用电网谐波［S］. 北京：中国标准出版社，1993.